중국철학과 중국인의 사유 방식

중국철학과 중국인의 사유 방식

[몽배원 지음 · 김용섭 옮김]

철학과현실사

한국어판 서문

　중국철학에 주체성이 있는가 없는가? 이것은 1980년대 후반 중국철학계에서 광범위한 관심을 불러일으키며 논쟁거리가 된 하나의 문제였다. 이 문제와 관련하여 두 가지 상반된 관점이 있었다. 하나는 중국에는 주체적 사유가 없거나 결여되어 있다는 것이고, 다른 하나는 중국에 주체적인 사유가 있다는 것이다. 그런데 중국에 주체적인 사유가 있다고 하거나 없다고 하거나 간에, '주체성' 또는 '주체 사유' 자체를 구체적으로 탐구한 적은 거의 없었다. 다시 말해 중국철학의 특수한 문제에 대해 깊이 있게 탐구한 적이 별로 없었다. 많은 사람들이 말하는 '주체성'은 서양철학, 특히 서양 근대 철학에서 가져온 것이고, 일종의 주관과 객관을 구분하는 이분법적인 사유 방식이었다.

　이 책은 이러한 배경에서 완성된 것이다. 당시 나는 중국철학이 주체성을 가지고 있음, 즉 사유 방식에서 말하면 주체 사유를 가지고 있다고 여기고 있었다. 서양철학과의 공통점, 곧 인간의 주체 작용을 강조하는 점을 제외하면 서양철학과의 차이점, 다시 말해 주관과 객관을 구분하는 주체성이 아니라, 주관과 객관을 통일하는 주체성을 주장하고 있다고 여겼다. 여기서

두 번째 측면은 더욱 중요하다. 바로 이 점이 중국철학의 내재적 특징을 구성하고 있다. 당시 나는 중국철학의 주체성을 "상대적 주체(相對主體)"라고 불렀다. [그런데] 지금에는, 중국철학의 주체성을 "통일적인 주체(統一主體)"라고 부르고, 서양철학의 주체성을 "대립적인 주체(對立主體)"라고 부르는 것이 합당할 것으로 생각한다. 더욱 좋은 표현은 아마도 전자를 "일원론적 주체성(一元論的 主體性)"으로, 후자를 "이원론적 주체성(二元論的 主體性)"으로 부르는 것이다. 사실상 주체성에 대한 논의는 중국철학과 서양철학의 차이점을 다루는 문제라고 할 수 있다.

　오늘날 주체성의 문제는 더 많은 논쟁을 야기하고 있다. 그것은 중국철학의 문제이자 세계철학의 문제다. 후기 현대 철학은 일찍이 서양 전통 철학의 주체성 문제에 대해 비평하였는데, 그것이 중국철학계에도 반영되어 이른바 '현대파(現代派)'와 '후기 현대파(後現代派)'의 논쟁이 생겨나게 되었다. 어떤 학자들은 중국철학을 후기 현대 철학과 비교하여, 양자 사이에 매우 많은 유사점 또는 공통점이 있다고 본다. 후기 현대 철학의 중요한 특징은 주체성을 '해소(消解, 해체)'하는 데 있다. 여기서 어떤 사람들은 중국철학에도 주체성이 없다고 생각한다. 나는 이러한 논의가 아무런 의미도 없다고 생각하지는 않지만, 후기 현대 철학의 사유 방식에 비추어 중국철학을 사고하는 데 동의하지 않는다. 중국철학은 어떤 문제에서는 후기 현대 철학과 통하는 점이 있지만, 주체성의 문제에서는 그 밖의 다른 많은 문제들처럼 후기 현대 철학과 차이점을 갖고 있다. 중국철학의 주체성은 서양 전통 철학에서의 주체성과는 다르다. 중국철학에서는 결코 일체의 주체성을 '해소'하지 않는다. 예를 들면 인간과 자연의 관계 문제에서 중국철학은 양자가 서로 주체가 되지만, 그 주체는 독단적인 주체가 아니라고 주장한다. 인간은 자연과 화해하거나 통일된 덕성 주체이지, 자연을 규제하거나 권력의 획득을 능사로 여기는 지성(知性) 주체 또는 그 위에 세워진 가치(價値) 주체가 아니라고 주장한다. 그래서 중국철학이 인간의 주체성을 해소한 것은 결코 아니라는 것이 바로 나의 지금의 관점이다.

이 관점은 책에서 충분히 논의되지는 못하였다. 이 책은 다만 간결하게 핵심 문제를 제시하고 원칙적으로 이 문제를 설명하려고 한 것일 뿐이다. 많은 이론적인 세부 항목들은 좀더 나은 검토를 요구하고 있다. 나중에 출판된 몇 권의 책, 예를 들어 『정감과 이성(情感與理性)』(中國社會科學出版社, 2002), 『인간과 자연(人與自然)』(人民出版社, 2004) 등에서, 나는 이와 연관된 문제에 대해 약간 보충하였지만 전문적으로 논의하지는 않았다.

중국과 한국 양국간에는 공통의 문화 전통이 있으며 수많은 문제에서 공통의 인식이 존재한다. 1980년대 이후로 양국의 문화 학술 교류는 날로 번창하고 있으며, 나의 한국 학술계와의 교류도 같은 시기에 시작되었다. 이 책이 한국에서 출판된다니 기쁜 마음 금할 수 없다. 나는 이 책의 번역을 위해 김용섭(金容燮) 교수께서 기울인 노력에 특별히 감사한다. 그는 이 책의 번역을 위해 힘든 작업을 해주셨다.

2005년 6월 30일
몽배원 (蒙培元)

역자 서문

　인간은 사유하는 존재다. 살아 있는 동안 한 순간도 사유를 멈출 수 없다. 사유함이 바로 살아 있음이고 살아 있음이 바로 사유함이다. 인간은 사유를 통해 자신의 존재 의미를 획득하고 객관 세계와 대면한다. 학문과 예술, 모든 문화적인 활동이 사유로부터 비롯되며, 심지어 비사유, 반사유를 주장하는 철학적 담론조차 철저하고 근본적인 사유로부터 창출된다.

　사유는 또한 전통과 역사 속에서 고유한 특성을 형성한다. 사람에 따라, 지역과 시대에 따라 사유의 범위와 종류는 다르지만, 오랜 시간을 거치는 동안 일정한 범위 안에서 사유의 응집이 이루어진다. 그래서 동양적 사유, 서양적 사유, 중국적 사유, 인도적 사유라는 대분류가 가능해지게 된다. 물론 이런 사유 특성은 개연적인 것일 뿐 절대적인 것은 아니다. 임의적·잠정적인 것이고 변화 가능한 것이다. 그러나 큰 범위의 지역을 전제할 때 사유의 고유한 특성이 지적될 수 있다.

　이 책은 중국인의 사유 방식을 밝히려는 목적에서 쓰여진 것이다. 역자가 수년 전 계명대학교 특강에서 만난 적이 있는 저자 몽배원 선생은 열정적인 학술 활동 덕분에 중국철학계에서 존경받는 대학자 가운데 한 사람이다. 이 책 역시 그의 분명한 문제 의식과 투철한 연구 정신을 보여주는 역저 가운데 하나다. 이 책의 장점은 대략 다음과 같이 요약해볼 수 있다.

첫째, 중국인들의 사유 방식을 밝히려는 분명한 문제 의식을 갖고 있다. 저자는 중국인의 사유가 서양인의 사유와는 근본적으로 다르다고 보고, 그 근거로 주관과 객관, 나아가 인간과 자연의 합일과 조화를 전제한다는 점을 지적한다. 이에 반해 서양인의 사유는 주관과 객관을 이분하는 전제 하에서 이루어지는 사유로 규정한다.

둘째, 중국인의 사유 방식의 특징을 구체적으로 적시하고 있다. 저자는 중국인의 사유 방식이 내향적(內向的) 사유, 의향적(意向的) 사유, 경험적 사유, 형이상학적 사유라는 특징을 갖고 있다고 본다. 여기서 내향적 사유란 중국인의 사유에 자아의 반성을 강조하는 경향이 있음을 의미하고, 의향적 사유는 정감을 강조하는 경향이 있음을 의미하며, 경험적 사유는 경험과 실천을 강조하는 경향이 있음을 의미하고, 형이상학적 사유는 자아의 초월을 강조하는 경향이 있음을 의미한다.

셋째, 소주제들을 철학사에 대한 해박한 지식을 바탕으로 해명하고 있다. 저자가 검토한 자료에는 유가·도가·불가의 원전이 망라되어 있으며, 고대 경전에서부터 근대 철학자들의 중심 저작에 이르기까지 다양한 종류가 포함되어 있다. 아울러 원전에 대한 치밀한 분석과 논증을 통해 분명한 논거를 확보하고 있다. 이러한 노력은 우리를 지혜가 넘치는 중국철학의 세계로 인도한다.

이 책의 원래 제목은 『중국철학의 주체적 사유(中國哲學的主體的思惟)』(북경 : 동방출판사, 1993)다. 그러나 역자는 제목이

주는 난해한 느낌을 완화하기 위해 『중국철학과 중국인의 사유방식』으로 바꾸었다. 이 책에서 풀어내려는 중국철학의 주체적 사유는 바로 중국인의 사유의 기본적인 패턴이기도 하다. 이 책은 원래 계명대학교 철학과 임수무 교수와 공동으로 번역하기로 하였으나, 임수무 교수의 개인적인 사정으로 역자 단독으로 작업을 마치게 되었다. 이 기회를 빌어 임수무 교수께 특별히 감사의 말씀을 전한다. 끝으로, 출판계의 어려운 사정에도 불구하고 난삽한 원고의 출판을 기꺼이 하락해주신 <철학과현실사>의 사장님께도 진심으로 경의를 표한다.

2005년 7월

김 용 섭

머리말

　수년 전 중국철학의 사유 방식에 대해 연구하기 시작했을 때, 나는 변증적 사유, 정체적(整體的) 사유, 의상적(意象的) 사유, 직각적(直覺的) 사유, 의향적(意向的) 사유가 중국의 철학적 사유의 기본적인 특징을 이룬다고 생각하였다. 그 중에서도 의향적 사유와 직각적 사유는 중국철학의 주체적 특징을 분명히 드러낸다고 여겼다. 그 뒤로 주체성 문제에 더 많은 관심을 갖게 되었고, 동시에 많은 새로운 문제를 내놓게 되었다. 이 책은 내가 주체적 사유를 주제로 하여 전면적으로 사고한 초보적인 결과다.

　주체의 문제를 사유 방식의 측면에서 연구할 수 있는가 하는 문제는 논쟁거리가 될 수 있다. 내가 주체의 문제를 제시하는 이유는, 주체의 문제가 통상적인 인식론의 문제가 아니라 중국의 철학적 사유의 근본적인 특징이라고 생각하기 때문이다. 나는 중국철학의 기본적인 특징에 착안하여 이 문제를 이해하려고 하였다.

　통상적으로 사유 방식은 인식론 차원에서 다루어진다. 다시 말해 주체와 객체의 관계에서 비롯된 것으로 이해된다. (나도

이 점에 대해 찬성한다.) 더욱 정확히 말하면, 주체와 객체의 구분을 전제한 것으로 이해된다. 사람들이 인식과 실천의 주체로서 부딪히게 되는 문제는 객체, 곧 대상인데, 이 대상에는 인간의 내부에 있는 것도 포함된다. 사유 방식은 어떻게 객체(곧 대상)를 파악하는가 하는 문제와 관련되어 있다. 그러나 이는 결과가 아니라 과정이고, 정태적인 것이 아니라 동태적인 것이다.

중국철학은 주체와 객체를 분리하거나 대립시키고 않고 양자를 통일하고 합일시키는 특징을 지니고 있다. 또한 양자를 통일하는 가운데 인간은 주도적인 위치를 차지한다. 바꾸어 말하면 중국철학은 객관적이고 대상적인 문제보다 인간의 문제를 해결하고자 한다. [중국철학에서 말하는] 인식도 결국 인간에 대한 인식이고, 자연계와 객체적인 문제와 연관되어 있다. 따라서 인식은 궁극적으로 인간의 존재와 인생의 의미 문제로 귀결된다. 사유 방식은 이러한 주제를 둘러싸고 전개되고 형성된 안정된 패턴이다. 이것이 바로 내가 주체적 사유를 중국철학의 가장 근본적인 사유의 특징으로 지적하고 논의하는 이유다.

중국철학의 주체적 사유가 고유한 특징을 지니고 있음이 지적될 필요가 있다. 나는 그것을 '위기(爲己)'와 '자위(自爲)'라고 부른다. 이것은 주체의 실천적 특징을 드러내는 것이기도 하다. 중국의 주체적 사유는 다른 측면도 지니고 있다. 중국철학에서 말하는 주체성은 서양 과학과 철학이 말하는 주체성과도 다르고, 근·현대 서양의 인문주의 철학에서 말하는 주체성과도 다른 것이다. 오히려 중국과 동양철학이 특수하게 지닌 사유 방식을 표현한 것이다. 주체적 사유의 핵심은 유가가 주도했던 도덕 주체와 형상적 사유에 있음은 분명하다. 그렇지만 불교와 도교도 적지 않게 공헌하였다. 불교와 도교는 구별되면서도 연관이 있어서, 중국철학의 주체 사유라는 중요한 내용을 구성하고 있다. 이 책에서는 이 문제에 대해 비교적 많이 논의하였다.

이 책의 주요한 목적은 사유 방식을 연구하여 중국철학의 기본적인 특징을 깊이 있게 이해하는 데 있다. 중국철학의 주체적 사유라는 하나의 특징을 파악한다면, 주체성 문제를 이해하는 데 많은 도움이 될 것이다. 동시에 나의 생각을 나타낸다면, 사유 방식은 어떤 의미에서 심층적인 문제이자, 전통 문화와 철학에서 안정된 형태를 갖춘 것이라는 점이다. 중국철학의 주체적 사유는 수천 년 동안 전통 문화를 형성하는 데 결정적인 역할을 했을 뿐 아니라 인간의 문제를 해결하는 데도 기여하였다. 그렇지만 [주체적 사유 역시] 역사적인 한계를 갖고 있다. [따라서] 전통적인 사유를 어떻게 현대적인 사유로 바꿀 것인가 하는 것이 극히 중요한 문제라고 할 수 있다. 이 책에서 논의하려는 문제는 초보적이고 조잡한 것에 불과하다. 나 자신이 어떤 문제가 있는지도 알고 있다. 예를 들면 의향적인 문제와 정감 체험의 문제는 중국철학에서 어떤 위치를 차지하고 어떤 성격을 지니는가? 내가 제시한 관점에는 토론의 여지가 있다. 나는 독자와 학자들이 가르침을 주기를 기대한다.

이 책은 동방출판사와 왕월(王粤) 여사의 열렬한 지원으로 출판되었다. 이 기회를 빌어 진심으로 감사의 뜻을 표한다.

몽배원 (蒙培元)

중국철학과 중국인의 사유 방식
차 례

제1장
서 론

　중국의 전통 철학에는 장기적으로 보존되어온 사유 방법이 있는가? 만약 있다면 그 사유 방법의 기본적인 특징은 무엇인가? 중국철학에 대한 연구가 심화됨에 따라 이것은 사람들이 반드시 관심을 갖게 되고 문제로 제기하는 물음이다. 이 물음과 관련하여 우리는 중국철학이 장기적으로 중요한 주제들을 보존해왔던 것처럼, 중국의 전통 철학에 장기적으로 유지해온 사유 방법이 있으며, 이 [전통적인] 사유 방식의 기본적인 특징은, 중국철학의 전반적인 특징과도 연관되어 있다고 본다.

　철학적인 사유 방식은 일반 사회의 사유 방식과 유사하지만 차이점도 갖고 있다. 철학적인 사유 방식은 우주와 인생의 문제를 해결하는 [데 동원되었던] 가장 기본적인 방식 또는 패턴이다. 왜냐 하면 철학적인 사유 방식은 일반 사회의 심리적 사유라든가 생활의 사유와는 다른, 가장 높은 차원의 사유 방식이기 때문이다. 그러나 철학적인 사유 방식은 동시에 사회 문화와 사회 생활의 각 방면에 영향을 끼치고, 심지어 인간들의 일상 생활로 깊이 스며들어 사람들이 "문제를 다루고", "문제를 해결하는" 기본 방식이 된다.

"중국철학의 사유 방식"은 비교적 광범위한 제목으로, 여러 가지 내용을 포함한다. 그 가운데 가장 중요하고 핵심적인 내용은 바로 주체적 사유로서, 이 책에서 탐구·토론하려는 주제를 이룬다.

여기서 말하는 주체적 사유는 주체와 객체를 분리하고 대립시키는 것을 특징으로 하는 서양철학의 주체적 사유와는 성격이 다른, 어쩌면 완전히 상반된 것이다. 왜냐 하면 중국철학의 주체적 사유는 기본적으로 주체와 객체, 인간과 자연의 상호 통일을 전제로 하기 때문이다. 인간의 주체성을 충분히 강조한다는 점도 부정할 수 없다. 중국철학의 사유에 의하면, 객관적인 원칙은 주체 자신 속에 존재하며, 주체와 객체, 인간과 자연의 통일은 주체의 의식과 실천을 통해 실현된다. 인간을 주체라고 할 수 있는 까닭은, 인간이 만물의 '주재(主宰)'일 뿐만 아니라 천지(天地)[의 사업]에 참여하는 존재이기 때문이다. [인간은] 우주의 중심으로서, "천지를 위해 마음을 세울 수(爲天地立心)" 있다. 인간의 주체성을 드러내면서도 주관성을 강조하지 않는다는 의미에서, 주체적 사유는 중국 또는 동양의 주체적 사유라고 할 수 있다.

중국철학의 사유가 주체성이란 특징을 갖게 된 것은, 중국철학이 인간을 중심으로 하는 인본주의(人本主義) 사상이라는 사실과 연관되어 있다. 중국철학은 근본적으로 인간에 관한 학설이고, 인간의 존재·의의·가치에 관한 학설이다. 말하자면 중국철학은 인간의 주체적 지위를 확립하려 한다. 이것은 중국철학의 근본적 사유 방식이 필연적으로 인간을 중심으로 하는 주체적 사유임을 의미한다. 반대로 말해도 마찬가지다. 중국철학의 사유는 인간을 중심으로 하는 주체적인 사유이고, 그래서 필연적으로 인본주의적인 철학이라 할 수 있다. 여기서 사유 방식이 철학 문제와 분리될 수 없는 것처럼, 일면적인 인과율로는 [사유 방식과 철학 문제에서] 어느 것이 어느 것을 결정하는지 설명할 수 없다.

중국철학의 주체적 사유에는, 인간과 자연계를 둘러싸고 전개된다는 일반적인 특징이 있다. 인간과 자연의 관계에서 인간은 시종 주도적인 위치를 차지한다. 그러나 그것은 다른 논리적 차원을 드러낸다. 기본적으로 자아를 반성하는(自我反思) 형태의 내향적 사유(內向思維)를 지향한다. 곧 주체 자신으로 끌어들이고, 자아에 대한 반성을 통해 인생과 세계의 의미를 획득하려 한다. 기본적인 추세(定勢)에 대해 말하면, 정감체험형의 의향(意向)적인 사유다. 내재적 정감의 요구에서 출발하여, 의향활동을 통해 주체의 존재 원칙을 확립하려고 한다. 기본적인 양식(程式)에 대해 말하면, 주체실천형의 경험적 사유다. 자아를 완성하고 자아를 실현하는 주체 실천을 근본적인 길(방법)로 여긴다. 그리고 궁극적인 의미에서 말하면, 자아초월형의 형이상학적 사유다. 감성적인 자아를 초월하여 주체와 객체, 안과 밖을 합일시키고, 하늘과 인간을 합일시킨 정신의 경지를 실현하려 한다. 이러한 상이한 차원들(내향적 사유, 의향적 사유, 경험적 사유, 초월적 사유 등)은 상호 독립적이지 않고 연관되어 있다. 그러나 서술의 편의를 위해 구분해서 고찰해보고자 한다.

중국철학의 주체적 사유의 의향성(意向性)이라는 특징은 대상성 사유와 구분해서 말한 것으로, 주체 의식의 의향 활동을 그 사유의 주요한 추세로 본 것이다. 주체의 정감 의지와 내재 의식을 그 사유의 주요한 내용으로 여기며, 주체 체험과 주체 인지(또는 존재 인지)를 그 주요한 형식으로 삼는다. 이는 서양 철학이 전체적으로 대상성 사유를 주요한 특색으로 하는 것과 다르다. 그렇다면 의향적인 사유와 대상적인 사유의 차이가 바로 중국의 전통적 사유와 서양의 전통적 사유의 차이라고 말할 수 있을까? 이 점에 대해 절대적으로 긍정하거나 부정할 수 없다. 인류 사유의 일반적인 특징을 들어 말하면, 의향성 사유와 대상성 사유는 대립하거나 상관없는 두 종류의 사유 방식이라 할 수 없다. 또한 단순히 서양인의 사유는 대상성 사유이고, 중국인의 사유는 의향성 사유라고 말할 수도 없다. 다만 기본적인 특징이나 전체 전통의 주류에서 말하면, 중국의 철학적 사유는 확실히 주체의 의향적 사유를 주요한 특징으로 한다고 말할 수 있다.

중국철학의 주체적 사유는 주체의 정감 의향을 기본적인 추세로 삼는다. 이것은 중국철학이 내적인 정감을 중시하는 특징을 지니고 있음을 뜻한다. 주체적 사유는 내재적 정감의 요구·평가·태도에서 출발하며, 의식의 의향 활동(직각이나 체험을 포함하여)을 통해 인생과 세계의 의미를 얻는다. 그래서 주체적 사유는 외부 사물의 객관적인 성질을 대상으로 삼는 과학적 사유 혹은 논리적 사유와는 다른 것이다.

주체적 사유는, 다른 모든 사유처럼 경험이라는 기초를 갖고 있다. 그러나 경험에 주체 의식을 부여하는 특징을 지니고 있다. 그래서 경험에 주관적 요구와 필요·평가의 색채가 담기게 된다. 이 사유는 경험적 여과를 통해 분명한 가치를 지향하는데,

그 목적은 사물의 객관적 성질보다 사물의 '의의'를 얻는 데 있다.[1] 현대 철학은, 미시적인 사물에 대한 인식에도 주체성이란 특징이 포함되고, 실험과 관찰에도 주체적인 요인이 참여한다는 사실을 증명하고 있다. 그러나 이것으로 문제의 전체 성격을 바꿀 수는 없다. 왜냐 하면 사물에 대한 인식은 기본적으로 대상적 사유에 속하기 때문이다. 중국의 철학적 사유는 사물의 객관적 성질을 인식하기보다, 인간과 세계의 관계를 포함하여 인생의 의미를 얻는 데 그 특징이 있다. 그래서 중국의 철학적 사유는 서양의 어의학이나 기타 철학에서 언어나 세계의 의미를 설명하는 것과 다르다. 다시 말해 인간의 존재 문제와 연관되어 있는 것이다.

통상적인 의미에서 말하면, 중국의 주체적 사유의 의향적 특징은, 서양의 현상학과 유사하지만 결코 동일하지 않다. 회의주의와 사변 철학이란 과정을 거친 것도 아니고, 경험을 '현상(現象)'적인 것 또는 주관적인 것으로 말하는 것도 아니다. 즉, 중국의 주체적 사유는 의식 본질로의 '환원(還原)'이나 '판단 중지(懸擱)' 혹은 '괄호침(括起)'을 통해 순수 의식의 본질 가운데 세계의 의의를 찾아야 한다고 주장하지 않는다. 중국철학은 시종 객관 세계의 존재를 인정하며 경험을 중시한다. 육구연(陸九淵)·왕양명(王陽明)의 학설도 마찬가지다. 중국의 전통 철학은 경험의 차원에서든 이론과 관념의 차원에서든 객관 세계와 사유 주체를 대립적인 것으로 여기지 않는다. [그렇지만] 인식의 세계와 인생의 의미 문제에서 확실히 의식 환원의 경향을 갖고 있다. 다시 말해 내재적인 주체 의식에서 출발하여, 주체 의식의 평가

---

1) 여기서 말하는 사물에는 인생도 포함된다.

와 취향에 비추어 세계에 대해 어떤 의미를 부여하고자 한다. 또한 의식을 어떤 본질적(또는 형식적) 존재로 환원하고, 이로부터 사유의 기본적인 패턴이나 방식을 결정하려 한다. [따라서] 이런 사유가 주체적인 특징을 포함한다는 것은 의심할 바 없다.

중국의 철학적 사유가 현상학과 크게 다른 점은, 경험적 방법을 배제하지 않고 '현상(現象)'을 주관의 범위에만 한정시키고, "사물 자체로 돌아가" 세계의 의미를 '설정'하는 데 있다. 중국 철학에서는 현상을 주관적이면서도 객관적인 것으로, 그리고 내재적이면서도 외재적인 것으로 여긴다. 현상과 본질[의 관계]처럼 주관과 객관, 내재와 외재를 통일시키며, 주체 의식의 지향(의향) 내용과 세계의 본질적 의미를 합치시킨다.

이 밖에도 현상학에서 말하는 주체는 개체적인 존재며, 그래서 주관의 색채를 띤다. 또한 현상을 일반적으로 모두 중성적인 것으로 본다. [반면에] 중국의 전통 철학은 이러한 현상학과 성격을 달리한다. 특히 도가와 불가는 개체를 강조하면서도, 보편성과 초월성을 주장한다. 인간을 개체면서도 초월적인 존재로 본다. 주도적 위치를 차지했던 유가는 [사람들의] 사회집단성을 강조하며, [개인의] 주체성을 주로 사회 윤리 형태의 사유로 표현한다. 따라서 [유가적 사유는] 개인에 대해 말하면 도덕실천형 사유이고, 지향(意向)하는 목표도 주로 도덕의 실천에 있다. 주체에 내재된 도덕적 의지는 세계의 근본적인 의미이자 인생의 근본적인 의미다.

그러므로 중국 전통의 철학적 사유는 인간과 자연, 주체와 객체를 대립시키지 않으면서도 자연계에 대해 인간의 주체적인 지위와 인식에서 주체성 원칙을 확립하려 한다. 인간과 자연, 주체와 객체를 통일시키고, 그런 가운데서 인간의 주체적 지위를 확립하려 한다. 이것은 실제로 인학본체론(人學本體論, 인간을 배우는 본체론)인 주체적 사유이자, 가치론(價値論)인 주체적 사유라고 할 수 있다. 근본에서 말하면 주체실천형(主體實踐型)의 의향(意向)적 사유로서, 상당할 정도로 주관의 정감(情感)과 의지(意志)적인 요소를 갖추고 있으며, 의향 자체도 실천적 특징을 포함하고 있다.

전통 철학의 중요한 특징 가운데 하나는 인간을 우주의 중심으로, 그리고 인간 존재를 세계의 근본 존재로 여기는 것이다. 바꾸어 말하면, 세계의 의미가 인간의 내부에 존재한다고 본다. 그래서 인식은 자연계와 우주의 근본적인 의미를 아는 것이 된다. 사유가 지향(指向)하는 측면에서 말하면, 전통 철학은 심령 자체로 돌아오는 것을 목표로 삼는다. 따라서 전통적 사유는 사유에 대한 스스로의 사유(自思維) 또는 자기 반성적 사유(自反思維)라고 말할 수 있다. 이것은 주체가 자신을 대상으로 사유하는 것이다. 자연계를 대상화하는 것이 아니라 자연계를 인간화(人化)하는 것이다. 대상적인 인식에 기초하여 반성하는 것이 아니라 직접적으로 자아를 반성하는 것(自我反思)이다. 즉, 경험적인 직관에 기초하여 직접 자신에게로 돌아가고, 주체 존재로부터 출발하여 사유의 패턴을 확립하는 것이다. 그 사유의 추세는 자아를 인식·실현·초월하는 데 있다. [자신의] 몸으로 돌아와 생각하면, 인간과 만물의 일체 도리를 얻을 수 있다. 바로 이런 의미에서, "만물은 모두 나에게 갖추어져 있다(萬物皆備於我)."

중국의 전통 철학은 인간과 자연계의 관계에서 일반적으로 자연계의 선재성(先在性)·본원성(本原性)을 인정하며, [그러한 바탕 위에서] 우주론(宇宙論)과 본체론(本體論)을 확립한다. 그렇지만 이것은 하나의 전제일 뿐이다. 자연계는 인식의 대상으로 존재하는 것이 아니라 인간의 내부에 존재한다. 즉, 인간의 심령 가운데 자연계의 보편적인 원칙이 들어 있다. 유가(儒家)는 '하늘(天)'을 말하고 도가(道家)는 '자연(自然)'을 말하지만, 그들이 말하는 '천도(天道)' 또는 '자연(自然)' 법칙은 인간의 본질이나 본성으로부터 체현되거나 인간의 존재 원칙 가운데 포함된 것이다. 인간이 인간으로 되는 까닭을 안다면, "하늘(天)이 하늘(天)로 되는 까닭(天之所以爲天)", "자연이 자연으로 된 까닭(自然之所以爲自然)"도 알 수 있다. 그래서 유가는 인간 이외의 자연계로 나아가 '천도'나 '자연'을 인식하려 하지 않고, 심령 자신으로 돌아갈 것을 주장한다. 중국의 철학적 사유에 의하면 인간은 자연계를 객관화하거나 개념적으로 분석할 필요가 없다. 자연계의 존재와 의의는 인간의 심리 구조 가운데 포함되어 있다. 이것이 바로 '인간에게 있는 하늘(在人之天)' 또는 '인간에게 속한 하늘(屬人之天)'이다. 인간은 자연의 도를 진정으로 체현하고 실현한 자다. 그래서 인간 존재와 그 본질인 자아에 대한 이해는 바로 자연 법칙을 이해하는 가장 근본적인 방법이라 할 수 있다. 이것은 서양의 전통 철학과는 크게 다른 점이다. 왜냐 하면 서양의 전통 철학은 인간과 자연을 분리하고, 주체와 객체를 대립시킨 다음, 자연계와 아울러 인간 자신을 인식하기 때문이다. 서양의 전통 철학은 인간의 주체성에 대해 소홀하지 않았지만, 그것이 강조하는 주체성은 자연을 개조하고 정복하는 것을 특징으로 한다. 이는 중국철학이 인간과 자연의 합일을 강조하고 인간을 중심으로 여기는 주체성과 다른 것이다.

　심리학에서는 내향적 성격과 외향적 성격을 구분한다. 심리적 행위가 자아와 내심(內心)의 세계를 지향하고 내심의 체험을 중시하며, 대부분 주관적인 태도에서 출발한다면, 내향형 성격이라 부를 수 있다. 반면에 심리 활동이 외부 세계를 지향하고 외재적 사물을 중시하며, 대부분 외부 정황과 환경에서 출발한 다면 외향적 성격이라 부를 수 있다. 이것은 인격심리학에서 개체의 심리 행위로서 말해지는 것이다. 철학에도 내향적 사유가 있지만, 철학에서 말하는 내향적 사유는 심리학과 완전히 같은 것이 아니다. 양자는 유사점과 더불어 차이점을 갖고 있다. 철학에서 말하는 내향적 사유는 사유의 일반적인 지향이나 추세를 가리킨다. 중국 전통의 철학적 사유는 주체의 내재적 의식을 근본 대상으로 삼는다. 내재 의식이 자아를 깨닫고 자아를 실현하는 것을 근본 목적으로 여기며, 자아의 인격을 완성하고 그 가치를 실현할 것을 강조한다. 이러한 의미에서 중국의 전통적 사유는 기본적으로 자신에게 돌아가서 자신의 존재 가치를 확립하고 인식하며, 자신의 내재 본질을 실현할 것을 주장하는 내향적 사유라고 할 수 있다.

내향적 사유는 내부로 수축할 뿐 외부로 확장하지 않는다. 그래서 자기의 내심 세계에 대한 인식을 위주로 하고 객관 세계에 대한 인식을 위주로 하지 않는다. 그리고 '천인합일(天人合一)'·'내외합일(內外合一)'을 기본적인 사유 패턴으로 여긴다. 내향형 사유는 어떤 의미로는 폐쇄성(封閉性)을 지니고 있다. 왜냐 하면 내재적인 심령 세계를 초월하지 않기 때문이다. 그렇지만 다른 의미로는 자아 폐쇄적인 것은 아니다. 왜냐 하면 내향적 사유 역시 외부[사물에 대한] 경험을 중시하고, 그러한 경험에는 직접적인 직관성이 갖추어져 있기 때문이다.

중국의 전통적 사유에 의하면, 인간 존재는 정신과 육체가 통일된 것이다. 즉, "형체와 정신이 합일되고(形神合一)", "신체와 마음이 합일된(身心合一)" 전체(整體)적인 존재다. 그러나 사람이 사람으로 되는 까닭(人之所以爲人)은 근본적으로 정신적인 존재라는 것으로 귀결된다. 전통적 사유는 인간의 내재적인 정신을 중시하므로, 일종의 정신철학이라 말할 수 있다. 이 문제에서 유가(儒家)와 도가(道家)는 차이점과 공통점을 아울러 갖고 있다. 도가가 사람의 자연성을 강조하는 반면, 유가는 개인의 사회성을 강조한다. 도가는 개체 의식을 주장하지만, 유가는 집단(群體) 의식을 강조한다. 그러나 양 학파[의 주장은] 서양의 정신철학[에서 주장하는 것과] 다르다. 이른바 자연성이란 실제로 초월인 것이며, 사회성은 윤리도덕성을 가리킨다. 그런데 사회성에는 '자연'의 특징이 포함되어 있다. 종합적으로 말하면, 양자(자연성과 사회성)에는 인간과 자연이 합일되어 있다. 자연을 인간화(人化)하거나 인간을 자연화(自然化)한 것이다. 인간과 자연은 그 한계를 구별하기 어렵고, 주관 정신과 객관 정신을 구별하는 것도 쉬운 일이 아니다. 하지만 [양자는] 인간의 주체성을 제창하고, 인간의 주체적인 지위를 강조한다. 이 철학은 사유의 기본적인 지향을 몸을 반성하여 내부에서 구하며(反身內求), 안에 있는 것을 구하도록(求在內者) 만든다. 따라서 주체 자신에서부터 인간의 정신 존재와 세계의 보편적인 의미를 찾는다.

중국의 전통적 사유는 순수한 의미에서 정신의 분석을 주장하지 않으며, 더욱이 서양철학에서 볼 수 있는 정신철학을 세우려 하지 않는다. 전통적인 사유는 심리 요소를 분석하는 심리학과도 상관이 없다. 중국의 불교철학 가운데 유식종(唯識宗 또는 法相宗이라고도 불림)은 확실히 외래 종교[철학]의 특징을 갖고 있다. 즉, 심리 혹은 의식을 분석할 것을 주장하며, 이른바 '팔식(八識)'의 학설을 포함한다. 또한 주관과 객관의 구분(能과 所와

性과 相의 구분)을 강조한다. 하지만 유식종은 중국에서는 발전하지 못하였고, 중국인에게 보편적으로 수용되지도 못하였다. 이는 중국철학의 주체적 사유가 자신만의 특징을 지니고 있음을 나타낸다. 주체와 객체가 대립한다는 의미에서 주체적 사유가 아니라, 주체와 객체가 통일되고 인간과 자연이 합일되어 있다는 의미에서의 주체적 사유다. 인간을 객관적인 대상으로 인식하지 않고, 사유하고 실천하는 주체로서 인식하려 한다. 인식에 대한 재인식이 아니라 사유에 대한 스스로의 사유(思惟的自思惟)다. 사유하는 주체로서의 인간은 지(智)·정(情)·의(意)의 통일체며, 그 가운데 어느 하나도 빠져서는 안 된다. 사유의 객체가 되는 인간은 '천인합일(天人合一)', '심신합일(身心合一)'의 전체적 존재로 구분될 수 없는 존재다. 한마디로 말해 전통적 사유는 대상론·인식론적인 사유가 아니라 주체론·가치론적인 사유인 것이다. 이 사유는 '천인합일'이란 기본적 패턴 가운데 외향형의 이지적 사유(理智思惟)가 아니라 내향적이고 반성적 사유(自反思惟)를 형성하였다. 다시 말해 전통적 사유는 자아에 대한 반성·체험·직각·체득을 통해 주체 의식과 자연법칙을 합일시킨 사유다.

중국철학은 사변적인 철학이 아니라 실천적인 철학이다. 그 사유 방식도 사변형이 아니라 실천형이다. 중국인의 사유는 강렬한 실천적 특징과 경험적 특징을 갖추고 있다. 많은 학자들이 개인의 실천과 경험을 중시하는, 실천 이성의 사유에 속한다는 사실을 지적한 바 있다. 유가(儒家)와 도가(道家), 도교(道敎)와 불교(佛敎) 모두 실천 혹은 수양에 중심을 두며, 이론적인 사변을 중시하지 않는다. 왜냐 하면 중국철학의 근본 종지(宗旨)는 어떤 이론적인 체계를 세우느냐보다도, 어떻게 하면 [참된] 인

간이 되느냐에 있기 때문이다. 구체적으로 말하면 어떻게 성인
(聖人)·신인(神人)·지인(至人)·진인(眞人)·선인(仙人)·부처
가 되느냐에 있는 것이다. 이 근본 목적을 실현하려면, 다른 어
떤 힘이 아니라 주체 자신의 실천에 의지해야 한다. 이지적인
능력과 지식이 아니라 의지와 행위에 의지해야 한다. 결국 이것
은 이론의 문제가 아니라 실천의 문제다. 그러므로 중국철학의
사유는 실천을 특징으로 한다고 말할 수 있다.

중국철학의 실천적 사유는 칸트의 실천 이성의 학설과도 다
른, 독특한 면모를 갖추고 있다. 칸트가 의지의 자유를 강조하
고 이성의 작용을 드러내었다면, 중국철학은 정감 의지(情感意
志)와 감성적 경험을 강조하는 특징을 갖고 있다. 인식의 차원
에서 말하면 사유의 주체는 실천적인 요구를 근거로 삼고, 실천
의 직접적인 효용을 목적으로 삼는다. 그래서 실천은 시종 가장
중요한 위치를 차지하며, 인식 자체의 독립성과 사변성은 부족
한 편이다. 인식은 실천과 분리될 수 없으며, 실천 가운데서만
완성된다. 실천은 인식의 기초이자 귀착점이다. 실천과 인식은
직접적인 동일성을 지니며, 연결해주는 다른 고리(環節)를 갖고
있지 않다. 실천은 주로 주체의 인격적 실천이자 생활에서의 실
천이기 때문에, 개인의 생활 경험과 분리될 수 없다. 그러므로
실천은 개인의 실천이라는 차원에서의 경험적 사유라고 할 수
있다. 그래서 이론보다는 경험을 중시하며, 추리(推理)보다는
실용을 중시한다. 중국에서 사변 이성(思辨理性)이 발전하지 못
한 이유도 이런 사유 방식과 연관되어 있다. 중국의 철학적 이
론은 개념론이나 논리론 같은 형식적인 이론이 아니라 대부분
실천에 관한 이론이다. "지식을 위한 지식", "이론을 위한 이론"
은 중국의 전통적 사유 가운데 존재하지 않았고, 존재할 수도

없었다. 이것은 중국의 철학적 사유가 서양의 철학적 사유와 완전히 다른 점이다.

중국의 철학적 사유에는 초월 의식이 비교적 부족하다. 반면에 대부분 구체적인 경험의 차원에 머무르는 특징이 있다. 그러나 이것은 문제의 한 측면일 뿐, 중국철학에 근본적으로 초월적인 의식과 사유가 없었음을 의미하지 않는다. 중국철학에도 형이상학이 있고 초월에 대한 주장도 있다. 그러나 중국철학의 초월은 서양의 철학과 종교에 나타나 있는 초월과 다른 것이다. 중국철학은 인간을 중심으로 하는 인본주의 철학이요, 인간을 배우는 형이상학(人學形而上學)이다. 근본적으로 인간의 본체 존재에 대한 형이상적 사유다. 그래서 외재적인 피안에로 초월하기보다 내재적인 자아를 초월하려 한다. 이것은 자기 반성적 사유와 완전히 일치한다. 또한 더 나아가 자기 반성적 사유를 최종적으로 완성한 것이기도 하다.

중국의 철학적 사유는 인간의 내재적 본질과 보편적 인성을 인식하고 실현하는 것과 직접 연관되어 있다. 중국철학의 '천인합일론(天人合一論)'은 감성적인 형체에서 말한 것이 아니라 정신의 경지에서 말한 것이다. 그런데 정신의 경지 문제는 인식의 문제일 뿐만 아니라 존재(存有)의 문제다. 처음에는 초보적인 천인합일론으로 시작했지만 나중에는 심리합일론(心理合一論)으로 발전하였다. [그 결과] 인간은 우주의 본체와 합일하는 형이상학적 본체 존재로 격상되었다. 이것은 중국철학 발전의 필연적인 결과다. 유가는 사회 윤리를 본체화하여 인간의 형이상학적 본체로 만들었고, 도가는 초윤리적인 '자연'을 인간의 형이상학적 본체로 설명했으며, 불가는 영원한 '실재(實在)'를 인간의 형이상학적 본체로 말하였다. 이학(理學)은 유(儒)·불(佛)·

도(道)를 융합하여 본체화·초월화한 윤리 도덕과 '자연'의 도(道) 그리고 영원한 '실재(實在)'를 하나의 사물로 만들었다. 즉, 그 실재를 우주의 본체이자 인간의 본체, 그리고 진정한 형이상자로 변화시킨 것이다. 그들 모두가 감성적 자아를 초월하고 '진아(眞我)'를 실현할 것을 주장했으며, 영원하고 보편적이고 절대적인 본체의 경지로 들어갈 것을 주장하였다.

종합적으로 말하면, 중국철학의 주체적 사유는 인문주의 철학이 사유 방식으로 표현된 것이다. 반대로 말해도 마찬가지다. 중국철학은 시작에서부터 인간을 중심 위치에 놓았고, 많은 철학적 문제들을 인간을 중심으로 전개하였다. 철학적 사유의 핵심은 자연계가 어떻게 존재하고, 그 자연계를 어떻게 인식하느냐고 하는 인식의 문제가 아니라, 인생의 의의에 관한 문제, 곧 인간의 존재·본질·가치의 문제에 있었다. 이러한 사유 방식에서 인간과 자연계는 대립적인 것이 아니라 내재적으로 통일된 것이다. 사유의 주체도 자연계를 향해 있거나 자연계를 인식하고 정복하는 것을 목적으로 하지 않는다. 따라서 이렇게 형성된 개념론·관념론 혹은 공리화·형식화한 사유 방식은 자신을 향한 것이다. 자아의 완성과 실현을 목적으로 하여 내재적인 자아를 체험하고 반성(自我反思)하는 것이다. 그래서 내향성·의향성(意向性)과 주체실천성이라는 특징을 갖추게 되었다. [따라서 중국철학의 주체적 사유는] 본체 인식이나 존재 인지에 기초한 자아 초월적인 형상적(形上的) 사유라고 할 수 있다.

전통 철학에서는 '도(道)'를 근본 범주나 최고 범주로 여긴다. 그런데 이른바 '도(道)'는 '천도(天道)'와 '인도(人道)'로 구분된다. 전통 철학자 가운데 소수만이 '천도'와 '인도'의 구분을 주장할 뿐, 대부분의 학파에서는 '천도'와 '인도'의 합치를 주장한다.

'천도'에 대한 인식은 '인도'에 대한 자아 인식을 통해서만 실현될 수 있다. '인도'를 아는 것은 '천도'를 아는 까닭(所以)이다. 실로 주류든 비주류든 모두가 '천도'보다 '인도'에 큰 관심을 가졌다. 도가(道家)는 '천도'를 주장하지만 그것은 '천도'가 바로 '인도'임을 논증하기 위함이었다. 유가가 '천도'를 강조한 것도 '인도'가 바로 '천도'임을 논증하기 위함이었다. 따라서 사실 양 학파의 입각점은 모두 하늘(天)이 아니라 인간에 있다고 할 수 있다. '인도'의 핵심은 인간이 인간으로 되는 까닭으로서의 본성(人之所以爲人之性), 곧 인간의 본질적이고 형이상학적인 존재에 있다. 이 사실은 전통적 사유가 내향적 사유와 의향적 사유일 뿐만 아니라 주체 실천적 사유와 자아 초월적 사유임을 알려준다.

중국의 철학적 사유가 주체적인 특징을 갖추고 있는 까닭은 무엇일까? 이는 매우 복잡한 문제이고 전문적으로 연구해야 할 주제다. 따라서 이 책에서 해결하기는 어렵다. 그런데 분명한 것은 중국은 자연 환경에서 보면 대륙 국가이고, 사회 환경에서 보면 수천 년 동안 자연 경제[상태]로 있던 농업 국가였으며, 그 결과 인간과 자연계가 일종의 특수한 관계에 놓였다는 사실이다. 한편으로 인간의 생명과 생활은 자연계가 제공하는 좋은 조건에 의지할 수밖에 없었고, 결과적으로 자연계에 대해 일종의 감사의 느낌을 갖게 되었다. 그래서 자연을 정복하려는 의식을 가질 수 없었다. 그렇지만 다른 한편으로 인간은 적극적이고 주동적으로 자신과 자연계의 관계를 조정할 수밖에 없었고, 인간 관계의 조정을 포함하여 자연계 안에서 자신의 지위를 확립해야만 했다. 이것은 인류중심주의도 아니고 과학주의도 아니며, 피안으로 초월하는 종교 의식도 아니다. 오히려 '천인합일'을 하나의 형식(틀)으로 삼아 자아를 실현하고 초월하려고 하는 주체 의식이다. 이러한 주체 의식은 자연계에서 인간의 지위를 높여 주었다. 자연계에 대한 높은 숭배와 인간과 자연계의 내재적 관계, 곧 인간은 자연을 떠나서 존재하지 않고 자연계도 인간을 떠나서 존재하지 않[는 관계에 있음]을 나타낸다. 인간의 생명은 자연계에 근원하므로 자연계와 밀접하게 연관되어 있다. 그렇지만 인간은 자연계로부터 은혜를 받으면서도 이 모든 관계를 실현해야만 하므로, 인간이 바로 자연계의 '주재(主宰)'라 할 수 있다.

[따라서 모든 사람은] 주체 자신으로 돌아가고, 자아를 반성·체험·초월하여 최종적으로 인생의 의의를 인식하게 될 때, 그리하여 주체가 자연계와 고도로 화해(和諧)·일치하는 관계를 지니게 될 때 최대의 행복을 얻을 수 있다.

제2장
자아반성형의 내향적 사유

1. 자기를 돌이켜서 구함 [反求諸己]

중국철학의 주체적 사유의 중요한 특징 가운데 하나는, 외부 사물에 대한 인식보다 주체 자신에게 중심(重心)을 두고 자아 인식을 중시한다는 점이다. 인간도 하나의 자연물이기에, 중국 철학은 자연물인 인간에 대한 인식보다 인간이 인간으로 되는 까닭(人之所以爲人), 다시 말해 인간의 내재적 본성에 대한 [자아의] 인식을 더 강조한다.

천인합일(天人合一)이란 사유 패턴(思維模式)에 비추어볼 때, 인간의 본성이란 '천도(天道)' 혹은 '자연(自然)'이 인간에게 부여되고 인간에게 내재된 것이다. 본성은 자재적(自在的) 존재이자 자위적(自爲的) 존재다. 자재적 존재이므로 자연적이며, 자위적인 존재이므로 자아 의식을 갖춘 것이다. 자기의 내재적 본성을 인식하고 실현하는 것이 바로 중국의 철학적 사유의 근본 특징 가운데 하나다.

전통 철학에서 '마음(心)'은 중요한 범주이자 주체성의 표지(標志)다. 마음은 몸(身)을 주재(主宰)하는 것이기에, "한 몸의 주재자(一身之主宰, 朱熹가 말한 것임)"로 말해진다. 그러나 마음은 인간의 인식 기관, 곧 물질적 실체와 그 기능 혹은 작용으로 이해된다. 무엇보다 인간 존재의 표지로서, 인간이 인간으로 되는 까닭이기도 하다. 마음을 인성(人性)의 진정한 담당자라고 말하는 사람도 있다. 중국 철학자들은 "인간은 만물의 영혼(人者萬物之靈)"이라는 말을 즐겨 사용한다. 이때 영혼(靈)이 있는 곳이 바로 마음이다. 마음은 영명(靈明)한 지각 작용을 하며, 인간이 만물보다 신령스러운 까닭 또는 인간의 본질이다. 이 말은 서양의 데카르트(Rene Descartes : 1596~1650)의 "나는 생각한다. 그러므로 나는 존재한다(cogito, ergo sum)"라는 말과 동일한 의미가 아니다. "나는 생각한다. 그러므로 나는 존재한다"는 데카르트의 말은, 사유 방법으로는 회의주의적 설명이라 할 수 있지만, 이성주의(理性主義)적 원칙을 포함하고 있어 본질적으로 관념론적 발언이다. 데카르트는 '명석판명(淸晳明白)'한 논리적 개념의 선험성과 보편성을 강조하였다. 중국철학은 마음의 본질적 존재를 강조하므로 본질론적이다. 마음은 본래 '생각하는(思)' 기능을 갖고 있으며, '생각(思)'은 마음의 가장 중요한 기능과 작용이다. 그러나 마음이 사유할 수 있는 까닭은 '하늘이 나에게 부여한 것(天之所與我者)'이다. 여기서 '하늘이 나에게 부여한 것'은 천부적인 사유 능력이 아니라 '인간이 인간으로 되는 까닭으로서의 본성(人之所以爲人之性)'이다. "생각할 수 있음(能思)"은 마음(心)의 기능(功能)이고, "생각되는 것(所

思)"은 마음(心)의 존재, 바로 인간의 내재적 본성이다. "마음이 맡은 것은 생각이다(心之官則思, 孟子의 말임)"라는 말이 그 진실된 의미를 나타낸다. 생각할 수 있음은 마음 바깥의 사물(心外之物)을 생각(思)하거나 개념적 명석성을 특징으로 하는 선험적인 이성 원칙이 아니라, 그 자신의 존재를 돌이켜 생각하는 것(反思其自身)이다. 이러한 생각(思)은 자아를 깨닫고 자아를 드러내는 의미를 지닌다.

위의 사실들은 중국철학의 사유가 자신을 대상으로 삼는 자기 반성적 사유(自反思維)임을 드러낸다. 사유에 대한 스스로의 사유(思維的自思維) 또는 그 사유를 사유한 것(思維其思維者)임을 나타낸다. 자아에 대한 반성은 개념론이나 관념론적 이성 사유가 아니라 일종의 자아에 대한 이해나 깨달음 또는 자아에 대한 직각(自我直覺)인 것이다.

이른바 깨달음(覺解, 覺悟)이란 사유의 형식이나 방법에 대해 말한 것으로, 체험형의 직각적 사유에 속한다. 그렇지만 사유가 지향하는 목표와 추세에 대해 말하면, 자아반성형의 내향적 사유라고 할 수 있다. 전자는 어떻게 깨달아야 하는가(覺解)의 문제를 해결한 것이고, 후자는 무엇을 깨달아야 하는가의 문제를 해결한 것이다. 양자는 밀접하게 연관되어 있지만, 동일한 문제는 아니다. 직접적인 깨달음(直覺)은 내향적 자아 직각이 아니며 체험도 자아에 대한 체험이 아니다. 현대 과학에서 말하는 직각적 사유는 분명 주체적인 요소를 지니고 있다. 그러면서 여전히 외향적 사유라는 특징을 갖고 있다. 중국철학만이 내향적 자아 반성과 자아의 직각을 대단히 중시한다.

전통 철학에서 볼 때, 인간이 인간으로 되는 까닭으로서의 본성(人之所以爲人之性)은 마음에서 벗어나지 않는다. 성(性)은 마음의 본질 존재 또는 마음이 마음으로 되는 까닭이다. 마음은 "한 덩어리의 고기(一團血肉)"가 아니라, 주체성에 대한 근본적인 표지다. 마음은 정감(情感)과 의지(意志)와 지성(知性)의 통일체이고, 지·정·의가 하나된, 내외 합일의 전체적인 존재다. 이른바 "만물이 모두 나에게 갖추어져 있다(萬物皆備於我, 孟子의 말임)"는 표현은 바로 이런 의미를 지니고 있다. 여기서 말하는 '물(物)'은 주체 의식의 내용이자 주체 의향(意向)을 가리킨다. 그것은 반드시 감지할 수 있는 대상인 외부 사물(外物)일 필요는 없지만, 사물과 그 의미에 관한 의식이다. 이것은 "존재는 감지된 것이다(存在就是被感知)"는 식의 주관유심론이 아니라 중국철학의 주체론, 특히 유가철학의 주체론을 특수하게 표현한 것이다. 마음도 서양의 철학자인 존 로크(J. Locke : 1632~1704)가 말하듯이, 여러 색깔을 칠할 수 있는 백판(白板)이나 흰색 종이가 아니며, 심리학자와 철학자들이 말하듯이 바깥의 사물을 비추는 거울도 아니다. 중국철학에서 언급되는 마음은 진실로 지각하고 사유하는 기관으로서, 인간의 존재와 주체 의식을 드러낸 것이다. 개인의 주체 의식 가운데는 세계의 의미도 담겨 있다. 마음은 지식(知)이자 본성(性)이다. 맹자 이래로 유가(儒家)의 도덕주체론은 모두 이렇게 주장한다.

그 밖의 사상들도 이와 연관되어 있다. 그들도 마음을 인성(人性)의 주체적 담당자로 여긴다. 불교의 선종(禪宗)도 이와 같고, 현학(玄學)을 포함한 도가(道家)도 예외가 아니다. 그들 모두가 마음을 중시하고 본성(性)을 중시한다. 마음과 본성을 결합했을 때 마음을 존재 범주로 본 것은 중국인의 사유에 깊은 영향을 끼쳐 일종의 전통을 형성하고 인간들의 사유 습관을 변화시켰다. 다시 말해 자기의 심령 세계로 돌아가고, 자아를 인식하고 깨닫는 것을 인생의 주요 임무로 여기도록 만들었다. 이것은 어떻게 세계를 인식하고 정복하여 외재적 수요를 만족시켜야 하는가의 문제가 아니라, 어떻게 인간을 만들어야 하는가의 문제라고 할 수 있다. 여기서 인간은 수단이 아니라 목적이다. 자신의 심령 세계를 충실히 실현하는 것은 다른 목적을 추구하기 위한 것이 아니다. 인생은 그 목적을 최대로 추구해야 한다. 그렇지 않으면 인간은 빈 "껍데기(軀殼)"에 지나지 않는다. 마음(心)은, 맹자와 후세 유가(儒家)들이 말하듯이, "선량하고 귀중한(良貴)" 것이다. 마음이 귀중한 까닭은, 그것이 자아가 완비하고 있는 가치 척도이자 가치 표준이기 때문이다. 명대(明代)의 유학자 진헌장(陳獻章)은 이렇게 말한 적이 있다. "칠척 정도로 짧은 인간의 몸에서 마음과 리(理)를 제외하면 귀한 것이 없다. 한 덩어리의 피와 한 무더기의 뼈로써, 배고프면 먹고 목마르면 마시고 의복을 입고 헛된 생각을 하는데, … 모든 것을 혈기(血氣)만 믿고 [지내다가] 늙어 죽으면 끝이라[고 생각한다면, 그런 사람을] 일컬어 금수(禽獸)라고 일컬을 수 있을 것이다."[1]

인간이란 무엇인가? 인간의 본질은 무엇인가? 이것은 중국철학이 가장 관심을 기울인 문제다. 중국철학자들은 인간을 감성적인 동물이나 이성적인 동물이라고 주장하지 않는다. 인간이 "만물을 모두 나에게 갖추고 있는(萬物皆備於我)" 정신적인 주체라는 점은 더욱 중요하다. 대상 가운데 인간의 본질을 찾을 필요도 없고, 인간을 대상화하거나 사물화(物化)하는 방식으로

---

1) 『陳獻章集』, 人其七尺之軀, 除了此心此理, 便無可貴, 渾是一包膿血裏一大塊骨頭, 飢能食渴能飲, 能著衣服能行淫欲, … 凡百所爲一信氣血, 老死而后已, 則名之曰禽獸可也(中華書局, 1987年版, 61쪽).

자신의 문제를 해결할 필요도 없다. 자신에게 되돌아가서 마음(心)이 무엇인지, 본성(性)이 무엇인지를 인식하기만 하면 된다. 깨달을 수 있는(能覺) 마음으로 깨달아지는(所覺) 본성을 깨달을 때, 이 문제는 해결될 수 있다. "인간은 이 마음을 같이하고, 마음은 이 리(理)를 같이한다(人同此心, 心同此理)"는 송대 유학자 육구연(陸九淵)의 명언도 대다수의 유가가 동의(미세한 부분에서 차이가 있기는 하지만)하는 것이다. 이 마음(心)은 도덕적인 마음이며, 이 이치(理)도 도덕적인 이성이다. 나에게 도덕적인 마음이 있고 모든 사람에게 도덕적인 마음이 있다. 나에게 도덕적인 이성이 있고, 사람들 모두에게 도덕적인 이성이 있다. 이것이 바로 인간이 인간으로 되는 까닭이다. 도가(道家)에 따르면, 나는 '신명(神明)'의 마음을 갖고 있고, 모든 사람이 '신명'의 마음을 갖고 있다. 나는 '자연(自然)'의 본성을 갖고 있고, 모든 사람이 '자연(自然)'의 본성을 갖고 있다. 이것이 바로 인간의 본질이다. 그래서 가장 중요한 일은 사람들이 마땅히 자기를 인식하는 일이다. 중국 전통 철학은 이렇게 사람들을 이끌어왔다.

인간의 본질이 무엇인가라는 문제는 중국철학이 가장 많이 관심을 기울이고 또 토론했던 문제다. 그래서 자연히 전통적 사유의 기본적인 특징이 되었다. 중국철학에 의하면, 모든 사람은 내재적 본질을 갖추고 있다. 하지만 모든 사람이 그것을 자각하는 것이 아니다. 그래서 모두가 그것을 반드시 실현하지 못할 수도 있다. 중요한 문제는 어떻게 자각해야 하느냐에 있다. 유가가 말한 "생각하지 않고도 얻(알)고, 힘쓰지 않고도 [도에] 들어맞는(不思而得, 不勉而中)" 이상적인 성인(聖人)의 경지는, 높은 수준으로 자각한 결과다.

자각하기 위해서는 반드시 몸을 돌이켜 생각하고(反身而思), 자신을 반성해야(反求諸己) 한다. 맹자는, "인간이 금수와 다른 점은 얼마 되지 않으니, 서민(庶民. 衆人)은 그것을 버리고, 군자는 그것을 보존한다"[2]고 말하였다. 사람이 동물과 다른 점은, 자그마한 도덕적 본심에 있다. 이것이 바로 인간이 만물보다 귀한 까닭이다. 생각해서 보존하고 자각하지 못한다면, 금수와 다름이 없다. 깨우침과 깨우치지 못함의 관건은 자아를 반성함(自我反思), 곧 "자기 자신을 반성함(反求諸己)"에 있다. 이학(理學)의 큰 스승인 주희(朱熹)는 이것을 "꿈과 깨달음의 관계(夢覺關)"라고 불렀다. 본성(性)을 아는 것이 바로 깨달음(覺)이며, 스스로를 알지 못하는 것이 바로 꿈이다. 깨달음은 성현(聖賢)의 경지이고 꿈은 생물의 경지다. 생물의 경지에서는 일생을 살아도 "꿈속에서 일생을 보내는 것(夢過一生)"처럼, 인간의 가치와 의의를 잃어버리게 된다. 이것으로 자아를 반성하고, 자아에 대한 깨달음을 실현하느냐의 여부가 인간의 본질을 실현하느냐 그렇지 못하느냐를 구분하는 관건임을 알 수 있다.

인간의 자각을 실현하는 일은 내심의 세계로 되돌아가는 것이다. "나에게 있는 것을 생각한다(思其在我者)"는 것도 위의 내용과 같다. 유가가 강조하는 자아에 대한 반성(自我反省)은 이런 사유에 속한다. 공자가 "안으로 스스로를 반성하고(內自省)" "스스로를 책망한다(內自訟)"고 말한 것과, 증자(曾子)가 "하루에 세 번 반성한다(吾日三省吾身)"고 말한 것도 자기 자신의 내심 세계와 심령의 깊은 곳에서 문제를 해결하라고 주장한 것이다. 인간됨의 도리를 분명히 하려면, 외적인 환경이나 사물

---

2) 『孟子』, 「離婁下」, 人之異於禽獸者幾希, 庶民去之, 君子存之.

(대상)을 향하지 않고, 인간의 본질과 행위 법칙을 탐구해야 한다. 그렇게 할 때 내재적인 심령 세계에서 해결책을 찾을 수 있다. 해결책은 화살을 쏠 때처럼 '표적(的)'이나 '화살(矢)'이 아니라 자신의 마음에서 찾을 수 있다. "활을 쏘는 자는 자신[의 자세]을 바로잡은 뒤에 발사한다. … [발사한 것이 맞지 않더라도] 돌이켜 자신에게서 [맞히지 못한 원인을] 찾을 뿐이다."3) 자기를 바르게 할 때만(正己) 남을 바르게 만들 수 있고 사물을 바르게 만들 수 있다. 유가(儒家), 특히 이학자(理學家)들이 주장하는 '신독(愼獨)'도 이와 마찬가지다. "남은 알지 못하지만 자기만은 안다(人不知而己獨知之)"고 할 때, 무엇을 알아야 하는가? 바로 인간의 도리다. 왜냐 하면 도리는 바깥에 있지 않고 자기의 마음 안에 있으며, 다른 데서 구하거나 다른 사람에게 알릴 필요가 없는 것이기 때문이다. 이것은 일종의 내재적이고 본질적인 사유 방식 또는 자아 수양을 특징으로 하는 반폐쇄적인 사유 방식이다.

유가가 주장하는 '성(誠)'과 '인(仁)'의 철학은 자아반성형의 주체적이고 내향적인 사유를 집중적으로 표현한 것이다. '성'은 본래 진실하고 속임이 없는 심리 상태나 정신 상태다. 그러나 유가들은 이 '성'을 '천인합일'의 도덕 본체, 하늘이 하늘로 되는 까닭으로서의 도(天之所以爲天之道), 인간이 인간으로 되는 까닭으로서의 도(人之所以爲人之道), 인간에 내재하여 존재하는 것으로 말하였다. 맹자는, "성실히 함(誠)은 하늘의 도요, 성실히 할 것을 생각함(思誠)은 사람의 도다. 지극히 성실하고서 [남을] 감동시키지 못하는 자는 있지 않으며, 성실하지 못하면서

---

3) 『孟子』, 「公孫丑(上)」, 射者正己而后發, … 反求諸己而已矣.

남을 감동시킬 수 있는 자도 있지 않다"4)고 말했으며,『중용(中庸)』에서는, "성실한 자(誠)는 하늘의 도요, 성실히 하려는 자는 사람의 도이니, 성실한 자(誠)는 힘쓰지 않아도 도에 맞으며, 생각하지 않고도 알아서 종용(從容)히 도에 맞으니 성인이요, 성실히 하려는 자는 선을 택하여 굳게 잡은 자다"5)고 기록했다. 유가(儒家)가 천도(天道)를 제시한 것은 하늘(天)이 인간의 본성(性)을 부여했음을 설명하기 위해서였다. "하늘이 명한 것을 성이라 이른다"6)는 말이 바로 이것이다. 천도의 성실함(誠)은 사람에게 내재되어 있을 뿐만 아니라 사람들이 실현해야 하는 것이다. "성실히 할 것을 생각함(思誠)"이 인간의 도(人之道)가 되는 것은, 그것이 천도의 성실함(誠)을 실현하는 근본적인 방법이기 때문이다. 이것이 바로 자기 자신을 반성하고 마음을 성실히 하는 것이다. 마음을 성실히 해야만 천도의 성실함을 실현할 수 있다.

"성실히 함을 생각한다(思誠)"는 것은 바로 "선을 밝히는 것(明善)"이다. "선을 밝게 알지 못하면 그 몸을 성실히 하지 못한다."7) 자기 자신의 심신(身心)으로 되돌아가고, 선량한 본성을 분명히 하는 것은 바로 하늘의 성실함(天之誠)을 생각하는 것이 아니라 "성실히 할 것을 생각하는 것(思誠)"이다. 왜냐 하면 천도의 성실함은 마음(心)의 본질적 존재일 뿐만 아니라, 마음(心)을 떠나서는 성실함이란 것도 없기 때문이다. "선을 택하여 굳

---

4)『孟子』,「離婁(上)」, 誠者, 天之道也, 思誠者, 人之道也. 至誠而不動者, 未之有也. 不誠, 未有能動者也.
5)『中庸』,「二十章」, 誠者, 天之道也. 誠之者, 人之道也. 誠者, 不勉而中, 不思而得, 從容中道, 聖人也. 誠之者, 擇善而固執之者也.
6)『中庸』,「第一章」, 天命之謂性.
7)『孟子』,「離婁(上)」, 不明乎善, 不誠其身矣.

게 잡는다(擇善而固執)"는 것은, 다른 곳을 향해 선을 선택하는 것이 아니라, 마음 가운데 본래부터 있는 선 또는 선의 잠재적 본질을 선택하는 것이다. 선을 밝히고 선을 선택해야 할 뿐 아니라, "죽어도 선의 도를 지켜야(死守善道)" 하고, 지켜서 잃지 않아야 한다. 이것이 바로 "몸을 돌이켜서 성실함"[8]이다. 몸을 돌이키지 않으면 그 마음을 성실히 할 수 없고, 그 마음을 성실히 하지 않으면 천도의 성실함을 밝힐 수 없다.

유가는 일반적으로 무엇이 성실함(誠)이고, 무엇이 선(善)인가를 개념적으로 분석하거나 논리적으로 증명하지 않았다. 도리어 자신에게 되돌아가고, 내심을 체험하고 직관적으로 투시하여, 전체(整體)로 파악할 것을 요구한다. 이것은 선에 관한 서양의 학설과 완전히 동일하지 않다. 서양에서는 개념의 명확성을 중시하고, 무엇이 선인지 개념상으로 파악할 것을 강조한다. [반면에] 유가는 유기적인 전체성(有機整體性), 곧 지(智)·인(仁)·용(勇)의 통일과 진(眞)·선(善)·미(美)의 합일을 중시하며, 개념적인 분석보다 내면적인 반성(內省)을 강조한다. 유가가 볼 때, 내면적인 반성은 어떤 개념이나 지식의 일이 아니라 자신들의 심신(心身)과 성명(性命)의 일을 성취하는 일이다. 어떤 지식을 획득하는 것이 아니라 일종의 이상 인격을 완성하는 일이다. 그래서 변론이나 탐색, 공리화(公理化)되고 형식화된 지식 체계가 필요하지 않다.

『중용』에는, "성실함(誠)은 스스로 이루는 것이요 도(道)는 스스로 행해야 할 것이다. 성실함은 물건(사물)의 마침과 시작이며, 성실하지 않으면 사물도 없게 된다. 그러므로 군자는 성

---

8) 같은 곳, 反身而誠.

실히 함을 귀하게 여긴다"[9]는 기록이 있다. 여기서 "스스로 이루는 것(自成)"은 자기가 자기를 인식하고 완성하는 것이다. '스스로 행해야 할 것(自道)'도 이와 마찬가지다. 모두가 외부 세계의 일이 아니라 자기의 내심 세계의 일이다. "스스로 이루는(自成)" 성실함(誠)은 마음 가운데 스스로 존재하는 성실함(誠)이다. 스스로 성실해야만 사물(物)이 있게 된다. 즉, "성실하여 그 사물이 있어야만(誠有其物)", 천지 만물이 나에게 갖추어진다(天地萬物皆備於我). 왜냐 하면 마음(心)의 성실함(誠)은 천도(天道)의 성실함(誠)이며, 스스로 그 성실함을 이루어야만(能自成其誠) 천도의 성실함이 실현될 수 있으며, 천도의 성실함이 바로 만물이 만물로 되는 까닭이기 때문이다. 그러므로 마음이 성실하면 사물이 있고, 성실하지 않으면 사물(物)이 없다고 할 수 있다. 마음이 성실함을 이룸은, "자신을 완성하는(成己)" 것일 뿐만 아니라 사물을 완성하는(成物) 것, 다시 말해 만사만물을 성취하는 것이다. 『역전(易傳)』에서 "말씨를 닦아 그 성실함을 세운다(修辭立其誠)"고 말한 것도, 존재 의식을 성취하는 것이다. "다만 마음이 정성스러우면 쇠와 돌도 쪼갤 수 있다(只有心誠, 金石爲開)"는 옛말도 이런 사유가 발전적으로 운용된 것이다. 다시 말해 마음이 성실하면 해내지 못할 일이 없다는 뜻이다. 쇠나 돌처럼 단단한 물건도 변화시킬 수 있다는 말 속에는 자기를 반성하는 사유(自反思維)의 주체적 능동성이란 특징이 담겨 있다.

유가는 이상 인격을 완성하기 위해서는 정확하게 선택해야 하고, 정확하게 선택하기 위해서는 인간의 내재적 잠재 능력이

---

9) 『中庸』, 「第二十五章」, 誠者自成也, 而道自道也. 誠者物之終始, 不誠無物. 是故君子誠之爲貴.

나 선한 본성(善性)을 전제해야 한다고 주장한다. 스스로 성실한 마음(誠心)과 선한 본성(善性)을 가져야 한다는 것이다. 마음(心)을 성실히 한다는 것은 스스로 성실함을 이루는 것이며, 선(善)을 선택한다는 것은 스스로 그 선을 선택하는 것이다. 이는 자기의 성실한 마음(誠心)과 선한 본성(善性)을 자각함으로써 실현된다. 자기의 성실한 본성(誠性)이 실현되면 만사만물을 성취할 수 있으니, 이것은 바로 "스스로를 이루는(自成)" 문제다. 그러므로 『중용』에서는, "성(誠)은 스스로 자기만을 이룰 뿐만 아니라 사물도 이루어주니, 자기를 이룸은 인(仁)이요 사물을 이루어줌은 지(智)다. 이는 성(性)의 덕이니, 안과 밖을 합한 도(道)다. 그러므로 때로 둠에 마땅한 것이다"[10]라고 하였다. 주희는 이 문장에 대해 다음처럼 해석하였다. "성실함(誠)은 비록 자기를 이루는 것이지만, 스스로 이룸이 있으면, 자연히 사물에게 미쳐 도가 저것에게 행해진다. 인은 체(體)가 보존됨이요 지는 용(用)이 발동하는 것이니, 이는 모두 내 성에 고유한 것이어서 안과 밖의 분별이 없다. 이것을 자신에게 얻으면 일에 나타나는 것이 때에 따라 둠이 모두 그 마땅함을 얻게 될 것이다."[11] 이로부터 "사물을 이루는(成物)"의 문제를 해결하려면 먼저 "자기를 이루고(成己)" "스스로 이루는(自成)" 문제를 해결해야 함을 알 수 있다. "자기를 이룸(成己)"이 출발점이고 "사물을 이루어줌(成物)"은 그 결과다. 성인의 학문(聖人之學)은 "자기를 이룸(成己)"에 그 관건이 있다. "사물을 이루어줌"은 "자기를 이룸"이

---

10) 같은 곳, 誠者非自成而已也, 所以成物也. 誠己, 仁也, 誠物, 知也, 性之德也, 合內外之道也, 故時措之宜也.
11) 『中庸章句』, 「第二十五章」, 誠雖所以成己, 然旣有以自成, 則自然及物, 而道亦行于彼矣. 仁者體之存, 知者用之發, 是皆吾性之固有, 而無內外之殊. 旣得于己, 則見于事者, 以時措之, 而皆得其宜也.

후의 일이다. 자기를 이루면 저절로 사물에 미칠 수 있다는 것은 일차적인 설명이다. 사물을 이루어줄 수 있느냐의 여부는 외적인 힘이 사람에 의해 결정된다. 이것은 인간이 자연계에서 주체적 지위를 가지고 있음을 나타낸다. 이 사유에 따르면 사물을 이루어준 뒤에 자기를 이룰 수도 없고, "사물을 이루어주는" 가운데 "자기를 이룰 수"도 없다. 더욱이 "사물을 이루어주는 것"을 임무로 삼을 수도 없다. 반드시 "자기를 이루고" "스스로 이루는" 공부를 해야만 한다.

자기 반성적 사유(自反思維)의 주체적 특징은 '참천(參天, 하늘에 참여하는)' 사상을 드러낸다. 인간이 스스로 본성을 알고 본성을 이룬다면, 만물을 주재하고, 천지의 화육(化育)에 참여할 수 있다. "오직 천하에 지극히 성실한 분이라야 그 성(性)을 다할 수 있으니, 그 성을 다하면 사람의 성을 다할 수 있고, 사람의 성을 다하면 물건의 성을 다할 수 있으며, 물건의 성을 다하면 천지(天地)의 화육을 도울 수 있고, 천지의 화육을 도우면 천지와 더불어 참여하게 된다."[12] 이렇게 거꾸로 추리하는 형식(反推型)의 사유는 자기 반성적 사유를 그 근본 전제와 기초로 삼는다. 여기서 관건은 "그 본성을 다함(盡其性)"에 있다. 사유의 주체가 자기의 본성을 인식하고, 자기의 본성을 실현할 때만 천지만물을 주재할 수 있다. 인간과 만물의 본성(性)은 모두 천도(天道)에 근원해 있다는 점에서 서로 통한다. 그렇지만 인간만이 만물의 영장(靈)으로 만물의 본성(性)을 성취할 수 있고, 천지[의 운행]에 참여하여 도울 수(參贊) 있다. 인식의 측면에서

---

12) 『中庸』, 「第二十二章」, 唯天下至誠, 爲能盡其性, 能盡其性, 則能盡人之性, 能盡人之性, 則能盡物之性, 能盡物之性, 則可以贊天地之化育, 可以贊天地之化育, 則可以與天地參矣.

말하면 앎(知)은 본성이 발동하여 쓰이는 것(發用)이다. 그래서 본성을 이루면 저절로 사물(物)을 알 수 있다.

　본성을 이룬 뒤에 사물(物)을 알게 되는 것이 아니라, 본성을 이루는 것(成性)을 사물을 아는 것으로 간주하는 것이다. 주체와 객체의 대립을 전제하는 대상적 인식이 아니라, 주체와 객체의 합일을 지향하는 자아 인식이다. 바깥으로 나가지 않고 자신에게 돌아올 때, "안과 밖을 합일하는 도(合內外之道)"를 실현할 수 있다. 이러한 특수한 사유 방식이 중국철학의 일반적인 사유 방식이다. 전통 철학에서 볼 때, 마음(心)에는 안과 밖이 없고 본성(性)에도 안과 밖이 없다. 그러나 [마음과 본성은] 자기의 몸(신체) 속에 있어서 자기 자신을 반성하여 구할 때만 진정으로 내외합일(內外合一)·물아합일(物我合一)을 실현할 수 있다.

　인(仁) 개념이 표현하는 주체의 내향적 사유의 특징은 더욱 분명하다. 유학은 어떤 의미에서는 인을 배우는 학문(仁學)이다. 인을 배우는 학문(仁學)이란 인간을 배우는 학문(人學)을 의미하기도 한다. "인은 사람이며(仁者人也)", "사람은 인이다(人者仁也)." 두 개념(인과 사람)은 서로 바뀔 수 있다. 인이란 범주는 역사적으로 변화했지만, 오랫동안 변하지 않은 점도 지니고 있는데, 그것은 "인이란 마음이다(仁, 心也)"는 것이다. 맹자 이후 송명(宋明) 이학(理學)에 이르기까지 이런 관점이 유지되었다. 인(仁)과 마음(心)은 연관되어 있어서 분리될 수 없다. 양자는 하나면서 둘이고(一而二), 둘이면서 하나(二而一)인 관계에 있다. 풍우란(馮友蘭)은, "중국 사상은 마음(心)에서 출발하며", "사람의 마음 안에서 직접적으로 선(善)과 행복을 찾는다"13)고 말한 바 있다. 이 말은 중국철학의 사유 특징을 가장 잘 개괄한 것이다. 마음 속의 선이 바로 인(仁)이고, 마음속의 행복이 바로 즐거움(樂)이다. 즐거움(樂)에 관해서는 다음에 검토하고, 지금은 인에 대해서만 논의해보자.

인(仁)이 유가철학의 근본 범주라는 점은 잘 알려진 사실이다. 수천 년 동안 철학자뿐만 아니라 일반인도, "인의와 도덕(仁義道德)", "어진 사람과 군자(仁人君子)", "어진 자는 남을 사랑한다(仁者愛人)", "어진 자는 탐욕을 부리지 않는다(仁者不貪)", "부자가 된 자는 어질지 않다(爲富不仁)", "마비된 나무는 어질지 않다(痲木不仁)"고 말해왔다. 이런 말들은 모든 사람이 알고 있으며 곧잘 사용하는 표현이다. 이 범주와 술어가 광범위하게 사용된다는 것은 전통 철학의 주체적 사유가 사회의 대중들에게 수용되었음을 의미한다.

공자는 중국의 전통 사상과 문화의 대표로서 인학(仁學)을 제시한 동시에 주체 사유의 기본 원칙을 확립하였다. 인(仁)이 인간의 내재적 덕성(德性)으로 귀결된 이후로, 인덕(仁德)을 인식하고 실현하는 일은 완전히 주체 자신의 일이 되었다. 공자가 제시한 "인으로써 자기의 책임으로 삼는다"[14]는 명제는, 인(仁)이 자신의 마음속에 있으므로 다른 데서 찾거나 구하지 말고 반드시 자기의 마음 가운데서 구해야 함을 설명한 것이다. 인을 구함이 "자기의 책임(己任)"이 되는 까닭은, 그것이 주체 자신이 갖춘 것이고, 자기 자신을 완성하는 일이기 때문이다. "인을 행하는 것은 자기에게 달려 있지, 남에게 달려 있겠는가?",[15] "내가 인을 하고자 하면 인이 당장 이른다."[16] 인에서 말미암음

---

13) 馮友蘭, 『三松堂學術文集』, 北京大學出版社, 1984年版, 39-40쪽.
14) 『論語』, 「泰伯篇」, 仁以爲己任.
15) 『論語』, 「顔淵篇」, 爲仁由己, 而由人乎哉.

은 외재적인 것이 아니라 내재적인 것이며, "인을 실행함(爲仁)"이나 "인을 의욕함(欲仁)"도 마음 안의 일이다. 그러므로 반드시 자기의 마음 안에서 찾아야 한다.

맹자가 내놓은 "인(仁)은 사람의 마음이다",[17] "군자의 성(性)으로서의 인의예지는 마음에 근거한 것이다"[18]라는 심성합일론(心性合一論)의 명제는, 인을 인간의 내재 본성, 본질 존재, 도덕 자율로 변화시킨 것이다. 이것은 나중의 유가들에게 보편적으로 수용되었다.[19] 이렇게 인(仁)이 마음(心)이고, 마음(心)이 인(仁)이라면, 사유의 주체인 마음(心)은 어떻게 인(仁)을 인식하게 되는가? 그것은 "자기에게 돌이켜서 구하고(反求諸己)", "나에게 있는 것을 찾는 것(求在我者)"일 뿐이다. 인(仁)은 인간이 인간으로 되는 까닭으로서의 본질 존재다. 그러므로 진정한 '나(我)'는 '소체(小體)'가 아니라 '대체(大體)'라 할 수 있다. "마음의 기능은 생각하는 것이다."[20] 그 근본점은 "먼저 그 큰 것을 세우는 데 있다(先立乎其大者)." "귀와 눈의 기능은 생각하지 않으면 물건에 가려지니, 물건(耳目)이 물건(外物)과 사귀면 거기에 끌려갈 뿐이다. 마음의 기능은 생각하는 데 있다. 생각하면 얻고, 생각하지 못하면 얻지 못한다. 이것은 하늘이 우리 인간에게 부여한 것이니, 먼저 그 큰 것을 세운다면 그 작은 것은 빼앗기지 않을 것이다."[21] 귀와 눈 같은 감지 기관은 외물

---

16) 『論語』, 「述而篇」, 我欲仁, 斯仁至矣.
17) 『孟子』, 「告子(上)」, 仁, 人心也.
18) 『孟子』, 「盡心(上)」, 君子所性, 仁義禮智根於心.
19) 구체적인 설명에서 약간의 차이점이 있을 뿐이다.
20) 『孟子』, 「告子(上)」, 心之官則思.
21) 『孟子』, 「告子(上)」, 耳目之官不思, 而蔽於物. 物交物, 則引之而已矣. 心之官則思, 思則得之, 不思則不得也. 此天之所與我者. 先立乎其大者, 則其小者不能奪也.

(外物)에 상대하여 존재한다. 다만 객관 사물과의 관계가 생겨나므로, 객관 사물에 따라 움직인다. 그래서 쉽게 사물에 '이끌리며(引)', 사물에 의해 '가려지게 된다(蔽)'. 외물에 이끌리고 가려지기 때문에 자신의 주체성을 잃고 외물의 노예가 된다. 하지만 마음의 역할(心之官)은 그렇지 않아서 진정한 사유의 주체가 된다. 따라서 외물로써 동요되지 않는다. 그래서 [마음은] "때가 없이 출입하나 그 본향을 알지 못하는(出入無時, 莫知其鄕)", 지극히 큰 주체적 능동성을 갖춘 것이라 할 수 있다. 생각하면 얻고 생각하지 않으면 얻지 못한다. 얻음과 얻지 못함은 외물이 결정하지 않고 주체 자신이 결정한다. 그러나 무엇을 얻는가? 당연히 자기의 인심(仁心), 즉 인성(仁性)이다. 이것이 진정한 '대체(大體)'다.

이른바 '대체(大體)'·'소체(小體)'의 구분은 마음(心)과 귀·눈의 형체나 기능을 구분한 것이 아니다. 예를 들어 귀·눈은 형체를 가진 사물을 감지하고, 마음은 추상적인 원리나 원칙을 인식할 수 있지만, 이 정도의 차이는 양자의 중요한 차이가 아니다. 양자의 중요한 차이는 귀·눈은 소리와 색깔(聲色)과 접촉하여 감성적 욕망을 일으키는 반면, 마음은 도덕 이성(道德理性)을 갖추어 의리(義理) 등의 도덕적 요구를 만드는 데 있다. 생각(思)은 진실로 마음(心)의 기능(功能)이다. 그렇지만 어떻게 생각하고 무엇을 생각하며 어디를 지향할까 하는 것은 더욱 중요하다. 바로 이 점이 주체 사유의 내향적 특징을 결정한다.

그런데 생각함(思)과 생각하지 않음(不思)은 매우 다르다. 생각하면 얻고, 생각하지 않으면 얻지 못한다. 얻지 못한다는 것은 놓아서 잃어버림과 같다. 그래서 "마음을 보존해야 하고(存心)", "놓아버린 마음을 구해야 한다(求放心)"고 주장하는 것이다. 맹자는, 사람들이 닭이나 돼지를 잃어버리면 찾을 줄 알면서, 자기의 '본심(本心)'인 어진 마음(仁心)을 잃어버리면 찾을 줄 모르는 것은 잘못된 일이라고 여겼다. "놓아버린 마음을 찾아오려면(求放心)" 반드시 "자기 자신을 반성하고(反求諸己)", "나에게 있는 것을 생각해야 한다(思其在我者)." 바깥에 나가서 찾으려 해서는 안 된다. 왜냐 하면 어진 본성(仁性)은 본래 "마음에 뿌리를 내리고(根於心)" "내가 본래부터 가진 것(我固有之)"이기 때문이다. 그러므로 얻음과 얻지 못함의 차이는 실제로 깨달음(覺)과 깨닫지 못함(不覺)의 차이라고 할 수 있다. 깨달음은 그것(仁性)이 있음을 스스로 아는 것이고, 깨닫지 못함(不覺)은 그것(仁性)이 있음을 스스로 알지 못하는 것이다. 그것이 있음을 스스로 깨닫는다면, 그것을 지켜서 잃지 않겠지만, 그 있음을 깨닫지 못한다면 놓아서 잃게 된다. 그래서 자아를 돌이켜 생각한다(自我反思)는 것은 인성(人性)을 실현하고, 인격을 완성하는 근본적인 방법이라 할 수 있다.

유가의 주장에 따르면, 도덕 본성은 모든 사람이 갖고 있는 것이다. 그래서 모든 인간은 성인(聖人)이 될 수 있다. "사람들 모두가 요임금·순임금[과 같은 성인]이 될 수 있으며(人皆可以爲堯舜)", "성인과 나는 같은 종류(同類)다(聖人與我同類者, 孟子의 말임)." [핵심적인] 문제는 자아를 반성하여 스스로의 깨달음을 실현하느냐 여부에 달려 있다. "인의예지는 밖으로부터 나를 녹여서 들어오는 것이 아니라 나에게 고유한 것이다. 사람들이 생각하지 않을 뿐이다."[22] 그래서 인간의 도덕 본체와 주체 원칙을 확립하고 그것의 실현 방법도 지적해야만 사람들을 자

---

22) 『孟子』, 「告子(上)」, 仁義禮智, 非由外鑠我也, 我固有之也, 弗思耳矣.

각시킬 수 있다. 그리고 사람들을 자각시키는 것이 오랫동안 지속된 전통 철학의 근본 임무였다. 사람들마다 "자기 자신을 반성하여(反求諸己)" 자기의 마음에서 인(仁)을 구하면 인을 알 수 있는데, 인을 아는 것이 바로 사람들을 자각시키는 것이다.

전통 철학에서 볼 때 자아를 반성한다(自我反思)는 것은 사유가 자신을 대상으로 삼는 것, 곧 사유가 스스로를 사유하는 것이다. 이것은 인간의 자아를 실현하라는 내재적인 요구다. 모든 사람은 귀(耳)·눈(目)·입(口)·코(鼻)의 욕망과 더불어 내재적이고 정신적인 요구를 갖고 있다. 이것은 바로 자아를 실현하려는 도덕 의지(道德意志) 또는 도덕 목적(道德目的)이다. 인간의 귀와 눈에 공통점이 있는 것처럼, 인간의 마음에도 공통점이 있다. "마음이 똑같이 옳게 여긴다는 것은 어떤 것인가? 리(理)와 의(義)를 말한다. 성인은 먼저 우리 마음에 똑같이 옳게 여기는 바를 알고 있었다. 그러므로 리와 의가 우리 마음에 기쁨이 되는 것은 추환(芻豢. 소와 양, 개와 돼지 같은 가축)이 우리 입맛에 맞는 것과도 같다."[23] 리(理)와 의(義)는 내재적 도덕 의식이고 자율 원칙이자 인간의 내재적 정신적 요구다. 그래서 그것을 얻어서 실현하면, 자아에 대한 반성(自我反思)이 바로 자아 실현이라 할 수 있다. 이것은 일종의 자각일 뿐만 아니라 일종의 즐김(享受)이다. 이 주체적 사유는 내재적 동력을 갖추고 있다.

유가(儒家)가 주장하는 '양지양능설(良知良能說)'도 자아를 반성하는 사유의 중요한 내용이다. 양지·양능은 "생각하지 않아도 알고(不慮而知)", "배우지 않고도 할 수 있는(不學而能)" 내재적인 잠재 능력이자 도덕 표준이다. 그래서 옳고 그름(是

---

23) 『孟子』, 「告子(上)」, 心之所同然者何也. 謂理也, 義也. 聖人先得我心之所同然者. 故義理之悅我心, 猶芻豢之悅我口.

非)을 분별하고 선(善)과 악(惡)을 구분할 수 있다. 이 표준을 이해하고 파악하려면 외적인 지식이나 원칙보다 자아 인식(自我認識)이 필요하다. 왕양명(王陽明)이 말한 것처럼, "양지(良知)는 네 자신의 준칙(準則)이다(良知是爾自家的準則)." 양지는 완전하고 자족(自足)한 것이므로 헛되이 밖에서 구할 필요가 없다. 그렇지만 진실로 [그것을] 실현하려면 자아를 반성해야 한다. 다시 말해 마음의 바깥에서 구하지 말고 자기의 마음에서 찾아야 한다. 이것은 사유의 기본적인 지향이 "바깥에 있는 것을 구하는 것(求在外者)"이 아니라 "나에게 있는 것을 찾는 데(求在我者)" 있음을 보여준다. 안에서 구할 수 있을 뿐 바깥에서 구할 수 없으며, 스스로에게서 구할 수 있을 뿐 다른 데서 구할 수 없다. 왕양명은 바깥을 향해 이치(理)를 구하는 것을, "나귀를 타고 나귀를 찾는(騎驢覓驢)" 것으로 비유하고, 자신의 '무진장(無盡藏)'을 잊은 것이라 비평했다. 온 거리에 있는 사람이 모두 성인이며, 어리석은 남자와 여자 모두가 양지(良知)를 갖고 있다는 왕양명의 말도, 자아에 대한 반성(自我反思)과 깨달음(自我覺悟)을 통해 이상 인격을 실현하라는 뜻이다.

　여기서 지적해야 할 것은, 맹자·육구연(陸九淵)·왕양명 등 심학자들만 양지설(良知說)과 자아에 대한 반성을 주장한 것이 아니라는 사실이다. 유가 가운데 더 많은 사람이 이런 사유 방식을 주장하였다. 그 예로 주희와 육구연이 벌인 논쟁들을 들 수 있다. 일반적으로 두 사람의 사상에는 커다란 차이가 있다고 여겨지지만, 주희는 육구연의 양지양능설에 대해서는 반대하지 않았을 뿐 아니라 칭찬하여 말한 적도 있었다. "육자정(陸子靜, 육구연을 가리킴)이 양지양능과 사단에 대해 말한 것은 완성된 것들이 마치 경전의 말처럼 옳지 않다고 말할 수 없다(陸子靜說

良知良能四端等處, 且成片擧似經語, 不可謂不是)." "천지지성은 인간을 귀한 존재로 만들었고, 인간을 만물의 신령한 존재로 만들었다. 인간이 귀하고 신령한 까닭은 다만 이 마음(心)[에 있을]뿐이다(天地之性人爲貴, 人爲萬物之靈, 人所以貴與靈者, 只是這心)"라는 육구연의 주장에 대해서도 주자는 "이 말을 믿으니 비록 성현이 다시 살아온다 해도 이와 같을 것이다"[24]라고 인정했다. 양지양능은 성(誠)이나 인(仁)처럼, 전통 철학 가운데 보편적으로 사용된 범주로서 주체의 내향적 사유의 특징을 표현한 것이다. 사람들의 일상 생활 가운데도 이 사유가 표현되어 있다. 예를 들어, "가슴에 손을 얹어 스스로 묻다(捫心自問)", "양지는 어디에 있는가(良知何在)", "양지는 없어지지 않는다(良知未泯)", "양지를 불러일으킨다(喚起良知)"는 발언은 모두 사유를 자각하거나 자각하지 못했음을 표현한 것이다.

2. 이치를 궁구하고 정성을 다한다 [窮理盡性]

유가는 사람을 사회적 존재·도덕적 존재로 여긴다. 인성(人性)을 도덕성(道德性)으로 귀결시키고, 도덕 의식을 자각할 것을 강조한다. 사실상 도덕 의식은 사회 집단(群體)간의 윤리 관계를 반영하며, 그 사유 방식은 '인간성(人間性)'이란 특징으로 표현된다. 그것은 사회 집단에서의 지위를 중시하고, 사람들간의 상호 관계를 존중하며, 사람들간에 형성된 윤리와 원칙을 긍정한다. 유가는 문제를 관찰하고 생각할 때, 사람들간의 관계에

---

24) 『朱子語類』, 「卷124」, 信如斯言, 雖聖賢復生與人說, 也只得恁地.

착안하고, 사람이 사회적 존재임을 강조한다. 그러므로 [유가의 사유는] 사회윤리형 사유라고 할 수 있다. '예(禮)'의 관념을 매우 중시하는 것도 이 점을 나타낸다. '예'는 사회 · 정치 · 윤리 · 원칙의 총칭이며, 상하의 등급과 존비 관계를 포함하는 것으로, 내적인 자율(自律)이 아니라 외적인 규정이다. 이른바 "인간의 윤리와 사물의 이치(人倫物理)"는 바로 이런 원칙을 가리키며, 뒤에 추상적 원리인 이른바 '리(理)'로 변화하였다. "예는 곧 리다(禮者理也)"라는 말은 사회의 정치와 윤리 원칙을 우주 자연계의 보편 법칙으로 승화시킨 예라 할 수 있다.

그런데 사회적 윤리 규범은 내적인 심리 구조로서, 모든 사람이 태어나면서 갖게 된 것이다. 외적인 법칙이 선험적 도덕 관념으로 바뀐 것, 그래서 내재적 근거를 갖춘 것이다. 리(理)는 인간의 내재적 본질이자 자연계의 보편적 법칙이다. 그래서 인간의 내재 의식과 관념은 본체론과 존재론의 의미를 갖추게 된다. 이 사유는 내향적 사유와 외향적 사유를 결합한 것이다. 그렇지만 후자를 보조 수단으로 삼고 전자를 주목적으로 삼는 특징을 갖고 있다. 그래서 근본적으로 여전히 대상적 사유가 아니라 주체의 내향적 사유라고 할 수 있다.

유가는 외재적 사회 윤리를 내재적 주체 의식으로 바꾼 뒤에도, 외향적인 사유(外向思維)와, 외부 경험을 근거로 지식을 구하는(求知) 사유를 부정하지 않았다. 그러나 외향적 사유와 지식을 구하는 사유는 일종의 현실적인 주체 원칙의 방법과 수단일 뿐이고, 진정한 귀결점은 내향적인 자기 반성적(自反) 사유에 있다. 사유의 과정에서 바깥을 향한 생각을 부정하지 않는다고 해도 결국 자아 인식, 자아 실현을 위한 내향적 사유로 귀결된다. 적어도 중국철학의 주류파는 모두 이렇게 주장한다.

선진(先秦) 시대의 사상가들 중에 "사물의 이치(物理)"를 구하여 알아야 한다는 학설을 제시하고 외향적 인지 사유와 이성적 사유를 중시하는 경우가 있다. 예를 들면,『묵경(墨經)』이 제시한, "앎은 [대상을] 접하는 것이다(知, 接也)"라는 명제는, 일종의 전형적인 인지형(認知型) 사유다.『묵경』은 '앎(知)'이란 주체와 객체가 접촉하고난 후에 생겨난 인식 활동이고, 객관적 사물은 인식을 얻는 대상이며, 주체로서의 마음(主體心)은 인식을 얻는 조건이라고 여긴다. 인식은 객관 사물과 그 성질·규율에 대해 지식을 얻은 것이라고 본다. 그것은 객관적인 경험뿐만 아니라 이성적인 사유도 요구한다. 묵가의 '명변(名辨)'의 학문도 이런 사유를 뚜렷이 표현한 것이다.

유가의 순자(荀子)도 다음처럼 말한 적이 있다. "무릇 알려고 하는 것은 인간의 본성이고, 알려지는 것은 사물의 이치다. 알수 있는 인간의 본성으로 알려지는 사물의 이치를 찾는 데 의심을 그치지 않는다면 죽는 날까지 찾아도 다 돌아볼 수 없다."[25] 순자는 사유의 객관적 원칙을 제시했을 뿐 아니라, 지성 능력(앎의 능력)을 인성(人性)의 중요한 측면으로 인정하였다. 이것은 매우 중요한 견해로서, "인간은 이성적 동물이다"라는 말과도 매우 가깝다. 순자는 그 밖에 사유의 유한성 문제를 제기하였고, 인간의 지성으로 만물의 이치를 끝까지 궁구(窮究)할 수 없다고 여겼다. 이러한 견해는 장자(莊子)의 설명과도 유사하다. 장자는, "내 삶에는 끝이 있으나 내 앎에는 끝이 없다. 끝이 있는 것으로써 끝없는 것을 따른다면 위태로울 것이다."[26] 장자

---

25)『荀子』,「解蔽篇」, 凡以知, 人之性也, 可以知, 物之理也. 以凡以知之人之性, 求可以知物之理, 而無所疑止之, 則沒世窮年不能遍也.
26)『莊子』,「養生主」, 吾生也有涯, 而知也無涯, 以有涯隨無涯, 殆矣.

가 여기서 말하는 것은 일종의 객관적 인지 사유다. 그러나 장자는 인식의 유한성을 제시함으로써 객관적 인지 사유를 부정(否定)하려 하였다. [이에 반해] 순자는 객관 인식을 긍정하였다. 다시 말해, 인간의 인지 이성으로 객관적인 사물의 이치(物理)를 인식하려 하였다. 이것은 인식의 일반 규율이며, 이런 인식은 그칠 수 없다. 어떤 사람도 사물의 모든 이치를 알 수 없다. 그런데 순자는 이 점을 계속 견지할 수가 없었다. 왜냐 하면 인간의 지성을 궁극적으로 인간 윤리의 이치로 이끌고자 했기 때문이다.

순자는 마음(心)이 '도를 아는(能道)'의 문제를 제시하여, 인간의 마음은 보편적인 객관 법칙을 인식할 수 있다고 여겼다. 그래서 "마음은 작지만 도(道)는 크다(心小而道大)"고 주장했다. 그러나 순자가 말하는 '도(道)'는 '천도(天道)'가 아니라 '인도(人道)'를 뜻한다. '인도'는 주로 사회·정치·윤리·원칙으로서 순자가 말한 '예(禮)'다. 여기서 우리가 지적해야 할 것은, 순자가 인지 이성의 문제 그리고 "사물의 이치를 찾고(求物理)", "도를 아는(知道)" 문제를 제시했지만, 개념화되고 형식화된 이론 체계를 세우지 않았다는 사실이다. 오히려 인사(人事)를 닦고 인도를 이루는 정치 윤리의 방향으로 나아갔으니, 이 점은 맹자와는 다른 점이다. 순자는 자아 실현을 주장한 성선론자가 아니라, "'본성을 변화시키고 인위를 일으켜야 한다(化性成起偽)"고 주장한 성악론자다. 지성의 작용을 대단할 정도로 견지하고 제창했지만, 이것은 순자가 인성의 수양을 중심으로 하는 주체 사유의 기본 경향을 바꾸었음을 의미하지 않는다. 순자가 주장한 '성심(誠心)'·'수신(修身)'의 학설, 그리고 '배우면 성인이 될 수 있다(學爲聖人)'는 학설은 주체의 자아 수양을 기본으로 하는 사유 패턴(思維模式)이라 할 수 있다.

순자는 인간과 동물의 차이를 다음처럼 언급하였다. "물과 불은 기(氣)를 가지고 있지만, 생명(生)은 갖고 있지 않으며, 초목은 생명은 갖고 있지만 앎(知)은 [갖고] 있지 않다. 금수는 앎(知)은 있으나 의(義)는 없다. 인간은 기도 [갖고] 있고 앎도 [갖고] 있고 또 의도 [갖고] 있다. 그러므로 천하에서 가장 귀하다."[27] 인간이 귀한 까닭은 '의(義)'를 소유한 데 있다. 그런데 이 '의'는 하나의 도덕 범주로서, 사회가 요구하는 도덕 판단에 맞도록 만들어진 것이다. 여러 학파들은 의(義)가 내재적인 것인지 외재적인 것인지에 대해 격렬하게 논의하였다. 맹자는 "의가 안에 있다(義內)"는 견해로써 고자(告子)의 "의가 바깥에 있다(義外)"는 견해를 비판하였다. 순자는 이 문제를 거론하지 않았지만, 그의 언급에 따르면, 의는 기(氣)·생(生)·지(知)처럼 일종의 내재적 능력이다. 즉, 도덕적으로 판단하는 능력이다. 그래서 도덕이지(道德理智)라고 말해질 수 있다. 순자에 따르면, 의는 이지(理智) 범주에 속하면서 동시에 도덕 범주에도 속한다. 인간이 '화성기위(化性起僞)'할 수 있는 것도 이지적인 능력 때문이다. 순자는 배움(學)을 대단히 중시하였다. 그런데 배움의 목적에 대해서는, "배움이란 참으로 성인됨을 배우는 것이지, 특히 무방지민(無方之民)이 되기 위해 배우는 것은 아니다"[28]고 말하였다. 성인이 되기 위해 배워야 할 것은 바로 예의(禮義)이고 인의(仁義)라는 것이다. 여기서 '의(義)'는 도덕 규범과 도덕 원칙을 가리킨다. 인성(人性)에는 예의가 없지만, "사려하여 앎

---

27) 『荀子』, 「王制篇」, 水火有氣而無生, 草木有生而無知, 禽獸有知而無義, 人有氣有生有知亦且有義, 故最爲天下也.
28) 『荀子』, 「禮論篇」, 學者固學爲聖人也, 非特學爲無方之民也.

을 구할 수 있다(思慮而求知之也)." 구하여 알게 된다면 "내적인 변화(內化)"를 인간의 본질로 만들 수 있다. 그러나 거기에는 반드시 내재적 근거가 있어야 하는데, 그것이 바로 '성실함(誠)'이다. "군자가 마음을 기르는 데 성실함(誠)보다 더 좋은 것은 없다. 성실함을 이루면 다른 일은 [할 필요가] 없다. 오직 인(仁)을 지키고 의(義)를 행할 뿐이다. 마음을 정성스럽게 하여 인(仁)을 지키면 [바깥으로] 나타나고, 나타나면 신령하고, 신령하면 변화한다. 마음을 정성스럽게 하여 행위를 의롭게 하는 것은 이치(理)며, 이치대로 하면 밝고, 밝으면 변화할 수 있다. 변화가 번갈아 일어나는 것을 일컬어 하늘의 덕(天德)이라 한다.[29] 이런 사실에서 내심의 수양을 중시하고, 내재적 인격을 성취하는 것이 유가철학에 보편적으로 갖추어진 사유의 특징임을 알 수 있다. 순자도 여기서 예외가 아니다. 순자 역시 '명에 따라서 그 홀로 있음을 삼간다'[30]고 주장했던 것이다.

『역전(易傳)』에서는 "이치를 궁구하고 본성을 다한다(窮理盡性)"는 문제를 제시한다. '궁리(窮理)'는 원래 외향적 사유의 특징을 갖고 있지만, 궁극적으로 "그 본성을 다해 명에 이르는(盡性以至於命)" 주체의 내향적 사유로 귀결된다. 그래서 이것 역시 공리화·형식화된 이론적 사유로 발전하지 못하였다. 『역전』은 하나의 세계 패턴(世界模式)을 세우고, 천(天)·지(地)·인(人)을 포함한 세계 전체의 각종 현상을 해석하였다. 그러나 그것은 단순히 자연계를 연구한 것 또는 단순한 자연철학이 아

---

29) 같은 곳, 君子養心莫善於誠, 致誠則無他事矣. 唯仁之爲守, 唯義之爲行. 誠心守仁則形, 形則神, 神則能化矣. 誠心行義則理, 理則明, 明則能變矣. 變化代興, 謂之天德.
30) 같은 곳, 順命以愼其獨.

니라, 처음부터 인간과 자연의 관계 문제를 중심 과제로 삼은 것이다. 그 가운데 인간의 문제는 시종 중심적인 위치를 차지한다. '역도(易道)' 가운데 인간의 요소는 지극히 중요하다. 인간의 주체성과 인간의 존재를 떠나서, 『주역』을 단순히 자연계에 대한 기술이나 해석 또는 객관적 '실재론'의 인식 문제로 보는 것은 『주역』의 기본 정신에 맞지 않는다. 여기서 인간은 방관자가 아니다. 많은 서양철학자들이 말하듯이, 세계의 바깥에서 이 세계를 '관찰'하거나 '설명'한 것이 아니다. 사실 인간은 세계의 일부분이자 세계의 참여자이고 행동자다. 인간과 이 세계는 분리되거나 대립되지 않고 유기적으로 통일되고 연관되어 있다.

이런 까닭으로 '천도(天道)'는 '인도(人道)' 가운데 포함되어 있으며, '천명(天命)'도 '인성(人性)' 가운데 포함되어 있다. 천지 만물의 리(理)는 하나의 '역리(易理)', 곧 음양(陰陽)과 건곤(乾坤)을 기본 요소로 하는 만물 생성의 리(理)다. 이 리는 가장 간이(簡易)한 것이다. 그래서 "역은 간이하면서도 천하의 리를 얻은 것이다(易簡而天下之理得矣)." 간이한 리(理)는 다름아니라 "생생의 덕(生生之德)"으로 인성을 통해 실현된다. 그래서 천지 만물의 리와 천명지성(天命之性)은 안팎으로 합일하게 된다. '궁리(窮理)'는 '진성(盡性)'하기 위한 것이요, 진성하면 "명에 이를 수 있다(至於命)." 이것이 바로 "궁리진성하여 명에 이른다"[31]는 것이다. 명(命)은 하늘과 인간을 합일시키는 성명(性命)의 명(命)이다. "본성을 다하여 명에 이르며(盡性至命)", "하늘을 즐기고 명에 따르는(樂天安命)" 유학은 바로 본성을 다하고(盡性) 본성을 아는(知性) 것을 핵심으로 한다. 그리고 자기의 내심 세계

---

31) 『易傳』, 「說卦」, 窮理盡性至於命.

로 돌아가 성명의 이치(性命之理)를 완성하는 것을 목표로 삼는다. 궁리를 중요한 방법으로 삼지만, 지식을 얻거나 자연을 정복하기 위해서가 아니라, 주체 자신으로 돌아가 "성명의 이치(性命之理)"를 완성하고, 천지에 '참여'하기 위해 궁리를 중시한다.

궁리(窮理)하여 본성을 다한다는 사유 방식은 후기 유학에까지 이어졌고, 이학(理學)에 이르러 더욱 성숙되었다. 이학가(理學家)들은 '격물치지설(格物致知說)'·'즉물궁리설(卽物窮理說)'을 제기하여, 사물들이 각기 그 이치(理)를 지니고 있음을 인정하였다. 아울러 각 사물에서 궁리할 것을 주장하였다. 여기에는 외향적 사유와 대상적 사유의 특징이 갖추어져 있다. 그렇지만 이것에 대해 오해해서는 안 될 내용이 있다. 즉, 이학가들은 '물리(物理)'라는 개념과 '리(理)'라는 일반 개념을 제시하고, 리(理)가 사물의 소이연(所以然)이라고 여겼지만, '물리'와 일반적인 리를 개념적으로 분석하지 않았고, 서양처럼 이념론과 개념론을 만들어내지도 못하였다. 그들이 제시한 물리는 주로 성리(性理)를 설명하기 위한 것이었고, 성리는 시종 이학(理學)의 핵심 범주였다.

이학의 사유 패턴에 따르면, 인간과 만물의 리(性)는 천지에서 근원한 것이다. 인간은 지능을 갖고 있어서 리를 추리할 수 있지만, 다른 사물은 지능이 없어서 추리할 수 없다. [다른 존재가] 추리할 수 없어도 이치를 갖고 있지 않다고 말할 수는 없다. 마음 속(心中)의 이치인 성리는 선천적으로 갖게 되는 것이고, "리의 전체(理之全體)"이기도 하다. 사물은 그 하나에 치우쳐 온전하지 않다. 그런데 마음속의 성리를 알려면 부분에서 전체로 이르고, 물리에서 성리로 나아가는 인식 과정이 필요하다. 인간만이 추리할 수 있으므로, 물리를 궁구하여 마음속의 리를 추리하여 알아야 한다. 이것이 왜 물리를 궁구해야 하는가에 대한 대답이다.

이학가는 '물리'라는 개념을 제시하지만, 물리와 성리를 구분하지 않는다. 그래서 '소이연(所以然)'의 물리(物理)를 '소당연(所當然)'의 성리(性理)로 귀결시킨다. '소당연'의 성리는 마음속에 갖추어진 것으로, [마음] 바깥에 있는 것이 아니다. 그래서 물리에 대한 인식은 결국 "이치를 궁구하여 그 극한에 이르러야(窮理而至其極)" 하는데, 여기서의 '극(極)'은 마음속의 성리, 곧 절대지선(絶對至善)의 도덕 본체다. 다시 말해 '격물치지(格物致知)'와 '즉물궁리(卽物窮理)'는 결국 '궁리진성(窮理盡性)'·'진성지명(盡性至命)'의 문제로 바뀌게 되는 것이다. [이것은] 객관화된 인식의 길로 나아간 것은 아니다.

이학가들은 모두 '궁리진성(窮理盡性)'을 공동의 사유 방식으로 보고, '궁리'를 절차로 여기며, '진성(盡性)'·'지성(知性)'을 목적으로 여긴다. 그러나 구체적인 운용의 측면에서는 각기 차이점이 있다. 장재(張載)는 "예를 알아서 본성을 이루어야 한다(知禮成性)"고 주장하여, '궁리(窮理)'를 비교적 중요한 것으로 보았다. 왜냐 하면 그가 보기에 '예'(예는 곧 리다)에 대한 지식을 다하면, 자신(自家)의 성리(性理)를 인식하고 성취할 수 있기 때문이다. 또한 장재는 우주 자연계의 "신비한 변화(神化)"의 이치를 인식할 것과, "정신을 다해 변화를 알아서(窮神知化)" '천지지성(天地之性)'을 완성할 것을 주장하였다. 그리고 '궁리'와 본성을 다하고 명에 이르는 데(盡性至命) 단계와 순서(次序)가 있다고 보았다. 즉, '궁리'를 먼저 한 뒤에 '진성지명'해야 한다는 것이다. 그러나 이정(二程)은 '궁리'와 '진성지명'에 단계와 순서가 없다고 보았다. '궁리'가 바로 '진성지명'이며, "세 가지 일이 한꺼번에 합쳐진다(三事一時幷了)"고 여겼다. 이것은 이정(二程)이 '격물궁리'와 '진성지명'을 한 가지 일로 결합시켰음을 뜻한다.

정이(程頤)는 '격물궁리(格物窮理)'를 중시하여, 만물의 이치에 두루 나아갈(格) 것을 주장하였다. 그러나 [만물에] 나아가거나 들어오는 것은 "자신의 몸을 철저하게 살피는 것보다 못하다(不若察之於身尤切)"고 보았다. "자신의 몸을 살핌(察之於身)"은 자기 자신의 신체에서 착실하게 체험하는 것이며, 자신의 심신과 성명의 이치(身心性命之理)를 인식하는 것이다. 이것이 '격물'의 진정한 목적이다. '격물'은 "이치를 궁구하기(窮理)" 위한 것이고 '궁리'는 "본성을 다하기(盡性)" 위한 것이다. 이것이 이학적 사유(理學思維)의 중요한 특징이다. 자기 자신의 심신과 성명의 이치(身心性命之理)를 떠나 외부를 향해 이치를 궁구(窮理)한다면, "말을 달려 나아가 돌아올 줄 몰라서(游騎無所歸)" 참된 귀결처를 잃게 된다. 이러한 '궁리'는 전통 철학에서는 인정하지 않는 것이다.

'격물치지(格物致知)'가 객관화된 이성적 사유의 원칙을 포함하고 있음은 부정할 수 없다. 만약 [이성적 사유의 길로] 계속 발전하였다면 실증철학과 과학 사유의 길로 나아갔을지 모른다. 그러나 전통적 사유의 강력한 추세로 인해 이학가들은 그 길로 나아갈 수 없었다. 이정(二程)과 주희, 그 뒤의 왕정상(王廷相)과 나흠순(羅欽順), 왕부지(王夫之)와 안원(顔元) 등도 이 길로 나아가지 않았다. 정이천과 주희가 제시한 '격물치지'의 방법은 어떤 의미에서 전통 사유에 대한 혁신이라 할 수 있다. 특히 주희가 그러하였다. 주희는 하나의 사물(一物)에는 그 사물의 그러한 까닭의 이치(所以然之理)가 있으므로, 하나 하나를 모두 궁격(窮格)해야 하며, 또한 '유추'(推類)와 같은 논리적인 방법으로 그 이치, 곧 사물의 보편 법칙을 찾아야 한다고 주장하였다 그러나 마지막에는 자신에게로 돌아가 "마음속의 리(理)를 밝힐(明心中之理)" 것을 주장하였다. 왜냐 하면 이것이 바로 학문의 '궁극적인 공로(極功)'며, 성인(聖人)만이 "능히 할 수 있는 일(能事)"이기 때문이다. 그 밖의 일은 그다지 중요하지 않다. 주희의 '격물치지설'이 과학적 이성적인 사유를 대표한다고 말하는 학자들도 있지만, 이것은 지나치게 과장된 것이다. 사실 주희의 '격물치지'설의 근본 목적은 '격물'로써 마음속의 앎(知)을 이루어 "내 마음 전체의 큰 활용을 밝히지 않음이 없게(吾心之全體大用無不明)" 하는 데 있다. 바깥을 향해 지식을 구하거나 탐색하고 추리하는 것은, 정이(程頤)가 말한 것처럼, "말을 타고 나아가 돌아올 줄 모르는(游騎無所歸)" 것처럼, 자기 자신의 심신에 대해 조금도 간섭하지 않는 것이다.

왕양명도 이런 사실을 인정하였다. 왕양명은 주희의 방법에 따라 바깥을 향해 리(理)를 구한 뒤에 마음의 앎을 이루고자 할 경우, 목적에 도달할 수 없을 것으로 보았다. 주희는 마음(心)과 리를 하나로 합치기 위해, 바깥을 향해 이치를 궁구할 것을 주장하지만, 이럴 경우 양자는 합일할 수 없으며, '마음과 리를 둘로 나눌(析心與理爲二)' 뿐이라고 여겼다. 어떻든 주희의 목적이 내 마음으로 돌아가 "본성을 다하는(盡性)" 학문을 완성하려한 데 있음은 의심할 바 없다. 유종주(劉宗周)는 이 점을 확실하게 지적하였다. 유종주는, 주희의 '치지(致知)'와 왕양명의 '치양지(致良知)'가 완전히 일치하며, 실질적으로 아무런 차이도 없다고 여겼다. 물리를 궁구하여 어떻게 마음속의 리를 밝힐 수 있는가? 이것은 확실히 하나의 문제라고 할 수 있다. 그렇지만 이학가의 '격물치지'설이 결국 '진성(盡性)'의 학문으로 나아갔음은 의문의 여지가 없다. 이것은 그들의 사유 방식이 전통적인 주체적 내향적 사유를 떠나지 않고, 과학적 이성적인 사유로 발전하지 않았음을 뜻한다.

심학파는 진정으로 마음(心)과 리(理)를 합일시켰다. 그래서 '궁리(窮理)'의 학문이 바로 "마음을 다해 본성을 아는(盡心知性)" 학문이 되었다. 그들은 기본적으로 사유는 인간이 자연을 위해 법을 세워야 하며, 인간을 만물의 척도라고 여긴다. 심학파의 심즉리설(心卽理說, 마음이 곧 리라는 설)은 전형적인 주체적인 사유로서 그 핵심은 우주론(宇宙論)에 있지 않고 심성론(心性論)에 있다. 그 학설은 사물(物)에 대해 대상적으로 인식한 것이 아니라 인간이 본체를 인식한 것이다. 하늘과 인간, 안과 바깥을 합일시킨 사유 패턴을 출발점으로 삼고, 자기 내심(內心)으로 돌아오고, 마음을 다해(盡心) 그 본성을 아는(知其性) 것을 최종적인 목표로 삼는다.

그런데 심학파가 '궁리'를 말한 것은, '물리(物理)'를 말한 것이 아니라 '성리(性理)'를 말한 것이다. 그들이 볼 때 '물리'는 경험 지식의 일이고, '성리'만이 '격물치지'의 일이다. '성리'는 마음속의 리다. 마음 밖이 아니라 마음 안에 있는 것이다. 그래서 '궁(窮)'은 마음속의 리를 궁구하는 것이고, '진(盡)'은 마음속의 리를 다하는(盡) 것이다. 모두 내심 세계의 일이므로 마음 바깥으로 나아가 물리를 궁구할 필요가 없다. 마음이 바로 성(性)이고 리다. 주체의 의식은 보편적인 우주 원칙이다. 심학파는 '격물치지'에 대한 해석에서 주체적인 사유의 특징을 더 많이 드러내었다. 육구연(陸九淵)이 말한 '격물(格物)'은 근본적으로 지식을 늘이는 것이 아니라 마음속의 지(心中之知)를 밝히는 일이다. 이를 위해서는 반드시 "줄이고 덜어내야(減膽)" 한다. 육구연은 외적인 지식이 많아질수록(物慾을 포함하여) 사상적인 무게가 늘어난다고 여겼다. '격물'은 이런 무게를 감소·제거하는 것이다. 이것으로 자기의 '본심(本心)', 곧 성(性)을 드러낼 수 있다. 왕양명은 외재적 기술과 지식이 인간의 마음을 나쁘게 만든다고 여겨, 그것들을 반대하였다. 왕양명은 마음속의 리를 궁구할 수 있다고 보았다.

사실 이학가들은 '진심지성(盡心知性)'을 강조하는 공통점을 갖고 있다. 주희도, 격물은 양파의 껍질을 벗기듯이, 성리와 상관없거나 해로운 지식을 벗겨낼 때 마지막으로 자기의 심체(心體), 곧 성(性)을 드러낼 수 있다고 주장하였다. 다만 "마음 밖에 리가 있음(心外有理)"을 인정하였다. 그래서 바깥을 향해 궁리하여 마음속의 성(性)을 밝힐 것을 주장하였다. [반면에] 왕양명은 마음 바깥에 있는 리(心外有理)를 부정하였다. 그래서 밖을 향해 궁리하는 것을 반대하고 직접 마음속을 궁리할 것을 강조하였다. 왕양명이 주희보다 더 철저했던 점은, '궁리'를 내심으로 되돌리고 '거경(居敬)'과 합해서, '궁리'가 바로 '거경'이요 '거경'이 바로 '궁리'라고 말한 점이다. 이것은 인식과 수양을 완전히 합일시킨 것이다. 정주학파(程朱學派)는 "함양(涵養)을 위해서는 반드시 경(敬)을 사용해야 하며, 학문의 진전을 위해서는 치지(致知)해야 한다(涵養須用敬, 進學則在致知)"고 주장하였다. 여기에는 사유 방법에서 내향성과 외향성을 동시에 사용하는 특징이 있다. 그런데 왕양명의 관점에서 보면 '거경'과 '궁리'를 구분하는 것은 양자를 두 가지 일로 보는 것이다. "마음과 리를 두 가지로 만든 것(心理爲二)"이지, "마음과 리를 하나로 만든 것(心理爲一)"이 아니다. 또한 안을 버리고 바깥을 구하는 것이며 구해도 얻을 바가 없는 것이다. 그래서 왕양명이 말하는 '격물(格物)'은 "물을 바르게 함(正物)", 즉 "그 바르지 못한 것을 바르게 하여 바름에 돌아가게 하는 것(正其不正以歸於正)"이다. '정물(正物)'은 자기의 양지(良知)를 준칙으로 사물이 바른 것인지 판단하는 것이며, '치지(致知)'는 "내 마음의 양지(良知)의 천리를 사물들에게서 이루는 것(致吾心中良知之天理於事事物物)"이다. 사유의 순서를 말하면, '격물' 뒤에 '치지'가 있는 것이 아니라 '치지' 다음에 '격물'이 있는 것이다. 주희와 왕양명은 모두 마음속의 앎을 이루고(致心中之知), 내심의 자아를 인식하거나 깨달음을 완성해야 한다고 말했다. [그러나] 왕양명은 직접 본심에 호소하였고, 그 밖의 추리형의 사유로 큰 주체성의 특징을 표현하였다.

종합적으로 말하면 '치지'든 '격물'이든 그리고 '궁리'든 '진성'이든, 공부(功夫)는 전적으로 마음(心)에서 해야 한다. 반드시 자기의 양지(良知)를 인식하고 실현해야 한다. 양지는 마음(心)의 '영명(靈明)'일 뿐만 아니라 마음의 본체(本體)다. '영명'은 그 작용이고 '본체'는 그 존재다. 그러므로 '영명'으로 본체를 '깨닫는(覺)' 것은 바로 "근본을 아는 것(知本)"이다. 이를 위해서는 반드시 '본원(本源)'에서 공부해야 한다. 왕양명의 유명한 '발본색원론(拔本塞源論)'은 자신의 내심에서 문제를 해결하라는 것이다. 어떤 외부의 힘이나 외부를 행한 궁리를 요구하지 않고, 완전히 자신의 내재적인 동력에 의존할 것을 요구한 것이다.

심학파는 이학파의 '격물궁리론(格物窮理論)'이 '지리멸렬(支離決裂)하다'고 비판하였다. 비판의 대상이 된 이유는 이학파의 사유가 전통적인 사유를 어느 정도 발전하고 진전시킨 점을 갖고 있기 때문이다. 또한 이학적 사유가 비록 전통적 사유들을 깨뜨린 것은 아니지만, 큰 영향을 끼쳤기 때문이기도 하다. 심학파는 더욱 철저하게 내향적 사유를 견지하였다. 육구연은 명확하게 '돌이켜서 생각하라(反而思之)'는 명제를 제시하였고, "전적으로 일을 논하거나 말단을 논해서는 안 되며, 오직 마음에 대해 말해야 한다"[32]고 주장하였다. 이것은 일반적 의미에서 "반성적으로 생각하는 것(反思)"이 아니라, 내심 세계의 자아를 반성적으로 사유하는 것이다. 다시 말해 완전히 주체론적인 설명이며, 이 설명은 전통 사유의 근본적인 특징을 포함한다.

　비판 정신을 지녔던 나흠순(羅欽順)·왕부지(王夫之) 같은 학자들은 '격물궁리(格物窮理)'라는 외향형의 객관적 사유를 크게 발전시켜 전통적 사유[의 경향]를 변화시켰다. 그들은 '물리(物理)'가 자연계의 객관적인 규율이며, 마음(心)은 인식 주체일 뿐임을 인정하였다. 그래서 사물에서 리를 궁구할 것을 주장하였다. 마음(心)은 리(理)도 아니고 성(性)도 아니다. 마음으로 궁리한다는 것은 주체의 인지하는 마음으로 객관적 사물의 리를 궁구하여 아는 것이다. 이 학설은 리의 객관성과 인식의 주체성을 드러냄으로써 이성적 사유의 특징을 더 많이 갖고 있다. 그들은 "심체가 바로 성이다(心體卽性)"라는 학설과 함께, "마음이 바로 리다(心卽理說)"는 학설을 반대하였다. 또한 주체와 객체, 주관과 객관을 구분하였으며, '격물치지설(格物致知說)'을 객관적 인식론으로 바꾸었다. 이것은 전통적 사유가 과학적 이성적 사유로 발전할 가능성을 갖도록 하였다. 특히 왕부지가 중국의 '격물치지'의 학문을 서양에서 들어온 자연과학 방법과 연결하고, 실험·과학의 방법으로 전통적인 '격물치지'설을 해석하

---

32) 『象山全集』, 「卷三十五」, 不專論事論末, 專就心上說.

고자 시도한 것은, 이런 바람을 분명히 드러낸 것이다. 명나라·청나라 시기의 다른 사상가들도 유사한 경향을 어느 정도 갖고 있었다.

그렇지만 많은 학자들은 결국 이 임무를 완성할 수는 없었다. 그 이유는 그들의 최대 관심사가 자연계의 문제가 아니라 인간의 문제에 있었고, '물리(物理)'의 학문이 아니라 '성리(性理)'의 학문에 있었기 때문이다. '성리'의 학문은 자연과학적인 방법으로 해결할 수 없다. 그래서 여전히 "마음에 구비된 리(理具於心)"가 성(性)이라는 전통 사상을 받아들였고, '성리(性理)'를 확립하고 인식하는 것을 근본적인 임무로 여겼다. 이런 사유에 따르면, 사물의 리는 마음속의 리이며, 안과 밖도 하나의 리라 할수 있다. 왕부지는 일찍이 '물리'와 '성리'를 명확하게 구분하였다. "무릇 리를 말하는 사람에는 두 종류가 있다. 하나는 천지만물이 그러한 조리(條理)라는 것이다. 다른 하나는 건순오상(健順五常)의 하늘(天)이 인간에게 명(命)하고, 인간이 [그것을] 본성으로 받은 지극한 리(至理)라는 것이다."[33] 이것은 이학(理學)적 사유가 크게 발전했음을 보여주는 중요한 증거라 할 수있다. 그러나 왕부지는 '물리'에 대해 체계적인 학설을 세우지는 못하였다. 그래서 양자(성리와 물리)를 함께 말했는데, 이는 자연 규율과 도덕 원칙을 하나로 종합한 것이다. 왕부지는 객관 사물의 '소이연'의 리와 내심의 '소당연'의 리를 구별하지 않고, 전자로써 후자를 설명하였다. 그래서 '궁리진성(窮理盡性)'이라는 오래된 길을 통해 결국 주체의 내향적 사유로 돌아왔다. "대개 나의 성(性)은 천하의 리에 근본한 것이다. 천하의 물리 역시

---

33)『論語』,「泰伯篇」, 凡言理者有二, 一則天地萬物已然之條理, 一則健順五常天以命人而人受爲性之至理(『讀四書大全說』,「卷五」).

리와 같다. 천하의 리는 궁구하지 못할 것이 없고, 내 마음의 리 또한 드러나지 않음이 없다."34) '궁리'는 수단일 뿐이고, '진성'만이 목적이다. 사물의 이치를 궁구하는 것은 마음속의 리를 밝히기 위한 것이며, 마음속의 리를 밝히는 것은 본성을 알고 본성을 다하기 위한 것(知性盡性)이다. 본성을 알고 본성을 다하는 것이 바로 진정한 주제(主題)다. 그러므로 비판 정신을 가진 왕부지 조차 전통적인 사유 방식을 바꾸지 못하고, 그 틀 안에서 인생과 세계의 문제를 사고했다고 할 수 있다.

3. 순박함으로 돌아감 [反朴還純]

주체의 내향적 사유가 중국철학의 가장 근본적인 사유 방식이라는 점은 유가(儒家)의 주장이자 도가(道家)와 불가(佛家)의 주장이기도 하다. 도가가 주장한 "순박함으로 돌아가라(反朴還純)", "소박함을 드러내고 순박함을 간직하라(見素抱朴)"는 말도 여기에 속한다.

도가가 '자연(自然)'을 숭상한 것은 유가와 다른 점이다. 예컨대 노자는 "인간은 땅을 본받고, 땅은 하늘을 본받고, 하늘은 도를 본받고, 도는 자연을 본받는다"35)고 말하고, 장자는 '자연'에 대해 더 많이 논의하였다. 장자가 말하는 하늘(天)과 도(道)는 '자연'을 의미하고, 거기에는 어떤 목적성도 없다. 그런데 이것을 자연계를 대상으로 삼는 외향적 사유로 볼 수 있는가? 전체

---

34) 『孟子』, 「盡心(上)」, 蓋吾之性, 本天下之理也, 而天下之物理, 亦同此理也. 天下之理無不窮, 則吾心之理無不現矣(『讀四書大全說』, 「卷十」).
35) 『老子』, 「第二十五章」, 人法地, 地法天, 天法道, 道法自然.

적으로 볼 때 이런 결론은 잘못된 것이다.

도가의 자연주의는 확실히 중국 고대의 과학 기술이 발전하는 데 적극적인 작용을 하였으며, 많은 자연과학이 도가 사상과 연관되어 있다. 즉, 도가의 자연관은 과학적 사유나 대상적 사유로 쉽게 발전할 여지를 갖고 있다. 특히 뒤에 나타난 도교(道敎)는 일종의 '장생불사(長生不死)'란 목적을 추구하지만, 많은 과학적 기술과 지식을 포함하고 있다. 자연과 세계를 개조하는 '역천(逆天)' 사상과 자발적인 과학적인 사유도 내포하고 있다. 도교적 사유에 따르면, 인간은 하늘로 돌아가는(回天) 힘을 갖고 있다. 인간은 하늘이 할 수 없는 일을 할 수 있으며, 자연계에 없는 것을 창조해 낼 수 있다. 도가의 연단술(煉丹術) 가운데 포함된 과학 기술과 지식, 예컨대 화학 반응도 이런 사유 방식에 바탕해서 발전한 것이다. 그러나 도가적 사유의 주류에서 말하면, 그들이 강조하는 '자연'은 인간과 상대해서 존재하는, 자연계 및 그 외부 사물의 성질이나 규율이나, 인식과 개조의 대상인 자연계가 아니다. 그들은 다만 '자연'의 의미를 취해 인간 존재를 설명하고, 인성(人性)을 설명하려 한다. '자연'은 인간의 내부에 존재하는 것, 다시 말해 인간의 내재적 본성이다. 그러므로 도가의 '자연설(自然說)'은 실제로 '천인합일'에서 출발하지만, 결국 인간의 주체성 문제로 귀결된다고 할 수 있다. '자연'이란 용어로써 인간을 설명한 것은 일종의 천인합일의 주체적 사유인 것이다.

도가에서 제시한 자연론은, 유가와 묵가의 목적론·의지론을 부정한 것이자, 심지어 유가의 정감론(情感論)도 어느 정도 부정한 것이다. 자연의 도에 순응하라는 주장은 도가적 사유의 중요한 측면이다. 그런데 더욱 중요한 것은 '자연'을 인간의 내재적 본질로 규정하고, 인간의 본성으로 변화시킨다. 이렇게 해서 '자연'은 외재적일 뿐 아니라 내재적인 것으로, 그리고 인간의 존재 범주로 변화하게 되었다. 노자의 '자연무위설(自然無爲說)'은 인성의 자연(人性自然)을 전제한 것이다. 그래서 "만물은 도를 높이고 덕을 귀하게 여기지 않음이 없어야 한다. 도가 높고 덕이 귀한 것은 명령하지 않고도 언제나 저절로 그러하기 때문이다."[36] "언제나 저절로 그러하다(常自然)"는 말은, 자연을 영원함으로 여기는 것이다. 하늘이 "영원한 도(常道)"라면, 그것은 인간(人)의 영원한 본성(常性)이기도 하다. 도와 덕이 존귀한 까닭은, 도와 덕이 만물에 대해 명령이나 은혜를 내리기 때문이 아니라, 명령을 내리지 않음에도 만물이 자연의 도를 영원한 것으로 여기는 데 있다. 자연의 영원한 도가 인간의 영원한 본성(常性)이 되는 것은, [억지로] 작위하지 않고도 그렇게 되기 때문이다. 인간과 만물은 도에서 생겨나지만, 생겨난 뒤에 내재적인 '덕'을 갖추게 된다. '도'는 우주론에서 말한 것이고, '덕'은 인성론에서 말한 것이다. '도'가 있은 뒤에 '덕'이 있으니, '덕'은 '도'의 진정한 실현자이자, 도가 인간에게 있는 것이다. 이것이 바로 "도는 낳고, 덕은 기른다"[37]는 것이다. 도는 내재적인 것일 뿐만 아니라 '자연'을 영원함으로 여긴다. 다시 말해 인간의 내재적인 본성은 자연적이고 소박하며 무욕·무위하여 자연의 도에 합치되는 것이다. 그래서 노자가 주장하는 "덕을 쌓음(積德)"은 내재적인 자아를 인식하고 수양(修持)하는 것이다. "몸을 닦으면 그 덕은 참되다."[38] 여기서 '참됨(眞)'은 바로 인간의

---

36) 『老子』, 「第五十一章」, 萬物莫不尊道而貴德, 道之存, 德之貴, 夫莫之命而常自然.
37) 『老子』, 「第五十一章」, 道生之, 德畜之.

진실한 성정(性情)이다.

"몸을 수양하려면(修之於身)" 반드시 자아를 인식해야만 한다. 곧 자신에게 돌아 와서 자신에게 내재된 '영원한 덕(常德)'인 자연의 본성(自然之性)을 인식해야 한다. "남을 아는 사람은 지혜롭고, 자기를 아는 사람은 영명하다."[39] 중국인들이 말하는 "자신을 아는 영명함(自知之明)"이란 바로 여기서 나온 말이다. 노자와 도가가 볼 때, 다른 사람을 안다는 것은 지혜(智)이자 본성을 아는 것에 불과하다. 자신을 알아야만 통달하여 밝아질 수 있는데, 이는 한층 높은 지혜이자 가장 근본적인 인식이다. 이것으로 '명(明)'이 일반적인 대상적 인식은 아니라 일종의 자아 인식임을 알 수 있다. 이것은 자기의 인성(人性)을 완성해야 한다는 측면에서 말하면, 일종의 인식이라기보다 자아를 드러낸 것(自我呈現)이라고 말할 수 있다. "영원함(常)을 아는 것은 영명함이다"[40]라는 말도 자아에 대한 인식이자 "스스로를 아는 영명함(自知之明)"이다. 이른바 '상도(常道)'·'상덕(常德)'·'상자연(常自然)'도 같은 뜻이다. 그것들은 자연계의 존재이기도 하고 인간 세계의 존재이기도 하며, 자연의 도(自然之道)이기도 하고 인간의 본성(人之本性)이기도 하다. 다시 말해 자연계에 고유한 것이면서 인간에 내재해서 존재하는 것이다. "자기 자신을 아는(自知)" 영명함(明)과 영원함을 아는 영명함(明)은 같은 것이다. "고요하게 바라봄(靜觀)"이란 자신의 바깥에서 '상도(常道)'를 인식하는 것이 아니라, 자아에 대한 체험과 인식을 통해서 보편적이고 영원한 자연의 도를 파악하는 것이다.

---

38) 『老子』, 「第五十四章」, 修之於身, 其德乃眞.
39) 『老子』, 「第三十三章」, 知人者智. 自知者明.
40) 『老子』, 「第五十五章」, 知常曰明.

노자가 말한 "고요하게 바라봄(靜觀)"은 일반적인 직관이 아니라 자아를 반성(自我反思)한 체험이자 자아를 체험(自我體驗)한 직관이다. 이 점이 반드시 지적되어야 한다. 그것은 자기의 성명(性命)의 영원함(常)을 회복하는 것이기도 하다. 그래서 바라봄(觀)은 자아를 되돌아봄(自我反觀)이라 할 수 있다. "몸으로써 몸을 본다(以身觀身)"는 것도 이런 의미다. "영원한 덕(常德)"은, 어린아이처럼 "무지하고 무욕하는" 자연 상태다. 그래서 "어린아이로 돌아가라(復歸于嬰兒)"고 말할 수 있다. "덕의 두터움을 포함한 것은 어린아이에 비유할 수 있다."41) 영아(嬰兒)와 적자(赤子)는 모두 순박한 존재다. 왜냐 하면 영아와 적자는 사회로부터 오염되지 않고 자연의 본성을 [온전히] 간직하고 있기 때문이다. 그래서 "어린아이로 돌아가라(復歸于嬰兒)"는 학설이 있게 되었다. 이것이 바로 노자가 말한 "소박함을 간직하고 순박함을 드러내며(見素抱朴)", "순박함으로 돌아가라(反朴還純)"는 말의 진실한 의미이자, 도가가 주장해온 반성적 사유다.

노자와 하이데거(M. Heidegger : 1889~1976)를 비교하는 학자들은 하이데거가 서양철학의 전통을 철저히 부정했으며, 구미의 전통적 사유의 범위를 넘어섰다고 생각한다. 이것은 일리 있는 견해다. 하이데거는 '무(無)'의 사상을 개념화, 형식화하는 서양 언어에 대해 비평하는 등 많은 측면에서 노자를 대표로 하는 동양철학의 사조와 일치하는 점을 갖고 있다. 예를 들면 노자의 '도'가 묘사했던, 세계가 인간을 향해 드러내는 본원적인 '도(度)'는 하이데거가 말한 의미상의 '존재(Sein)'와 일치되는

---

41) 같은 곳, 含德之厚, 比于赤子.

점을 갖고 있다. 하이데거가 언어를 '존재'의 '집'으로 본 것도, 노자가 '도'를 "말없는 가르침(無言之敎)"을 행하지만, 근본적으로 고요한 것(靜默)이라고 규정한 것과 같다. 어떤 의미에서 '침묵'을 더욱 깊은 '말(說)'로 간주하는 것도 하이데거의 뜻이었다. '도'는 말이 없이도 만물을 교화한다. 천지가 사람들에게 그것의 의미를 드러낸다면, 천지만물은 우리에게 '무엇인가'를 말하고 있는 셈이다. 사실상 노자의 '도'와 '자연'은 사람들에게 그 의미를 드러낼 뿐만 아니라, 인간의 존재를 통해 그 의미를 실현한다. 그것은 바로 '덕'이다. 이른바 언어의 문제는 실제로 본체와 존재를 인지하는 문제다. '도'(곧 '자연')가 말할 수 없는 이유는 그것이 일반적인 인식 대상이 아니기 때문이다. 그렇지만 도는 인간에 내재되어 있는 것이므로, 인간의 자아 직관을 통해 드러날 수 있다. 그것의 드러남이 바로 '영명함(明)'이다. 이런 해석을 통해 노자를 대표로 하는 도가의 주체적 반성적 사유는 더욱 분명하게 드러나게 된다.

"학문을 하면 날로 늘어나지만, 도를 하면 날로 줄어든다"[42]는 노자의 유명한 발언은, 인식론적인 대상적 사유와 "도를 체득하는(體道)" 내향적 사유를 분명히 구분한 것이다. 양자를 어느 정도 대립시킨 후, 후자를 진정한 인식으로 보고 전자를 상식적인 인식으로 간주한 것이다. "도를 실행하는 것(爲道)"이 "학문을 하는 것(爲學)"과 다른 까닭은, 외부의 지식에 기초한 대상적 사유가 아니라, 직접적인 체험에 기초한 주체적인 사유라는 데 있다. 왜냐 하면 주체적인 사유는 언어의 개입이나 경험을 전제로 하지 않기 때문이다. 노자의 내향적 사유는 실제로

---

42) 『老子』, 「第四十八章」, 爲學日益, 爲道日損.

공자의 "인을 구하는(求仁)" 학설과 함께, 중국철학의 주체적 사유의 기초를 마련하였다. 다만 공자가 일반적인 경험 지식을 부정하지 않는 데 비해, 노자는 기본적으로 경험적인 지식을 부정할 뿐이다. 노자가 말하는 "성스러움을 끊고 지혜를 버린다(絶聖棄智)"는 말은, 유가의 인의를 부정한 것일 뿐 아니라 일반적인 지식을 반대한 것이다. 그러나 "소박함을 드러내고 순박함을 껴안는다"[43]는 말은 본래적인 '자연' 상태를 회복할 것을 주장한 것이다. '자연'은 인간의 내재적인 본성으로, 무정(無情)·무지(無知)·무욕(無慾)의 원시 상태와 흡사하다. 실제로 인간의 본체 존재라고 할 수 있다.[44] 도가적 사유의 기본적인 추세는 '자연'으로부터 시작해서 다시 '자연'으로 돌아가는 것이다. 모든 것은 주체의 "되돌아봄(反觀)"을 통해 실현된다. "고요하게 바라보는(靜觀)" 방법을 통해 인간과 자연의 합일을 실현하는 것이다. 이것은 바로 도와 일체가 된 상태다.

노자는 반복적으로 '자연'을 강조하지만, 인간에 대해서는 말하지는 않았다. 이것은 노자가 인간을 중시하지 않거나, 인간과 자연을 대립시키려 했기 때문이 아니다. 오히려 노자는 바깥에 존재하는 자연계를 인식하고 인간을 '자연'적인 인간으로 변화시키려 하였다. 따라서 자기 자신으로 돌아가서, "스스로를 아는(自知)" 영명함(明)을 통해 '자연'의 본성을 실현하라고 주장하였다. 바로 이런 이유로 도가철학은 대상화하는 과학적 사유나 개념화·형식화된 이론적인 사유를 발전시키지 못하였다.

유가의 창시자인 공자가 주체 사유의 일반 원칙을 제시하고 맹자가 그것을 더욱 발전시켰듯이, 도가의 창시자인 노자가 제

---

43) 『老子』, 「第十九章」, 見素抱朴.
44) 이 점에 관해서는 나중에 전문적으로 논의하기로 하겠다.

시한 자기 반성적 사유의 일반 원칙은 장자를 거치면서 더욱 발전하였다.

　장자는 '자연'의 도를 세계의 최고 존재이자 인간의 근본 존재로 보았다. 장자에게 '자연'은 바로 인간의 참된 본성이다. 또한 자연의 도는 절대·보편적인 성질을 갖추고 있다. 그래서 일체의 대립을 초월하면서도 시비와 선악의 대립을 포함한다. 소유하지 않음이 없으면서도 어떤 것도 소유하지 않은 "크고 온전함(大全)"이다. 도는 절대적이지만 상대와 떨어져 있지 않으며, 보편적이지만 구체적인 것과 분리되지 않는다. 자연의 도와 신명의 마음은 합일되어 있어서, 신명의 마음이 바로 자연의 본성이라 할 수 있다. 장자의 "마음을 비우면 진리가 나타난다"[45]는 표현은, 자기의 신명의 마음을 절대 허정의 상태로 만들라고 주장한 것이다. 자연은 하얀 본성을 만들 수 있으며, 도의 존재를 실현할 수 있다. "흰 것(白)"은 밝다는 뜻으로, 도가의 "그 도가 밝다(其道光明)"는 말이 바로 이를 가리킨다. 흰 것이란 일종의 상태일 뿐만 아니라 존재이기도 하다. 그러나 이것은 내심으로 돌아가 '허정(虛靜)'을 보유할 것을 요구한다. 일체의 외재적인 사물, 더욱이 자기의 신체와 총명한 지식을 모두 제거할 때만 [그것을] 실현할 수 있다. 장자가 말한 "앉아서 잊어버림(坐忘)"은 바로 이런 방법이다. 귀와 눈 그리고 마음이 바깥을 향해 지식을 구하는 것은 좌망이 아니라 "앉아서 달려감(坐馳)"이다. '좌망'은 신체를 잊고 총명을 제거하여 "형체를 떠나고 지식을 없애서 대통과 합일하는 것"[46]이다. 자기의 총명과 지혜를 바깥으로 나가게 하지 않고 자기의 형체를 잊고 내부로 집중할

---

45) 『莊子』, 「人間世」, 虛室生白.
46) 『莊子』, 「大宗師」, 离形去知, 同于大通.

때, "대통과 합일할 수 있다(同于大通)." '대통(大通)'은 "도와 통하여 하나가 된다"[47]고 할 때의 '통(通)'이며, 일체의 차별과 대립을 초월한 것이다. 또한 안과 바깥, 사물과 내가 합일된 절대 통일자인 도다. "대통과 합일한다(同于大通)"는 말은 도와 일체가 되고 안과 바깥의 차별을 해소하여 자연의 본성을 실현한 것이다.

　장자를 대표로 하는 도가는, 모든 외적인 지식을 상대적인 것으로 여긴다. 생존하는 동안 바깥을 향해 지식을 구할 경우, 아무리 열심히 노력해도 진정한 인식을 얻을 수는 없다고 본다. 그러한 노력으로는 영원히 진정한 인식을 얻지 못하고, , '성심(成心)'만 만들어낼 뿐이다. [세상의 만사는] 이루어짐이 있으면 반드시 헐어짐도 있으며, 이루어짐과 헐어짐은 서로 교대하여 비애가 끝이 없다. 대상적인 인식은 "상대가 있는 것(有待)"이다. 대상은 상대적이고 유한한 것이다. 인간과 대상도 상대적이다. "상대가 있는" 지식은 참된 지식(眞知)이 아니며, 상대가 있는 인간도 참된 인간(眞人)이 아니다. 진지(眞知)는 도에 대한 인식이다. 도는 대상적으로 인식하거나 파악할 수 없다. 도는 인간에 내재하여 존재하는 자연의 본성이다. 그래서 [도를 깨닫는] 유일한 방법은 자기의 심령으로 돌아가서 자아를 깨닫고 인식하는 것이다. 이른바 '지인(至人)'·'진인(眞人)'·'신인(神人)'은 외계 사물에 대한 특별한 인식을 갖고 있지 않다. 오히려 [그들은] 외부의 지식을 잊고, 심지어 자기의 육체와 총명마저 잊고서 자아를 반성하고 깨달은 결과 도달한 경지다.

　이른바 '지인'은 도가의 이상적인 인격으로, "마음으로써 도를

---

47) 『莊子』, 「齊物論」, 道通爲一.

줄이지 않고 인간으로써 하늘을 돕지 않는"[48] 단계다. 인간의 마음으로 대도(大道)를 버리거나, 인위로 '자연'을 조장하지 않는 상태다. 여기서의 '마음'은 '허실생백(虛室生白)'의 마음이 아니라 인지의 마음, 시비의 마음, 선악의 마음을 가리킨다. 여기서의 '하늘'도 자연의 본성으로, "바깥에 있는 것(在外者)"이 아니라 "안에 있는 것(在內者)"이다. 사람 바깥에 존재하는 것이 아니라 사람 가운데 존재하는 것이다. 사람과 상대하여 존재하는 자연계가 아니라 사람의 내적인 본성이다. 이것이 바로 「추수편(秋水篇)」에서의, "하늘은 안에 있고 인간은 밖에 있다(天在內, 人在外)"는 말의 의미다. "하늘은 안에 있다"는 것은 '자연'을 인간의 내적인 본성으로 본 것이며, "인간은 바깥에 있다"는 것은 인간의 정욕과 인식 등을 외적인 사물로 본 것이다. 왜냐 하면 정욕과 인식은 내재적인 본성이 본래부터 가진 것이 아니라 외물을 대상으로 삼은 것이기 때문이다. 바꾸어 말하면, '하늘'(곧 '자연')은 이미 인간의 본성 가운데 내포되고 인간의 내부적인 존재로 변화된 것이다. 그래서 "안에 있는 것(在內)"이다. 인성의 바깥에서 알지 못한 것을 알려고 하거나 있지 않은 것을 얻으려 한다면, 그것은 바로 "사람이 바깥에 있는 것(人在外)"이다. 왜냐 하면 자기의 내재적인 본성을 떠나 다른 것을 구하면, 그 구하는 것은 반드시 바깥에 있는 것이기 때문이다.

『장자』에는 하나의 비유적인 설명이 있다. 소나 말이 네 개의 다리를 가지고 있음은 하늘에서 나온 것, 다시 말해 자연적으로 이루어진 것이다. 반면에 말의 머리를 묶거나 소의 코를 뚫는 것은 인위적으로 개조한 것이다. 이는 인간에게서 나온 것, 자

---

48) 『莊子』, 「大宗師」, 不以心損道, 不以人助天.

연[의 원리]을 위배한 것이다. 장자는 이런 사실로써 다음의 결론을 이끌어냈다. "사람으로써 하늘을 망치지 말고, 고(故, 有意를 말함)로써 명(命)을 잃지 말고, 얻음으로써 이름을 더럽히지 말라. 이 세 가지를 삼가 지켜 잃어버리지 않는 것을 '그 참됨으로 돌아감'이라고 한다."[49] "사람으로써 하늘을 망치지 말라"는 말은 위에서 언급한 "하늘은 안에 있고 사람은 바깥에 있다"는 말과 같은 뜻이다. 왜냐 하면 인성은 자연적으로 만들어진 것이고, 인위적인 활동으로 변화시킬 수 없는 것이기 때문이다. 억지로 변화시키려 하면, 그것은 "혼돈을 뚫는다(鑿渾沌)"는 우화처럼 인간으로 하늘을 없애는 것과도 같다. "고로써 명을 잃지 말라"는 것은 목적과 의식을 가진 인위적인 활동으로 천명의 성을 파괴하지 않는 것이니, 여기서 말하는 '명'은 사실상 '자연'이다. 그것은 바깥에 있는 것은 아니라 안에 있는 것이다. "얻음으로써 이름을 더럽히지 말라"는 것은 자기의 성명을 상실하여 '이름'을 구해서는 안 된다는 것이다. 장자는 '이름'을 내적인 것이 아니라 외적인 것으로 보았다. "삼가 지켜 잃어버리지 않는다"는 것은 마음이 바깥으로 달려나가지 않고 안에서 그 본성을 지키는 것이다. 이렇게 해야만 "그 참됨에 돌아갈 수" 있다. 다시 말해 자기의 진정한 성정(性情)으로 돌아갈 수 있는 것이다.

장자가 말한 '심재(心齋)'도 이런 사유에 속한다. 마음이 허정하게 되면 바깥 사물에 막히지 않아서, "도가 텅 빈 가운데 모이게 된다."[50] 이것은 마음 바깥에 있는 도가 마음속으로 모여드는 것이 아니라, 텅 비고 고요한 마음이 저절로 도를 불러모으

---

49) 『莊子』, 「秋水篇」, 無以人災天, 無以故災命, 無以得殉名, 謹守而勿失, 是謂反其眞.
50) 『莊子』, 「人間世」, 惟道集虛.

게 됨을 의미한다. '좌망'과 '허실생백'처럼, 주체의 정신이 하나에 집중되는 상황에서 내재적인 자연의 성(性)인 도는 저절로 실현되고 드러나게 된다. 종합하면 마음이 바깥으로 나가지 않고 하나에 집중하고 안을 지킬 경우에, "그 참됨에 되돌아갈 수 있다(反其眞)." 곧 자기의 참된 성정으로 돌아갈 수 있다. 장자의 "참됨에 돌아감(反眞)"은, 노자의 "소박함으로 돌아감(反朴)"처럼, 자아 반성이란 방식의 내향적인 사유라고 할 수 있다.

「천지편(天地篇)」에 기록된 우언과 고사는 자기 반성적 사유를 실제로 운용한 예다. 고사는 이렇게 시작된다. 공자의 제자인 자공(子貢)이 남쪽 초(楚)나라에 놀러갔다가 진(晉)나라로 돌아올 때 한수(漢水)의 남쪽을 지나게 되었는데, 그때 한 노인이 밭이랑을 만드는 모습을 보았다. 밭이랑 만들면서, "고랑 길을 파고 우물에 들어가서 물을 길어 동이를 안고 나와 물을 대는" 방법을 쓰고 있었다. 방법이 워낙 원시적이어서, "몹시 힘들면서도 결과는 신통치 않았다." 그것을 보고 자공이 왜 기계를 사용하여 물을 대지 않느냐고 물었다. 기계를 사용하면 "힘은 적게 들고 결과는 좋을 것"이라 하였다. 이에 노인이 그 말을 듣고, "분한 듯이 얼굴빛을 지었다가 다시 웃으면서, '우리 선생님에게 들으니, 기계를 쓰면 반드시 기교로운 일이 생기고, 기교로운 일이 있으면 반드시 기교로운 마음이 생기며, 기교로운 마음이 가슴속에 있으면 그 마음의 참됨이 없어지고, 마음의 참됨이 없으면 그 정신이 편안하지 못하며, 그 정신이 편안하지 못하면 도에 고요히 살 수 없다고 하였소. 그러므로 내가 기계를 사용할 줄 모르는 것이 아니라 마음에 부끄러워 쓸 수가 없는 것일 뿐이오'라고 하였다." 자공은 이 훈계를 듣고 부끄러워 가

버렸다. 그러자 [자공의] 제자가 물었다. "아까 그 사람은 어떤 사람이기에 선생님(자공)은 그 사람을 보고 얼굴빛을 잃고 하루 종일 어쩔 줄 몰라 하십니까?"라고 물었는데, 자공은 여기서 하나의 도리를 깨닫고, "[저 사람의 마음에는] 공리(功利)나 기교(機巧) 따위는 없을 것이다"라고 말하였다. 저 노인은 "온전한 덕을 가진 사람(全德之人)이지만, 나는 "풍파의 백성(風波之民, 남의 비평에 따라 움직이는 사람)"에 지나지 않는다. 자공은 노나라로 돌아온 뒤 이 일을 공자에게 말했는데, 공자는 이때 이렇게 대답했다. 그 사람은 "혼돈씨의 무위의 기술을 얼치기로 닦은 사람이니, 하나를 알고 둘은 모르며, 그 속만 다스리고 바깥은 다스릴 줄 모르는 사람이다. 참된 도인은 지혜가 분명하여 자연의 도에 들어가고 무위로써 소박한 성에 돌아가서 성을 온전히 하고 신을 고요히 가지어 세상과 함께 노니는 사람이다. 그런 사람이라면 너는 이제처럼 놀라지 않을 것이다."[51] 이러한 고사는, 기계를 사용하면 시간을 줄이고 효율을 높여서 더 많은 생산량과 이익을 얻을 수 있지만, 도가의 신봉자들은 이런 이치를 알고 있으면서도 실행하지 않았음을 생동감 있게 설명해준다. 도가의 신봉자들은 오히려 그렇게 하는 것을 "부끄럽게 여기고 실행하려고 하지" 않았다. 그렇다면 부끄럽게 여기고 실행하기를 원치 않는 이유는 무엇일까? 도가가 볼 때, 기계를 이용하여 물을 댈 경우, 반드시 기계를 제조·운용하는 일이 있게 되고, 기계를 제조·운용하는 일이 있으면, 거기에는 반드시 기계적인 마음, 이른바 '기심(機心)'이 있을 수밖에 없기 때문이다. 여기에는 실제로 지식·기교·공리의 마음이 있게 된다. 지

---

51) 『莊子』, 「天地篇」 참조할 것.

식·기교·공리의 마음이 있으면, 지식을 구하고 이익을 구함에 끝이 없어서, 마음을 쓰고 정신을 손상하게 된다. 그럴 경우, 바깥으로 나아가도 "순수하게 흰 것을 갖추지 못하게(純白不備)" 된다. 이른바 '순백(純白)'은 '허실생백'에서의 흰 것이며, 텅 비어 존재하지 않는 것이 아니다. 그것은 한 장의 백지처럼 순박하고 자연스런 신명(神明)의 마음이며, 장자가 말한 "도를 모은(集道)" 마음이다. 지식·기교·공리를 추구하지 않고, 내심(內心)의 순박함을 유지하면, "도를 모을 수 있다(集道)." 도를 모은다는 것은 도를 마음으로 삼는 것이다. 이것이 바로 "그 안을 다스리고 그 바깥을 다스리지 않음(治其內不治其外)"이다. 이것은 인간의 총명과 지혜를 이용하거나 발전시킨 것이 아니다. 바깥으로 자연계의 심오함을 탐색하여 지식을 획득하거나 과학적인 기술을 발전시킨 것도 아니다. 도리어 자신의 무지·무욕한 자연적이고 순백한 마음을 회복하고, "본성을 체득하고 정신을 포용한(體性抱神)" 것이며, 무위·소박하여 자연의 본성을 실현한 것이다. 이것이 도가가 주장하는 사유 방식이다. 자신을 반성하는 심리 또는 사유는 중국의 역사에 큰 영향을 끼쳤으며, 오랫동안 사회를 안정되게 이끌었다. 중국 사회에서는 수천 년 동안 자연 경제가 지배해왔다. 사람들은 "해가 뜨면 일하고 해가 지면 쉬었으며(日出而作, 日入而息)", 원시나 반원시의 도구를 이용하여 자연 경제를 유지해왔으며, 아울러 내심의 평정함도 유지해왔다. 이것이 바로 이런 사유 방식의 실제적인 표현이라 할 수 있지 않을까?

도가의 사유는 인체 과학의 측면에서 광범하게 응용되었으며, 특히 도교의 '내단(內丹)'과 기공(氣功)의 학문이 형성될 때 중요한 역할을 하였다. 기공은 인간의 내재적인 의식을 조절하는 것으로 자아 조절, 자아 규제를 통해 인간의 생명을 연장시키려 한다. 이것도 "내향적인 의식을 움직이는 것(內向的運作意識)"이다. 인간의 의식을 내부로 되돌리고, 각종의 사념(邪念)이 포함하는 기교와 공리의 마음을 줄여서 '무념(無念)', '무사(無思)'에 도달하라고 주장한 것이다. 생명의 소식을 아름답고 질서정연한 상태에 이르게 하고 과도하게 소모하지 않게 하는 것이 이른바 '기공태(氣功態)'다. 이렇게 하는 과정에는 여러 가지 환각이 나타날 수 있다. 그러나 최고의 경지는 환각마저도 없는 상태다. 장자가 말했듯이, "지체를 떨쳐버리고 총명도 없애버리고, 형체도 잊고 지식도 제거할(墮肢體, 黜聰明, 离形去知)" 때, 비로소 신비적인 경지로 들어가 생명을 연장할 수 있다. 이러한 "되돌아가 듣고 내면을 바라보는"[52] 방식의 내향적 사유는 좀더 발전하여 불교의 "사유가 없는 사유(無思之思)"가 되었다. 그리고 나중에 선종에도 큰 영향을 미쳤다. 이런 사유는, 유가의 "돌이켜서 자신에게서 구함(反求諸己)", "몸을 돌이켜서 성실함(反身而誠)"과는 다른 것이지만, 사유 방식에서 내심을 지향하고, 내재 의식에 호소한다는 점에서 공통성도 지니고 있다.

4. 자기를 살펴서 앎 [察己而知]

이제 현학적 사유에 대해 언급해보기로 하자. 현학가들은 "현묘한 사유(玄思)"를 주장한다. 그러나 현학가들이 말하는 "현묘

---

52) 『抱朴子(內篇)』, 「論仙」, 反聽內視.

한 사유"는 대상적이고 개념적인 사유가 아니라 '자연'의 본성에 대한 자아의 반성이다. 이런 사유는 도가의 사유를 좀더 발전시킨 것이다. "이름을 구분하고 이론을 분석하는(辨名析理)" 현학가들의 학문은, 유(有)와 무(無), 본(本)과 말(末), 체(體)와 용(用), 동(動)과 정(靜), 말(言)과 뜻(意), 명교(名敎)와 자연(自然) 같은 범주에 대해 열띠게 토론한 것이지만, 그 핵심은 명교와 자연의 관계에 있다. 현학가들이 말하는 '자연'은 내재적인 것이지만 '명교'는 외재적인 것이다. '자연'은 인간의 본성이지만 '명교'는 강제로 인간에게 가하거나 얻어진 것이다. 사실 현학가들이 말하는 '자연'은 도가가 말한 '도'와 같다. "자연이란 도다."53) '도'는 바로 '무(無)'로서, 구체적으로 규정할 수 있는 본체 존재가 아니다. 문제의 관건은 '자연'이 세계의 본체면서 인간의 본체이고, 양자가 합쳐져서 하나가 된다는 데 있다. 자연은 세계의 본체이자, 객관적이고 보편적인 특성을 갖춘 것이다. 그러면서 인간의 본체이자 인간에게 내재해서 존재하는 것이다. 바로 여기에 현학의 주제가 있다. '자연'은 보편적인 객관 법칙이라기보다 인간의 내재적인 본질이며, 우주론적인 것이라기보다, 본체론적인 것이다. 현학가들은 "만물은 자연을 본성으로 삼는다"54)고 주장한다. '자연'은 만물의 본성으로 말해지지만, 인간의 내재 본성으로 설명되기도 한다. 이것은 자연본체론의 문제가 인학본체론으로 변화한 것이고, 주체 사유의 기본 원칙을 확립한 것이다. 이로부터 현학적 사유의 근본 특징인 인간의 주체성 문제, 곧 어떻게 인간의 내재적 본성을 확립·인식하고 실현할 것인가 하는 문제가 생겨나게 된다.

---

53) 自然者, 道也(『列子』, 「天瑞篇」에서 인용한 夏侯의 玄語임).
54) 王弼, 『老子』, 「二十九章注」, 萬物爲自然爲性.

현학의 대표적인 인물인 왕필(王弼)은,『노자』의 요점을 개괄하여 이렇게 지적한 바 있다. "그러므로 그 위대한 것으로 돌아가야 한다. 태시(太始)의 근원을 논하여 자연의 본성을 밝히고, 그윽한 표준을 펼쳐서 미혹에서 벗어나야 한다. 그래서 작위하지 않아야 한다. 줄여서 베풀지 않고, 근본을 숭상하되 말절을 없애며, 어머니를 지켜서 자식을 보존해야 한다. 천박한 사람은 교묘한 기술을 좋아하고 있지 않은 곳에서 일한다. [도를 실행하는 사람은 다른] 사람들에게 책임을 묻지 않고 반드시 자기에게서 구하는데, 이것이 큰 요점이다."[55] 이러한 개괄은 노자의 사상을 반영하는 동시에 왕필의 사상을 대표한다. 그 밖의 문제에 대해서는 논의하지 않기로 한다. 여기서 왕필은 하나의 근본적인 문제를 제시하였다. 그것은 바로 "자연의 본성을 밝히고(明自然之性)", "반드시 자기에게서 구하는(必求諸己)" 것이다. 이것이 현학적 사유의 중요한 표지이고, 노자와 도가 사상이 좀 더 발전한 부분이다.

"자연의 본성을 밝힘(明自然之性)"과 "반드시 자기에게서 구함(必求諸己)"은 연관되어 있다. "자연의 본성을 밝힘"은 자연계의 본체가 바로 인간의 본체이고, 세계의 원칙이 바로 주체의 원칙이라는 사실을 밝혀, 인간의 본체 존재를 확립하려는 것이다. "반드시 자기에게서 구함"은 자연의 본성을 밝히려는 근본적인 방법이다. 다시 말해 주체 자신에게 돌아가 자아에 대해 반성하라는 것이다. 자연의 본성은 내재적인 주체 원칙이므로, 자연의 본성을 '밝히려면' 바깥에서 구해서는 안 되고, 반드시

---

55)『老子指略』, 故其大歸也, 論太始之原以明自然之性, 演幽冥之極以定惑罔之迷, 因而不爲, 損而不施, 崇本而息末, 守母以存予, 賤夫巧術, 爲在未有, 無責于人, 必求諸己. 此其大要也.

자기에게서 구해야 한다.

이것이 '천인합일론'의 주체적 사유다. '자연'은 인간과 세계의 본질이자 인간과 세계의 존재다. 존재는 본질보다 앞서는 것이 아니라 본질이 바로 존재다. 이것은 왕필의 '자연'에 관한 근본적인 관점이다. "만물은 자연을 본성으로 삼는다. 그러므로 그것에 바탕하여 작위할 수 없다. 통할 수 있지만 잡을 수는 없다. 사물에는 영원한 성질이 있는데, 조작하려고 하면 반드시 실패하고 만다."[56] 만물이 '자연'을 본성으로 삼는다는 것은, '자연'이 [만물이 만물로 되는 까닭으로서의] 본질적인 존재이자 보편적이고 초월적인 절대면서도 인간의 마음속에 존재하는 것임을 설명한다. 왜냐 하면 인간은 만물 가운데 가장 영명한 존재이기 때문이다. 이른바 '자연'이란 행하지 않고도 이루고, 잡지 않고도 통하며, 스스로 존재하고(自在的) 스스로 작위하는(自爲的) 것이다. 한편으로 인위적인 목적성이 없는 것이면서, 다른 한편으로 인간의 자아 존재이고 자아 의식이다. 인간은 자연적이고 개체적인 존재지만, '신명'의 마음을 갖추고 있어서 자아를 깨달을 수 있다. "자연에 맡긴다(因任自然)"는 것은 객관적 세계, 즉 외재적 자연 법칙이나 자연 규율에 소극적 피동적으로 순응하는 것이 아니라 그 자연의 본성에 순응하는 것이다. 또한 자연 본성을 자각적으로 인식하고 실현하는 것이다. 이것이 바로 현학의 근본 사상이다.

자연의 본성을 밝히려면, 먼저 인의(仁義)를 포함한 일체의 인위적이고 유목적적인 "만들고 베풂(造立施化)"을 없애야 한다. 동시에 마음의 '신명'한 작용을 통해 자아를 인식해야 한다.

---

56) 『老子』, 「二十九章論」, 萬物以自然爲性, 故可因而不可爲也, 可通而不可執也. 物有常性, 而造爲之, 故必敗也.

여기서 "신명으로써 통함(通以神明)"은 자아를 반성하고 드러
냄을 뜻한다. 왜냐 하면 이것은 일반적이고 대상적인 인식이 아
니라 존재를 인지하는 것이기 때문이다. 이른바 '밝힘(明)'은 이
것으로 저것을 밝히는 것이 아니라 "스스로를 밝히는 것(自明)",
곧 스스로를 분명히 드러내는 것이다. 이러한 자아 반성은 관념
론, 개념론에서의 자아 반성과 다르다. 왜냐 하면 후자는 인식에
대한 재인식이어서 주체와 객체의 대립 관계를 벗어나지 못한
것이지만, 전자는 사유에 대한 스스로의 사유로서 주관과 객관,
안과 밖을 구별하지 않는 것이기 때문이다. 따라서 전자는 주체
와 객체를 분리하지 않는 것이라 할 수 있다. 달리 표현하면 객
관적 원칙은 주체로부터 설정된 것이다. '신명(神明)'의 마음이
극도의 주체적 능동성을 지닌 이유가 바로 여기에 있다.

　현학가들은 성인의 본성에 대해서도 말하고 있다. 이른바 성
인의 본성이란 자연의 본성을 완전히 실현한 것, 그래서 자연과
합일된 것이다. 왕필은 이렇게 말하였다. "성인은 스스로 그러
한 성에 통달하고 만물의 정을 꿰뚫고 있다. 그러므로 [사물에]
따르되 작위하지 않으며, 뒤쫓으나 [나서서] 베풀지 않는다. 미
혹되는 소이(所以)를 제거하고 현혹되는 까닭을 없앴으므로 마
음이 어지럽지 않고 사물의 본성을 저절로 터득하게 된다."[57]
현학적 사유는, 유가의 사유와는 달리 인의를 인간의 내적인 본
성으로 간주하지 않는다. 인의를 '자연' 아래 두고 현상계의 존
재로 여긴다. 그래서 왕필이 말하는 성인은, 유가의 성인이 아
니라 장자의 '진인'·'지인'·'신인'에 가깝다고 할 수 있다. '달
(達)'은 통달하고 실현한다는 의미다. 성인은 자연의 본성을 통

---

57) 『老子』, 「二十九章論」, 聖人達自然之性, 暢萬物之情, 故因而不爲, 順而不
施. 除其所以迷, 去其所以惑, 故心不亂而性自得之也.

달·실현하며 자연과 합일된다. 그래서 공리(功利)·도덕·지식과 같은 마음속의 미혹을 갖고 있지 않다. 그러므로 마음을 어지럽히지 않으면서 본성을 얻으며, 본성을 얻으므로 사물의 성 또한 저절로 얻게 된다. 여기서 말하는 "사물의 성(物性)"을 저절로 얻음은, 유가가 『중용』에서 그 본성을 다해 인간의 성을 다하고 사물의 성을 다해야 한다고 말한 것과 의미는 다르지만, [형식을 가리켜서 말할 경우] 동일한 사유 방식에 속한다. 즉, 자아에 대한 반성과 자기로부터 다른 사람에게 미침(推己及人), 그리고 안으로부터 바깥 미침(由內及外)을 통해 인성을 자각하라는 것이다.

현학가들은 외부를 향해 생각하는 것을 반대하지 않으며, 개념적인 분석도 반대하지 않는다. "이름을 구분하고 이론을 분석하는(辨明析理)" 그들의 학문은 많은 명사와 개념을 분석함으로써, 중국 철학의 이성적 사유가 높은 수준에 도달했음을 보여준다. 그러나 이것은 그들의 진정한 목적이나 현학의 진정한 주제가 아니다. 현학의 진정한 주제는 인간의 존재 문제를 해결하는 것이다. 이 문제는 일반적인 언어와 개념으로 해결될 수 없다. 이 점에 대해서는 나중에 논의하기로 한다. 지금 지적해야 할 것은, 현학가의 '변명석리'의 학문은 객관화, 형식화된 개념적 사유를 발전시키지 못했으며, 주체의 자기 반성적 사유를 향해 나아갔으며, 인간의 내재적인 본질을 인식하고 실현하는 것을 궁극적 목표로 삼는다는 것이다. 이른바 "자기를 살펴서 천하를 아는 것(察己而知天下)"이 현학의 근본적 사유다. 다시 말해 세계를 인식하는 객관적인 규율을 인식하는 것이 아니라 세계를 위해 주체 원칙을 확립하는 것이다. 이 원칙은 자연계에서 나오지만 자연계를 초월하는 것이다.

혜강(嵇康)의 "자연에 맡김(任自然)"이란 객관적인 자연 법칙에 순응하는 것이 아니라 "자연의 본성(自然之性)"에 맡기는 것이다. '자연'은 외재적인 것이 아니라 내재적인 것이다. 인간의 참된 성정(性情)이지만, 가공·조탁하거나 수식할 수 없는 '소박함(朴)'이다. 자연은 하늘과 인간이 합일된 전체적인 존재다. 사람은 반드시 자연계를 대상으로 인식할 필요가 없으며, 각종 사물과 현상을 세밀하게 분석·추리할 필요도 없다. 다만 내재적인 자아를 체인하면 된다. 이렇게 자아를 체험하면 "천도를 하나의 손가락으로 삼을 수 있어서 품물(品物)의 세밀한 까닭을 알 필요가 없다."58) 이것은 바로 장자의 말과 같다. "천지는 하나의 손가락이고(天地一指)" "만물은 한 마리의 말이다(萬物一馬)"라는 전체적인 관점에서 볼 때, 사물에는 본래 저것과 이것도 없고, 서로의 기다림도 없으며, 차별도 없다. 왜냐 하면 '손가락(指)'은 천인합일, 내외합일의 절대적인 전체이므로, 언어로 표현하거나 분석할 수 없기 때문이다. 내재적인 자아를 반성하고 직관할 수 있을 뿐이다. "성스러움을 끊고 지식을 버리며, 마음이 현묘한 무언의 상태(玄默)에서 노닌다"59)고 할 때 마음이 '현묵'에서 노닌다는 것은 학설 없는 학설(無說之說)이고, 말없는 말(無言之言)이며, 일종의 "내부적인 언어(內部言語)"다. 혼돈씨(渾沌氏)의 내부적인 논리이자 원시적인 통일이다. 전체적으로 파악할 수 있지만 분석하는 것은 불가능하다. 전체적으로 파악한다면 대상 인식을 배제할 수 있다. 거기에는 인간의 존재에 관한 인지만 남을 뿐이다.

그래서 혜강은 "안을 보고 돌이켜 들어라(內視反聽)"고 주장

---

58) 『嵇康集』, 「卜疑」, 以天道爲一指, 不識品物之細故也.
59) 『嵇康集』, 「重作六言詩」, 絶聖棄智, 游心于玄默.

하고, 마음과 정신이 바깥으로 나가는 것을 반대하였다. 이것은 실제로 내재적인 자아 직관인 동시에 특수한 언어(玄語)라고 할 수 있다. 직접 마음에서 얻을 수 있기에 어떤 논리와 언어가 필요하지 않다. 혜강은 왕필에 비해 한층 더 내재성을 강조하였다. "대저 종류를 추리하고 사물을 분별할 때는 먼저 자연의 리를 구해야 한다. 리가 만족된 뒤에야 옛날의 의미를 빌어서 [리를] 밝힐 수 있다. 지금 [리를] 얻지 못한 마음이 있는데도 이전의 말에 의지하여 말하고 논증한다면 아마도 힘써도 기강이 없을까 두렵다."[60] 혜강은 사람이 이성 능력을 갖고 있음을 인정하였다. 이런 이성 능력은 "종류를 유추하고 사물을 분별할 수 있다(推類辨物)." 그렇지만 그것은 크게 중요하지 않다. 가장 중요한 것은 먼저 '자연의 리(自然之理)'를 인식하는 것이다. 문제는, 바깥에도 사물의 자연의 리가 있고 안에도 본성의 자연의 리가 있으며, 양자가 "안과 밖의 작용도 다르고 저것과 이것의 이름도 다르기 때문에"[61] 섞어서 하나로 말할 수 없다는 데 있다. 인간의 신명(神明)은 내재적인 자연의 본성을 체험해야 하며, 외재적인 사물의 리를 분별할 필요는 없다. 왜냐 하면 나의 본성이 스스로 만족하면 외부의 추리에 기대지 않게 되지만, 구하는 것이 많아지면 나의 본성은 더욱 줄어들기 때문이다. 이것은 주체의 내향적 사유와 객관 대상에 대한 사유를 명확하게 구별하면서도, 내향적 사유 중 그 사유의 근본적인 특징으로 삼는 것이다.

주체의 내향적 사유는 현학적 사유의 공통적인 특징이다. 왕

---

60)『嵆康集』,「聲無哀樂論」, 夫推類辨物, 當先求之自然之理, 理已足, 然后借古義以明之耳, 今未得之心, 而多恃前言以爲談証, 自此以往, 恐巧厲不能紀耳.
61) 같은 곳, 內外殊用, 彼我異名.

필은 노자의 "학문을 하면 날로 늘어나지만, 도를 추구하면 날로 줄어든다(爲學日益, 爲道日損)"는 사상을 자신의 입장에서 해석하였다. 이른바 "학문을 하면 날로 늘어난다"는 것은, "자기가 능숙한 것을 더욱 능숙하게 만들고, 그 익힌 것을 더욱 늘리고자 힘쓰는"[62] 것이며, "도를 실행하면 날로 줄어든다"는 말은 "허무(虛無)로 돌아가고자 힘쓰는"[63] 것이라고 풀이하였다. 왕필은 노자처럼, "학문을 하는 것(爲學)"과 "도를 체득하는 것(爲道)"을 서로 다른 유형의 사유 방법으로 보았는데, 여기에는 중요한 의미가 있다. 문제는 왕필이 노자처럼, 양자를 완전히 대립시켰다는 것이다. 왕필에 따르면, 그 능숙한 것을 더욱 능숙하게 만들고 익힌 것을 더욱 늘리는 것은 분명 지식을 구하는 것을 특징으로 하는 대상적 사유다. [반면에] "허무로 되돌아감(反虛無)"은 허무한 본체, 곧 '자연'의 본성으로 되돌아가는 것이다. 이것은 분명 주체의 자기 반성적 사유로서, 현학과 도가가 주장한 것이다. 유가의 "아래로부터 배우고 위로 도달하며(下學而上達)", "넓게 배우고 상세하게 말하며, 장차 간략하게 말하는 데로 돌아가라(博學而詳說之, 將以反說約也)"는 말과, 방법은 다르지만 같은 유형의 사유에 속한다. 양자 모두가 자아의 반성적 사유를 가장 근본적인 사유 방법으로 인정하는 것이다. 이런 사유에 따르면, 주체 자신은 세계의 본질을 갖추고 있으며, 내부에 세계의 모든 의미를 포함하고 있다.

왕필은 노자의 "몸으로써 몸을 본다(以身觀身)"는 문구를 이렇게 해석하였다. "나는 어떻게 천하를 알 수 있는가? 나 자신을 살펴서 [그것을] 알며, 바깥에서 구하지 않는다."[64] 여기에는

---

62) 『老子』, 「四十八章注」, 務欲進其所能, 益其所習.
63) 『老子』, 「四十八章注」, 務欲反虛無也.

주체 사유의 내향적 특징이 분명히 드러나 있다. 어떻게 "나를 살펴서(察己)" 천하를 알 수 있는가? 천하의 도는 자아 존재의 바깥에 있는 것이 아니라 자기가 갖춘 것이다. 이것은 도가만이 특별히 가진 의견이라기보다, 유가와 도가가 공유하는 사유 방식이다. 왜냐 하면 양자는 모두 천인합일론의 주체론자이고, 마음을 위주로 삼으면서도 마음과 사물, 안과 밖을 구분하지 말 것을 주장하기 때문이다. 사람을 위주로 하면서도 하늘과 인간, 안과 밖을 대립시키지 않는다. 인간과 자연계(사회를 포함하여)에는 일종의 내재적인 관계가 있다. 인간의 내부에 자연계의 모든 원칙과 사회의 모든 법칙이 포함되어 있다. 그래서 자연계를 향해 지식을 구하거나 사회를 향해 지식을 구할 필요가 없다. 몸을 돌이켜서 안을 구하고, 주체 자신으로부터 체험·관찰한다면, 자연의 도와 천하의 도를 알 수 있다.

현학의 다른 유명한 대표자인 곽상(郭象)은 이 방면에서 더욱 두드러진 인물이다. 곽상은 명확하게 "안에 있는 것을 구하라(求在內者)"고 주장하고, "바깥에 있는 것을 구하는 것(求在外者)"을 반대하였다. "안에 있는 것을 구하라"는 것은 자기의 본성(自性)을 알기를 구하라는 것인데, 자기의 본성은 사람의 안에 있는 것이다. "바깥에 있는 것을 구하는 것"은 알지 못하는 것을 구하라는 것으로 사람의 바깥에 있는 것이다. 곽상은 '자연'을 인간이 그러함을 알지 못하지만 그러한 내재적인 본성으로 귀결시켰다. 또한 본체론의 '무(無)'를 부정하고, 나아가 목적론의 '하늘(天)'도 부정하였다. 더욱이 인성의 내재성을 강조하였고 인간의 주체성을 드러내었다. 곽상의 "홀로 자기의 본성을

---

64)『老子』,「四十五章注」, 吾何以得知天下乎, 察己以知之, 不求于外也.

변화시킨다(獨化自性)"는 학설은, 사람들이 가진 본성이 각기 다르다고 본 것이다. 이것은 저절로 그러하고 그러한(自然而然) 실정이다. 그러나 사람들이 모두 "스스로 그 성을 만족시키면(自足其性)" 귀함과 천함, 큰 것과 작은 것의 구분은 없어지고 만다. 대붕도 작은 새를 비웃을 필요가 없고, 태산도 추호(秋毫) 비웃을 필요가 없다. 사람과 사람 간에도 마찬가지다. 왜냐 하면 "사람은 각기 본성을 가지고 있으며(人各有性)", "본성은 각기 표준을 가지고 있기(性各有極)" 때문이다. 개인의 본성은 자족적인 것이고, 그 본성에 스스로 만족하면 만물과 하나가 될 수 있다. 누구도 스스로를 크다거나 작다고 할 필요가 없다. 곽상은 인간의 주체성을 드러냈을 뿐 아니라 인간의 개체성도 드러내었다.

그런데 자기의 본성(自性)에 능하고 [제대로] 안다면 다른 것을 구할 필요가 없다. 다만 안에서 구할 수 있을 뿐 바깥에서 구할 수도 없다. 안에서 구한다는 것은 "스스로를 구함(自求)"이요, 바깥에서 구한다는 것은 "다른 것을 구함(他求)"이다. 스스로를 구하면 그 본성을 얻을 수 있고, 다른 것을 구하면 자기에게 보탬이 없다. "안에서 구하여 얻지 못한다 하여 바깥에서 구한다면, 안을 버리고 바깥을 구하는 것이니, 어찌 미혹되지 않으리오?"[65] 안에 있는 것은 자기의 본성이요, 안에서 구한다는 것은 그 본성을 스스로 알기를 구하는 것이다. 안을 버리고 바깥을 구하면, 무궁한 미망(迷罔)에 빠지게 되고, 심지어 자기의 본성(自性)을 잃어버리게 된다.

자성(自性)은 '자아(自我)'며 그 성을 스스로 아는 것은 자아

---

65) 『莊子』, 「至樂注」, 求內不得, 將求于外, 舍內求外, 非惑如何.

를 인식하는 것이다. 그렇지 않으면 자아를 잃어버릴 수 있다. "대저 천하의 큰 우환은 나를 잃는 데 있다."66) 곽상은 자아 의식의 문제를 제기하였고 자아 존재를 드러내었다. 이것은 대단한 공헌이라 할 수 있다. 그가 말한 '자아(自我)'란 현실의 개체적 자아이고 개성이란 특징을 갖고 있다. 그런데 곽상은 '자성(自性)'이 완전히 자기 충족적인 것이며, 자아에 대한 앎도 완전히 자기 충족적인 것이라고 생각하였다. 이것은 일종의 자아 폐쇄적인 내향적 사유다. 바깥으로 지식을 구하는 것을 반대한 것은 [바깥의 지식을] 헛된 일로써 아무런 도움도 되지 않을 뿐만 아니라, 자기가 본래부터 가진 앎을 손상시킬 수도 있다고 생각했기 때문이다. 여기에는 중국 전통 철학의 고유한 특징이 반영되어 있다. "아는 것을 구하지 않고, 알지 못하는 것을 구하는 것은, 자기를 버리고 남을 본받는 것이니, [나와 남의] 구분을 멈추지 않은 것이다."67) "아는 것(所知)"이란 본래부터 지닌 자아에 대한 인식이자 자기 본성(自性)에 대한 깨달음이다. 사람들이 그 성을 구하고 그 자아에 대한 깨달음을 실현하면 그 밖의 다른 것을 구하지 않게 되고, 사람의 사유도 자기의 성분(性分) 안으로 돌아와 성분 바깥으로 나가지 않게 된다. 왜냐 하면 성분 바깥의 일은 인식할 수 없거나 인식할 필요가 없기 때문이다. 이것은 대상적 인식과 외향적 사유를 부정한, 일종의 전형적인 내향적인 사유라 할 수 있다.

본성(性)에는 안과 바깥의 구분이 있으며, 성분(性分)의 안은 나의 자성(自性)이다. [이것은] 스스로 있을 뿐 아니라 스스로 알 수 있는 것이다. 성분(性分)의 바깥은 내가 소유한 것이 아니

---

66) 『莊子』, 「胠篋注」, 夫天下之大患者, 在失我也.
67) 같은 곳, 不求所知而求所不知, 此乃舍己效人而不止其分也.

라 타인의 본성이다. [그것은] 내가 소유한 것이 아닐 뿐 아니라 알 수도 없는 것이다. 본성을 스스로 아는 것은 분내(分內)의 일로서 도달할 수 있고 당연히 도달해야 하는 것이다. 타인의 성을 알기를 구하는 것은 분외(分外)의 일로서 도달할 수 없을 뿐 아니라 당연히 제거해야 하는 일이다. 장삼(張三)은 장삼일 뿐 이사(李四)가 될 수 없으며, 이사는 이사일 뿐 장삼이 될 수 없다. 장삼에는 장삼의 자성(自性)이 있고 이사에는 이사의 자성이 있다. 각기 그 본성을 만족시키고 알게 되면 각자의 요구를 만족시키고 사회의 화해를 유지할 수 있다. 이것이 다른 사람과 구분되는 곽상의 특징이다.

여기서 곽상은 자아(自我)와 비아(非我), 자성(自性)과 타성(他性)을 구분하였다. 자아는 성분이 완전히 자족적이어서 조금도 많거나 적지 않은 것이다. 이것이 바로 '자연'이다. 그래서 다른 것을 구할 필요도 없고 구할 수도 없다. 모든 개인은 스스로 충족된 소우주다. 그런데 곽상은 타인의 존재를 부정하지 않았다. 부정하지 않았을 뿐만 아니라 사람들이 스스로 행위하는 것을 객관적으로 자신을 위한 일로 여겼다. 다시 말해 사람들간에는 실제로 일종의 "서로를 구제하는(相濟)" 공이 있다는 것이다. 마치 입술과 이빨의 관계처럼, 입술이 없으면 이가 시리고 이가 없으면 입술이 시린 것과 같다. 그런데 사람들 모두 그 본성을 스스로 알고 스스로 만족시킬 때만 "서로를 구제하는" 공을 실현할 수 있다. 만약 자기를 버리고 다른 사람을 구하거나, 다른 사람을 위해서만 실행할 경우에는 "서로를 구제하는" 공을 실현할 수 없다. 이것이 자아 인식, 자아 실현의 기초 위에서 집단적인 효용을 실현한 것이다. 이런 사유는 전체적으로 유가, 도가의 주체적 자기 반성적 사유와 일치한다. 다만 표현상으로 확실히 다를 뿐이다.

곽상은 인간이 "마음의 지식(心知)"을 지니고 있으며, 이것이 인간의 특징임을 인정하였다. 그런데 인간의 '심지'는 외부 대상을 지향할 수도 없고 알려고 해도 알 수 없다. 외물(外物)을 지향하여 알려고 해도 영원히 "사물과 완전히 합일하는(與物冥合)" 경지에 도달할 수 없다. 곽상은 "사물과 완전히 합일하는" 것을 최고의 경지로 여겼다. 곽상에 따르면, '심지'는 다만 자아를 지향하고 자아를 인식할 때만 "스스로 통달함(自通)"을 실현할 수 있다. "스스로 통달함"은 마음과 성이 통하고, 마음과 본성이 합치된 것이다. 이것은 "사물과의 완전한 합일(與物冥合)"에 이르는 근본적인 방법이다.

그런데 사람들마다 각기 그 본성을 갖고 있고 그 본성이 각기 다르다면, 어떻게 사물의 "완전한 합일(冥合)"을 이룰 수 있는가? 곽상은 '자취(迹)'와 "자취의 근거(所以迹)"의 문제를 제시하였다. 모든 개인은 '자취'이고 시간과 공간 가운데 존재한다. 또한 모든 '자취'는 반드시 "자취의 근거"를 갖고 있다. "자취의 근거"는 시간과 공간을 초월하며 내가 나일 수 있는 까닭이다. '자취'는 현상이요 "자취의 근거"는 본질이다. 양자는 분리될 수 없다. 그런데 "자취의 근거"는 자성(自性)의 최고의 표준, 곧 "본성은 표준을 갖고 있다(性各有極)"고 할 때의 '표준'이다.[68] 이 표준은 "사물과 완전히 합일하고(與物冥合)", "만물이 하나의 몸(萬物一體)"이 되는 목표를 실현하는 근거가 된다. 현상에서 본질로 나아가고, '자취'에서 "자취의 근거"로 나아간다면,[69] 모든 개인은 정신적으로 "만물과 완전히 합일하는" 경지를 실

---

68) 이 점은 나중에 다시 논의하기로 한다.
69) 이 자취의 근거는 현상과 분리되지 않는다.

현할 수 있다.

그런데 합일의 경지는 반드시 "스스로를 아는 것(自知)" 것으로써 실현된다. "사물에는 귀천이 없고 심지(心知)와 이목(耳目)을 사용하여 스스로 통하지 않음도 없다. … 세상 [사람]들은 앎이 스스로 아는 것(自知)임을 알지 못하기 때문에 앎을 위해 알려고 한다. … 그러므로 마음과 정신이 안에서 요동하고, 이목이 바깥에서 고갈됨으로써 처신이 적절하지 않게 되어 사물과 합일하지 못한다."[70] 심지와 이목의 쓰임은 반드시 어떤 대상을 지향하는데, 이는 일반적인 사유의 기본적인 특징이다. 그러나 곽상이 볼 때 이것은 진정한 '지식(知)'이 아니다. 만약 대상에 대해 말한다면, 이 대상은 외물이 아니라 사유하는 자인 자기 자신이다. 즉, 사유에 대한 스스로의 사유다. 이것이 바로 "스스로 아는 지식(知之自知)"이다. "스스로 아는 것(自知)"은 지식을 구해서 알거나 대상을 분석한 것이 아니라, "스스로 통달함(自通)"을 구한 것일 뿐이다. 이것은 심령의 자아 발현이고 인성의 자아 실현이다. 그러므로 이목이 바깥에서 고갈될 필요도 없고, 심신(心身)이 안에서 요동칠 필요도 없다. 내심으로 되돌아오기만 하면 자연히 그렇게 실현된다. 곽상이 볼 때 "사물과의 완전한 합일(與物冥合)"이란 문제는 근본적으로 일종의 주체인 자아를 체득하는 문제다. 간접적인 대상 인식으로 해결될 수 있는 것이 아니라 내재적인 직접성을 갖춘 것이다. "스스로 통달하면(自通)" 반드시 사물과 "완전히 합일할 수" 있다. '사물(物)'은 그 최종적인 의미에서 말한 것으로, 바깥에 있는 것이 아니라

---

70) 『莊子』, 「人間世注」, 物無貴賤, 未有不由心知耳目以自通者也. … 而世不知知之自知, 因欲爲知以知之, … 故心神奔馳于內, 耳目竭喪于外, 處身不適而與物不冥矣.

안에 있는 것이다. 이것은 "만물은 모두 나에게 갖추어져 있다 (萬物皆備於我)"는 유가의 말과 동일한 사유의 특징을 지니고 있다. 그런데 곽상의 사유는 더욱 신비적인 색채를 띠고 있다.

5. 마음을 밝히고 본성을 바라봄 [明心見性]

주목할 만한 사실은 중국의 불교철학(즉, 중국화한 불교철학)이 자기를 반성하는 방식의 내향적 사유의 특징을 표현하고 있다는 점이다. 특히 중국 사회와 사상계에 큰 영향력을 행사했던 주요한 종파(특히 선종)는 더욱 그러하다. 내향적 사유가 전통의 철학적 사유에 대해 끼친 영향도 한층 분명하다.

불교는 원래 영원한 피안을 추구하는 종교며, 불교철학은 영원하고 무한한 존재를 논증하는 철학이다. 유신론이든 무신론이든간에,71) 모두 피안의 영원한 존재를 인정하며, 주관(能)과 객관(所), 성(性)과 상(相) 같은 주관과 객관의 구별을 강조한다. 현장(玄奘)이 가져온 유식론(唯識論. 또한 法相宗이라고도 함)은 외래 종교의 특징을 지니고 있다. 유식론은 인간의 의식에 대해 상세하게 분석하여 '팔식설(八識說)'을 제시하였다. 거기서는 눈(眼)・귀(耳)・코(鼻)・혀(舌)・몸(身)의 오식 외에 '의식(意識)'과 '말라식(末那識)', '아뢰야식(阿賴耶識)'이 포함되어 있다. 그 가운데 제팔식인 아뢰야식은 "새지 않는 종자(無漏種子)"를 지닌, 의식과 존재의 진정한 근원이다. 유식종은 의식을 분석할 때 성(性)과 상(相), 즉 주관과 객관의 차이와 대립을 견지했으

---

71) 이 점에 대해서는 줄곧 논쟁이 있어왔다.

며, 최종적으로 영원한 법성(法性)과 법신(法身), 곧 객관적인 본체에 호소하였다. 사람은 자신의 의식을 부단히 정화해야만 마침내 자신을 초월하여 영원한 본체 경지에 들어갈 수 있다.

그런데 진정으로 중국화한 불교는 중국 전통의 사유 방식을 받아들여, 영원한 불성을 인간의 심리 가운데 두었고, 그것을 인간의 "마음의 본체(心本體)"로 변화시켜 개체의 마음을 떠나 존재하지 않는 것으로 만들었다. [그 결과] 주관(能)과 객관(所), 성과 상의 차이와 대립은 중요한 의미를 잃어버리거나 완전히 소멸되고 말았다. 피안과 차안의 구별마저도 점차 모호해지고 말았다. 그것은 인간의 내심에 호소하고 내심 가운데서 행복을 찾기를 주장함으로써, 종교적인 정감의 요구를 만족시켰다. 자아를 인식하고 깨닫고 수양할 때만 비로소 영원한 부처의 경지에 들어갈 수 있다.

동진(東晉) 시대와 남북조(南北朝) 시대에 활동한 불교의 이론가인 도생(道生)은 먼저 "모든 중생이 불성을 갖고 있다(一切衆生皆有佛性)"는 학설을 제시하여, 중국 불교철학의 내향적 사유를 새로운 단계로 끌어올렸다. 도생의 학설은 당시 엄청난 파장을 불러일으켰고, "세상과 풍속을 깜짝 놀라게 하였다(惊世骇俗)." 왜냐 하면 그것은 불교 이론의 기본적인 신조를 위반하고 영원한 불성의 신비성을 파괴했을 뿐만 아니라, 불교철학의 사유 방식을 바꾼 것이었기 때문이다. 그 결과 도생은 불교계에서 축출되고 말았다. 그러나 오래지 않아 도생의 이론은 수용되었고 많은 사람들의 관심을 불러일으켰다. 도생은 중국 불교계의 중요한 인물이 되었다. 이런 예는 외래 문화와 중국의 전통 문화가 충돌하고 융합했던 하나의 생동적인 사례로 볼 수 있다.

도생은 중국의 전통적인 사유 방식으로 불교 이론을 해석하여 유명한 '자성설(自性說)'을 제시하였다. 모든 사람이 성불할 수 있는 내재적인 근거를 갖고 있으며, 불성은 마음 바깥이나 피안에 존재하지 않고 모든 개인의 마음 가운데 있다고 주장하였다. 도생은 당시 불교도들이 가장 관심을 가졌던, 어떻게 부처가 될 수 있는가 하는 문제에 대해 직접적이고 간단한, 그러면서도 중국의 전통적 사유 습관에 부응하는 해석을 만들어내었다. 도생의 '자성설'은 모든 사람들이 성인이 될 수 있다는 유가의 사유와 완전히 일치한다. 그리고 양자 모두가 자기의 마음 가운데 최고의 선을 찾아야 하며 최고의 이상 경지를 실현해야 한다고 주장한다. [그러나 양자 사이에는 다음과 같은] 차이점이 있다. 즉, 유가가 말하는 성인은 "인륜의 지극함(人倫之至)"이고 입세적(入世的) 또는 경제적(經世的)[인 존재]이며, 성인의 본성(性)도 사회의 도덕, 곧 윤리 관계를 드러내는 내재적인 본성인 데 반해, 도생이 말하는 부처는 출세간적인 것이며, 불성은 개인의 해탈을 실현한 것, 곧 절대 '평등(平等)'의 내재 본성을 실현한 것이라는 점이다. 불성은 절대적이고 영원한 것이다. "성(性)이란 진실하고 극진하며 변함이 없다는 뜻이다. 즉, 진실하고 변화가 없으니 어찌 소멸될 수 있겠는가?"[72] 진실하여 소멸됨이 없다면 당연히 영원한 존재라 할 수 있다.

그런데 도생은 절대적이고 영원한 불성이 모든 개인에게 갖추어져 있는, 내재적인 것으로 여겼다. 불성은 "다른 사람이 갖고 있는(他有)" 것은 아니라 "스스로 소유한(自有) 것으로 보았다. 이것은 불교 이론 가운데 주체 원칙을 세우고, 그것을 중국화한 불교로 바꾼 것이라 할 수 있다. "일체 중생이 모두 부처가

---

72) 『大般涅槃經集解』, 「長壽品」, 性者, 眞極無變之義也, 卽眞而無變, 豈有滅耶.

될 수 있다고 들었다",73) "일체 중생은 부처이자 모두 더러운 원수(洹水. 하남성에 있는 강 이름)의 강물이 아님이 없다."74) 중생은 감정(情)과 지식을 가진 인간, 정감과 의식과 지각 작용을 가진 존재다. 중생이 내재적인 성불의 근거를 갖고 있다면, 자기의 몸에서 부처를 구해야 할 뿐, 다른 곳에서 부처를 구할 필요도 없고 구할 수도 없다. 이러한 사유 방식으로 도생은 나아가 "본래 불성을 지니고 있다(本有佛性)" 그리고 "불성을 지닌 나(佛性我)"라는 명제를 제시하여, 불성은 후천적으로 얻어지는 것이 아니라 사람들마다 천부적으로 갖는 것이라고 주장하였다. 즉, 불성은 다른 데 있는 것이 아니라 내가 가진 것이라는 것이다. 이렇게 해서 중생은 불성을 인간의 내재적인 본질 존재로 변화시켰다.

도생은 도가와 현학의 사상을 흡수하여, 불성은 스스로 그러하고(自然), 스스로 존재하며(自在), 무위(無爲)한다는 사실을 강조하였다. 도생에게 불성은 자연적이고 자재적인 본래의 모습(형태, 추세)이며, 인위적인 의지와 목적성을 갖지 않은 것이다. 중생은 자기의 본래 모습에 따라 수행하면 부처가 될 수 있다. 만약 바깥을 향해 부처가 되고자 고심한다면 '상(相)'에 집착하기 쉽다. 불성은 본래 상이 없는 것이므로, 한 번 '상'에 집착하면 반드시 주관과 객관, 성과 상의 대립이 생겨나게 된다. 주관과 객관의 대립이 생겨나는 것은 잘못 분별한 것이다. 주관과 객관의 분별이 있으면 망상이 무궁무진하게 생겨나, 구하면 구할수록 [올바른 길에서] 더욱 멀어져, '불성아(佛性我)'를 인식할 수 없다. 일체의 주관과 객관의 구별은 진실한 존재가 아

---

73) 『妙法蓮華經疏』, 「譬喩品」, 聞一切衆生, 皆當作佛.
74) 같은 책, 「寶塔品」, 一切衆生, 莫不是佛, 亦皆泥洹.

니라 망상에서 나온 것이다. 마음속의 망상을 없애고 일체를 그 자연에 따른다면, 주관과 객관의 대립을 해소하여 마음속의 성을 실현할 수 있다. "먼지는 실제로 없는 것이다. 망상에 젖어 있을 때가 바로 먼지다. 망상이 없다면 먼지가 바로 깨끗함이다. 망상이란 망령되이 분별하려는 생각이다."[75] 중요한 문제는 주관과 객관의 대립을 깨뜨리는 데 있다. 그리고 대립을 깨뜨리려면 '망상'을 없애고 자기의 내심으로 돌아가야 한다. 이것은 완전히 내심 세계의 일이다. '망상'을 없앨 경우 '불성'은 저절로 드러나게 된다. 도생이 내놓았던 '돈오(頓悟)'하여 부처가 된다는 학설은 자아의 깨달음을 실현하는 근본적인 방법이다. 이것은 다른 사람을 깨닫는 것이 아니라 자신을 깨닫는 것에 불과하다.

도생은 지식과 신앙, 인식과 깨달음의 관계 문제를 제시했을 뿐 아니라 전통 사유의 특징을 표현하였다. 바깥을 향해 지식을 구하는 것을 완전히 반대하지 않았으며, 도리어 지식이 '불성아(佛性我)'를 구하는 데 유용하다고 보았다. 그렇지만 가장 근본적인 지식은 내재적인 자아를 인식하는 것, 곧 자아를 직관하는 것으로 이해했다. "진실로 만약 [불교를] 모른다면, 어찌 [불교에 대한] 믿음을 가질 수 있겠는가? 그러므로 가르침으로부터 믿음이 생겨나는 것이지, 알지 못하는 데서 [믿음이] 나오는 것은 아니다. 그러나 저것(가르침)에 의지하여 알게 되어도, 리는 나에게서 드러나게 되니, 저것(가르침)에 의지하여 [믿음이] 나에게 이른다면, 어찌 날로 발전하는 데 공이 없겠는가? 나를 알지 못한다면 어찌 구분이 있는 데서 들어와 [내 속을] 비출 수 있겠는가? 바깥에서 리를 볼 수 없다면, 어찌 다시 우매해지지

---

75) 『注維摩詰經』, 「弟子品」, 垢實無也, 在妄想中是垢耳. 若無妄想, 垢卽淨也. 妄想者, 妄分別之想也.

않겠는가? 지식이 가운데서 비롯되지 않는다면 비출 수 없을 것이다."[76] '불성'의 문제는 인식의 문제가 아니라 신앙의 문제다. 일반적인 지식이 아니라 일종의 깨달음이다. '불성'에 대한 깨달음은 인식에 의지하지 않고 "들어와서 비추는 것(入照)"에 의지한다. 그러나 지식이 없을 수는 없다. 불교 이론을 학습하는 것도 일종의 지식이다. 이런 지식을 갖는 것은 깨달음을 실현하고 신앙에 도달하기 위한 조건이 된다. 그러나 이런 지식은 내재적인 것이 아니라 외재적인 것이다. '나(我)'에게 있는 것이 아니라 '저것(彼)'에 있는 것이다. 한편으로, "저것에게 도움을 받아 나에게 이를 수 있으며(資彼可以至我)" "날로 나아감(日進)"에 도움이 되며, 나의 내재적인 깨달음을 개발할 수 있다. 그렇지만 다른 한편으로 지식의 단계에 머물러서는 안 되며, 더욱이 지식을 깨달음이나 믿음으로 여겨서도 안 된다. 진정으로 불성을 인식하고 신념을 만들어내려면 "들어가서 비춤(入照)", 곧 돈오가 필요하다. 왜냐 하면 불성은 바깥에서 얻어지는 것이 아니라, 내가 본래부터 가진 것이기 때문이다. 이것은 유가의 "넓은 데서부터 말미암되 간략함으로 돌아간다(由博反約)", "몸을 돌이켜서 성실하게 한다(反身而誠)"는 말과도 매우 가깝다.

수(隋)·당(唐) 시대 이후로 불교의 각 종파는 심성의 문제를 핵심으로 간주하였다. 심성의 문제는 사유 방식으로 말하면, 어떻게 내재적인 본성을 확립하고 자기의 내심으로 돌아갈 것인가의 문제이자, 내재적인 본성을 인식하고 실현하는 문제라고 할 수 있다.

---

76) 『廣弘明集』, 「卷十八」, '答王衛軍書', 以爲苟若不知, 焉能有信. 然則由敎而信, 非不知也, 但資彼之知, 理在我表, 資彼可以至我, 庸得無功于日進. 未是我知, 何由有分于入照. 豈不以見理于外, 非復全昧. 知不自中, 未爲能照也.

천태종의 '지관(止觀)'의 학문은 "돌이켜서 보고 안을 비추는 것(反觀內照)"을 강조하는 자기 반성적 사유에 속한다. 왜냐 하면 천태종에서도 도생처럼, 주체의 내부에서 불성, 곧 '보리심(菩提心)'이나 '자성청정심(自性淸淨心)'을 인식하고 실현하기를 주장하기 때문이다. 지의(智顗)가 볼 때 인간의 지려(知慮)의 마음은 인연을 따라서 일어나는 것으로, 수시로 일어나고 사라지는 망념(妄念)에 해당한다. 망념이란 대상(境)과 지식(智), 주관(能)과 객관(所), 본성(性)과 형상(相)을 헛되이 구분한 것으로, 사람을 무궁한 번뇌에 빠뜨리는 것이다. 지의는 이런 분별을 없애려 했는데, 그 방법은 주체 자신의 내재적인 깨달음과 수양에 호소하는 것이다. "상은 외적인 것을 근거로 삼은 것이니, 보아서 구별할 수 있으므로 상(相)이라고 이름한다. 성(性)은 내적인 것의 근거로 삼은 것이니, 자기의 분별로써 바꿀 수 없으므로 성(性)이라고 이름한다."[77] 안과 바깥을 헛되이 구분하거나 마음에 자성(自性)이 없는 것은 망념에 불과할 뿐이고, 망념은 진실하지 못한 것이다. 그러나 지의는 망념의 마음과 '청정한 마음(淸淨之心)'을 두 가지 마음이 아니라 실제로 하나의 마음이라고 여겼다.

지의는 마음에 심체(心體)·심종(心宗)·심용(心用)이라는 세 가지 의미가 있다고 여겼다.[78] 심체인 법신(法身)과 불성(佛性)은 영원한 절대 본체며, 심종인 반야지혜(般若知慧)는 심체인 성(性)을 스스로 비출 수 있는 것이다. 심용인 작용은 자아를 해탈하여 심체에 진입한 것이다. 마음에 세 가지 의미가 있다는

---

77)『華嚴玄義』,「卷二(上)」, 相以据外, 覽而可別, 名爲相. 性以据內, 自分不改, 名爲性.
78) 이 말은『大乘起信論』에 나온다.

학설은 현상과 본체를 모두 포함한다. 그래서 지의는 "마음은 여러 법(諸法)의 근본이니 마음이 바로 전체다"[79]라고 말하였다. 이러한 의미에서 여러 법(諸法)은 한마음(一心)이 만든 것이라 할 수 있다. 천태종의 심체용설(心體用說)은 실제로 불교철학의 심성합일론을 초보적으로 완성한 것이다. 마음의 자아 해탈을 통해 일체의 망념(心用)을 없애고 반야지혜(心宗)를 비추어야만 심성 본체(心體)를 실현할 수 있다. 그러나 이는 모두 마음 안의 일로서 개체의 지식과 사려, 정과 앎의 마음을 벗어난 것이 아니다.

심체는 '실상(實相)'이고 "실상(實相), 곧 하나의 진실한 실체는 텅 빈 불성(虛空佛性)으로 대반열반(大般涅槃)으로 불린다."[80] 여기서 성(性)과 상(相)은 차이가 없으며, 안과 밖은 완전히 합일되어 있다. 한편으로 심체는 '실상(實相)'이 되므로, 초월적인 절대 본체라 할 수 있다. 그러므로 [심체는] 지식과 사려, 지각의 마음에 따라 생겨나고 소멸되지 않는다. 그렇지만 다른 한편으로는 심체는 심종과 심용을 떠나지 않는다. 그러므로 반드시 심종과 심용을 통해 실현된다. 이것이 바로 지의가 말한 공허하거나 거짓된 것도 아니면서, 공허하면서 거짓된 것(亦空亦假)이다. 곧 도에 적중하기 위한 '중도(中道)' 철학이다. 이른바 '중(中)'이란 가운데서 화합하는 것(中和)이다.

이런 의미에서 인심(人心)은 일체의 존재와 현상의 근원이라 할 수 있다. 성과 상은 마음에서 통일되며, 심리(心理)는 개체의 마음이자 '진실(眞實)'된 불성이다. "마음은 일체의 상을 가지고 있고(心具一切相)", "일체의 성을 갖추고 있으니(心具一切性)",

---

79) 같은 책, 「卷一(上)」, 心是諸法之本, 心卽總也.
80) 『四念處』, 「卷四」, 實相卽一實諦, 亦名虛空佛性, 亦名大般涅槃.

성과 상은 모두 마음에서 벗어나지 않는다. "실성(實性), 곧 이성(理性)은 극히 진실하여 지나침이 없는 것으로, 불성의 다른 이름일 뿐이다."[81] 이른바 '실상(實相)'과 '실성(實性)'은 마음의 본체를 가리켜서 말한 것이다. 그러나 그것은 주관과 객관, 내재와 외재, 곧 성과 상의 대립을 깨뜨린 것이다. 비록 대립을 깨뜨렸지만 여전히 마음 가운데 존재하며, 주체의 마음은 그것의 진정한 담당자다. 그것은 객관적인 "우주의 마음(宇宙之心)"일 뿐만 아니라 개체의 마음이기도 하다. 어떤 사람은 개체의 마음 가운데 존재하는 것이라고 말한다. 이것은 일종의 존재이자 경지다. 전자로부터 말하면 마음의 본체 존재며, 후자로부터 말하면 마음의 자아 인식이다. 양자는 본래 한 가지 일이므로 절대적인 주체라고 부를 수 있다.

그런데 실성의 존재 또는 경지를 실현하려면 새로운 인식 방법이 필요하지만, 그것은 생각할 수도 말로 표현할 수도 없다. 그래서 "언어와 사유가 끊어진 것(絶言絶思)"으로 표현된다. 천태종(天台宗)의 언어로는 "언어의 길이 끊어지고 마음의 운행처가 없어진"[82] 것이다. 그러나 이것은 어떤 사유도 없거나 사유를 완전히 멈춘 것이 아니다. 기본적인 특징은 여전히 자기를 반성하는 방식의 내향적 사유라는 데 있다. 왜냐 하면 마음에서 생각이 일어나고 마음에서 지혜가 생겨나며 마음에서 작용이 일어나야만 '실성(實性)'을 실현할 수 있기 때문이다. 이른바 '지관(止觀)'이란 다른 곳이 아니라 반드시 마음에서 그치는 것이다. 이것으로 저것을 보거나 안에서 바깥을 보는 것이 아니라, 반드시 되돌아보고 내부를 비추는 것(反觀內照)이다. "이른바

---

81) 『摩訶止觀』, 「卷五」, 實性卽理性, 極實無過, 卽佛性異名耳.
82) 같은 곳, 言語道斷, 心行處滅.

마음이 생각하는 바에 따른다는 것은, 일체의 법이 모두 인연에서부터 생겨나며, 자성(自性)을 갖고 있지 않음을 아는 것이니, 마음이 취하지 않는 것이다. 만약 마음이 취하지 않으면 망념이 멈추어져 이름도 없어질 것이다."[83] 이것은 '공(空)'의 측면에서 말한 것이다. 일체가 인연에서부터 생겨나니 본래가 모두 공이다. 이 점을 이해한다면 망념은 자연히 멈춰지고 안과 밖의 구분이 없어져서 실성이 스스로 드러나게 된다. "마음이 취하지 않는다(心不取)"는 말은 '실성(實性)'을 취하지 않는 것은 아니라, 인연에 따라 생겨난 법을 취하지 않는 것이다. 그런데 '실성'은 평상적인 사려의 마음으로 취할 수 있는 것이 아니다. 예를 들면, 망념을 없애고 자아의 해탈과 자아의 깨달음을 실행할 때 '실성'은 스스로 실현될 수 있다. 이러한 취함은 "다른 사람을 취함(他取)"이 아니라 진정으로 "스스로를 취함(自取)"이다. 다른 곳에서 알 수 있는 것이 아니라 자기 마음에서 알아야 하는 것이다.

망념이 멈추어지지 않을 때는 "마땅히 일어나는 마음을 돌아보아야 한다. 과거는 이미 없어져버렸고, 현재는 뿌리내리지 못했으며, 미래는 이르지 않은 것이다. 삼세(三際) 다해 궁구해도 [마음을 완전히] 이해할 수 없을 것이다. 법을 얻지 못하면 마음도 있지 않다. 마음이 있지 않으면 일체법도 없다. … 이름의 생성과 소멸은 다만 가정하여 세운 것이니, 생멸의 마음(生滅心)이 사라져야만 적멸이 앞에 드러나게 되어 이해하여 얻는 것이 없어지게 된다. 이것이 이른바 열반과 공적(空寂)의 리(理)다. 그 마음이 저절로 멈춰지게 되는 것이다."[84] 이것은 '거짓(假)'

---

83)『修習止觀坐禪法要』,「卷上」, 所謂隨心所念, 一切諸法, 悉知從因緣生, 無有自性, 則心不取. 若心不取, 則妄念止息, 故名爲止.

의 측면에서 말한 것으로, 일체의 생멸 변화는 공허한 것이 아니지만 현상에 불과하다. 현상은 존재하는 것이지만 거짓으로 세운 이름에 불과하고 진실된 것이 아니다. 이 점을 이해한다면 생멸의 마음은 자연히 없어지고 진실한 마음이 앞에 드러나게 된다. 이른바 "마음이 있지 않다(無有心)"는 것은, 생멸의 마음이 없는 것이지 "텅 비고 고요한 리(空寂之理)"와, 진실한 마음(眞實之心)이 없는 것이 아니다.

종합하면, [지의의 학설은] 어느 것이나 자신의 마음으로 돌아가 되돌아보고 안을 비추며(反觀內照), 망념을 없애고(滅息妄念), 진심을 일으킬 것(起眞心)을 언급한 것이다. 천태종이 해결하려고 한 것은, 과연 부처가 도달할 수 있는 목표인가 하는 것과 어떻게 부처가 되어야 하는가의 문제다. 불성은 자기의 마음속에 있는 것이므로, 마음 바깥을 향해 구하기보다 자신을 향해 구해야 하는 것이다. 불교의 '무진장설(無盡藏說)'에서 말하는 이른바 '무진장'이란, 다른 곳이 아니라 자신의 마음 안에 있는 것이다. 그 관건은 자아를 깨닫고 인식하는 데 있다. 예를 들면, 지의(智顗)는 이렇게 말하였다. "전체적으로 비유하면, 가난한 사람이 집안에 보물 창고가 있음을 알지 못하는 것과 같다. [마찬가지로] 지식도 보기만 하면 바로 얻을 수 있다."[85] 광범위하게 인용되는 이 비유는 천태종의 교리에 전통적 사유 방식이 수용되어 있음을 생동적으로 보여준다. 천태종은 영원한 불성(곧 실성)을 내재적인 주체 원칙으로 확립하고, 그것을 인간의 내재

84) 같은 곳, 當反觀所起之心, 過去已滅, 現在不住, 未來不至, 三際窮之, 了不可得. 不可得法, 則無有心, 若無有心, 則一切法皆無. … 生滅名字, 但是假立, 生滅心滅, 寂滅現前, 了無所得, 是所謂涅槃空寂之理, 其心自止.
85) 『摩訶止觀』, 「卷一」, 總以譬之, 譬之貧人, 家有寶藏, 而無知者, 知識示之, 卽得知也.

본성으로 변화시켰다. 또한 자아에 대한 인식과 깨달음을 주장하여 일체의 문제를 자기의 심령 가운데서 해결할 것을 요구하였다. 자기의 마음 가운데 진실한 불성이 갖추어져 있음을 알지 못하고 편향되게 다른 곳에서 구할 경우 더욱 미혹될 수 있다고 여겼다. 천태종에서는 사람들에게, "보물 창고(寶藏)"가 자기 집안에 있으니 '가난'한 것이 아님을 지적함으로써 근본 문제를 해결하려 하였다. 자기의 마음에 돌아가면 일체가 모두 갖추어진 것이 되지만, 자기의 마음을 벗어나면 아무것도 남지 않게 된다. 부처[가 되기]를 배우는 것도 이와 같다. 부처가 된다는 것은 다른 사람의 계발과 지도를 받아들이는 것이 아니라 자신의 마음 가운데 본래부터 있었던 불성을 아는 것일 뿐이다.

불교가 중국화하는 과정은, 외래의 종교적 사유가 중국의 전통 문화에 대해 영향을 미치는 과정이자, 중국의 전통적 사유가 외래의 종교 문화에 대해 영향을 준 과정이다. 불교는 본래 '무아(無我)', '무성(無性)'의 학설을 지니고 있지만, 중국화한 불교는 인간의 마음 가운데서 불성을 세우고 그 불성을 인식하고자 한다. 이것은 유가가 자기의 마음 가운데서 선한 본성을 인식하고자 하고, 도가가 자기의 마음 가운데서 '자연(自然)'의 본성(性)을 인식하려는 것과도 같다. 모든 것이 중국식 주체의 내향적 사유라고 할 수 있다. 이 점은 선종에 이르러 진정으로 완성되고 더욱 충분히 표현되었다.

선종을 '심학(心學)'으로 규정하는 학자들이 있다. 그들은 선종이 말하는 마음(心)은 개체의 마음이 아니라 우주의 마음이며, 개체 의식 또는 개인의 존재가 아니라 우주의 본체라고 말한다. 이는 일리 있는 견해다. 그런데 부정할 수 없는 것은 우주의 마음이 다른 곳에 있는 것이 아니라 자신들의 마음속에 있으며, 개인의 마음을 떠나서는 존재하지 않는다는 사실이다. 여기에 선종의 특징이 있다. 이 점을 부인한다면 선종의 본질을 제대로 이해하지 못할 것이다. 선종의 '명심견성설(明心見性說)'은 자신의 '본심(本心)'을 밝히고 자신의 '본성'을 보는 것이다. 마음은 본성이고 본성은 마음이다. '본심'은 우주의 본체이지만, "자신의 마음(自心)" 가운데 있으며, 개체의 마음을 떠나 존재하지 않는다. 선종은 다른 곳을 향해 부처를 구해서는 안 되고 자신의 마음속에서 부처를 구해야 하며, 다른 곳을 향해 귀의해서는 안 되고 자신에게 귀의해야 한다는 점을 반복적으로 강조한다. 이른바 "불교의 조사는 서쪽에서 왔다는 의미(佛祖西來意)"는 부처가 '서방' 세계에 있지 않음을 알려준다. 부처는 서방에 있지 않고 중생의 마음속에 있을 뿐이다. 열쇠는, 우리가 [그것을] 인식할 수 있느냐에 달려 있다.

불성을 인식하는 관건은 '깨달음(悟)'이란 한 글자에 있다. 깨달으면 중생이 바로 부처가 되지만, 미혹되면 부처가 바로 중생이 된다. 부처와 중생은 본래 차이가 없고 미혹됨과 깨달음의 차이일 뿐이다. 그런데 이 '깨달음'이란 다른 것에 대한 깨달음이 아니라 진정으로 자신에 대한 깨달음이다. 다른 곳을 향해 깨닫는 것이 아니라 자신의 마음속에서 깨닫는 것이다. 자신의 마음은 본래 본성이고 부처다. 망념에 의해 막혀버릴 경우 깨달음은 미혹된다. 예를 들면, 구름과 안개가 해와 달을 막아버리는 것처럼, 구름과 안개를 없애면 해와 달이 저절로 드러나게 된다. 깨달음에 대한 미혹을 제거하는 과정은 자아를 깨닫는 과정이다. 다른 곳을 향해 부처를 구해서는 안 되고, 자신의 마음에서 부처를 구하는 것이 선종의 근본 종지다. "그러므로 일체의 만법을 알고 자신의 몸에서 다해야 한다. 어찌 자신의 마음에서부터 진여본성을 깨닫지 않을 수 있겠는가? … 마음을 알고 성을 보며, 스스로 부처의 도(佛道)를 이루어야 하며",86) "선지식을 각기 스스로 관찰하고 뜻을 잘못 사용하지 않아야 한다. 경전에서는 다른 부처에 귀의하라고 말하지 않고 자신의 부처에 귀의하라고 말한다. 자기의 성(自性)에 귀의하지 않으면 의지할 곳이 없다",87) "스스로 부처의 도를 이루어야 한다(自成佛道)"는 말은, 자신이 본래 가진 불성을 인식하는 것, "마음을 알고 본성을 보며(識心見性)", "마음을 밝히고 본성을 보는(明心見性)" 것이다. "자신에게 귀의한다(自歸依)"는 것은 마음 바깥으로 향하는 것은 아니라 자기의 본성에 귀의하는 것이다.

이것은 유가의 주류파가 주장한 전통적인 사유와 일치한다. 다른 점이 있다면, 유가가 정면의 긍정적인 방식을 택해 "실제로 있는 것(實有)"을 성으로 삼는 반면, 불가는 반대 면의 부정적인 방식을 택해 "텅 비고 고요한 것(空寂)"을 성으로 여긴다는 점이다. 그런데 여기서의 부정은 긍정에 이르기 위한 것이지, 절대적인 부정을 위한 것은 아니다. 불교의 선종은 현실적인 자아를 부정하는 방식을 통해 피안의 영원함에 도달하려 하지 않고 현실적인 자아로 돌아와 '해탈'을 실현하려 한다. 여기서 자기반성형 내향적 사유의 특징을 확인할 수 있다.

---

86) 『壇經』, 「第三十」, 故知一切萬法, 盡在自身中, 何不從于自心頓現眞如本性. … 識心見性, 自成佛道.
87) 같은 책, 「第二十二」, 善知識, 各自觀察, 莫錯用意. 經中只卽言自歸依佛, 不言歸依他佛, 自性不歸, 無所依處.

제3장
정감체험형의 의향적 사유

1. 두 가지 사유 방식의 비교

중국의 전통 철학은 인문주의적이다. 또한 예술적이며 미학적[1]이기도 하다. 사유 방식에서는 순수한 개념·형식·논리를 추구하는 이지적(理智的)인 사유가 아니라, 주체 체험을 특징으로 하는 의향적(意向的) 사유로 나타난다. 이것을 정감 체험이라는 차원에서의 의향적 사유라고 말하는 학자도 있다. 의향적 사유는 중국철학의 주체적 사유의 중요한 특징 가운데 하나다.

중국철학 ─ 이와 상응하는 문화적 심리 ─ 은 인간의 정감적인 요소와 주체적 정감의 요구·평가·태도가 사유 가운데서 일으키는 작용을 중시한다. 이 점은 상당할 정도로 전통적 사유

---
1) 시학적이라고 말하는 사람도 있다.

의 유형과 특징을 결정해왔다. 사유 가운데 정감과 평가의 요소가 스며들어 있기 때문에 [중국철학의] 이론적 사유(그리고 일반적 사유)는 '따스한' 특징을 갖추고 있다. 그래서 '차거나' '회색의' 순수한 이성적 사유가 아니다. 당연히 순수한 예술이나 미학을 의미하지도 않는다. 왜냐 하면 그 가운데는 도덕 정감부터 종교적 정감까지 포함되어 있기 때문이다.

[중국 전통의] 사유는 원시적인(비합리적이고 미신적인) 사유로 귀결된다거나 이론적 추상적인 사유가 없는 것이라고 말해져서는 안 된다. 그렇지만 [전통적 사유는] 정감적 요소의 작용과 주체 체험의 작용을 과도하게 중시하였고, 그 결과 개념의 분석성과 확정성은 부족해지게 되었다. 형식화·공리화한 사유의 전통을 마련하지는 못했다는 점은 사실이다. 이것은 전통적 사유의 특징이자 결점이다.

심리학적으로 설명하면, 인간의 정신 활동이나 심리 활동은 지(知)·정(情)·의(意)의 세 가지를 포함한다. 서양철학은 "지혜를 사랑함(愛智)"에서 출발한, 이지형(理智型)의 사유에 속한다. 그리고 [그것은 이지형 사유라는] 하나의 전통을 만들었다. [반면에] 중국철학은 그렇지 못하여, 지·정·의를 엄격히 구분하지 않았고, 지성의 발전을 중시하지도 않았다. 반면에 정감의 체험과 정감적 요구를 만족시키는 것을 중시하였다. 사유의 측면에 대해 말하면, 전통적 사유는 지·정·의 세 가지를 결합·통일하는 가운데 어떤 지혜를 추구한다. 그 결과 이지형 사유를 형성하지 못했으며, 서양철학에서 보이는 의지론과 종교철학을 출현시키지 못하였다. 반면에 일종의 정감 체험형의 주체 철학을 형성하였다. 중국인들은 체험이란 방식으로 사물의 의미를 직접 파악하는 습관을 갖고 있다. 그래서 구체적인 느낌 가운데서 일반적인 원칙을 추상하기를 잘하며, 개념적인 형식화·공리화를 추구하라고 요구하지 않는다. 그래서 문제를 생각할 때 주관 정감의 색채가 강하고 전체적으로 정감의 성분이 농후하다. 자연 현상을 관찰하고 이해할 때 자연스럽게 주관 정감을 자연계에 투사하였고, 그 결과 자연계로 하여금 인간의 특징을 갖게 하였다. 중국철학의 양 주류인 유가와 도가는 인간에서부터 시작하든 자연에서부터 시작하든 정감체험형의 천인합 이론이라 할 수 있다. 왜냐 하면 인간과 자연계를 종합하여 일체로 보며, 인간과 자연, 주체와 객체를 통일하는 가운데 내심의 평정과 안녕을 구하고, 정감상으로 만족을 얻으려 하기 때문이다.

전통적 사유가 정식으로 형성되기 전에, 중국의 철학과 문화 가운데 상이한 사유 방식이 병존하고 상호 비판하는 시기가 있었다. 그것은 바로 춘추전국시대의 백가쟁명이다. 당시 각 학파의 학설은 수풀을 이루고, 상이한 사유 패턴은 강물을 이루었다. 특히 유가와 묵가는 '현학(玄學)'이라 불리며 상이한 사유 방식을 대표하였다. 그 밖의 명가는 묵가와 가까웠으며 도가는 유가와 동맹을 이루었다.

여기서 유가와 묵가는 두 가지 사유 방식의 특징과 상이한 운명을 대표하며, 중국의 전통적 사유가 형성되고 발전하는 데 도움을 주었다.

공자를 대표로 하는 유가와, 묵자를 대표로 하는 묵가는 경험적인 지식을 중시한다. 그래서 모두 경험주의적인 특징을 갖고 있다. 그러나 각자는 발전의 과정에서 상이한 사유의 길로 걸어가 서로 다른 사유의 질서를 형성하였다. 그 원인 가운데 하나는 경험에 대한 이해와 해석의 차이에서 찾을 수 있다. 한쪽이 주체의 체험을 중시한다면 다른 쪽은 객관적인 인식을 중시한다.

공자는 인간의 정감적 경험 또는 내적인 심리 경험을 무엇보다 강조하였다. 또한 견문과 '학습(學習)'을 매우 중시했는데, 그것은 인간의 정감 체험의 요구, 인간의 도덕 의지와 평가로 분리되지 않는다. 공자의 (견문 등의) 경험 지식에 대한 이해는 대개 주체의 정감 의향의 요구에서 출발한 것이고, 그래서 선택적인 것이었다. 이런 예는, "어진 이의 행동을 보고는 그와 같기를 생각하며, 어질지 못한 이의 행동을 보고는 스스로 반성해야 한다",[2] "많이 듣고서 그 좋은 것을 가려서 따른다"[3]는 말에서 찾아볼 수 있다. 이것은 자연주의적이 아니라 인문주의적이고, 인지이성형이 아니라 윤리정감형이다. 또한 "안자의 즐거움(顔子之樂)"이나 "증점의 즐거움(曾点之樂)" 그리고 "어진 자는 산을 좋아하고 지혜로운 자는 물을 좋아한다"[4]는 문구처럼, 과학형이 아니라 체험형이다. "많이 들어서 의문을 없앰(多聞厥疑)"과, "많이 보아서 위태로움을 없앰(多聞厥殆)"은 자연 현상에 대해 관찰하고 분석한 것은 아니라, 인문 역사, 사회 윤리적 지식 그리고 정감적 심리와 행위를 가리킨다. 다시 말해 "무엇이다(是什麼)"가 아니라 "마땅히 무엇을 해야 하는가(應當什麼)"다.

유가철학의 핵심이 되는 인학(人學)은 정감적이고 심리적인 경험 위에 세워져 있다. "어진 자는 사람을 사랑한다"[5]는 말은 인간의 가치를 발견한 것이다. 그러나 유가는 "사랑에는 차등이 있다(愛有差等)", "사랑은 부모에서부터 시작해야 한다(愛從親始)"고 주장한다. 그렇다면 왜 사랑에 차등이 있는 것일까? 그

---

2) 『論語』, 「里仁篇」, 見賢思齊焉, 見不賢而內自省也.
3) 『論語』, 「述而篇」, 多聞, 擇其善者而從之.
4) 『論語』, 「雍也篇」, 仁者樂山, 智者樂水.
5) 『論語』, 「顔淵篇」, 仁者愛人.

것은 혈연 관계에 바탕한 종족 사회에서는 심리적 정감이 심리적 경험의 차이에 따라 달라지며, 정감적 체험도 다르기 때문이다. 인(仁)은 인간에 대한 자연적인 심리 정감과 그 체험을 승화시킨 것이다. 초나라에 살던 공자고(公子高)는 공자에게, 자신의 고향에 "몸이 바른 자(直躬子)"가 정직한 사람인가를 물었다. 그리고 그 몸이 바른 자는 자신의 아버지가 양을 훔치자 스스로 가서 [관가에] 고발했다고 덧붙였다. 이에 공자는 그 사람의 행위를 옳다고 여기지 않았다. 공자는 우리 동네에도 "몸이 바른 자"가 있지만 그렇지는 않아서, "아버지가 자식을 위하여 숨겨주고 아들은 아버지를 위하여 숨겨주니", "정직함은 그 가운데 있다"6)고 대답했다. 아버지와 아들이 서로 숨겨주는데 왜 '곧음'이 그 가운데 있다고 말하는가? 그것은 공자가 말하는 '곧음'이 사실 자체가 아니라 진실한 정감 위에 세워진 것이고, 객관적인 사실과는 부합하지 않지만 정감으로 진실한 것임을 말해준다. 초나라 사람들은 객관적인 사실을 근거로 삼았지만, 공자는 심리적인 정감을 근거로 삼은 것이다.

정감을 중시하는 경향은 맹자에 이르러 더욱 발전하였다. 맹자는 "어려서 손을 잡고 가는 아이가 그 어버이를 사랑할 줄 모르는 이가 없으며, 그 장성함에 미쳐서는 그 형을 공경할 줄 모르는 이가 없다."7) 여기에는 인간의 심리 정감과 심리 경험이 종합되어 있다. 여기서 출발하여 맹자는 인간이 인의의 본성을 지닌다고 결론을 내리고, 묵가의 "사랑에는 차등이 없다(愛無差別)"는 설을 비판하였다. 맹자의 입론의 주요한 근거는 내재적인 심리 정감과 심리 경험이었다.8)

---

6) 『論語』, 「子路篇」, (直躬者) (父爲子隱, 子爲父隱) 直在其中矣.
7) 『孟子』, 「盡心(上)」, 孩提之童, 無不知愛其親者, 及其長也, 無不知敬其兄也.

당연하게도 인(仁)은 정감적인 체험에 불과한 것이 아니다. 도덕 규범과 인간의 본질에 대한 규정이자 실천 이성의 범주다. 그러나 실천 이성은 인간의 정감 심리를 기초로 하며 정감 수요로부터 결정된다.9) 이 길을 따라 가면 도덕정감론 그리고 도덕 형상론으로 나아가게 된다. 정감에서 출발하되 정감을 초월한 도덕 이성을 제시함으로써 인간의 본질을 해석하고 인간의 존재를 설명하려 했던 것이다. 그것은 일종의 심리적 경험으로부터 도덕감을 체험한 것이며, 나아가 초경험적인 도덕 본체로 승화하는 안정된 사유 패턴을 형성한 것이다. 즉, 이러한 사유 패턴에서 출발하는 것은 경험 지식을 객관적인 측면에서 이해하거나 논리 개념상으로 분석하려는 것 또는 실증을 통해 증험을 구하려는 것이 아니다. 오히려 주체 방면에서 이해하고 정감의 요구에서 출발하여 경험을 선택·고려·정화하려고 하는 것이다. 주체의 의향 활동을 통해 이성화한 인식에 도달하려는 것이다. 인식과 평가는 나누어질 수 없으며, 평가는 실제로 인식을 대상으로 하는 것이나, 이러한 사유는 실제로 외향적인 추리로써 검증하려는 것이 아니라 내향적인 정감 체험을 기초로 하는 것이다.

유가와 선명하게 대조를 이루는 묵가는, 인간을 인식의 주체로 보고 객관 사물을 인식의 대상으로 본다. 주관과 객관의 한계를 분명히 구분하며, 정감과 인식을 한 가지 일로 보지 않는다. 즉, 정감으로 인식을 방해하지 않는다. 인식은 객관적인 지식을 구하는 것이고 정감은 그 밖의 요구로서, 양자는 당연히

---

8) 상세한 내용은 나중에 다시 언급하기로 한다.
9) 이것은 칸트의 '실천 이성'과도 다르다. 칸트는 도덕 의지를 중시하였지 심리 정감을 중시하지 않으며, 이성을 중시하였지 감성을 중시하지 않는다.

구분되어야 한다고 본다. 정감의 요구의 측면에서 말하면 묵자는 "하늘의 의지(天志)"를 인정한 종교가이지만, 인식의 측면에서 말하면 객관적인 경험이 참된 인식을 제공할 수 있음을 인정한 경험이지형의 철학자다. 묵자는 이런 전제에서 출발하여, 경험 지식은 객관성을 지니는 동시에 중성적이며, 인간의 인식은 경험을 통해 증명될 수 있다고 본다. 묵자는 인간 경험의 내적인 체험이나 인간의 주관적인 평가에 착안하지 않는 대신, 경험 지식의 격관성, 신임성, 진실성 그리고 증명성에 착안하였다.

묵자는 경험 지식을 매우 중시하였다. 경험 지식은 생활 상식에서 시작하지만 모든 과학적 인식의 기초가 된다. 묵자가 경험 가운데 주관적인 정감과 평가의 색채를 제거한 것은, "무엇을 해야 하는가(當作什麼)"가 아니라 '무엇인가(是什麼)'를 중시한 결과였다. 평가의 표준은 그것이 참이냐 아니냐를 보는 것이다. 참이란 진정(眞情)과 실감(實感)을 가리키는 것이 아니라 객관적인 사실을 가리킨다. 예를 들면, 흑과 백의 두 종류의 색깔은 객관적으로 존재하며, 사물의 물리적 성질을 구성한다. 사람은 어떻게 검은 것과 흰 것을 구별하는가? 시각으로 대상을 보면 보는 것과 보이는 것이 있다. 온전한 시각을 가진 사람은 어느 것이 검고 어느 것이 흰지 알 수 있다. 검은 것과 흰 것은 객관적일 뿐만 아니라 증명할 수 있는 경험적 사실이다. 사람들은 그것의 이름을 말할 수 있고 가질 수도 있다. 즉, 경험적 사실로써 증명할 수 있다. 맹인은 검은 것과 흰 것을 말할 수는 있지만, 무엇이 진실로 검은 것이고 흰 것인지 알지 못한다. 왜냐 하면 "흰 것과 검은 것을 아울러 놓고 장님으로 하여금 그것을 가려보라고 하면 그렇게 하지 못한다. 그러므로 내가 장님은 흰 것과 검은 것을 알지 못한다고 말한 것은 그 명칭을 말한 것이 아니라 그 가려잡는 것을 말한 것이다."[10] 여기서 말하는 흑과 백은 두 가지 색깔을 가리킨다. 이것은 '이름(名)'이지 '실질(實)'이 아니다. 그러나 이름은 '실질'을 가리켜서 말한 것이다. 구체적인 사물로부터 흑과 백의 사물을 뽑아낸다면, 흑과 백이란 두 종류의 색깔이 객관적 사물에 갖추어져 있음을 증명하는 셈이다. 인식론에서 말하면, 흑과 백은 지각에서 구성된 경험적인 지식이고, 어떤 객관적인 성질을 인식한 것이다. 여기에는 주관적인 요구와 평가의 성분이 없다. 검은 것은 검은 것이고 흰 것은 흰 것일 뿐이다. 사람들의 호오(好惡)·미추(美醜)·선악(善惡)이라는 정감적 평가와는 아무런 상관도 없다.

묵자의 견해는 확실히 유가와 다르다. 유가는 어떤 색깔을 보거나 말할 때, 물리적 성질이나 주체와 객체의 인식 관계에 착안하지 않는다. 오히려 인간의 정감적 수요와 도덕적 평가에 유의하고 어떤 의미를 체험하려 한다. 출발점도 다르고 해석도 다르다. 예를 들면, [유가의] 공자는 자신이 제시한 "그림 그리는 것은 바탕을 마련한 후에 한다(繪事後素)"는 설명에서, "나는 선(善)을 좋아하기를 여자 좋아하듯 좋아하는 자를 아직 보지 못하였다"고 말하였고, 『대학』에서는 "여자를 좋아하듯이 하고, 나쁜 냄새를 싫어하듯이 하라(好好色, 惡惡臭)"고 요구하며, 심지어 "청색은 남색에서 나왔으나, 남색보다 더 푸르다(靑出於藍而勝于藍)"고 말하는데, 이는 모두 사물의 색깔에서 어떤 '의미'를 체험하여 주체의 태도와 평가를 표현한 것이다. 묵자의 사유는 도가와도 다르다. 도가가 제시한 "화려한 색깔은 사람의 눈을 멀게 만들고, 맛난 음식은 사람의 입을 상하게 만든다(五色使人目盲,

10)『墨子』,「貴義篇」, 兼白黑使瞽者取焉, 不能知也, 故我曰, 瞽者不知白黑, 非以其名也, 以其取也.

五味使人口爽)"는 명제는, 유가의 정감적 평가를 배척하고 일반적인 경험 지식을 배제한 것이다. 묵가·유가·도가는 안색과 성질에 대해 다르게 해석하지만, 보는 것은 매우 평상적이며, 실제로 상이한 사유 방식을 반영하고 있다. 왜냐 하면 그들이 관찰하고 문제를 사고하는 각도가 다르기 때문이다.

'삼표법(三表法)'은 묵자의 사유 특징을 잘 설명해준다. '삼표'란 인식의 정확성과 신뢰성을 증명해줄 수 있는 세 가지 표준이다. "근본을 가진 것, 근원을 가진 것, 유용성을 가진 것(有本之者, 有原之者, 有用之者)"이다. 그 가운데 제일표는 "위로 옛 성왕들의 일에 근본을 두는(上本之于古者聖王之事)" 것이다. 즉, 역사적 경험을 표준으로 삼는 것이다. 제이표는 "아래로 백성들이 귀로 듣고 눈으로 본 사실에서 근원을 살피는(下原察百姓耳目之實)" 것이다. 즉, 백성들이 직접 경험한 것을 표준으로 삼는 것이다. 제삼표는 그것에 근거하여 법령과 정책을 제정하는 것이다. "[그것을 발휘하여 사법과 행정을 행하고] 국가와 백성의 이로움에 부합되는가를 보는(觀其中國家百姓人民之利)" 것, 다시 말해 실제적인 실용과 효과를 표준으로 삼는 것이다.11) 우리는 실용의 표준에 대해서 말할 수 없지만, 여기서 중요한 것은 "귀와 눈의 실질(耳目之實)", 곧 감각적 경험이다. 묵자는 이것을 모든 지식의 참과 거짓, 있음(有)과 없음(無)을 증명할 수 있는 표준이라 생각하였다. "천하의 유와 무를 관찰하여 알 수 있는 까닭으로서의 도는, 여러 사람의 귀와 눈의 실질이니, [그러한 실질로써] 유와 무가 다름을 알 수 있다."12) 경험으로 실증하

---

11) 『墨子』, 「非命上篇」을 볼 것.
12) 『墨子』, 「明鬼(下)」, 是與天下之所以察知有與無之道者, 必以衆之耳目之實, 知有與無爲(儀 / 異)者也.

는 방법은 많은 문제를 내포하고 있다. [거기에는] 과학적 실험과 논리적 증명의 정신이 결여되어 있다. 그러나 일종의 사유 방식이 되려면, 인식을 객관적인 경험 위에서 확립해야 하고, 경험 사실로부터 검증해야 한다. 여기에 주관적인 정감의 색채는 허용되지 않는다. 경험에 중성적인 특질이 부여되어야 하며, 가치를 평가하려고 해서는 안 된다. 이 점이 매우 중요하다. 이는 실증과학이 발전하면서 반드시 거쳐야만 하는 길이다.

객관화한 사유 방식이 발전함에 따라, 후기 묵가의 과학적 사유가 출현하였다. 『경(經)』의 상(上)·하(下), 『경설(經說)』의 상·하, 「대취편(大取篇)」, 「소취편(小取篇)」은 중국 고대의 과학인식론을 기록한 것으로, 물리학·수학·기하학·광학·역학 분야의 과학 개념을 제출·규정한 것이다. 그것은 경험 관찰과 과학 실험의 기초 위에 확립된 것이며, 경험적인 상식을 경험적인 과학으로 승화시킨 것이다. 거기서 존숭된 사유 방식은 바로 묵자에게서 시작되고 늘상 운용되어온 객관화된 사유다. 객관화한 사유는 유가의 주체체험형의 사유와 확실히 다르다. 양자는 두 종류의 상이한 사유 방식을 대표한다.

묵가는 경험적 관찰로부터 분석·귀납하고, 논리적 추리로 나아갔으며, 객관화·형식화된 사유 방식을 형성하였다. 이는 중국의 과학적 사유가 좀더 발전했음을 나타내는 유력한 증거다. 묵자는 우선 논리학상의 '류(類)' 개념을 제시·운용하고, 그것에 기초하여 유가의 "사람에 차등이 있다(愛有差等)"는 인학(人學)을 비판하였다. 묵자는 인(仁)이 "사람을 사랑함(愛人)"이라 정의된다면, 사람은 하나의 '류(類)' 개념이고, [인을] 소유한 사람도 그 안에 포함되어야 한다고 생각하였다. [따라서] "사람을 사랑함"도 바로 [그것을] 소유한 사람을 사랑하는 것이니, 자기를 사랑하는 것도 포함되어야 한다. "다른 사람의 집안을 자기의 집안 보듯이 하고, 다른 사람의 몸 보기를 자기의 몸 보듯이 하기"[13] 위해서는 친함과 소원함, 가까운 것과 먼 것을 구분하지 않아야 한다. 유가는 사람을 사랑할 것을 주장하지만, 그 사랑에는 차등이 있다. "사랑은 부모로부터 시작해야 한다(愛從親始)"는 말은, 유가의 입장에서 성립될 수 있지만 묵자의 관점에서는 논리적인 모순이다. 묵자는 연역법(演繹法)으로 "사람을 사랑함"이 모든 사람을 사랑하는 것을 포괄함을 증명하였다. 즉, 남방(南方)의 무궁(無窮)의 들에도 사람이 있기만 하면 사랑을 받아야 하며, 종류에 구애되어서는 안 된다. 만약 그곳의 사람이 다 없어져버린다면, "어진 사람이 다른 사람을 사랑함(仁者愛人)"은 유한한 전칭 판단이 되며, 반대로 그곳의 사람이 무궁무진하다면 "어진 사람이 다른 사람을 사랑한다"는 것은 성립될 수 있지만, 하나의 무한한 전칭 판단으로 변화한 것에 불과하다.

우리는 묵자의 '겸애' 학설을 논의하지 않을 것이다. 그러나 여기서 묵자의 사유 방식이 논리적 개념의 판단과 추리이고, 정감이 없는 심리 활동, 체험 활동의 특징을 지니고 있음을 알 수 있다. 그래서 묵가는 개념의 명석성·정확성을 매우 중시하는데, 『묵경(墨經)』의 여러 편에서 이런 경향을 더욱 분명히 확인할 수 있다. 묵자는 '고(故)'라는 조건을 이용하여 유가가 추리를 위해 사용한 개념들의 불확실성을 비판하였다. 「공맹편(公孟篇)」에는 다음과 같은 대화가 기록되어 있다. 묵자가 어떤 유자에게 "무엇 때문에 음악을 연주하는가?"라고 물었을 때, [그 유

---

13) 『墨子』, 「兼愛中」, 視人之家若視其家, 視人之身若視其身.

자가 대답하기를] "음악으로써 즐기려는 것이오"라고 대답하였다. 묵자는 이렇게 말하였다. "당신은 내게 바른 대답을 못하였소. 지금 내가 '무엇 때문에 음악을 연주하는가?'라고 물었을 때, '겨울에 추위를 피하고 여름엔 더위를 피하며 남녀를 분별하려는 것이오'라고 대답한다면, 당신은 내게 집을 짓는 이유를 얘기해준 것이오. 지금 내가 묻기를, '무엇 때문에 음악을 연주하는가?'라고 하였는데, '음악으로써 즐기려는 것이오'라고 대답하였소. 이것은 마치 '무엇 때문에 집을 짓는가?'라고 물은 데 대해, '집 때문에 집을 짓는다'고 대답한 것과도 같소."[14] 여기서 묵자는 유가가 사용한 언어의 다의성으로 변론을 제시했지만, 그의 본의는 '고(故)', 곧 원인과 조건이라는 논리적 전제에서 출발해서 유가가 즐기는 이유를 질문한 것이다. 그러나 유가는 여기에 대한 명확한 개념이 없었기에 묵자가 희망한 대답을 내놓지 못하였다. 이른바 "음악으로써 즐기려는 것이오(樂以爲樂)"라는 것은 논리적 구형으로 볼 때는 동어 반복이어서, 대답하지 않은 것과 같다. 그렇지만 그것은 실제로 중국 언어 문자의 다의성과 다기성에서 나온 것이지 동어 반복은 아니다. '즐거움(喜悅)'이란 정감에서부터 만들어진 답변이지 객관적인 사실에서 나온 대답은 아니다. 만약 '음악'으로써 즐긴다고 말하면, 비애의 정도 즐거움을 요구[한다는 점에서 마찬가지가] 아닌가? 만약 모두가 [즐거움을] 요구한다면, 그러한 즐거움이란 조건은 충분하지 않은 셈이다. 묵자는 비록 '비락(非樂)'을 주장했지만, 논리적으로 해석하는 것에 반대하지 않았다. 여기서 묵

---

14) 『墨子』, 「公孟篇」, 子未應我也. 今我問何故爲室, 冬避寒焉, 夏避暑焉, 室以爲男女之別也, 則子告我爲室之故矣. 今我問曰何故爲樂, 曰樂以爲樂也, 是猶曰何故爲室, 曰室以爲室也.

자가 논리적 사유에서부터 출발하여 문제를 고려한 반면, 유가는 정감적 수요에서부터 문제를 고려했음을 알 수 있다. 고사는 일차적으로 유가와 묵가가 상이한 사유 방식과 경향을 지니고 있음을 보여준다.

객관화된 사유 방식에서부터 출발했기에, 묵자에게서 시작된 인식론을 이용한 논리적 추리는 많은 문제를 해결해주었다. 예를 들어 사람은 미리 알 수 있는가(前知) 하는 문제는 선진(先秦) 시대의 중요한 논쟁거리의 중의 하나였다. 도가의 노자와 장자는 일반적으로 '전식(前識)'을 반대하였고, 법가의 한비자도 '전식'을 비판하였다. 유가인 공자는 이 문제에 대해 어떤 관심도 표명하지 않았다. 맹자는 부가적으로 이 문제를 언급했지만, 중요한 문제로 여기지 않았다. 『주역』은 확실히 이 문제를 다루었지만, 주로 길흉을 예언하는 형태였다. 나중의 『역전』도 약간 언급은 했지만, 논리화하는 데까지 이르지는 못하였다. 그러나 묵자는 논리적 사유를 운용하였을 뿐 아니라 '전식' 이나 '전지(前知)'를 긍정하였다. 묵자는 '전지'는 미래의 사물에 대한 일종의 예견이며, 논리적 추리에 근거하면 정확한 결론을 얻을 수 있다고 보았다. 당시 사람들은 과거의 일은 알 수 있지만 미래의 일은 알 수 없다고 생각했는데, 묵자는 이런 생각을 부정했다. 그리고 다음과 같은 예를 들어 설명했다. 당신은 양친이 백리 밖에서 어려움에 봉착했다는 소리를 들었다고 하자. 그리고 하루 안에 도달할 수 있으면 양친이 어려움에서 면할 수 있고, 그렇지 않으면 양친이 어려움에서 벗어날 수 없는 상황이라고 치자. 이때 당신 앞에 견고한 수레에 좋은 말과, 부서진 수레에 시원찮은 말이 각각 있다면, 당신은 어느 것을 택하겠는가? 그 해답은 당연히 견고한 수레에 좋은 말일 것이다. 왜냐 하면 그것을 택하면 빨리 [그곳에] 갈 수 있기 때문이다. 여기서 미래는 알 수 있는 것으로 나타난다.[15] 묵자의 예는 일상 생활 중의 극히 평범한 예일 것이다. 그러나 문제는 예 자체에 있지 않고 문제를 해결하는 방식에 있다. 간단한 문제일 경우 사람들은 그 문제를 어떻게 해결해야 할지 알 수 있다. 그러나 논리적 추리를 이용하여 결론에 이르는 것은 그렇게 쉽지 않다. 복잡한 문제에 이르면 더욱 논리적인 사유가 필요해진다. 중국철학 가운데 묵자는 논리적 사유를 주장한 대표적 인물이었다. 그러나 유가는 이 문제보다는 주체의 체험으로 방향을 돌렸다.

묵자의 사유는 후기 묵가에게 이르러 완전한 논리적 체계가 되었으며, 논리적 사유를 자각적으로 운용할 수 있는 수준으로 발전하였다. 묵가가 내놓은 "이유가 있어 생겨나고, 이치에 따라 자라나며, 종류에 따라 운행한다"[16]는 이론은 개념, 판단에서부터 추리에 이르는 전 사유 과정을 표현한 것이다. '류(類)'는 개념을 가리켜서 말한 것이며, "대저 말(辭)은 종류로서 운행된다. 말을 세우되 그 종류를 분명히 하지 않으면 곤란해지고 만다."[17] 명사와 개념을 사용할 때는 반드시 종속 관계를 고려해야 하며, 류 개념에 대해서는 명확하게 규정하고 제한해야 한다. 특히 개념의 외연을 분명히 규정해야 하는데, 그렇지 않으면 혼란이 야기될 수 있다. 이것은 과학적 인식의 기본 전제다. 묵자가 제출한 "이름으로써 실질을 든다(以名擧實)"는 이론은 달(達)·류(類)·사(私)라는 세 종류의 이름과 관계를 분석하여, 다시 말해 개념의 외연을 중시하여 형식적인 특징을 표현한

---

15) 『墨子』의 「魯問篇」을 보라.
16) 『墨子』, 「大取篇」, 以故生, 以理長, 以類行.
17) 같은 곳, 夫辭以類行者也, 立辭而不明乎其類, 則必困矣.

것이다. 이것은 유가인 공자의 '정명(正名)'과 다른 것이다. 공자의 '정명'은 일종의 정치·윤리적인 실천 학설이다. 논리적인 술어를 사용하고 있지만, 정치 윤리의 특수한 내포를 근거로 삼은 것이다. 예를 들면 "군자는 군자답게, 신하는 신하답게, 아버지는 아버지답게, 아들은 아들답게(君君臣臣父父子子)"라는 말처럼 사회의 명분과 등급의 관계를 포함하지만, 일반적인 논리학의 차원까지 승화된 것은 아니며, 더욱이 형식화의 수준에 이른 것은 아니다. 예를 들어 맹자가 "성인은 나와 같은 종류다"[18]라고 말했을 때의 류(類)는 논리적으로 이용된 것이지만, "사람이 금수와 다른 점(人之異于禽獸者)"을 통해 인간이 인간으로 되는 본성을 설명한 것이다. 맹자가 말한 인성(人性)은 완전히 논리적 류 개념에서 출발한 것이 아니라 내재적인 심리 정감에서 출발한 것이다. 유가는 개념의 외연이 아니라 내포를 강조하였다. 그래서 형식화하는 수준에 도달하지 않았다. 반면에 묵자가 강조한 것은 개념의 내포가 아니라 외연이었기에 형식화하는 수준에 도달했던 것이다.

묵자가 말한 '고(故)'는 조건과 원인, 다시 말해 "그러하게 된 까닭(所以然之故)"을 가리킨다. 이것은 역사적으로 모든 과학적 인식이 해결해야 할 문제다. 사유 방식에서 말하면, 하나의 논리적 추리가 완성되기 위해서는 반드시 전제 조건을 갖추어야 하고 경험적인 사실로 증명되어야 한다. 『묵경』이 '대고(大故)', '소고(小故)' 등의 학설을 제시한 것은, 이런 류의 문제를 해결하기 위한 것이었다. 유가의 맹자도 '고(故)'의 개념을 내놓았다. "천하에 성(性)을 말함은 고(故)일 뿐이니 고라는 것은 이익(利)

---

18)『孟子』,「告子(上)」, 聖人與我同類者.

을 근본으로 삼는다."19) 맹자는 천지만물의 '소이연지고'에 대해서도 논의하였다. 예를 들면, "하늘이 높이 있고, 별들(星辰)이 멀리 있지만, 만일 지나간 고를 찾을 수 있다면, 천 년 후의 동지(冬至)도 가만히 앉아 알 수 있을 것이다."20) 그러나 맹자가 이 문제를 논의한 것은 인성을 설명하고 인성의 소이연지고를 설명하기 위해서였다. 여기서 인성의 소이연지고란 다름아니라 정(情)과 재(才)며, 심리적 정감과 소질, 잠재 능력이다. "그 정(情)으로 말하면 선(善)하다고 할 수 있으니, 이것이 이른바 선이다. 불선을 하는 것으로 말하면 타고난 재질(才質)의 죄가 아니다."21) 맹자가 제시하는 천지만물의 '고(故)'는, 예를 들어서 인성을 설명한 것이었다. 맹자는 '고'에 대해 논리와 개념으로 논술하지 않았다. 나중의 유가는 '소이연지고'를 말했지만 특히 이학가가 말한 것이 가장 많았다. 그리고 마지막에는 형이상의 성(性)·본체(本體)에까지 추론했다. 이때의 '고'는 묵가가 말한 것과는 다른 것이다.

묵가가 말하는 '리(理)'는 일반적인 규율, 원리를 가리킨다. 묵가는 리가 객관성과 보편적 적용성을 갖추고 있으며, 그래서 공동으로 준수해야 할 것으로 여긴다. 이것도 사유의 규율이라 할 수 있다. 객관적인 규율을 인정하는 것은 과학적 인식의 근본 출발점이며, 논리적인 이론을 구축하는 기초다. 이른바 '이리장(以理長)'은 인간의 인식이 리(理), 즉 객관적인 규율을 인정한 뒤에 형성되어야 함을 말한 것으로, 형이상학적인 설명이 아니

---

19) 『孟子』, 「離婁(下)」, 天下之言性也, 則故而已矣. 故者以利爲本.
20) 같은 곳, 天之高也, 星辰之遠也, 苟求其故, 千歲之日至, 可坐而致也.
21) 『孟子』, 「告子(上)」, 乃若其情, 則可以爲善矣, 乃所謂善也. 若夫爲不善, 非才之罪也.

라 이론적이고 논리적인 설명이다. 그래서 과학적인 정신을 갖추고 있다. 유가도 '리'를 언급하였다. 순자는 '물리(物理)'를 제2장 제2절에서 말하였으며, 주류파들도 '성리(性理)'와 '인륜(人倫)과 물리(物理)'를 언급하다. 맹자가 말한 '리(理)'와 '의(義)'는 내재적인 도덕 이성으로서, 정감적 체험과 도덕적 평가 위에 세워진 것이다. 그래서 '이의(理義)' 또는 '의리(義理)'에 대한 인식도 내재 체험 식의 자아 인식으로 변화하게 되었다.

유가와 묵가가 대표하는 두 유형의 사유 방식, 곧 체험형 의향적 사유와 인지형 논리적 사유는 선진 시대의 백가쟁명의 조건 아래 동시에 존재하면서도 각기 특색을 지니고 있었다. 전자는 도구성(工具性)을 갖고 있었고 후자는 목적성을 갖고 있었다. 그들은 문화 다원화의 특징을 드러낼 뿐만 아니라 학술이 번영했음을 표현한다. 만약 각자 발전했다면 중국철학에 과학·논리주의와 인문주의가 동시에 존재할 수 있었을 것이다. 그러나 진(秦)·한대(漢代) 이후로 정황은 크게 변하여, 유가를 대표로 하는 체험형의 사유가 중국철학의 전통적 사유로서의 위치를 차지했으며, 묵가가 대표하던 논리적 사유는 쇠퇴하고 말았다.

그렇다면 왜 이런 변화가 생겨났을까? 이것은 전문적인 논의가 필요한 문제다. 우리는 다만 이런 사실을 지적할 수 있다. 중국 역사에서 묵가를 대표로 하는 인지형의 사유는 서양 전통의 논리적 인지적 사유와 매우 가깝고, 하나의 유형에 속하지만, 유가와 도가를 대표로 하는 주체 체험형의 사유와 분명히 구별된다는 점이다. 이런 사실은 중국의 철학과 문화의 역사에 처음부터 고정된 사유 방식이 존재했던 것이 아니라 상이한 사유 방식이 동시에 존재한 상황에서 자아의 선택을 통해 주체 사유가

형성되었음을 보여준다. 이것은 전반적인 사회 문화적 배경과
도 연관되어 있어서 하나의 원인으로 설명할 수 없다. 그리고
이런 비교는 중국철학의 주체적 사유가 형성·발전한 구체적인
정황과 그 특징을 이해하는 데 도움이 된다.

2. 사단(四端)과 칠정(七情)

이미 지적한 것처럼, 유가철학은 처음부터 인간의 심리와 정
감, 특히 도덕 정감을 강조한다. 정감의 요구는 사유의 중요한
동력이 되고, 정감의 의향(意向)은 사유의 일반적인 과정을 결
정하며, 정감의 의식은 사유의 중요한 내용을 변화시킨다. 유가
가 말한 '효제(孝悌)'도 이와 마찬가지다. '효제'는 원래 자연적
인 정감, 곧 부모와 형제를 사랑하는 정으로서, 유가에 의해 중
요한 도덕 조목, "인을 이루는 근본(爲仁之本)"이 되었다. 이로
부터 만들어진 많은 예의와 의식이 중요한 사회적 규범으로 변
했는데, '삼년상(三年喪)'은 바로 그 예라고 할 수 있다. 공자의
제자인 재아(宰我)가 3년이란 기간이 너무 길어 생산에 차질이
있고 건강에 해롭다고 여겨 기한을 단축시킬 것을 건의하였을
때, 공자는 그 이야기를 듣고 그를 '불인'하다고 비평하였다. "자
식이 태어나서 3년이 지난 뒤에야 부모의 품을 벗어나게 된다.
… 여(予, 재아의 이름임)는 3년의 사랑이 그 부모에게 있었던
가!"[22] 공자는, 부모를 사랑하는 것은 인간의 진정한 감정에서

---

22) 『論語』, 「陽貨篇」, 子生三年, 然後免于父母之懷, … 予(宰我名)也有三年之
愛于其父母乎!

비롯되며, 이 감정이 있어야만 어질다고 여겼다. 그리고 재아가 3년상 지키기를 원하지 않는 것은 그에게 이런 감정이 없기 때문이라고 여겼다. 이런 감정이 없는 것이 '불인'이기에 "재아는 불인하다"고 탄식했던 것이다. 3년이란 기간은 내적인 정감이 고도로 응축된 기간이며, 그동안에는 "맛있는 것을 먹어도 달지 않고, 음악을 들어도 즐겁지 않으며, 거처함에 편안하지 않다."[23] 내심으로 체험하는 가운데 어떻게 '신곡(新谷, 喪)'의 마음을 경험할 수 있는가? 인의 내재적인 기초는 바로 "그 부모를 사랑하고 그 형을 공경하는 것"[24]이다. 이것은 억지로 얻어지는 것은 아니라 자연적으로 나오는 것이다. 1년의 신곡 기간에는 잘 먹어도 마음은 편안하지 않다. 어찌 마음이 편안할 수 있겠는가? "네가 편안하면 그렇게 해라"[25]는 말에서, 공자가 강조한 것이 내심의 심리적 정감과 그 체험이고, 외재적인 대상에 대한 인식과 물질에 대한 향유가 아님을 알 수 있다.

공자는 "극기복례가 인이다(克己復禮爲仁)"라고 주장했지만, 예의 형식에 대해서는 말하지 않았고, 예를 행할 때의 정감 체험을 중시했다. 예악이 필요한 이유는, 그것이 없을 때 내재적인 정감에 의탁하거나 그것을 표현할 수 없기 때문이다. 그런 예악의 종류는 외부적인 형식일 뿐이다. 외부의 형식에만 치중하면 내심 세계의 문제를 해결할 수 없다. "예다, 예다 하지만, 옥과 비단(玉帛)을 이르는 것이겠는가? 음악이다, 음악이다 하지만, 종과 북(鐘鼓)을 이르는 것이겠는가?"[26] 문제의 관건은

---

23) 같은 곳, 食旨不甘, 聞樂不樂, 居處不安.
24) 孟子의 말, 愛其親, 敬其兄.
25) 같은 곳, 汝安, 則爲之.
26) 같은 곳, 禮云禮云, 玉帛云乎哉. 樂云樂云, 鐘鼓云乎哉.

진실하고 경건한 내재 정감이 있느냐 없느냐에 있다. 이런 정감이 있다면 예악은 공허한 형식이 되지 않는다. 이른바 인(仁)은 이런 정감을 체험한 결과다. 이런 체험이 있다면 어진 사람이 될 수 있고, 진정한 심리적 만족을 느낄 수 있으니, 이것이 바로 '즐거움(樂)'이다.[27]

공자가 내놓은, 인자(仁者)는 "사람을 사랑한다"[28]는 명제는 고대의 인도주의적인 사상을 표현한 것이다. 공자는 "인을 행하는 방식(爲仁之方)"이 '충(忠)'과 '서(恕)'에 있다고 주장하였다. 여기서 '충'은 자기를 다른 사람에게 확장하는 것, 곧 "자신이 서고자 함에 남도 서게 하며, 자신이 통달하고자 함에 남도 통달하게 하는 것이다."[29] '서'는 자기로부터 다른 사람에게도 도달하는 것, 곧 "자기가 하고자 하지 않는 것을 남에게 베풀지 않음"[30]이다. 이것은 주체적 정감 의향을 출발점으로 삼은 것이며 동정심, 책임감 그리고 도덕에서 출발하여 인간의 존엄을 세운 것이다. 인간에게는 동정과 협조, 서로의 관심이 필요하다. 그래야만 화해하고 일치된 사회 질서를 세울 수 있다. 그러나 동정과 협조는 우리의 정감 경험에서 나오는 것이지, 개념 분석과 논리 추론에서 얻어지는 것이 아니다. 소크라테스는 논변을 통해 도덕적 진리를 해석·연역 증명하여, 도덕 진리로 자아를 증명하는 논리적 추리 과정을 만들어냈으며, 거기에서 자아의 도덕 인식을 구성하였다. 이는 본질적으로 도덕 이념을 지력 활동의 결과로 바꾼 것이다. 그러나 공자는 내재적 심리 정감에서

---

27) 여기서 말하는 '즐거움'에 관해서는 나중에 전문적으로 논의하기로 하겠다.
28) 『論語』, 「顔淵篇」, 愛人.
29) 『論語』, 「雍也篇」, 己欲立而立人, 己欲達而達人.
30) 『論語』, 「衛靈公篇」, 己所不欲, 勿施於人.

출발하고 정감 체험과 의향 활동을 통해 도덕 원칙을 확립하고 도덕적으로 평가하려 하였다. 그러므로 기본적으로 정감형이자 체험형이라 할 수 있다.

유가의 다른 대표 인물인 맹자는 인·의·예·지라는 네 가지 도덕 관념을 인간의 내재적 본성으로 확립하였다. 이것은 도덕 관념을 내재적인 정감 위에서 세운 것이다. 여기서 내재적인 정감이 바로 '사단(四端)'이다. 맹자는 '사단'이 '사성(四性)'의 심리적인 기초임을 설명하기 위해 심리학적으로 논증하였다. 그것과 정감의 경험과 자아의 체험을 사유의 보편적인 원칙으로 변화시켰다.

이른바 '사단'은 측은지심·수오지심·공경지심·시비지심의 네 종류의 도덕 정감을 가리킨다. 측은지심은 인의 단서이고, 수오지심은 의의 단서이고, 공경지심은 예의 단서이고, 시비지심은 지의 단서이다. 네 가지 정감은 도덕 인성의 내재적인 기초며 그것을 '확충'하고 발전시킨 것이 인의예지의 본성(性)이다. 네 가지 도덕 정감은 사람들이 태어나면서 갖게 된 것으로, 인간이 다른 동물과 다른 까닭이다. 그것은 인간의 도덕 이성의 심리적 기초이자 인류의 심리적 경험이 축적되고 응결된 것이다. '사단'으로 불리는 까닭은 도덕 이성의 맹아 또는 단서이기 때문이다. 그래서 내심의 자아 체험을 '확충'하고 발전시킬 필요가 있다. '확충'의 과정이 바로 자아 체험의 과정이다. 실제로 '사단'과 '사성(四性)'은 구별되지 않는다. 맹자는 때때로 '사단'을 '사성'으로 불렀다. 사단의 정이 외부에서 얻어지는 것이 아니라 주체 자신이 갖춘 것이라는 점, 그리고 체험을 통해서만 발전시키고 실현시킬 수 있다는 사실이 중요하다.

'사단'을 네 종류의 잠재적인 존재라고 말한다면, 이것은 인지

이념 또는 도덕 이념이 아니라 내재적인 정감적 요구와 정감 의식을 가리킨다. 엄격히 말해, 개체의 정감적인 요구와 의식이 아니다. 무령설(毋寧說)은 일종의 사회 정감과 사회 의식이다. 왜냐 하면 이러한 정감은 실제로 사회의 윤리 도덕을 근본 내용으로 하기 때문이다. 맹자와 유가의 주류파는 모두 성선론자로 볼 수 있다. 그 이유는 그들이 인간의 심리 정감에 사회 도덕의 내용이 갖추어져 있으며 인간이 도덕상의 선으로 발전할 수 있는 내적인 잠재력을 갖고 있다고 말하기 때문이다. "만약 그 정을 펼친다면 선이 될 수 있다(若乃其情, 則可以爲善也)." 만약 선하지 않은 것이 있다면 그것도 "재질의 죄는 아닌 것이다(則非才之罪也)." 정은 바로 심리적 정감이고 재질은 소질·재질이다. 양자는 외재적인 것이 아니라 내재적인 것이다. 정(情)과 재(才)는 연관되어 있고, 선의 잠재 능력을 갖고 있으며, 측은지심 등의 도덕적 정감으로 표현된다. 그것이 실현된 것이 바로 인의 등의 도덕 이성이다.

'사단'의 정을 '확충'하여 도덕 이성으로 만드는 것은, 근본적으로 순수 인식의 문제가 아니라 자아 체험의 문제다. 여기에는 당연히 인식 활동이 포함되어 있지만, 통상적인 개념적 인식·분석·추리도 아니고, 외부 경험을 종합하여 정리한 것도 아니다. 일종의 체험적인 측면에서의 의향 활동과 본체 인식이다. '사단'의 정은 내재적인 정감 의식이며, 인식의 기능은 그것을 어떻게 실현하고 이성화하는 단계에까지 끌어올리느냐에 있다. 이것은 특별한 지력 활동이나 형식화한 연역과 증명을 요구하지 않지만 판단을 내리기를 요구한다. 시비의 마음이란 판단을 내리는 능력이며, 측은지심은 판단을 내릴 때의 내적인 근거다. 이 판단은 주체 행위의 자아 판단이며, "내가 마땅히 이렇게 해야 하는 것(我應當這樣作)"이다. 이것은 주체의 의향적 활동으로 바뀌며, 의향적 활동은 반드시 자아 체험과 실천을 동반하게 된다. 마음이 '사단'을 갖고 있음은 마치 밭에 벼가 있는 것과도 같다. 생장의 조건을 만들어주고 꺾이지 않도록 해야 되지만, 그렇다고 "성급하게 조장해서도(揠苗助長)" 안 된다. 이것이 바로 체험 활동의 요구다. "마음은 잊지도 않고 조장하지도 않아야 된다(心勿忘, 勿助長)"라는 말은 잊지도 조장해서도 안 되며 자연의 추세에 순응하여 배양해야 한다는 뜻이다. 체험 공부는 자아 발현, 자아 배양의 공부며, 의향 활동은 주체 의식의 자아를 드러낸 것이다. 체험 차원의 의향 활동을 세운다면 주체적으로 도덕을 실천할 수 있을 뿐만 아니라 정감의 요구를 만족시켜 즐거움을 누릴 수 있다.

맹자가 모든 사람이 '사단'의 정을 갖고 있다고 논증한 것은, 간단한 심리 경험적 사실에서 시작한 것이다. 어떤 사람이 어린 아이가 우물에 빠지려는 것을 본다면, 반드시 "깜짝 놀라고 측은해하는 마음(怵惕惻隱之心)", 곧 동정의 마음을 갖게 되는데, 심리는 거짓된 사색으로 얻어진 것이 아니다. 어린아이를 구해주는 것은 어린아이의 부모와 교제하기 위해서가 아니고, 마을의 친구들로부터 칭찬을 바라서도 아니며, 더욱이 어린아이의 우는 소리가 듣기 싫어서도 아니다. 그러한 행동을 자발적인 동정심에서 나온 것으로, 이 동정심은 특별한 배양을 요구하지 않는다. 즉, 사람들이 본래부터 지니고 있는 것, 그리고 사람들마다 동일한 것이다. 사람이 사람으로 되는 까닭은 이지적인 능력, 곧 생각할 수 있는 능력을 갖춘 데 있다. 식욕과 성욕 같은 생리적인 요구에 있는 것이 아니라, 동정심과 같은 정감적 요구와 정감 의식을 가진 데 있다. 수오지심, 공경지심, 시비지심도 마

찬가지다. "사람들은 모두 차마 해치지 못하는 마음을 가지고
있다. … 사람들이 모두 차마 해치지 못하는 마음을 가지고 있
다고 말하는 까닭은 지금 어떤 사람이 갑자기 어린아이가 우물
로 들어가려는 것을 볼 때 깜짝 놀라고 측은해하는 마음을 갖게
되는데, 이것은 어린아이의 부모와 교분을 맺으려고 해서도 아
니며, 향당과 붕우들에게 명예를 구해서도 아니며, [어린아이
의] 우는소리가 싫어서도 아니다. 이로부터 보면, 측은지심이
없으면 사람이 아니고, 수오지심이 없으면 사람이 아니며, 사양
지심이 없으면 사람이 아니고, 시비지심이 없으면 사람이 아니
다. 측은지심은 인의 단서요, 수오지심은 의의 단서요, 사양지심
은 예의 단서요, 시비지심은 지의 단서다. 사람이 사단을 가지
고 있음은 사체를 가지고 있음과 같다. … 무릇 사단이 나에게
있는 것을 다 넓혀서 채울 줄 알면, 마치 불이 처음 타오르며 샘
물이 처음 나오는 것과도 같다."31) 맹자의 도덕 의식은 내적인
정감에 직접 호소한 것이지, 객관[적 사실]에 근거해서 논증하
거나 개념에 근거해서 분석한 것이 아니다. 오히려 내재[적인
정감에] 근거한 심리적인 체험이라 할 수 있다. 이로부터 모든
사람이 이런 체험을 갖고 있다고 결론을 내린 것이다.

맹자가 내놓은 '사단설'은 후세 유가에게 보편적으로 수용되
었으며32) 전통 유학의 고유한 사유 방식이 되었다. 한(漢)·당

---

31) 『孟子』, 「公孫丑(上)」, 人皆有不仁人之心. … 所以謂人皆有不忍人之心者,
今人乍見孺子將入于井, 皆有怵惕惻隱之心. 非所以內交于孺子之父母也, 非所
以要譽于鄉黨朋友也, 非惡其聲而然也. 由是觀之, 無惻隱之心, 非人也, 無羞惡
之心, 非人也, 無辭讓之心, 非人也, 無是非之心, 非人也. 惻隱之心, 仁之端也, 羞
惡之心, 義之端也, 辭讓之心, 禮之端也, 是非之心, 智之端也. 人之有是四端也,
猶其有四體也. … 凡有四端于我者, 皆知擴而充之矣, 若火之始然, 泉之始達.
32) 荀子, 柳宗元 등의 사람은 예외임.

(唐) 시대의 유가는 불인지심(不忍之心), 측은지심을 인으로 해석하여 정이(程頤)와 주희(朱熹) 등의 이학가들로부터 비평을 받았다. 그러나 정이와 주희는 근본적으로 이런 사유 전통을 변화시키지 않았다. 그들도 '사단'의 정을 매우 중시했을 뿐만 아니라 인간의 주체성의 중요한 표지로 여겼다. 이학적 사유의 근본적인 특징은 인간의 도덕 주체성을 확립하고 도덕의 주체가 도덕적인 정감에서 벗어나지 않게 하려는 데 있다. 그래서 보편적으로 '사단'의 정을 인성의 기본적인 표현이라 여긴다. 이학가들은 맹자 등의 초기 유가들과는 달리, 정에서 출발하여 성을 설명하지 않고, 성에서 출발하여 정을 설명하였다. 이학가들은 성을 정의 근본이라고 보고, 정을 성이 발동한 것으로 여긴다. 성이 발동하여 정이 되고 정은 성을 표현한 것이라 본다. 성이 없으면 정이 없고 정이 없으면 성이 드러날 수 없다. 정주학파(程朱學派)의 "정으로부터 성의 존재를 아는 것(有情以知性之有)"이나, 육왕학파(陸王學派)의 "정으로부터 그 성을 보는 것(有情以觀其性)"은 모두 '사단'의 정을 떠나서는 이른바 인의예지의 성도 없다는 것이다. 또한 도덕적인 인성을 실현하려면 정감의 체험이 필요하며, 동정심, 수치심 등 이른바 '사단'의 정감으로부터 보편적인 도덕 이성을 체험해야 한다고 설명한다. 이것은 이학 주체론의 가장 중요한 특징이다. 나중의 황종희(黃宗羲)는 마치 맹자에게 돌아간 것처럼, '사단'의 정이 바로 인의예지의 성이며, 정 이외에 성이 없고 성 이외에 정이 없다고 주장하여, 정의 감성적인 측면을 더욱 강화하였다. 그렇지만 그들 모두가 '사단'의 정을 도덕 인격을 완성하는 내재적 근거로 보았고, 도덕 정감에 대한 내적인 체험을 인성을 실현하는 근본적인 방법으로 인정하였다.

정감에 대한 체험은 '사단'의 정에 한정되지 않는다. 여기서 유가는 '육정(六情)', '칠정(七情)'의 학설을 제시하여, 인간의 일반적인 정서, 정감을 인성과 연결시켜 희로애락 등의 정감 체험에서 인성을 실현할 것을 주장하였다. 순자는 성악설을 주장하면서 '사단'을 말하지 않았다. 그러나 희·로·애·락·호·오의 육정(六情)을 제시하였고, 이 여섯 가지 정을 "본성의 바탕(性之質)", 즉 인성의 자료 또는 소질로 여겼다. 이것은 실제로 정을 성으로 본 것이다. 순자는 성악을 주장했기에 맹자와 같은 체험을 주장하지 않았다. 반면에 이지적으로 "성을 변화시키고 인위를 일으키라(化性起僞)", 곧 리(理)로써 정을 이끌라고 주장하였다. 그러나 정을 부정하지 않았고, 음악의 아름다움을 체험하라고 주장하였다. 이런 체험은 "인정이 반드시 벗어날 수 없는 것(人情之所必不免)"이고, "사람을 감동시킬 수 있는 선한 마음"[33]이다. 『예기(禮記)』의 「예운편(禮運篇)」에서 명확하게 제시한 '칠정설(七情說)'은 유가의 정감 체험 이론의 중요한 내용이 되었다. "무엇을 일러 인정이라고 하는가? 희(喜)·노(怒)·애(愛)·구(懼)·애(哀)·오(惡)·욕(欲)의 일곱 가지는 배우지 않고도 능하다(何謂人情? 喜怒哀懼愛惡欲, 七者弗學而能)." 성(性)과 정(情)은 분리될 수 없고, '칠정'은 주체의 내재적 정감이라 할 수 있다. 그래서 칠정은 '사단'처럼 배우지 않고도 능하고, 태어나면서 갖게 되는 인성의 중요한 근원이다. 정감은 자아가 체험할 수 있으나 인식으로 이해할 수. 없다. 그래서 인식론의 범주에는 포함되지 않는다.

유가는 '칠정'의 체험에 관해 많이 언급하였다. 그 가운데서도

---

33) 『荀子』, 「樂論」, 感動人之善心.

후세에 대해 큰 영향을 끼친 대표적인 저술로는 『악기(樂記)』를 들 수 있다. 『악기』는 음악 문제뿐만 아니라 철학 문제에 대해서도 언급하고 있다. 희로애락 등의 정서와 정감을 "인간의 마음에서 생겨나서(由人心而生) 사물에 감응하여 움직이는 것(感于物而動)"으로 여겼으며, "인정이 면할 수 없는 것(人情之不可免者)", 인성이 드러난 것이라고 설명하였다. 유가는 한편으로 인간의 정감을 변화가 무궁하여 파악할 수 없는 것으로 보았다. "대저 백성은 혈기와 심지의 성을 가지고 있으나, 희로애락의 항상됨이 없다. 사물이 일어나는 데 감응하여 움직인 연후에 심술(心術)이 나타난다."[34] 정감의 활동은 변화무쌍하므로 따라야 할 고정된 규칙이 없다. 그래서 음악으로 교화하는 가운데 체험하고 조절할 수 있을 뿐이다. 그리고 유가는 다른 한편으로 슬픔과 즐거움의 정은 "인심에서 생겨나고(生于人心)", "인심에 근본한다(本在人心)"고 여겼다. 그래서 그것은 내재적인 것, 근본적으로 말해 내심의 자아 체험, 자아 조절에 의지해야 하는 것이라고 말할 수 있다. "인간이 나면서 고요한 것은 하늘의 성이다. 사물에 감응하여 움직이는 것은 성의 욕심이다. 사물이 앎에 도달한 이후에 좋고 싫음이 나타나게 된다. 좋고 싫음이 안에서 절제되지 않고 지식이 바깥에 유혹되어 몸으로 되돌아가지 않으면 천리는 없어지고 말 것이다."[35] 여기서 제출된 "사람이 태어나면서 고요한(人生而靜)" 본성은 분명히 인학본체론의 설명이고, 정과 성을 좀더 연관시킨 것이다. 사물에 감응하

---

34) 『樂記』, 夫民有血氣心知之性, 而無喜怒哀樂之常, 應感起物而動, 然後心術形焉.

35) 같은 책, 人生而靜, 天之性也, 感于物而動, 性之欲也, 物至知知, 然後好惡形焉. 好惡無節于內, 知誘于外, 不能反躬, 天理滅矣.

여 움직이는 욕망은 정감의 범주에 속하는 것으로, 생리심리적인 존재다. 좋아함(好)과 싫어함(惡)은 일종의 정감의 요구와 평가이고 매우 주관적인 것이다. 외물과 접촉한 뒤라고 표현했지만, 근본적으로 내재적인 희로애락의 정에서 생겨난 것이다. 그래서 어떻게 호오의 정을 조절하느냐 하는 것은 정감 체험의 중요한 문제가 된다. 이른바 "안을 절제함(節于內)"이란 리(理)로써 정(情)을 조절하는 것이다. 그러나 리는 다른 것이 아니라 "사람이 태어나면서 고요한" 성(性)이다. 그래서 인을 절제한다는 것을 일종의 내재적인 자아 조절이라 할 수 있다. 이른바 "몸으로 돌아감(反躬)"은 자기의 내심으로 돌아가는 것이며, "사람이 태어나면서 고요한" 본성을 체험하여 호오의 정을 조절하는 것이다.

여기에 '지(知)'의 문제가 대두된다. 지(知)와 정(情)은 연관되어 있다. "사물에 이르러 지가 알려진다(物之知知)"고 할 때, 첫 번째 '지' 자는 지성(知性), 곧 "혈기심지의 성(血氣心知之性)"을 가리키며, 두 번째 '지' 자는 지각(知覺), 곧 감지 활동을 가리킨다. 이러한 지각이 있을 때 호오의 정감이 생겨나게 된다. 그러나 여기서 말하는 '지'는 객관적 대상적 인식이 아니라 정감체험형의 주체적인 의향 활동 또는 주체의 감수 활동이다. '지'가 사물, 즉 객관 대상을 벗어나지 않고 외물에 유혹되지 않는다면, 주체의 자주성을 간직할 수 있다. 이 상태에 이르려면 반드시 주체 자신에게 돌아와야 하며, 정감 체험과 의향 활동을 통해 "정을 되돌려 그 뜻을 화합시켜야 한다(反情以和其志)." 또한 자아 체험을 통해 자기의 도덕 의지를 조절하고 "사람이 태어나면서 고요한(人生而靜)" 성을 실현해야 한다.

『악기』는 "인은 악에 가깝고 악은 예에 가깝다(仁近于樂, 義

近于禮)"는 명제를 제시하여, 애락(哀樂)의 정과 인을 연관시키고 있다. 이 체험 활동의 중요성을 설명한 것으로, 인학 형이상학의 성격을 갖춘 것이다.36) 『악기』는 본래 음악과 언어의 작용을 중시하고 미학을 수용하는 특징을 지니고 있다. 그런데 더욱 중요한 사실은 내재적으로 체험해야만 "그 뜻을 화합시킬 수 있고(和其志)", 체험적인 주체의 의향 활동으로만 "사람이 태어나면서 고요한" 성을 실현할 수 있다는 것이다. 이것이 바로 『악기』가 존중하는 사유 방식이다. "혈기와 심지의 성(血氣心知之性)"은 불변하지만, 희로애락의 정을 내용으로 삼는다. 주체의 의향 활동을 형식으로 삼아야만, '아는' 것이 있을 수 있다. 정감 의향은 지각 활동을 조건으로 삼는다. "사물이 이르러 앎이 알려지는(物至知知)" 사물은, "사물에 감응하여 움직인다(感于物而動)." 그 뒤에 나오는 것은 사물에 대한 객관적인 인식이 아니라 "가운데서 움직이는(動于中)" 호오의 정이다. 그래서 사유의 진정한 지향은 사물(物)이 아니라 정(情)이며, 사유의 중요한 형식은 추리가 아니라 체험이고, 사유의 중요한 결과는 객관적인 사실이 아니라 주체적 평가라고 할 수 있다. 바꾸어 말하면, 사유란 대상성의 인식 활동이 아니라 주체의 체험과 의향 활동인 것이다.

"사람이 태어나면서 고요한" 성이 사물에 감응하고 움직여서 호오의 정이 있게 되었다는 『악기』의 주장은, 정이란 성을 드러낸 것임을 뜻한다. 『악기』의 "안에서 조절함(節于內)"와 "몸으로 되돌아감(反躬)"은 정감 체험이 인성을 실현하는 중요한 방법임을 나타낸다. 이것은 순자 사상을 매우 발전·변화시킨 것

---

36) 이 점에 대해서는 나중에 전문적으로 논의하기로 하겠다.

으로, 희로애락의 정과 "인간이 태어나면서 고요한" 성을 연관시키고, "사람이 태어나면서 고요한" 성에 '천리'의 보편적인 의미를 부여함으로써 성악론을 성선론으로 변화시킨 것이다. 이것은 인간의 정서·정감·체험을 생물학·심리학의 차원에서 형이상의 차원으로 고양시킨 것으로, 유가의 인학형이상학을 건립하는 데 도움이 되었다. 이 점은 나중의 유가, 특히 이학가들에게 큰 영향을 끼쳤으며, 전통적 사유의 중요한 특징이 되었다.

그런데 『악기』는 정(情)이 바로 성(性)이라고 말하지는 않았다. 체험 활동이 중요한 까닭은 "정을 되돌려서 뜻을 통하게 하여(反情以通志)", 내재적인 도덕적 의지를 실현하려는 데 있지, 단순히 정이 성이라고 선포하는 데 있지 않다. 여기서 정감 체험은 방법의 의미를 갖는다. "사람이 태어나면서 고요한" 성은 미리 설정된 선험적 존재다. 성을 내재적인 잠재 능력이자 의향 활동의 궁극적인 목적이며 동시에 원인이라고 말하는 사람도 있다. 주체의 정감 의식에서 출발하여 "사람이 태어나면서 고요한" 성을 체험한다면 인생의 궁극적인 의미와 목적을 실현할 수 있다. 이것은 분명 통상적으로 말하는 인식, 예컨대 개념적 분석이나 논리적 추리와 같은 것으로 해결할 수 있는 인식은 아니다.

심(心)·성(性)·정(情)에 관한 이학가들의 학설은 체험형 의향적 사유가 철학적으로 좀더 발전한 것이다. 한유는 '인성(人性)'과 '칠정(七情)'을 연결하여, "성은 정에서 그 품격을 보이며(性之于情視其品)", "정은 성에서 그 품격을 보인다"[37]고 주장하였다. 희·로·애·구·애·오·욕이란 일곱 가지 감정으로 "움직이되 그 중간에 처함(動而處其中)"을 최고로 여겼다. 움직

---

37) 『昌黎先生集』, 「卷十一」, '原性', 情之于性視其品.

이되 그 중간에 처함이란 지나침(過)과 미치지 못함(不及)이 없는 중화의 도를 실현한 것으로, 자아 체험의 문제라 할 수 있다. 정감을 체험하는 가운데 내재적인 화해를 실현한다면, 기쁜 일이 있을 때 기뻐하고 성낼 일이 있을 때 성내게 되므로, 과도함도 부족함도 없어지고, 어느 한편에 편중되거나 부족함이 없게 된다. 이렇게 할 때 내심의 자아 평정을 유지할 수 있어서 도덕과 인성이 완전히 합일하게 된다. 한유는 성과 정의 구체적인 관계에 대해 설명하지 않았지만, 이학가들은 정은 성에서 생겨나고 인성을 드러내는 것이라고 분명히 지적하였다. '사단'뿐만 아니라 '칠정'까지도 인성을 드러낸 것으로 보았다. 그렇다면 인성을 인식하고 실현하려면 정감을 체험하지 않을 수 없다. 바꾸어 말해, 현실적인 정감 의식 가운데서 도덕 본체를 체험하라고 주장하는 것이다.

이학가들은 "하늘과 인간은 하나의 근본이다(天人一本)", "안과 밖은 하나의 근본이다(內外一本)"라는 표현으로, 성에 안과 밖이 없으며, 정에 안과 밖이 없다고 주장하였다. 그리고 "넓고도 크게 공정하며, 사물이 오면 순응하는(廓然而大公, 物來而順應)" 상태를 최고의 경지로 여겼다. 그렇지만 이런 경지를 실현하기 위해서는 주체가 자신 가운데서 체험해야 한다. 이학가들은 "사사로운 데서 말미암고 지혜를 쓰는 것(自私而用智)"을 강력히 반대하였다. 여기서 '자사(自私)'는 자기의 "사사로운 정(私情)"으로써 사물에 응하고, 신체적 요구를 만족시키는 것이다. 그렇게 하면 "크게 공정할 수도(大公)" 없고 "사사로움을 없앨 수도(無私)" 없다. 이른바 "지혜를 쓴다(用智)"는 것은 자기의 지적인 능력으로 사물을 아는 것이다. "자기로써 다른 것을 알고[자 한다면], 마침내 갈(알려지는) 곳이 없어서(以己知彼,

終無所之)" 사물에 따라 움직여서, 자기의 주체성을 상실하게
된다. 그래서 "사물이 와도 순응할 수(物來而順應)" 없다. 종합
하면 이는 하나의 근본(一本)[에 바탕한] 학문이 아니라, "두 가
지 근본(二本)"에 바탕한 학문이다. 그래서 심물일원론(心物一
元論)이 아니라 심물이원론(心物二元論)이라 할 수 있다. 그렇
다면 어떻게 "하나의 근본(一本)"을 실현할 수 있는가? 안과 밖
의 한계를 없애려면 자신의 내심(內心)에서 체험해야 한다. 정
호는 이렇게 말한 바 있다. "사람의 정은 각기 막힌 곳이 있으므
로 도와 부합할 수 없으며, 대개 사사로운 데서 말미암고, 지혜
를 쓰는 환란이 있다. 사사로운 데서 말미암으면 유위하여 흔적
에 응할 수 없고, 지혜를 쓰면 밝은 깨달음(明覺)을 자연[스러운
상태로] 만들 수 없다."[38] 사사로운 데서 말미암고 지혜를 쓰면
정에 막히는 곳이 있게 되어, "도에 적중할(適道)" 수 없다. "도
가 바로 성이다. 만약 도 바깥에서 성을 찾거나 성 바깥에서 도
를 찾는다면 그것은 옳지 않은 일이다."[39] 정을 도에 합당하게
하려면, "정이 만사에 순응하여 일이 없어야 한다(情順萬事而無
事)." 즉, 무엇을 도모하여 행위해서는 안 되며, 도모하지 않고
행위해야 한다. 자기의 명각처(明覺處)를 긴장되고 바쁜 상태로
만들지 말고, 자연스럽게 자발적인 상태로 만들어야 한다. 그렇
게 해야만 사사로움에서 말미암고 지혜를 쓰는 마음을 제거하
여, 외물을 대상으로 삼지 않는, 진정한 체험 상태로 들어갈 수
있다. 이런 체험 가운데서 "안과 밖의 모두를 잊고(內外兩忘)",

---

38)『河南程氏文集』, 「卷二」, 人之情各有所蔽, 故不能適道, 大率患在于自私而
用智. 自私則不能以有爲爲應迹, 用智則不能以明覺爲自然.)(答張橫渠子厚先生書.
39)『河南程氏遺書』, 「卷一」, 道卽性也, 若道外尋性, 性外尋道, 便不是. 河南程
氏遺書, 卷一.

"맑아서 아무런 일도 없게 된다(澄然無事)." 외물에 막히지 않고 사사로운 정으로써 누를 만들지 않으면, "하늘과 인간이 하나되고(一天人)", "안과 밖이 합일하는(合內外)" 경지로 나아갈 수 있다. 이때가 되어야 기쁨과 성냄은 도(성)에 합치되며 안과 밖, 사물과 나의 구분도 없어지게 된다. "성인의 기쁨은 사물의 응당 기뻐해야 할 것으로써 하고, 성인의 성냄은 사물의 당연히 성내야 할 것으로써 한다."[40] 기뻐함과 성냄 사이에는 "당연한 원칙(當然之則)"이 있다. 이것이 바로 리(理)요 성(性)이다. 당연한 리는 대상적 인식과 개념적 분석에서 얻어지기보다 기쁨과 성냄 등의 정감 체험에서 얻어진다.

주회 같은 이학가는 '사단'과 '칠정'을 구분하여 사단은 의리지성(義理之性)에서 나오고 칠정은 기질지성(氣質之性)에서 나온다고 보았다. 그러나 주회도 '칠정'과 도덕 정감이 아무 상관도 없거나 상반된 것으로 생각하지 않았으며, 도리어 칠정 가운데 도덕 이성을 체험하라고 주장하였다. 심지어 희(喜)·노(怒)·애(哀)·락(樂)과 인(仁)·의(義)·예(禮)·지(智)를 연관시키고, '사단(四端)' 가운데 사성(四性)을 체험하는 것처럼, 상이한 정감과 정서적 느낌 가운데 상이한 도덕 조목을 체험하라고 주장하였다. 이것은 일차적으로 이학가들이 주장한 도덕 본체가 내재적인 심리 정감과 그 체험 활동을 떠나 존재할 수 없음을 나타낸다.

이학가 가운데 심학파들은 성정합일론(性情合一論)을 공개적으로 주장한다. 육구연(陸九淵)은 이렇게 말하였다. "정(情), 성(性), 마음(心), 재(才)는 모두 일반적인 물사(物事)다. 짝이 다름

---

40) 같은 책, 「答張橫渠子厚先生書」, 聖人之喜, 以物之當喜, 聖人之怒, 以物之當怒. 答張橫渠子厚先生書.

을 말한 것일 뿐이다."[41] 성에 대한 인식이 직접 정감 체험의 문제로 변화되었다. 다시 말하면 그들의 도덕본체론은 정감 체험 위에 세워져 있는 것이다.

중국의 전통 철학 가운데 유가철학은 어떤 의미에서 정감체험형의 철학이라 할 수 있다. 유가철학의 핵심이 되는 심성론과 성정론은 [공자와 맹자처럼] 심리적 정감이나 [이학처럼] 도덕 본체 위에 세워져 있다. 그러나 모두 주체 체험과 의향 활동에서 벗어나 있지 않다. 그 가운데 인식론의 문제가 있다면, 그것은 개념을 분석한 뒤의 이지적인 인식이 아니라 정감 체험의 차원에서의 존재 인지라 할 수 있다. 이른바 인식이란 순수한 이지적인 활동이 아니라 인성, 곧 인간 존재의 자아 실현이나 자아 노출을 가리킨다. 또한 개념을 확립하거나 논증적으로 완성한 것이 아니라 정감을 승화하고 의지를 실현한 것이다. 중국철학에 개념의 명석성과 형식화가 부족한 것도 바로 이런 이유 때문이다.

3. 미발(未發)과 이발(已發)

'미발(未發)'과 '이발(已發)'은 중국의 전통 철학, 특히 유가철학에서 중요한 범주 가운데 하나다. '사단'·'칠정'처럼, '이발'과 '미발'도 정감론의 주체적인 사유와 체험형의 의향적 사유의 특징을 드러낸다.

---

41) 『象山全集』, 「卷三十五」, 情, 性, 心, 才, 都只是一般物事, 言偶不同耳. 象山全集, 卷三十五.

『악기』에서 발전해온 체험적 사유가 외물의 작용을 중시하며, "사물에 접촉하여(感于物)" "움직이되 그 중간에 있음(動而處其中)"을 체험 활동의 중요한 조건으로 삼는다면, 『중용』에서 나온 체험형 사유는 주체의 내재 의식에서 출발한 것이기에 주체의 의향 활동이란 특징을 더 많이 갖추고 있다. 『중용』과 그이후에 광범하게 유행된 '치중화설(致中和說)'은 중국철학에서 주체의 의향적 사유의 전형이다.

이른바 '미발'과 '이발'은 희로애락의 정에서 출발한 것으로, 주체의 정감 의식이다. '미발'로 말해진 것은 편벽됨·지나침·부족함이 없는 '중(中)'이며, '이발(已發)'이면서 "절도에 맞는(中節)" '화'다. 전자는 잠재적이거나 잠존적인 것이며, 후자는 현실적이거나 구체적인 것이다. 주체의 원칙이 되는 '미발'의 '중(中)'은 천하의 "큰 근본(大本)"이고, '이발'의 '화(和)'는 천하의 "공통된 도(達道)"다. '미발'로부터 '이발'에 이르고, '대본'으로부터 '달도'에 이르는 것은 '중화에 이름(致中和)'라고 말해지는데, 이는 주체의 원칙을 실현하는 과정이기도 하다.

여기서 『중용』은 선험적 도덕 내용을 정감 의식에 부여하여 본체론의 성질을 갖도록 했을 뿐만 아니라, '미발'로부터 '이발'에 이르는 것이 부단히 자아를 실현하는 과정이자 자아 체험의 과정임을 강조하였다. 『중용』에서는 이렇게 언급하고 있다. "기뻐하고 노하고 슬퍼하고 즐거워하는 정이 발하지 않은 것을 중(中)이라 말하고, 발하여 모두 절도에 맞는 것을 화(和)라 말하니, 중이란 것은 천하의 큰 근본이요, 화란 것은 천하의 공통된 도다. 중과 화를 지극히 하면 천지가 제자리를 편안히 하고, 만물이 잘 생육된다."42) '미발'의 '중'은 궁극적으로 아직 발동하지 않은 심리적 정감 상태 또는 실현되지 않은 본체 존재를 가리킨다.『중용』은 명확하게 설명하지 않았지만,[43] "하늘이 명한 것을 성이라 이른다"[44]는 근본 명제에서 볼 때, '미발'의 '중'은 잠재적 본체 존재라고 할 수 있다. '미발'은 천명지성이며, 그 가운데 포함된 희로애락의 정은 '중'의 원칙이 드러난 것이다. '이발'의 '화'는 성 본체가 실현된 것이자 구체적이고 현실적인 정감 의식이다.

'치중화(致中和)'는 안에서 바깥으로 도달하고, 주체에서 객체로 도달하는 실현 과정이다. 그런데 이 과정은 반드시 두 가지 방면으로 진행된다. 그 하나는 '미발'에서 '이발'로 나아감, 곧 잠재적인 본체 존재로부터 현실 존재로 실현되는 과정이다. 그래서 '순(順)'의 과정이라고 불릴 수 있다. 다른 하나는 '이발'에서 '미발'로 나아감, 곧 현실 존재로부터 본체 존재로 돌아가는 과정이다. 그래서 이것은 '역(逆)'의 과정이라고 불릴 수 있다. 이 두 과정은 실제로 자아를 실현하고 체험하는 과정이며, 그것을 이루는 정감 체험과 의향 활동은 실제로 서로를 움직이면서도 분리되지 않는다. 마치 '성(誠)'과 '명(明)'의 관계와 같다. "성실함(誠)으로 말미암아 밝아짐을 본성(性)이라 이르고, 밝음(明)으로 말미암아 성실해짐을 가르침(敎)이라 이르니, 성실하면 밝아지고 밝아지면 성실해진다."[45] 성실함으로부터 밝아짐은 성(性) 본체의 자아 실현이며, 밝음으로부터 성실해짐은 성의 자아 인식이다. 자아 실현은 반드시 자아 인식에 의지하지만, 자아 인식도 자아 실현의 [한 과정]이라 할 수 있다. '미발'과 '이

---

42)『中庸』,「第一章」, 喜怒哀樂之未發, 謂之中, 發而皆中節, 謂之和. 中也者, 天下之大本也, 和也者, 天下之達道也. 致中和, 天地位焉, 萬物育焉.
43) 이것은 크게 중요하지 않다.
44) 같은 곳, 天命之謂性.
45)『中庸』,「第二十一章」, 自誠明, 謂之性, 自明誠, 謂之敎. 誠則明矣, 明則誠矣.

발'도 이와 마찬가지다. 다만 내재 체험의 특징을 더 많이 지닐 뿐이다.

'미발'에서 '이발'로 나아감은 잠재적인 본체 존재가 현실적인 구체 존재로 실현되는 과정이자 자재(自在)에서 자위(自爲)에 도달하는 과정이다. 이 체험은 저절로 그렇게 되는 체험 또는 "체에서 용에 도달하는(由體達用)" 체험이다. 따라서 최고의 체험이며, 성(誠)으로부터 밝아짐과 상응한다. 이른바 "힘쓰지 않고도 도(道)에 맞으며, 생각하지 않고도 알아서, 종용히 도에 맞다"46)는 것이 바로 이 체험을 가리킨다. 이것은 '성인'의 일로 여겨지며, 높은 수양의 경지에 도달할 때 실현될 수 있다. '이발'로부터 '미발'에 나아감은, 자위(自爲)의 존재로부터 자재(自在)의 존재로 돌아가는 인식 과정이자 현실에서 궁극적인 목표를 향해 나아가는 과정이다. 일종의 "용에서부터 체에 도달하는" 거꾸로 깨달아가는 방식(逆覺式)의 체험 또는 자각적인 본체 체험이다. 이것은 일정한 정도에 도달할 때 최고의 체험에 들어갈 수 있다. 그렇지만 노력을 통해서만 도달할 수 있다.

양방향의 체험 활동을 통해 '대본'에서 '달도'로 이르면, 사유의 의향 활동은 세계의 '의의(意義)'를 창조하고, 주체의 원칙을 실현하여, 인생의 궁극적인 목적에 도달할 수 있다. "천지가 바로 서고 만물이 길러진다(天地位焉, 萬物育焉)"는 말은 주체의 의향 활동이 완성되고 종국적인 목표가 실현된 것이다. 인간의 본체 의식이 진정으로 실현되면 천하 국가에서 실행될 수 있으며, 만사만물도 그 도를 얻어서 화해 일치하며, 사람은 세계 가운데 주체적인 지위와 능동적인 작용을 드러낼 수 있다.

---

46) 『中庸』,「第二十章」, 不勉而中, 不思而得, 從容中道.

‘미발’이 잠재적인 본체 의식이 되고 희로애락의 정이 과불급 없이 합당한 곳에 도달한 것이 바로 “도에 적중함(中道)”, 곧 ‘천명지성(天命之性)’이다. 천도가 유행하여 만물에 부여되면, [만물은] 각기 그 성을 얻게 된다. 여기서 인간은 만물 가운데 가장 신령스러운 존재이므로 만물을 주재할 수 있다. 인간이 가진 희로애락의 정은 “하늘이 명한 성(天命之性)”에 근원한 것이다. ‘미발’에 해당하는 것은 ‘중(中)’이고, ‘이발’에 해당하는 것은 ‘화(和)’다. ‘치중화(致中和)’는 그 성을 다하는 것이다. 그 성을 다하면 사람의 성을 다할 수 있고, 사물의 성도 다할 수 있으며, 나아가 화육에 참가하고 천지만물의 주재가 될 수 있다. 그래서 ‘미발’의 ‘중’은 천지만물의 근본 원칙이자 천하의 “큰 근본(大本)”이라 할 수 있다.

그런데 ‘대본(大本)’은 주체 체험 가운데 실현된다. 그것은 존재이자 활동이며 체험의 전제이자 결과다. 이것은 인간이 “천지를 위해 마음을 세운다”[47]는 말의 의미이기도 하다. 이러한 원칙의 근본은 인간과 만물이 화해·일치하여, 모순과 충돌을 만들어내지 않는다. 어떤 개념 체계 또는 공리 원칙(公理原則)을 통해 자연계를 규제하려는 동시에 인간의 정감 체험과 의향 활동을 통해 자연계와 합일하려 한다. 이러한 주체 원칙이 주체 자신에게 인식되는 것이 ‘미발’의 ‘중’이며, 완전히 실현된 것이 ‘이발’의 ‘화’다. 현실적인 정감 의식은 ‘천명지성’이 실현된 것이다. 만약 발동하여 “절도에 맞으며(中節)” 중도 원칙에 부합한다면 천하에 통할 수 있다. 사람들마다 화해할 수 있으며 만물도 “아울러 길러질 수 있다(幷育).” 그 결과 “큰 덕이 순화되고

---

47) 張載의 말임. 爲天地立心.

작은 덕이 강물처럼 흘러서(大德敦化, 小德川流)", 인간과 자연계가 완전히 통일되어 유기적인 전체가 된다.

"절도에 맞지(中節)" 않으면 노력하여 실현할 필요가 있는데, 이것이 바로 주체적인 체험의 근본적인 임무다. '치중화'는 체험을 진행하는 근본적인 방법이다. '치(致)'는 의향 활동이자 체험의 과정이다. 정감 의식 가운데 '중'의 원칙을 체험한다면 의향 활동이 그것을 실현할 수 있다. '미발'의 '중'은 잠재적인 존재일 뿐이다. 상당할 정도로 힘과 목적을 갖고 있지만 드러난 원칙은 아니다. 그래서 궁극적으로 '중'이 무엇인가를 알려면 절실한 체험이 필요하다. '화'는 체험을 실현한 것, 즉 주체 의식의 화해의 원칙을 드러낸 것으로, 다양한 차별이 없는 것이 아니다.

『역전』은 '신(神)'의 개념을 제시하고 주체의 정신적 기능과 작용을 중시하였다. 이는 실로 체험의 문제라 할 수 있다. "역은 생각도 없고 작위도 없는 것이다. 고요하여 움직이지 않지만 감응하[여 비로소 움직이]면 천하의 연고에 통하게 된다. 천하의 지극한 신이 아니면 누가 이것과 함께 할 수 있겠는가."[48] 이것은 역도(易道)를 말한 것인 동시에, 주체 정신에 대해 말한 것이다. 왜냐 하면 『역전(易傳)』의 '천인합일론'에서 역(易)의 신(神)과 성인의 신(神)은 완전히 합일되어 있어서, 성인의 신이 없다면 역의 신도 없기 때문이다. 주체 정신에 대해 말하면, 이른바 '감(感)'은 일반적인 감지 활동이 아니라 일종의 느낌(感受)과 체험이다. '적연부동(寂然不動)'은 본체 상태 또는 존재 원리며, '감이수통(感而遂通)'은 그 기능 또는 작용이다. '적연부동'의 체는 천지만물의 근본 원리를 포함하고 있다. 그래서 그 작용이

---

48) 『周易』, 「繫辭傳」, 易無思也, 無爲也, 寂然不動, 感而遂通天下之故. 非天下之至神, 其孰能與于此.

일어날 때 천하의 '고(故)'와 통할 수 있다. 이러한 '고'는 바로 소이연지고(所以然之故)다. "천하의 지극한 신(天下至神)"은 사실 인간의 주체적 정신이며, '무사무위(無思無爲)'는 역도(易道)를 가리켜서 말한 것인 동시에 일종의 자발적인 체험이다. 주체 원칙은 바로 이러한 체험 가운데서 실현된다.

나중의 이학가들이 '적연부동'·'감이수통'을 '미발'·'이발'과 연관시킨 것은 우연한 일이 아니다. 왜냐 하면 '적연부동'·'감이수통'은 동일한 사유 방식을 다르게 표현한 것이기 때문이다. 이학가들은 '적연부동'을 '미발'의 체라고 말했는데, 그것은 비록 움직이지 않지만, 주체 의식의 모든 원칙을 포함한다. 적연부동은 이미 존재하고 활동하는 것이며, 의식 활동의 가장 깊은 근원이다. 인간의 의식과 사유는 '이발'이라 할 수 있다. "이미 생각한 것이 바로 이미 발동한 것이다(旣思卽是已發)." 그것은 "생각과 희로애락의 일반"[49]이다. 문제는 반드시 희로애락 등의 '이발' 가운데 '미발'의 본체(體)를 체험해야 한다는 것이다. 이렇게 해야만 진정으로 주체의 원칙을 확립하고 실현할 수 있다. 그렇지 않으면 '미발'의 본체는 잠재적인 존재일 뿐이고 실현될 수 없어서 그 의미를 잃게 된다. 정이는 "마음은 하나다. 본체를 가리켜서 말한 것은 적연부동이요, 작용을 가리켜서 말한 것은 천하의 까닭에 접촉하여 비로소 통하는 것이다. 오직 보이는 것이 어떠한가를 살펴야 한다"[50]고 말하였다. 정이는 '미발'과 '이발', 곧 '적(寂)'과 '감(感)'을 분명히 구분했지만, 양자 모두를 한 마음의 일로 생각했음은 의심할 바 없다. 이미 생

---

49) 『河南程氏遺書』, 「卷十八」, 思與喜怒哀樂一般.
50) 『河南程氏文集』, 「卷九」, 心一也, 有指體而言者, 寂然不動是也. 有指用而言者, 感而遂通天下之故是也. 唯觀其所見如何耳. 與呂大臨論中書.

각한 것이 '이발'이라면 또 어떻게 '미발'의 체를 생각해야 하는가? 모종삼(牟宗三)은 정이가 실재론(實在論) 또는 존유론(存有論)의 방법, 즉 이것으로 저것을 아는 '횡섭(橫攝)'의 방법을 사용했다고 말하였다.51) 사실 정이는 이렇게 멀리 가지는 않았고 주로 체험의 방법을 사용할 것을 주장하였다. '이발' 가운데서 '미발'을 체험한다는 것은 이학가들이 말한 "용으로부터 체에 도달하는 것(由用以達體)"이다. '미발'을 본체 존재로 의식하는 것은 관념론이나 이념론적인 이성 원칙이 아니라 지(知)·정(情)·의(意)를 하나로 합쳐서 만든 전체적 원칙이다. '이발'은 생각일 뿐만 아니라 희로애락의 정이다. 희로애락이 발동하여 그 '미발'의 본체를 아는 것은 "옆으로 포섭하는 방식(橫攝式)"의 이지(理智)적 인식이 아니라 "거꾸로 깨달아가는 방식(逆覺式)"의 본체에 대한 체험일 뿐이다.

역각식의 체험은 전통적 사유가 이학본체론에 바탕해 있음을 나타낸다. 선의 잠재 능력에서 출발하여 정감 체험과 의향 활동 가운데서 주체의 도덕 원칙을 확립한 것이 전기 유가의 사유다. 이학은 궁극적인 원인이나 궁극적인 목적의 문제를 명확하게 제시하였고, 도덕 본체의 확립을 근본적인 임무로 삼았다. 그래서 심체용설(心體用說)이 생겨났는데, '미발'의 본체(또한 궁극적인 목적이기도 하다)에 대한 체험도 철학에서의 본체 체험으로 변화하였다. 여기서 의향성은 주로 '미발'의 체라는 하나의 궁극적인 목적을 실현하는 과정으로 표현된다.

'이발' 가운데 '미발'의 본체를 체험한다는 것은 실제로 영원히 중단할 수 없는 수양 과정이며, 여기에는 일련의 '심지공부

---

51) 牟宗三, 心體與性體, 第二冊第二章, 臺灣, 1981年版.

(心地功夫)'가 필요하다. 이학적 사유에 의하면, '미발'은 마음의 본체이고 형이상자의 성(性)이다. '이발'은 마음의 작용이고 형이하자의 정(情)이다. '미발'과 '이발'의 관계는 성(性)과 정(情), 체(體)와 용(用)의 관계와도 같다 "본체로부터 작용에 도달하는 (由體而達用)" 자아 실현은 "작용으로부터 본체에 도달하는(由用而達體)" 자아 인식처럼 동일한 과정의 두 측면이다. 양자는 서로를 도우면서 운행하므로 어느 하나도 결여될 수 없다. 그런데 주체의 자아 수양이란 의미에서 말하면 각종 방법을 운용한 것이며, 마음속의 '미발'의 본체를 체험한 것이다. 왜냐 하면 이것은 바로 인생의 궁극적인 목적이자 인간의 본체 존재를 실현한 것이기 때문이다. 따라서 자아 체험의 과정은 바로 자아 실현의 과정이라 할 수 있다.

자아 수양의 방법에는 주로 고요함(靜)과 공경함(敬), 함양(涵養)과 성찰(省察), 충(忠)과 서(恕) 등이 있다. 이러한 방법은 체험 활동에서 불가결한 조건이자 체험의 중요한 방식이다. 다만 이학가들 사이에 강조하는 것이 다를 뿐이다.

이학가들은 "고요한 가운데서의 체험(靜中體驗)"을 강조한다. 고요함(靜)은 '미발'의 본체 또는 '적연부동'의 본체이자 일종의 공부다. 즉, 정좌하고 정묵하는 가운데 내심을 체험하는 것이다. 주돈이의 이른바 "성인은 중정(中正)과 인의(仁義)로써 정하고 고요함에 집중하여(무욕이므로 고요하다 — 자신의 주석) 인극(人極)을 세운다(太極圖說)"는 말은 사심과 잡념을 없애고 고요한 가운데 중정(中正)과 인의(仁義)의 성(性)을 체험하라는 것이다. 이것이 바로 "인극을 세움(立人極)"이다. 본체 존재의 고요함(靜)이 된다는 것은 도가에서 말하는 무(無)나 불가에서 말하는 공(空)이 아니라, 유가의 "중정(中正)과 인의(仁

義)"의 성(性), 곧 '인극(人極)'이다. 체험 방법으로서의 고요함(靜)은 절대적인 정지(靜止)가 아니라 고요한 가운데 움직임이 있는 것이며, 움직이는 가운데 고요한 것이다. 그것의 주요한 내용이 바로 '무욕(無欲)'이다. 주돈이는 이렇게 말하였다. "'거룩함을 배울 수 있습니까?' 답하되, '가능하다.' 또 묻기를, '요점이 있습니까?' 답하되, '있다.' 또 묻기를, '청컨대, 그것을 듣고 싶습니다.' 답하되, '하나가 요점인데 그 하나는 욕심을 없애는 것이다. 욕심을 없애면 [마음이] 텅 비게 되고, 움직여도 바르게 된다. 마음이 고요하고 텅 비면 밝아지고, 밝아지면 통하게 된다. 움직임이 바르면 공정하고, 공정하면 두루 미치게 된다. 밝게 통하고 공정하게 두루 미치면 거의 [성인의 경지에] 가깝게 된다'"[52]고 말하였다. 이학적 사유의 근본적인 주제는 어떻게 성인이 될 수 있는가에 있다. 그래서 "성인의 학문(聖人之學)"이라고 불리는 것이다. 성인은 이상적인 인격의 표준이며, 배워서 성인이 되는 것은 이학에서 수양의 근본적인 목적이다. 성인이 되기를 배워야 할 뿐 아니라 성인이 될 수 있다는 것이 이학의 공통적인 바람이다. 여기서 말하는 '하나(一)'는 순일하여 잡됨이 없는 것이다. 다시 말해 "그 마음이 순수한 것일 뿐이다."[53] "인의예지의 네 가지에 어그러지지 않는 것을 순수하다고 한다."[54] 순수함(純)이란 아무것도 없는 것이 아니라 자신의 도덕 본체가 순수한 것이다. 그리고 순일(純一)하게 되려면 반드시 '무욕(無欲)'해야 한다. 무욕은 순수함을 실현하는 조건인 동시에 순일

---

52) 『通書』, 「聖學」, 聖可學乎, 曰, 可. 有要乎, 曰, 有, 請聞焉. 曰, 一爲要. 一者無欲也, 無欲則靜虛動直. 靜虛則明, 明則通. 動直則公, 公則溥. 明通公溥, 庶矣乎.
53) 『通書』, 「治」, 純其心而已.
54) 같은 곳, 仁義禮智四者, 動靜言能視聽無違之謂純.

의 다른 측면이다. 순수함은 방법상에서 "고요하고 텅 빔(靜虛)"과 "움직임이 바름(動直)"의 두 측면으로 표현된다. '정허(靜虛)'는 주체 자신이 일체의 욕망을 배제하고 순수 무잡한 정신 상태를 나타낸 것이다. 이 상태에서는 청명하여 통하지 않음이 없으므로 성(誠)과 신(神)의 경지를 체험할 수 있다. '동직(動直)'은 주체 정신이 외부로 드러난 것, 곧 공정하면서도 사심이 없는 것이다. (어떤 움직임도 없는 것이 아니라) 움직여서 인의의 본성을 드러냄, 곧 천하의 시비를 공정하게 하고 자기의 사사로움이 없는 것이 바로 체험 가운데서의 의향 활동이다.

사실 이학가 가운데 많은 사람이 고요함(靜) 가운데 체험할 것을 주장하였다. 장재는, "오직 마음속에서 조작하고 안배하되 고요하다면 편안함이 오래갈 것이다. 그러나 반드시 이로부터 본다면 고요함은 덕으로 나아가는 바탕이다"[55]라고 하였다. 고요함을 덕으로 나아가는 바탕으로 본 것은, 고요함 가운데서의 체험을 도덕 인격을 실현하는 기초로 여긴 것이다. 정이도 '정좌(靜坐)'라는 함양 방법을 주장하였다. 심신을 안정시키고, '사심(私心)'을 배제한 상태에서 마음속의 인의 본체(仁體)를 체험할 것을 주장하라는 정이의 주장의 주희 등의 후학들로부터 인정을 받았다.

이정(二程)과 주희는 '경(敬)' 공부를 강조하였다. 경을 동(動)과 정(靜), 처음(始)과 마침(終)을 관철하는 근본적인 방법으로 여겼다. 사실상 경은 "한 군데 집중하고 다른 데로 나아가지 않고(主一無適)", 장엄하고 경건한 정신 상태에서 체험하는 방법이다. 정좌(靜坐)할 때와 사물에 대응(應物)할 때, 일이 없을 때

---

55) 『橫渠易說(上經)』, 「復卦」, 苟心中造作安排而靜, 則安能久. 然必從此去, 蓋靜者進德之基也.

나 있을 때를 막론하고 모두가 전신을 관통하여, "유유자적하게 포용하여(優游涵咏)" 마음 가운데 '미발'의 체를 체득해야 한다. 이 체험은 "스스로 주재가 되는 것"[56]으로, 주체성을 실현하여 천하를 위해 근본을 세우는 것이다. '미발'의 체는 마음의 본체 존재이자 '천인합일(天人合一)'의 본체 경지다. 경은 이러한 경지를 실현하는 근본적인 방법이다. "한결같이 이것에 집중한다면 안과 바깥, 정밀함과 조잡함의 차이가 없다."[57] 경 가운데 '미발'의 체를 실현한 것이 바로 '천인합일'의 경지다. "사람이 경을 얻을 수 있다면 내 마음은 담담하고, 천리가 찬란하게 빛을 발하여 조금도 힘쓸 곳이 없고, 힘쓰지 않아야 할 곳도 없다."[58] 오직 하나에만 집중하는 것이 바로 힘을 쏟아야 할 곳이고, 마음이 다른 데로 가지 않도록하는 것은 힘을 쏟아야 할 곳이 아니다. 종합하면, 경 가운데의 함양이란 고요한 상태든 움직이는 상태든 간에 '미발'의 본체를 체험하고, '담담한(湛然)' 마음이 바로 '찬란(燦然)'한 리(理)임을 자각하여, 안과 밖, 사물과 나의 구별이 없는 것이다.

"경계하고 두려워하는 것(戒懼)"과 "홀로 있음을 삼감(謹獨)"도 체험의 방법이다. 주희는 이렇게 말하였다. "경계하고 두려워하는 것(戒懼)으로부터 간략히 하여 지극히 고요한 가운데 이르면 편벽되고 치우침이 없고 그 지킴을 잃지 않으며, 그 중(中)을 극진히 하여 천지가 제자리를 편안하게 될 것이다. 홀로 있음을 삼가는(謹獨) 것으로부터 정밀히 하여 사물에 응하는 데

---

56) 주희의 말임, 自做主宰.
57) 『朱子語類』, 「卷十二」, 一主乎此, 則無內外 精粗之間.
58) 같은 곳, 人能存得敬, 則吾心湛然, 天理粲然, 無一分着力處, 亦無一分不着力處.

이르면 조금도 잘못됨이 없고 가는 곳마다 그렇지 않음이 없으며, 그 화(和)를 극진히 하여 만물이 생육될 것이다. 천지는 본래 나와 한 몸이다. 그리하여 나의 마음이 바르면 천지의 마음이 바르게 되고, 나의 기운이 순조로우면 기운이 순조롭게 될 것이다."[59] "경계하고 두려워한다(戒懼)"는 것은 함양 공부로서 고요한 가운데 체험할 것을 요구한 것이다. "홀로 있음을 삼간다(謹獨)"는 것은 체험 공부로서 움직이는 가운데 생각을 운용할 것을 요구한 것이다. 양자는 모두 자아를 체험하는 '심지공부(心地功夫)'라 할 수 있다. 그런데 '계구'는 고요한 가운데 '미발'의 체, 이른바 '중'을 체험한 것으로, 일종의 거꾸로 추리하는 방식(逆推式)의 직접적인 체험이다. '근독'은 움직이는 가운데 '이발(已發)'의 용(用), 이른바 '화(和)'를 몸소 살핀 것이니, 이는 일종의 지각과 사려라는 방식의 간접적인 체험이다. 그 사이에 인식 활동이 참여하게 된다. 그러나 양자는 분리될 수 없으며, 모두 의향활동을 지니고 있다. 다시 말해 체험하는 가운데 주체의식의 의향성을 실현하고, 세계의 의의와 인생의 가치를 확립한 것이다. "하늘과 땅은 본래 나와 한 몸이다(天地本吾一體)"라는 말은 완전히 주체론적인 설명으로서, 정호가 말한 "어진 자는 천지만물과 한 몸이 된다(仁者以天地萬物爲一體)"는 것이다. 인간은 천지만물의 중심이다. 천지만물이 나와 일체가 될 수 있는 까닭은 마음 가운데 인(仁)이 있기 때문이다. 인은 바로 '미발'의 본체다. 그러므로 마음속에 있는 인을 체험하면 천지와 일

---

59) 『中庸章句』, 「第一章」, 自戒懼而約之, 以至于至靜之中, 無少偏私, 而其守不失, 則極其中而天地位矣. 自謹獨而精之, 以至于應物之處, 無少差謬, 而無適不然, 則極其和而萬物育矣, 蓋天地本吾一體, 吾之心正, 則天地之心亦正矣, 吾之氣順, 則天地之氣亦順矣.

체가 되는 경지에 이를 수 있다. 마음속의 인을 실현하면 "마음을 바르게 할 수 있으니(心正)" 이것이 체험의 결과다. 마음이 바르게 되면 천하도 바르게 되고 우리도 천지만물의 주재가 된다.

이학가들이 고요한 가운데서 체험하라고 주장한 것은, 불교와 도교의 사유 방식을 받아들이고 동시에 유가의 전통 사유를 좀더 발전시켰음을 의미한다. 도가는 본래 '고요함(靜)'을 주요한 체험 방법으로 삼았고, 불교도 '정좌(靜坐)'를 주장했지만, 유가는 '고요함(靜)'을 말하지 않았다. 그러나 고요함(靜)이 일종의 체험 방식이라는 점에서 유가·불교·도가가 공유한 것이라 말할 수 있다. 『악기』에 나오는 "인간이 태어나면서 고요하다(人生而靜)"는 표현과, 『역전』의 '적연부동(寂然不動)'이란 말은 이런 의미를 담고 있다. 다만 정식으로 "고요한 가운데서의 체험(靜中體驗)" 문제를 내놓게 된 것은 이학에 이르러서였다. 그러므로 '경(敬)'은 유가의 체험 방식이고, '정(靜)'은 불가와 도가의 체험 방식이라고 간단히 규정할 수 없다. 이정(二程) 이후로 이전(二傳) 제자인 나종언(羅從彦. 이름은 豫章임)은 "고요한 가운데 희로애락이 발동하기 전의 기상이 어떤가를 체험하라(靜中體驗喜怒哀樂未發前是何氣象)"고 제자 이연평(李延平, 이름은 侗임)을 가르쳤고, 이연평은 다시 같은 방법으로 주희를 가르쳤다. "선생은 고요하게 앉아 있는 가운데 희로애락이 발동하기 전의 중(中)과 발동하기 전의 기상이 어떤지를 보고자 했다. 이 말의 의미는 학문에 나아감에 힘이 있어야 할 뿐 아니라 마음을 기르는 요점도 겸해야 함을 의미한다",[60] "명도(明道)는 사람들에게 정좌를 가르쳤고, 이연평 선생도 사람들에게 정좌를 가르

60) 『朱子語類』, 「卷十二」, '延平問答', 先生令靜坐中看喜怒哀樂未發之謂中, 未發時作何氣象. 此意不唯于進學有力, 兼亦是養心之要.

쳤으니, 모름지기 정좌로써 출발하는 것으로 수렴할 수 있다.".61) 이것은 고요함 속의 체험이 이학적 사유의 중요한 특징임을 나타낸다.

주희는 많은 방면에서 뛰어난 능력을 보여주었지만, 중요한 문제에 대해서는 전통적인 사유를 벗어나지 않았다. 주희는 일찍이 이연평(李延平)에게 배울 때, 고요한 가운데 아직 발동하기 전의 기상을 체험하는 직접체증법(直接體證法)을 받아들였다. 나중에 '주경(主敬)'으로 전향했지만, "고요한 가운데서의 체험(靜中體驗)"을 완전히 포기하지는 않았다. 주희는 "이 늙은 이에게 빚을 졌다"62)고 말했지만, 그것은 그가 전통의 체험적 사유를 벗어났음을 의미하지 않는다. 주희는 이학 가운데 경험적 지식과 이론적 분석을 가장 중시한 사상가로서, "조금씩 조금씩 축적하고(銖累而寸積)", "한 조목 한 조목 명확하게 분석하기(條分而縷析)"를 주장하였다. 그래서 그는 유가 체계의 완성자로서, 유가의 전통적 사유에서 벗어나지 않았고 벗어날 수 없었다. 그렇지만 '심지공부(心地功夫)'를 매우 중시하여, 체험을 가장 중요한 '심지공부'이자 주체 문제를 해결하는 가장 중요한 사유 방법으로 생각했다.

육구연, 왕양명을 대표로 하는 심학파는, 정이와 주희와는 달리 내외공부(內外功夫)를 함께 사용할 것을 주장하였다. 바깥을 향해 이치를 궁구하면서도 내심을 체험할 것을 강조했다. "직접 본원을 탐구하라(直探本源)", 곧 주체 자신으로부터 심성 본체를 체험할 것을 요구하였다. 육구연은 고요한 가운데 자신의 '본심(本心)'을 체험하라고 요구했다. '본심'은 '미발'이자 '이발'

---

61) 같은 곳, 明道敎人靜坐, 李先生亦敎人靜坐, 看來須是靜坐始能收斂.
62) 辜負此翁. 여기서 늙은이란 李延平을 가리킨다.

이며, 양자는 합해져 하나가 된다. 마음은 단지 하나일 뿐이다. '미발'일 때도 있고 '이발'일 때도 있지만 엄격히 구분되는 것은 아니다. 마음(心)·성(性)·정(情)·재(才)가 하나의 일(一事)인 것처럼, '미발'·'이발'도 하나의 일로서 모두 나의 마음이고 주체 의식이다. 마음은 스스로 주재가 될 수 있다. 사람은 우주[라는 범위]에 한정되지만, 우주는 사람에게 한정되지 않는다. 왜냐 하면 마음은 우주이고 우주는 마음이어서, "정신을 수습하면(收拾精神)" "스스로 주재가 될 수 있기(自作主宰)" 때문이다. 그러나 정신을 안에서 수습하려면 고요함을 함양해야 한다. "이미 스스로 이 마음을 세울 줄 안다면, 일이 없을 때 함양하고 일에 나아가지 않을 것이다."63) 함양은 체험이고, 마음을 체험하는 것은 "마음이 곧 리(心卽理)"라는 도리를 체험하여 우주 만물의 주재가 되는 것이다.

왕양명도 "본원에서의 공부(本源上用功)", 즉 '미발'의 본체에 대한 직접적인 체험을 주장하였다. 그러면서도 더욱 활발하게 전적으로 "고요한 가운데서의 체험(靜中體驗)"에만 주력하지 않고 '경(敬)'의 방법을 사용하였다. 고요함(靜)이나 경(敬)을 막론하고 모두 자기의 심체(心體)가 바로 양지(良知)임을 체험해야 한다고 보았다. 양지는 분석할 수도, 지성의 방법으로 인식할 수도 없는 것으로 보았다. 다만 자아가 체험 가운데 그것을 완전히 드러내거나 실현할 수 있을 뿐이다. 양지는 '미발'의 본체이지만 '미발'은 '이발' 가운데 나타나며, '이발' 가운데 '미발'의 본체가 있다. '미발과 이발' 그리고 "체와 용은 하나의 근원이다(體用一源)." 그래서 "본원에서 공부하는 것(本源上用功)"

---

63) 『象山全集』, 「卷三十四」, 旣知自立此心, 無事時需要涵養, 不可便去理會事.

은 "일 위에서 연마하는 것(事上磨練)"과 대립하지 않는다. 양지는 '미발'의 본체로서 도덕 본체이기도 하고, "진실·성실하고 측은한 마음(眞誠惻怛之心)"이자 진실한 심리 정감이기도 하다. 그래서 왕양명은 "위로 한 번 끊고 아래로 한 번 끊는(上一截, 下一截)" 구분을 강조하지 않았고, 현실적인 심리 체험 가운데서 자기의 본체 존재를 실현하라고 주장하였다.

4. 마음속의 즐거움 [心中之樂]

전통 철학은 일종의 정감 철학이라 말할 수 있다. 왜냐 하면 그것은 정감 체험을 매우 중시하기 때문이다. 정감 체험은 미학적 사유 범위에 속하지만, 유가를 위주로 하는 전통 철학은 독립된 미학 이론을 만들지 않았다. 따라서 미학적 사유는 일종의 미학적인 철학 사상에 불과하다고 할 수 있다. 그것은 미학과 윤리학을 합쳐서 하나로 만든 것이며, 도덕적인 정감 가운데 미의 경지를 체험한 것이다. 이것이 바로 "마음속의 즐거움(心中之樂)"이다.

중국철학에서 말하는 즐거움은 내심의 자아 체험이자 인생의 경지다. 주관과 객관, 안과 밖의 합일을 근본적인 특징으로 하는 동시에, 주체의 내재성이란 특징을 분명히 갖추고 있다. 왜냐 하면 근본에서 말하면, 즐거움이란 주체 의식(주요한 것은 정감 의식임)이 자아를 완성하고 실현하는 가운데 자아가 느끼는 것이기 때문이다. 이러한 즐거움은 자아를 체험하는 가운데 얻어진다.

유가철학은 처음부터 즐거움의 체험을 매우 중시하였다. 공자는 "아는 것은 좋아하는 것만 못하고, 좋아하는 것은 즐기는 것만 못하다."[64] "아는 것(知之者)"은 본성을 아는 일로서, 지식론에 속한다. 즉, 경험으로 지식을 얻는 것이다. "좋아하는 것(好之者)"은 정감적 요구와 평가가 [주체의] 안에 있는 것으로, 단순한 지식론이 아니라 일종의 가치론이다. "즐기는 것(樂之者)"은 완전히 내재적인 자아 체험과 평가며, 자아가 즐기는 것이다. 공자가 정감 체험을 일반적인 지성보다 한층 높은 차원으로 올려놓았음은 더욱 분명하다. 이는 유가철학이 개념론의 방향보다는 주체 체험의 측면으로 발전했음을 뜻한다. 공자와 유가가 볼 때, '지(知)'는 외재적인 지식일 뿐이어서 인생에서 중요한 것이 아니다. '즐거움(樂)'은 내재적인 체험으로 일종의 인생의 경지이자 유쾌한 즐거움이다. 여기에는 주관과 객관이 통일되어 있다는 사상이 내포되어 있으며, 객관적인 인식에서 주체 체험으로 변화하는 문제가 포함되어 있다. 유가는 지식의 학습을 중시했지만, 인생의 행복을 추구하고 자아를 체험하는 것을 더욱 중시한다.

유가가 말하는 즐거움은 도덕 정감에 대한 직각적인 체험을 근본 특징으로 하는 동시에 미학적인 의미를 담고 있다. 그러나 이것은 일종의 내재적인 도덕미다. 유가는 감성적 욕망의 만족이나 물질적 소유에 따른 즐거움을 중시하지 않는다. 도리어 부귀와 재물을 "뜬구름(浮雲)" 같은 외적인 것으로, 때에 따라 얻을 수도 있고 잃을 수도 있는 것으로 본다. 그래서 내재적인 정신의 자아 체험과 느낌을 강조하고, 자아를 체험하고 느낄 때만

---

64) 『論語』, 「雍也篇」, 知之者不如好之者, 好之者不如樂之者.

진정한 만족과 쾌락을 얻을 수 있다고 본다. 그래서 "가난에도 개의치 않고 도를 즐기고(安貧樂道)", "낙천적이어서 운명에 편안한(樂天安命)" 생활을 주장하고, 도덕적으로 자아가 충실히 할 것을 추구한다. 이것이 바로 진정한 쾌락이다. "거친 밥을 먹고 물을 마시며 팔을 굽혀 베더라도 즐거움은 그 가운데 있으니, 의롭지 않고서 부(富)하거나 귀함은 나에게 뜬구름과 같다."[65] "분발하면 먹는 것도 잊고, [이치를 깨달으면] 즐거워 근심을 잊어 늙음이 장차 닥쳐오는 줄도 모른다고 말하지 않았는가?"[66] 즐거움은 물질적인 향유에서 느껴지는 것이 아니라 내재적인 도덕 정신 가운데서 체험되는 것이다. 이것은 일종의 자아 긍정과 자아 평가, 자아 향수다.

즐거움의 체험은 어진 자만 할 수 있다. "아는 자는 미혹되지 않고 어진 자는 근심하지 않는다(知者不惑, 仁者不憂)." 근심하지 않음(不憂)이 바로 즐거움이다. 공자의 제자 가운데 안연(顔淵)만이 공자에게 칭찬을 받은 이유는 무엇일까? 그것은 안연이 오랫동안 인을 유지하고, 마음속으로 즐거움을 체험할 수 있었기 때문이다. 다른 제자의 경우는 인을 유지하는 시간이 너무 짧았다. 예를 들면 억측하여 자주 맞추었던(億則屢中)[67] 자공(子貢)은 공자가 볼 때 진정한 즐거움에 대한 체험이 너무 적었다. "어질다, 안회(顔回)여! 한 그릇의 밥과 한 표주박의 음료로 누추한 시골에 있는 것을 딴 사람들은 그 근심을 견뎌내지 못하거늘, 안회는 그 즐거움이 변치 않으니, 어질다, 안회여!"[68] 유

---

65) 『論語』, 「述而篇」, 飯疏食飮水, 曲肱而枕之, 樂亦在其中矣, 不義而富且貴, 於我如浮雲.
66) 같은 곳, 發憤忘食, 樂以忘憂, 不知老至將至云爾.
67) 『論語』, 「先進篇」, 億則屢中.
68) 『論語』, 「雍也篇」, 賢哉, 回也. 一簞食, 一瓢飮, 在陋巷, 人不堪其憂, 回也不

가는 인(仁)을 최고의 도덕적 표준으로 여기고, 즐거움을 최고의 도덕적 체험으로 여긴다. 어질면 즐겁고 즐거우면 어질다. 충실한 인덕(仁德)을 지니고 있으면 자연히 진정한 쾌락을 체험할 수 있다. 이것이 바로 "공자와 안자의 즐거움(孔顔之樂)"이다. 후세의 유가들이 즐겨 말했던 '공안지락'도 이것을 가리킨다. 유가들은 이 즐거움을 최고의 체험으로 여겼다.

　유가는 산과 물에서 즐거움을 느낄 것(山水之樂)을 말하였고, 인간과 대자연이 융합하여 일체가 된 정경 가운데 아름다움을 느끼고 즐거움을 체험할 것을 주장하였다. 그러나 여기에는 주체의 심미적인 의식이 필요하다. 그리고 심미적 의식은 순수한 자연미나 형식미가 아니라 일종의 사회 의식, 특히 도덕 의식이다. "지혜로운 자는 물을 좋아하고 어진 자는 산을 좋아한다. 지혜로운 자는 동적이고 어진 자는 정적이며, 지혜로운 자는 낙천적이고 어진 자는 장수한다."[69] 산과 물은 자연미의 상징이다. 그런데 산에는 정지된 상이 있고 물에는 유동하는 상이 있다. 사실상 인(仁)과 지(知)는 통일적인 것이다. "모르겠다. 어찌 인(仁)이 될 수 있겠는가?"[70] 산과 물을 즐김은 감정을 이입하는(移情) 방식의 주체적인 느낌이며, 이런 느낌 가운데 인간과 자연, 주체와 객체는 통일을 이루게 된다. 이때 산과 물은 자연계의 객관적인 대상으로 존재하지 않고 의인화되어 주체의 심미 대상으로 변화한다. 심미적인 대상은 주체로부터 떠나 있지 않으며 인간의 특징, 곧 인정미를 갖게 된다. 인간은 자연계와 분리되거나 대립하지 않고 자연계와 융합하여 일체가 된다. 또한

改其樂.
69) 같은 곳, 知者樂水, 仁者樂山. 知者動, 仁者靜. 知者樂, 仁者壽.
70) 『論語』, 「公冶長篇」, 未知, 焉得仁.

인간은 자연계와 나누어질 수 없는 부분인 동시에, 자기의 정감을 자연계에 투사하여 자연계의 산수 가운데서 인생의 즐거움을 체험할 수 있는 존재다. 이런 '이정설(移情說)'은 분명 주체적인 특징을 지니고 있다. 인간의 자연계의 일체감에 대한 미감의 체험과 정취는 중국의 전통 문화에 많은 영향을 끼쳤으며, 많은 지식인들이 이 즐거움을 찾도록 만들었다.

후세의 유가들이 칭송하는 "나는 증점과 함께 하리라(吾與点也)"는 발언은 이런 사유를 보여준다. 이 명제는 자연미의 형식으로 강렬한 사회적 내용을 표현한 것이자, 도덕 체험을 심미형식으로 표현한 것이다. 공자가 제자들에게 각자의 포부를 물었을 때, 증점의 대답만이 다른 사람과 달랐다. 증점은, "늦은 봄에 봄옷이 이루어지면, 관(冠)을 쓴 어른 오륙 명과 동자(童子) 육칠 명과 함께 기수(沂水)에서 목욕하고, 무우(舞雩)에서 바람쐬고 노래하면서 돌아오겠습니다"[71]라고 대답하였다. 따뜻한 봄날에 봄옷을 입고, 오륙 명의 어른들과 육칠 명의 동자와 함께 목욕하고 노래부르며 자연계의 풍광을 즐기면서 인생의 쾌락을 체험하는 것이 바로 [자신의] 광대한 포부라는 것이다. 공자는 이 말을 듣고 매우 감탄하여 "나는 증점과 함께 하리라!"[72]고 하며 증점의 뜻에 찬동을 표시했다. 여기에 공자의 천인합일(天人合一), 정경합일(情景合一)의 미학 사상과 시의(詩意)가 표현되어 있다. 대자연 가운데 아름다움을 느끼고, 인간과 자연이 화해·통일하는 가운데 즐거움을 느끼는 것은 공자와 유가가 추구한 최대의 즐거움이었다. 그러나 이것은 순수하

---

71) 『論語』, 「先秦篇」, 莫春者, 春服旣成, 冠者五六人, 童子六七人, 浴乎沂, 風乎舞雩, 咏耳歸.
72) 같은 곳, 吾與點也.

게 자연의 아름다움을 느낀 것이라기보다 공자의 사상을 굴절시켜 표현한 것이다. 이러한 인간과 자연의 화해·통일이라는 이상은 "늙은이를 편안하게 해주고, 벗에게 미덥게 해주고, 젊은이를 감싸주는"[73] 일처럼, 인간과 인간의 화해 일치를 통해서만 인간과 자연의 화해 통일이 가능하다. 윤리와 미학을 합일시키는 즐거움의 체험은 바로 유가적 사유의 중요한 특징이다.

맹자는 나아가 즐거움의 체험을 내재화·주체화하여 자신 내부의 자아 체험으로 변화시켰다. 이 체험은 인성의 자아 인식과도 관련이 있다. "인(仁)의 실제는 어버이를 섬기는 것이고, 의(義)의 실제는 형에게 순종하는 것이며, 지(智)의 실제는 이 두 가지를 알아서 버리지 않는 것이고, 예(禮)의 실제는 이 두 가지를 절문(節文)하는 것이며, 악(樂)의 실제는 이 두 가지를 즐거워하는 것이다. 즐거워하면 [이러한 마음이] 생겨날 것이니, 생겨난다면 [이러한 행실을] 어찌 그만둘 수 있겠는가? 그만둘 수 없다면 자신도 모르게 발로 뛰고 손으로 춤추게 될 것이다."[74] 맹자는 인간의 도덕적 정감을 중시하고, 도덕적 정감을 도덕적 이성으로 승화시켰다. 아름다운 느낌의 체험을 즐거움으로 여기고, 그것을 도덕 체험과 분리하지 않았다. 이것은 양자를 본질적으로 한 가지 일로 보았음을 뜻한다. 심리와 정감을 '확충'하여 이룬 인의의 본성은, 마음속의 즐거움을 만들어내는 내재적인 기초다. 이른바 즐거움(樂)은 바로 마음속의 인의의 본성을 즐거움으로 삼은 것이다. 이것을 인식한 것이 내재적으로 충

---

73) 『論語』, 「公冶長篇」, 老者安之, 朋友信之, 少者懷之.
74) 『孟子』, 「離婁(上)」, 仁之實, 事親是也. 義之實, 從兄是也. 智之實, 知斯二者弗去是也. 禮之實, 節文斯二者是也. 樂之實, 樂斯二者. 樂則生矣, 生則惡可已也. 惡可已, 則不知足之蹈之手之舞之也.

실했을 때의 아름다움, 곧 '심령미(心靈美)'다. 이른바 "충실한 것을 아름다움이라고 말한다(充實之謂美)"는 것은 마음속이 인의의 본성으로 충만할 때 생겨나는 체험이다.

이것도 인성(人性)의 자아 완성이다. 인의의 성이 안에서 충실해지면 자연히 즐거움을 체험할 수 있고, 이런 체험이 계속되면 자신도 모르게 손발이 춤추게 되는데, 진정으로 "수준 높은 체험(高峰體驗)"에 들어갔다고 말할 수 있다.

맹자는 '천작(天爵, 道德人性)'으로 '인작(人爵, 관작과 지위)'을 부정한 사상가다. "군자에게는 세 가지의 즐거움이 있다(君子三樂)"는 그의 사상은 실제로 내재적인 정감 체험을 가리킨다. 맹자는 세 가지 즐거움 가운데 "천하에서 왕 노릇함이 들어 있지 않다"[75]는 사실을 강조하였다. 최고의 통치자가 즐기는 세 가지 즐거움 가운데 왕 노릇이 포함되어 있지 않다는 것이다. 반면에 그는 내재적인 도덕감을 매우 중시했다. 그 가운데 하나가 "부모가 모두 생존해 계시며, 형제가 무고한 것이다."[76] 맹자는 논의를 계속하는 동안 고대의 성인인 순 임금의 경우, 부친이 죄를 범해 벌을 내려야 할 상황이 되었을 때 어떻게 했겠는가를 생각하였다. 그리고 가장 좋은 방법으로 "몰래 업고 도망가서(竊負而逃)", 아무도 모르는 바닷가에서 "즐거워하면서 천하를 잊어버리는 것"[77]이라 여겼다. 그에게 천하는 낡은 신발처럼 때에 따라 벗어버릴 수 있는 것이었다. 부자의 친밀함이 있을 때 인간의 큰 윤리가 있고 즐거움도 있게 된다. 이로부터 가족 윤리를 기초로 하는 도덕 체험이 즐거움의 내재적 근거임을

---

75) 『孟子』, 「盡心(上)」, 王天下不與存焉.
76) 같은 곳, 父母俱存, 兄弟無故.
77) 같은 곳, 樂而忘天下.

알 수 있다.

두 번째의 즐거움은 "위로 하늘에 부끄럽지 않으며, 아래로 인간에 부끄럽지 않은 것(仰不愧于天, 俯不怍于人)"이다. 맹자에 따르면 인의(仁義)의 본성을 다하면, "[다른 사람과] 더불어 천하를 선하게 만들어(兼善天下)" 인생의 가장 큰 쾌락을 느낄 수 있다. 반대로 "더불어 천하를 선하게 만들지" 못하면 "홀로 그 몸을 선하게 하여(獨善其身)" 내심의 쾌락을 느낄 수 있다. 위로 부끄럽지 않고 아래로 부끄럽지 않은 것이 미의 내재적인 원천이자 즐거움의 본질이다. "군자의 본성은 크게 행하더라도 더 보태지 않고, 궁하게 살아도 줄어들지 않으니, 분수가 정해져 있다. 군자의 본성은 인의예지가 마음에 뿌리내린 것이니, 그 얼굴빛에 깨끗하게 드러나고, 등에 가득하며, 사체(四體)에 베풀어지니, 사체는 말하지 않고도 깨닫는다."[78] 도덕 정감에 대한 체험은 내재적이고 자아 결정적인 것이다. '대행(大行)'이든 '궁거(窮居)'든 외부적인 조건이나 환경에 변화하지 않는다. 왜냐 하면 이것은 자아의 내재적인 본성이 결정하고, 자아가 요구하며, 자아를 실현하는 것이기 때문이다. 바깥에서 발현되는 것에 대해 자연히 그렇게 태평하고 온화한 상을 갖게 되는 것은 얼굴에도 나타나고, 뒷모습에도 반영되고, 심지어 사지에도 표현된다. 그러므로 말하지 않아도 분명히 드러나는 것이다. 이것이 바로 내재적인 미요 충실한 미다. 따라서 그것은 자연히 각 방면에서 표현된다. 도덕 정감에 대한 체험은 이처럼 일반적인 즐거움이 아니라 "위대한 즐거움(大樂)"이다.

"공자와 안자의 즐거움(孔顔之樂)"이나, "나(공자)는 증점과

---

78) 같은 곳, 君子所性, 雖大行不加焉, 雖窮居不損焉, 分定固也. 君子所性, 仁義禮智根于心, 其生色也睟然, 見于面, 盎于背, 施于四體, 四體不言而喩.

함께 하리라(吾與点也)"는 것은 유가가 추구하는 최고의 체험이자 전통적 사유의 중요한 특징이다. [이때 느낄 수 있는 마음의] 즐거움은 인간과 자연을 화해·통일시켰을 때 느낄 수 있는 정감이자 주체적인 의식이다. 유가철학에서 [추구하는] 즐거움은 순수한 미학적인 체험이나 순수한 형식미가 아니다. 그 가운데 인식 활동도 들어 있고 도덕 의식에 대한 자각도 들어 있다. 아름다움에 대한 체험과 도덕적 직각을 합쳐서 만든 특수한 체험형 사유다. 또한 자연계에 대한 찬미이자 인생에 대한 긍정이기도 하다. 왜냐 하면 이런 체험을 할 경우 자연계는 정복되어야 하는 대상이 아니라 인간의 정감적인 요소가 스며 있는 것, 그리고 완전히 윤리화된 것으로 변화하기 때문이다. 인간도 자연계의 정복자가 아니라 자연계를 구성하는 일부분이며, 자연계와 나누어질 수 없는 유기체로 이해된다. 여기서 주체와 객체, 인간과 자연 사이의 분리와 대립은 사라지고, 인생의 의의도 자연계의 영원한 존재 가운데서 구현된다. 인생의 주체성도 마음속의 즐거움을 느끼는 체험에서 확인된다. 이것은 이학가인 정호가 "만물 가운데 한 예만 보아도, 큰 것과 작은 것이 매우 유쾌하다"[79]고 말한 것과 같다. 이 사유는 이학에서 충분히 발전되고 운용되었다.

주돈이(周敦頤)는 이정(二程)을 가르칠 때, "매번 안자와 공자가 즐긴 것이 무엇이었던가를 찾게 하였다."[80] 공자와 안자가 즐긴 것이 무엇인가 하는 것은 이학가들이 공동으로 관심을 기울인 문제였다. 정이가 지은 『안자소호하학론(顏子所好何學論)』은 이 문제를 둘러싸고 전개된 논의였다. 사실 좋아하고 즐긴

---

79) 『河南程氏遺書』, 「卷二(上)」, 在萬物中一例看, 大小大快活.
80) 같은 곳, 每令尋顏子, 仲尼樂處, 所樂何事.

것은 마음속의 본성(性)이며, 이 본성은 "근본은 진실하고 고요한 것(其本也眞而靜)"이다. 본성의 움직임이 '칠정(七情)'의 발동이다. 주돈이는 "그 마음을 기르고 그 본성을 바르게 하라(養其心, 正其性)"고 주장했으며, "그 정을 본성처럼 만드는(性其情)" 체험을 할 것을 강조하였다. 이른바 '성기정'은 '칠정'을 도덕 이성에 합치시키는 것이다. 바꾸어 말하면, 정감을 도덕 이성으로 승화시키고 그로부터 진정한 쾌락을 체험하는 것이다.

정호는 이렇게 말하였다. "주무숙(周茂叔) 선생님을 다시 뵌 후에 바람을 노래하고 달과 노니는 데로 귀의할 수 있었다. 이때 '나는 증점과 함께 하리라'는 의미를 알게 되었다."[81] 또한 "주무숙 선생님은 창문 앞에 풀을 제거하지 않았다. 그 이유를 묻자, 그는 '자신의 뜻과 같다'고 대답하였다."[82] "바람을 노래하고 달과 노닌다(吟風弄月)"는 말은, "나는 증점과 함께 하리라(吾與点也)"라는 말과 같은 뜻이다. 주관과 객관의 한계를 타파하라는 것이다. 자신과 자연계를 하나로 만들고 산과 물, 바람과 달을 빌어 마음으로 즐거움을 체험하라는 것이다. 창문 앞에 풀을 없애지 않았던 것도 같은 의미다. 이런 '의식(意思)'은 개념화된 인식으로 얻어지지 않고 체험되는 것이며, 실제로 주관과 객관의 간격과 대립을 없애버린 것이다. 주체의 정감 의식을 자연계의 꽃·풀·바람·달에 투사하고 그것을 통해 표현한 것이다. 한편으로 사물과 나를 잊고, 하늘과 인간을 일체화시켜 초연하게 사물 바깥의 감정을 가지는 것이다. 다른 한편으로 사물이 바로 나이고, 내가 바로 사물인 상태다. 자연계는 살려는 의지(生意)로 충만해 있으며, 측은지심은 우리를 꽉 채우고 있

---

81) 같은 책, 「卷三」, 某自再見周茂叔后, 吟風弄月以歸, 有吾與点也之意.
82) 같은 곳, 周茂叔窓前草不除去, 問之, 云, 與自家意思一般.

다. 직접적인 체험에서만 얻어지는 이런 의식의 경지는 인간과 자연계의 완전한 화해·일치를 체험한 것이다. 이 즐거움은 느낄 수는 있지만 통상적인 언어로 표현할 수는 없다. 이지로써 인식될 수도 없고 개념으로 분석될 수도 없고, "고요하게 바라보는(靜觀)" 가운데 스스로의 '의식'을 체험할 수 있을 뿐이다. "자신의 마음은 바로 새와 동물, 풀과 나무의 마음이다"[83]라는 말도 [인간의 마음이] 천지만물의 마음과도 같아서 사물과 나, 안과 밖의 구별이 없는 상태를 가리킨다.

그런데 자연계와 합일되는 상태에서 주체의 의식은 시종 주도적인 위치를 차지한다. 천지의 마음이 바로 나의 마음이요, 천지의 쓰임이 바로 나의 쓰임이다. 이것도 "만물이 모두 나에게 갖추어져 있다(萬物皆備於我)"는 의미다. 그래서 이것은 내심의 자아 체험이라 할 수 있다. "몸을 돌이켜 성실하면 큰 즐거움을 이룰 수 있다."[84] 성실함은 스스로를 이루는 것이며, 그 성실함은 사물에도 있다. 사물과 내가 일체임을 체험하는 것은 "큰 즐거움(大樂)"이다. 몸을 돌이켜 성실하지 못하면, 자기의 인성을 실현할 수 없고, 하늘과 인간이 일체(天人一體)가 되는 즐거움을 누릴 수 없다. 주체와 객체, 주관과 객관이란 두 사물이 서로를 상대하고 있다면, 어떻게 "자기가 저것(개관적인 사물)과 합일하여 즐거움을 얻을 수 있겠는가?"[85] 이로부터 즐거움은 실제적으로, 성실한 마음으로 마음속의 성을 체험하여 일종의 정신적인 쾌락을 느끼는 것이다.

[내가 사물과 일체라는 데서 느낄 수 있는 즐거움은] 바깥에

---

83) 같은 책, 「卷一」, 自家心便是鳥獸草木之心.
84) 같은 책, 「卷二(上)」, 反身而誠, 乃爲大樂.
85) 같은 곳, 以己合彼, 又安得樂.

서 얻어지는 즐거움이 아니라 "자기가 가진(己有)" 즐거움이다. 그래서 즐거움과 학문은 다른 것이지만 진정한 학문은 즐거움의 경지에까지 나아가야 한다. "학문은 즐거움[의 경지]에 이르러야 완성된다. 독실하게 믿고 배움을 좋아하면 알지 못한 것을 스스로 얻어서 즐거워지게 된다. 좋아한다는 것은 다른 사람의 동산에서 노니는 것과 같고, 즐긴다는 것은 자기[가 가지고 있는] 것이다."[86] 이것은 공자의 "배우는 것은 좋아함만 못하고, 좋아함은 즐기는 것만 못하다"는 말을 발전적으로 해석한 것이며, 동시에 유가가 일관되게 지니고 있는 사유 방식이다. [이런 견해에] 비추어보면, 배움이란 일종의 경험적인 지식 또는 외재적인 지식에 불과하다. 그래서 귀하게 여길 수 없고 완성할 수도 없다. 좋아한다는 것은 한 발 더 나아간 것이다. 그러나 좋아함에는 반드시 그 대상이 있어야 한다. 좋아하는 대상이 있다는 것은 사물과 나, 다른 사람과 나를 구별하는 것이다. 그리고 그것은 타인의 동산에서 노니는 것이지 [동산을] 자신이 소유한 것은 아니다. 즐거움만이 자신이 소유한 것이니, 자기로써 다른 사물을 구하거나 자기로써 다른 사물과 합치시킬 필요가 없다. 왜냐 하면 이 즐거움은 자신이 직접 체험으로 얻은 것이기 때문이다. 이학가들은 배움을 반대하지 않지만, 배움의 진정한 목적은 즐거움의 체험으로 나아가는 데 있다. 그러나 즐거움은 인식으로 얻는 것이 아니라 "스스로 얻는(自得)" 것이다. "스스로 얻는(自得)" 즐거움은 마음 가운데서 가질 수 있는 즐거움이다. 이 즐거움은 주관적 체험을 주요한 형식으로 삼는다. 그리고 주체와 객체, 주관 의식과 객관 대상을 합쳐서 하나로 만든 것이며

---

86) 같은 책, 「卷十一」, 學至于樂則成矣. 篤實好學, 未知自得之爲樂. 好之者, 如游他人之園圃. 樂之者, 則己物*.

형체의 한계를 넘어서 "만물일체(萬物一體)"의 경지에 도달한 것이다.

정이는 『양어기(養魚記)』를 지어 이 사유의 특징을 표현하였다. 정이는 천지가 낳고 또 낳는다는 이치의 본체론 철학에서 출발하여, 물고기는 "그 장소를 얻을 수(得其所)" 있지만, 사람은 "[마음] 가운데서 느끼는(感于中)" 것을 즐거움으로 삼는다고 여겼다. 이 '느낌'은 일종의 감지 활동이 아니라 주관적인 느낌이다. 이른바 '중(中)'도 대상 사물이 아니라 자신의 마음이다. 이 즐거움은 객관적인 인식이 아니라 주관적인 체험이다. 동시에 "만물을 기르되 상처를 내지 않는(養物而不傷)" 인(仁)의 경지를 드러낸 것이다. 이로부터 미루어서 천지만물에 이르러 각기 그 장소를 얻고 그 생을 완수한다면, 내 마음의 즐거움은 "마땅히 어떻게 해야 할지!"[87] 만물에게 보편적으로 베풀어서, 각기 그 성을 완수하게 만드는 쾌락은 하나의 체험으로서, 인간과 사회와 자연이 화해 일치된 사회의 도덕 이상을 표현하는 동시에 내심의 정신적인 즐거움을 표현한 것이다.

주희는 "인간의 욕망이 다한 [없어진] 곳에 천리가 유행한다"[88]는 것을 진정한 즐거움으로 여겼는데, 이것도 일종의 체험이다. 주희는 '품음(襟懷)', '기상(氣象)', '마음(胸次)', '뜻(意思)'이란 용어로 "천지·만물·상하와 함께 흘러가는(與天地萬物上下同流)" 즐거움의 경지를 형용하고, 이 체험은 일반적인 언어로 표현할 수 없다고 설명했다. 그런데 주희는 즐거움의 체험과 인식을 결합하여 인식 과정을 체험 활동의 중요한 조건으로 여기고, 체험 가운데 인식의 기능을 포함시켰다. 이것은 확실히

---

87) 『河南程氏文集』, 「卷八」, 宜何如哉!
88) 『論語集解』, 「先秦篇」, 人欲盡處, 天理流行.

발전된 것이다. 또한 사물 위에서 배우고, 이치를 궁구할 것을 강조함으로써 이성을 넘어선 직관적인 체험을 실현하여 즐거움의 경지에 도달하려 하였다. "나는 증점과 함께 하리라(吾與點也)"고 말할 때, 주희는 증점의 뜻이 비록 "봉황이 바람을 타고 천길의 공중에 솟아오르는 것(如風凰翔于千仞之上)"처럼 오묘하고도 고원하지만, 모든 사람이 "일 위에서 배우려 하지 않고 증점처럼 쾌활해지려다 자칫 미친 사람이 되지 않을까 두렵다"[89]고 여겼다. 반드시 경험적 지식을 누적해야만 이성적 인식을 운용할 수 있으며, 인식의 기초 위에서만 즐거움을 실현할 수 있다는 것이다. 다시 말해, "일에 나아가 배울 때(就事上學)"만 "심신에서의 절실한 체인(身心上着切體認)"이 가능하며, 그 결과 즐거움의 경지에 들어갈 수 있는 것이다. 그래서 공자가 생각한 증점의 즐거움은 비록 높은 경지에 도달한 것이기는 해도 배움의 누적과 체인 공부가 부족하다면 우연한 것, 그래서 두터운 기초가 결핍된 것이라 할 수 있다. 이것은 장자의 생각과도 가깝다.

주희는 체험에서 경험 지식의 작용을 중시했지만, 마음속의 즐거움은 자아의 체험에서 얻어지며, 어떤 지식도 이 체험을 대체할 수 없다고 보았다. "무릇 천지만물의 리(理)가 모두 내 몸에 갖추어져 있으니, 즐거움이 막대하다."[90] 천지만물의 이치가 내 몸에 갖추어져 있지만, 진실로 "일 위에서 배울(在事上學)" 필요가 있다. 그런데 내 마음의 리와 천지만물의 리가 원래 하나임을 체험하는 것이 진정한 즐거움이다. 내 마음의 리는 천지

---

89)『朱子語類』,「第四十」, 不就事上學, 只要便如曾点祥快活, 將來却恐狂了人去也.
90) 같은 책,「卷三十二」, 凡天地萬物之理, 皆具足于吾身, 則樂莫大焉.

만물의 생생의 리며, 천지만물과 일체가 된 인(仁)이다. 그것은 결코 관념론에서 말하는 일반 원리가 아니다. 리에 대한 최종적인 인식은 직각적인 체험에 의지할 수 있을 뿐, 개념적인 분석에 의지할 수 없다. 그 즐거움은 직각적인 체험 가운데서 자연히 만들어진다. "만물이 하나가 되므로 막히고 장애되는 곳이 없다. 마음 가운데가 크기만 하니, 어찌 즐겁지 않겠는가!"91) 이 체험은 주체와 본체의 대립을 극복하고 양자를 통일하는 상황에서 실현될 수 있다. 그것은 형체의 막힘과 나의 사사로움을 제거할 것을 요구한다. 나의 사사로움이 없고, 신체로부터 생기는 생각을 일으키지 않을 때만 만물과 한 몸이 되어 "천리가 유행하는(天理流行)" 즐거움을 누릴 수 있다. 천리는 바로 마음의 본체이고 유행하는 것은 [그것을] 완전히 실현한 것이다.

심학파의 육구연은 "나의 의지를 완수함(遂吾之志)"을 즐거움으로 삼아, 주체 체험의 의향성 원칙을 드러내었다. '의지(志)'는 주체의 의향이고 정감의 요구와 결합된 것이다. 육구연이 다른 사람과 학문을 논할 때 "마음속이 쾌활한가?(心中快活否)"라고 즐겨 물었던 것은, 주체 의식의 자아 체험과 자아 평가를 가리켜서 말한 것이다. 자아 긍정, 자아 인식에 도달하고, 그것으로부터 자아를 향유하고 있는가를 보려는 것이다. 만약 "행동하되 마음에 만족함이 없다면 실망하게 될 것이다."92) 여기서 도덕적인 평가와 심미적인 평가는 합쳐져 하나가 된다. 육구연은 도덕 정감의 자아 직관을 미감 체험으로 변화시키고, 도덕 본심을 심미를 평가하는 유일한 표준으로 삼았으며, 이를 통해 마음속의 즐거움을 체험하려 하였다. 육구연이 볼 때 이른바

91) 같은 책, 「卷三十一」, 于萬物爲一, 無所窒碍, 胸中泰然, 豈有不樂.
92) 『象山全集』, 「卷三十四」, 行有不慊于心, 則餒矣.

"나는 증점과 함께 하리라"는 것은 "세 사람(子路, 冉有, 公西華)이 모두 일 위에서 보았지만, 증점이 여기서 가장 두드러졌다는 것이다."[93] '여기서'란 자기의 마음, 다시 말해 도덕 본심을 가리킨다. 이것은 바로 자아 체험의 출발점이자 최종적인 결과다.

왕양명의 제자인 왕간(王艮)은 『낙학가(樂學歌)』를 지어, "마음속의 즐거움(心中之樂)"이란 유가의 체험을 세속화된 몸과 마음의 즐거움으로 변화시켰는데, 이는 당시 사회에 큰 영향을 끼쳤다. 이는 철학적 사유를 일차적으로 보급시킨 것이다. 왕간에 의하면, 사람들 마음에는 모두 양지(良知)가 있고 개별적인 즐거움(樂)이 있다. 양지는 주체의 도덕 의식이고 즐거움은 주체의 심미 의식인데, 양자는 분리되지 않는다. "인간의 마음은 본래 스스로 즐거운 것이지만 사사로운 욕심에 구속된다. 사사로운 욕심이 생겨나면 양지는 그것을 스스로 깨닫게 된다. 한 번 깨달아서 [욕심을] 깨끗이 없애면, 사람의 마음은 옛날의 즐거움에 의존하게 된다."[94] 즐거움은 주체의 심미적인 의식으로 양지에 대한 자아 체험이며, 양지가 심미적인 차원에서 자아를 실현한 것이다. 선험적인 주체 원칙이지만, 사람의 일상 생활에서 벗어난 것은 아니다. 배움과 즐거움은 서로 조건이 되며, 서로를 보충을 하면서 실행시켜준다. [그래서 배움과 즐거움은] 실제로 한 가지 일[의 두 가지 측면]이다. "즐거움은 이 배움을 즐기는 것이요, 배움은 이 즐거움을 배우는 것이다. 즐겁지 않으면 배움이 아니요, 배우지 않으면 즐겁지 않다. 즐거운 뒤에

---

93) 같은 곳, 三子只是事上看到, 曾点却在這裏著到.
94) 『明儒學案』, 「卷三十二」, 人心本自樂, 自將私欲縛, 私欲一萌時, 良知還自覺, 一覺便消除, 人心依舊樂.

배우게 되고, 배운 뒤에 즐거워지게 된다. [그러므로] 즐거움이 배움이요 배움이 즐거움이[라 할 수 있]다."[95] 왕간은 배움과 즐거움, 인식과 체험을 합쳐서 하나로 만들었다. 인식의 과정이 바로 체험의 과정이요, 체험의 과정이 바로 인식의 과정이다. 실제로 배움(學)이란 일종의 자아 인식이며, 즐거움도 일종의 자아 체험일 뿐이다. 자아 인식은 체험을 통한 인식이고, 자아에 대한 체험도 자아를 인식하고 실현하는 가운데서의 체험이다. 왕양명의 '회남격물설(淮南格物說)'은 양지에서 출발하여 만사·만물의 시비를 판단하고 선악을 평가한 주체의 원칙이다. 마음속에는 양지가 있으므로, "인간의 마음은 본래 스스로 즐겁다(人心本自樂)." 양지 이외에 다른 즐거움이 있지 않다. 즐거움이란 양지의 자아 직각과 여기에서 나온 자아다.

5. 체험을 마음으로 삼음 [以體會爲心]

중국철학과 그 사유의 주체적인 특징은 주로 '마음(心)'이란 범주에서 표현되거나 '마음'이란 범주를 둘러싸고 전개된다. 왜냐 하면 마음은 주체성의 주요한 표지일 뿐만 아니라 인간의 의지와 가치를 실현하는 관건이기 때문이다. 중국철학 가운데 마음은 실체이자 공능이며 존재이자 작용이다. 마음의 의미와 용법은 상당히 광범위하다. 마음은 성(性), 정(情), 의지(意), 지식(知), 생각(思), 즐거움(樂)과도 직접 연관되어 있다. 그 밖에도

---

95) 같은 곳, 樂是樂此學, 學是學此樂, 不樂不是學, 不學不是樂, 樂便然后學, 學便然后樂, 樂是學, 學是樂.

"체험을 마음으로 삼는다(以體會爲心)"는 말도 매우 중요한 의미를 지니고 있다.

 "체험을 마음으로 삼는다"는 것은 실제로 자아를 체험한 마음을 가리킨다. 여기서 '마음'은 본체 존재이자 체험 활동이다. 존재와 공능, 본체와 작용을 통일시킨 것이다. 자아를 체험한 마음은 주체와 객체의 대립을 특징으로 하는 인식 주체와 그 기능이 아니라, 주체과 객체가 완전히 통일된 본체 의식과 그 작용이라는 중요한 특징을 지니고 있다. 도가가 말하는 '무심(無心)'의 마음, 곧 "도를 체득한(體道)" 마음도 바로 이런 마음이다.96) 자아를 체험한 마음은 주관과 객관, 안과 밖을 구분하거나 객관적 사물을 대상으로 삼는 것이 아니다. 오히려 자아의 체험을 통해 안과 밖, 하늘과 인간이 합일된 본체 경지를 실현한 것이다. 인식의 측면에서 말한다면, 일종의 존재인지 또는 본체인지, 곧 마음의 본체 존재를 인식한 것이다. 마음 이외의 사물이나 자연계의 본체를 인식한 것이 아니다. 마음의 본체 존재와 자연계의 본체는 완전히 합일하는데, 이것은 "마음에는 안과 밖이 없다(心無內外)"고 말해진다. 불교철학에서 말하는 "근본을 깨달은 진실한 마음(本覺眞心)"이나 "청정한 스스로의 본성과 마음(淸淨自性心)"이 바로 이 마음이다. 자아를 체험한 마음은 지각 작용을 떠나 있는 것도 아니고, 지각 작용을 마음으로 삼은 것도 아니다. 왜냐 하면 그것은 우주의 마음, 우주의 본체이기 때문이다. 이른바 "만 가지 법은 오직 마음일 뿐이다(萬法惟心)", "하나의 마음이 지어낸 것이다(一心所作)", "마음 바깥에 법이 없다(無心外法)"는 말은 모두 이 마음을 가리킨다. 사

---

96) 이 문제에 대해서는 다음에서 논의하기로 한다.

실상, 이것은 일종의 본체에 대한 체험, 곧 주체의 자아 체득을 통해 인간의 본체를 실현한 경지다. 이 경지는 자아 존재이자 자아 인식이다. 그런데 이 인식은 자아가 드러낸 본체에 대한 인식이다. 유가가 말하는, "잡으면 보존되고 놓으면 잃어서, 나가고 들어옴이 정한 때가 없으며, 그 방향을 알 수 없는"[97] 마음, 그리고 "마음을 다하고 성을 아는(盡心知性)" 마음은 이런 의미를 담고 있다. 이것은 다만 본체와 체득이라는 개념을 제시하지 않은 것에 불과하다. 『역전』에서 말하는 '신(神)'은 자연계의 신묘한 작용과 더불어 인간의 주체 정신, 곧 '마음'의 작용을 이해한 것이다. 『역전』의 작자가 볼 때 양자는 본래 합일된 것이다. 마음에는 주관과 객관, 안과 밖의 구분이 없다. 그래서 나오고 들어가는 시기도 없고 시간의 한계도 없다. 어느 장소에 있는지 알지 못하므로 공간적인 제약도 없다. 그래서 매우 큰 주체적 능동성을 갖추고 있다고 할 수 있다. 즉, 무한하고 보편적인 것이다. 사물이 있는 곳에 마음도 존재한다. [마음은] 사람의 몸 밖에 있는 것이 아니라 안에 있는 것이다. 이 마음은 다른 마음과 상대해서 존재하지 않는다. 이 마음은 천지만물의 주체이자 자아 체험의 근본 출발점이다. 체험이란 이성을 초월한 직각(直覺)을 빌어서 그것을 실현해낸 것이다.

"만물이 모두 나에게 갖추어져 있다(萬物皆備于我)"는 맹자의 발언은, 만물이 모두 마음에 갖추어져 있음을 의미한다. 이 마음은 도덕적인 본심이고, 주관과 객관의 합일, 사물과 나의 합일을 체험한 마음이다. 이것은 마음 바깥에 사물이 없다거나 만물이 나의 마음속에 존재하고 있다고 말한 것이 아니다. 오히

---

97) 『孟子』, 「告子(上)」, 操則存, 舍則亡, 出入無時, 莫知其鄉.

려 마음과 만물이 완전히 통하고, 양자가 대립적인 양극을 구성하지 않고 합쳐져서 일체를 이룸을 의미한다. 여기서 마음은 진정한 주체이고, 마음 자체는 천지만물의 도리를 구현한 것이다. 이것이 바로 육구연이 말한 "마음의 본체는 심히 크다(心體甚大)"는 말의 의미다. 이 견해는 나중에 심본체론으로 바뀌었다. 천지만물의 근본 도리, 곧 천도의 성실함(誠)은 인간의 근본 도리, 곧 인성(人性)의 성실함(誠)을 완전히 구현한 것이다. 근본 도리는 자아 체험 또는 자아 직관 가운데서 파악되고 실현될 수 있지만, 천지만물 가운데서는 인식될 수 없다. 맹자의 "마음을 다하는(盡心)" 학문은 바로 이 마음을 어떻게 실현할 것인가를 다룬 것이다. 왜냐 하면 마음과 하늘은 본래 분리되거나 대립적인 것이 아니며, 하늘이 하늘로 되는 까닭으로서의 도(道) 역시 마음이 마음으로 되는 까닭으로서의 도이기 때문이다. 이러한 사유에 근거할 경우, 천도를 인식하려면 자기의 마음에서 체험해야 하며, 눈과 귀 등의 신체와 만물의 대립, 주체와 객체의 대립을 해소하고 마음의 본체를 실현해야 한다. 그럴 때만 마음은 곧 하늘이 된다.

『역전』의 "정신을 다해 변화를 안다(窮神知化)"는 것은, 근본적으로 본체체험형의 사유다. "신에게는 방향이 없으며, 역에는 본체가 없다(神無方而易無體)." 신은 천지만물의 변화 작용이자 인간의 신명(神明)이며 마음의 기능이다. 천지의 신과 인간의 신은 서로 통하므로, 천지만물의 변화의 신을 알면 인간의 신을 실현할 수 있다. 이것이 바로 『역전』에서 말하는 "감응하여 통하는(感通)" 것이다. 자기로써 남을 아는 것이 아니라 피차가 서로 감응하고 통하는 것, 곧 "신명의 덕에 통하는 것(通神明之德)"이다. '감통'을 실현하는 과정은 직각적인 체험을 진행하는 과정이다. 왜냐 하면 신은 작용일 뿐만 아니라 실체인 도가 드러난 것이기 때문이다. '적연부동(寂然不動)'이란 도며, '감이수통(感而遂通)'이란 신이다. "신은 방향이 없다(神無方)"는 말은 신명 작용의 능동성을 설명한 것이다. 왜냐 하면 방향과 장소가 없으므로 느낌에 따라 통할 수 있기 때문이다. 이러한 '통(通)'은 안과 밖이 서로 통하는 것이고 신명의 덕에 통하는 것이다. 일종의 객관적인 인식이라기보다 주체의 자아 체험이라고 하는 것이 더욱 적합할 것이다. 『역전』의 천인합일의 학문은 바로 이렇게 건립되었다. '신'은 "만물을 오묘하게 할 수 있고(妙萬物)", "감응하여 비로소 통할 수 있다(感而遂通)." 왜냐 하면 신은 기능의 범주이자 존재의 범주며, 아울러 양자(기능과 존재)는 통일되어 있기 때문이다. 그래서 신은 극도로 큰 주체적 능동성을 갖추고 있으며, 체험은 신의 주요한 특징이라 할 수 있다. '신'이 신비성을 갖추고 있다고 말하는 까닭은, 직각적 체험에 속하고 통상적인 인식으로 이해할 수 없는 것이기 때문이다.

본체 체험의 사유 방식의 특징은 이학에서 더욱 뚜렷이 드러난다. 이른바 "신묘하여 예측할 수 없다(神妙不測)", "그 본체는 넓다(其體廓然, 주희의 말)", "마음의 체는 심히 크다(心體甚大, 陸九淵의 말)", "그 마음을 크게 만든다(大其心, 張載의 말)", "그 마음을 다한다(盡其心, 二程의 말)"는 표현들은 자아가 본체를 체험한 마음을 가리킨다.

이학가들은 대개 '생각(思)', 즉 유비·추리 같은 논리적 사유를 주장하고, '격물궁리(格物窮理)' 같은 객관적인 인식 방법을 강조한다. 물론 이런 방법들은 중요한 작용을 하지만 우주와 인생의 근본적인 의미를 얻게 하지는 못한다. 따라서 가장 근본적인 방법이라 할 수는 없다. 가장 근본적인 방법은 다름아니라 본체에 대한 체험, 곧 주체의 자아 체험을 통해 인간의 본체 존재를 실현하는 것이다. 천인합일설에서 시작하고 주체 자신의 체험에서 출발하여 우주와 인생의 근본적인 의미를 체험하는 것이다. 주돈이의 "성실함(誠)·신(神)·기(幾)"에 대한 견해와, 장재의 '대심설(大心說)'은 본체 체험을 특징으로 하는 사유 방법이다.

장재는 "하늘과 합쳐서(合天心)" "그 마음을 크게 하고(大其心)" "천하의 사물을 체험하여(體天下之物)" "그 마음을 크게 하며(大其心)" "사물을 빠뜨림 없이 체험하라(體物不遺)"고 주장하는데, 이는 본체에 대한 체험을 언급한 것이다. 이른바 "그 마음을 크게 한다(大其心)"는 것은 형체의 한계, 주체와 객체의 한계를 없애며, 형체의 내부와, 대상성 인식이나 개념적 분석에 국한되지도 않으며, 더욱이 언어의 한계에 제한되지 않는 것이다. 오히려 "마음을 개방하고(放開心胸)", 자기의 마음에서 천지만물이 일체가 되는 경지를 직접 체험하라는 것이다. 인간과 천지만물은 본원상으로 일체다. "하늘과 땅의 가득한 것은 나의 몸이고, 하늘과 땅을 이끌고 가는 것은 나의 본성이다. 사람들은 모두 한 뱃속의 형제와 같고, 만물은 나와 함께 있는 것(친구)이다."[98] 천지의 성(性)은 나의 성이며, 천지의 기(氣)는 나의 형체(形)며, 사람과 만물은 모두 나와 일체다. 서로의 관계가 매우 밀접하여 존재의 바깥에 마음이 있지 않다. "본성이란 천지만물의 한 근원이어서, 내가 사사로이 얻을 수 있는 것이 아니다(性者天地萬物一源, 非我之得私)." 천지만물과 나는 본래 동일한 본성이요 동일한 몸이다. 그래서 "사물을 체험하되 남김

---

98)『正蒙』,「西銘」, 天地之塞吾其體, 天地之帥吾其性, 民吾同胞, 物吾與也.

이 없어야 한다(體物而不遺)." 다시 말해 본체에 대한 체험을 통해 천지만물을 남김없이 포함해야 한다. 이것도 맹자가 말한, "만물이 모두 나에게 갖추어져 있다"는 구절의 의미다. 그런데 여기에 본체의 개념이 명확하게 제시되어 있다. 이것은 안과 밖이 상대적으로 존재함을 전제로 해서 이루어진 "견문의 지혜(見聞之知)"가 아니라 안과 밖의 합일에 바탕하여 이루어진 "덕성의 지혜(德性之知)"다. "덕성의 지혜는 견문에서 싹트지 않는다(德性之知, 不萌于見聞)." 왜냐 하면 덕성의 지혜는 인간의 마음속에 있으면서 직접적인 체험을 통해서만 실현되기 때문이다. 만약 객관적인 사물을 대상으로 삼고 견문을 통해 인식한다면, 그것은 "견문을 마음으로 삼는 것(以見聞爲心)"이며, 견문을 마음으로 삼는 것은 "자기의 마음을 작게 하는 것(小却心)", 곧 자기의 마음을 작게 보는 것에 불과하다. 마음을 자신의 몸 안에 한정하여 마음을 안으로 여기고, 사물을 바깥으로 여겨서 주관과 객관, 안과 밖을 구분한다면, 그래서 안으로 바깥에 통하게 하고, 마음으로 사물을 알려고 하면 [그 지식]은 마침내 다함이 없어서 그 지식에 한계가 있게 된다. 그 결과 "사물을 체험하되 남기지 않을 수(體物而不遺)" 없고 "하늘의 마음과 합일할(合天心)" 수 없게 되고 만다.

"사물을 체험하되 남김이 없다"는 말은 마음을 본체로 삼은 것이다. 마음의 본체가 바로 만물의 본체다. 이것은 "그 마음을 크게 하는(大其心)" 사유 원칙이다. 마음을 본체로 삼고 만물을 체험한다면, "만물이 모두 나에게 갖추어져서(萬物皆備於我)" 하나의 사물도 남김이 없다. 마음을 본체로 삼아 체험하는 것은 주체와 객체를 분리하는 것을 특징으로 하는 대상적 인식이 아니라 주체과 객체의 합일을 특징으로 하는 본체적 인식이다. 그래서 "사물과 사물이 교감하는 것(物交物)"과 같은 견문의 지혜를 요구하지 않으며, 개념적인 분석이나 추리를 요구하지도 않는다. 다만 자아 체험을 통해서만 실현될 뿐이다.

장재는 "정신을 다해 변화를 안다(窮神知化)"는 설을 이렇게 해석하였다. "정신을 다해 변화(化)를 알면 하늘과 함께 하나가 된다. [이것은] 어찌 힘써서 되는 일이겠는가? 덕이 많아져서 저절로 이루어질 뿐이다."99) "그러므로 [마음을] 크게 하여 하늘의 덕에 도달한 연후에야 신을 궁구하고 변화를 알 수가 있다."100) "신을 다해 변화를 안다"는 것은 일반적인 인식의 문제가 아니다. 다시 말해 내가 열심히 노력해서 도달할 수 있는 것, 즉 자기의 지성으로 도달할 수 있는 것이 아니다. "정신을 다해 변화를 알려면(窮神知化)" "반드시 나의 안을 배양하고(致養吾內)", 자기의 덕성을 충실하게 만들어 "하늘의 덕(天德)"과 합치해야 한다. 이것이 바로 "덕이 왕성하게 하여 스스로 이르는 것(盛德而自致)"이다. 또한 "그 마음을 크게 하고(大其心)" "하늘의 덕과 합쳐야 한다(合天德)." "하늘의 덕"은 마음 바깥에 있는 것이 아니라 마음의 본체다. 이것은 일반적인 인식의 문제가 아니라 "덕을 높이는(崇德)" 문제다. "그러므로 덕을 높이는 일 이외에는 군자는 잠시라도 알려 하지 않는다."101) "덕을 높임"과 "지식을 이룸(致知)"은 서로 다른 방법임을 알 수 있다. 전자는 "내 안(吾內)"의 일이요 후자는 "내 밖(吾外)"의 일이다. 양자에는 안과 밖의 구별이 있다. 이른바 "덕을 높임"은 자아 승화, 자아 완성이요, "그 마음을 크게 하는 일(大其心)"이다. 이러한 함

---

99) 『正蒙』, 「神化篇」, 窮神知化, 與天爲一, 豈有我所能勉哉. 乃德盛而自致爾.
100) 같은 곳, 故大而位天德, 然後能窮神知化.
101) 같은 곳, 故崇德而外, 君子未或致知也.

양 공부가 바로 자아를 체험하는 과정이다.

장재는, "그 마음을 크게 하고(大其心)" "하늘과 마음을 합칠 것(合天心)"을 주장하였다. 그렇지만 하늘은 진실로 하나의 마음을 가진 것이 아니다. "하늘은 무심한 것이니, 마음은 모두 인간의 마음에 있다."[102] 이학가들은 "하늘의 마음(天心)"이나 "천지의 마음(天地之心)"에 대해 이렇게 본다. "하늘의 마음"은 인간의 마음(人心)처럼 목적이나 정감·의지·지성적인 활동을 가진 것이 아니다. 하늘은 "사물을 생성하는 것을 마음으로 삼을(以生物爲心)" 뿐이다. 자연계는 낳고 또 낳아서 멈춤이 없으며 화육이 무궁하다. 생성 변화의 도가 바로 "하늘의 마음(天心)"이다. 그런데 하늘은 무심하지만 잠재적인 목적성을 갖고 있는데, 그것은 인심을 통해 실현되어야 한다. 장재가 주장한 "천지를 위해 마음을 세운다(爲天地立心)"는 말은 바로 이런 뜻이다. "하늘의 마음과 합치한다(合天心)"는 것은 자기의 마음을 벗어나 바깥에 있는 천지의 마음과 합치되는 것은 아니라, 실제로 자기의 "덕성이 알게 되는 것(德性所知)" 또는 "하늘의 덕과 양지(天德良知)"가 합치하는 것이다.

"하늘의 마음과 합치한다"는 것은 견문의 협소함을 타파하고 견문의 지식을 누적하지 말 것을 요구한 것이다. "그 마음을 크게 하면 천하의 사물들을 체득하게 된다. 사물을 체득하지 못하면 마음이 바깥에 있게 된다. 세상 사람들의 마음은 듣고 보는 편협한 데 머문다. 성인은 본성을 극진히 하여 보고 듣는 것으로써 마음을 얽매지 않아 그 천하를 봄에 한 물건이라도 자신이 아닌 것이 없다. 맹자가 말하기를 '마음이 극진하면 본성도 알

---

102) 『經學理窟』, 「詩書」, 天無心, 心都在人之心.

고 하늘도 안다고 하였다. 하늘은 너무도 커서 경계가 없다. 그러므로 경계가 있는 마음은 하늘의 마음이라 하기에는 부족하다."[103] 천하의 사물을 체득하는 것과 천하의 사물을 알기를 구하는 것은 완전히 다르다. 천하의 사물을 알기를 구하려면 반드시 견문으로부터 시작해야 하고, 그럴 때는 주관과 객관의 구분이 있게 된다. 주관과 객관의 구분이 있으면 마음과 사물은 둘로 나누어진다. 그때의 마음은 "바깥이 있는 마음(有外之心)"이고, 사물은 바깥에 있는 사물이 된다. 그때의 마음으로 사물을 알고자 하면 천하의 사물을 모두 알 수가 없다. 이것이 바로 견문으로 그 마음을 얽매는 것이다. 천하의 사물을 체험하는 것은 체득, 체험의 문제다. 체험은 주관과 객관, 안과 바깥의 구분을 요구하지 않으며, 보고 듣는 데 한정되지도 않는다. 자기의 마음에서 체득할 때만 사물과 한 몸이 될 수 있어서, "천하의 어떤 사물을 보더라도 내가 아님이 없게 된다(視天下無一物非我)." 왜냐 하면 나의 마음이 바로 천지의 마음이기 때문이다. 이 점을 체득해야만 "하늘의 마음과 합치하여" "바깥에 있는 마음"이 아닐 수 있어서 사물과 나, 안과 밖은 완전히 합일하게 된다. 근본에서부터 말하면, 이것은 "본성을 인식하는 문제가 아니라 본성을 다하는(盡性)" 일이다.

"그 마음을 크게 한다"는 것은 바로 "그 마음을 다하는 것(盡其心)"이다. "사람에게 병통은 귀와 눈으로 보고들은 것을 마음에 쌓아서 그 마음을 힘써 다하지 않는 데 있다. 그러므로 마음을 다하려 생각하는 자는 반드시 마음이 어디서 왔는지를 안 뒤

---

103) 『正蒙』, 「大心篇」, 大其心則能體天下之物, 物有未體, 則爲有外. 世人之心, 止于見聞之狹. 聖人盡性, 不以見聞梏其心, 其視天下無一物非我, 孟子謂盡心則知性知天以此. 天大無外, 故有外之心不足以合天心.

에야 능히 할 수 있다."104) 마음이 말미암는 곳은 어디인가? 만물의 하나의 근원(萬物一源)인 본성(性)이다. 마음이 말미암는 곳을 아는 것은 바로 본성을 아는 것이다. 본성이 마음 바깥에 있지 않음은, 마음이 마음으로 되는 까닭이다. 이것은 자아에 대한 체험을 통해서 확인할 수 있는 것일 뿐, '견문'과 '궁리'의 방법으로 인식할 수 없는 것이다. 자아 체험은 일종의 존재에 대한 인지이고, 존재에 대한 인지는 마음의 본체 존재를 드러내고 실현한 것이다. 이것이 바로 "그 마음을 크게 하고" "그 마음을 다하는 것이다."

  앞에서 언급한 것처럼 장재도 '궁리(窮理)'를 언급하지만, '궁리'와 '진심지성(盡心知性)'을 구분하여 다른 차원으로 귀결시켰다. 또한 먼저 궁리한 뒤에 마음을 다하고, 마음을 다한 뒤에 본성을 알 수 있다고 여겼다. 이것은 장재가 일반적인 대상 인식과 본체(또는 존재)에 대한 인식을 구분했음을 나타낸다. 전자는 지성의 논리적 사유에 속하는 반면, 후자는 체험형의 본체적 사유에 속한다. 장재가 볼 때 후자만이 최고 수준의 앎이다. 두 종류의 지식을 구분하는 것은 장재가 발전시킨 것이지만, 근본에서 말하면 장재는 전통적 사유의 형식을 넘어서지 못한 것이다. 그 뒤에 이정(二程)이 궁리, 진심(盡心), 지성(知性)의 세 가지를 순서 없이 말한 것은 이정이 대상적 인식과 본체에 대한 인지를 합일시키고, 논리적 사유와 본체적 사유와 합치시켰음을 나타낸다. 이 설명에 따르면, 때에 따라 궁리하고 체험해야 하며, 궁리 가운데 체험이 있다는 것이 된다. 이것은 실제로 체험의 작용을 좀더 확대한 것이다.

---

104) 같은 곳, 人病其以耳目見聞累其心而不務盡其心, 故思盡其心者, 必知心所從來而后能.

정호는 "만물이 한 몸이 되는(萬物一體)" 경지를 강조하였다. 그러나 이 경지는 논리적 인식이나 개념적인 분석으로 얻어지지 않고 본체 체험을 통해 얻어진다. 정호가 "천지의 변화를 체험하고(體天地之化)", '의미(意思)'를 체득하라고 즐겨 말했던 것은, 실제로 주체 자신 가운데서 천지와 인생의 의미와 도리를 체험하라는 것이다. 정이는 (유가가 말하는 '天人合一'에서) '합(合)'이란 글자는 반드시 말할 필요가 없으며, "다만 마음이 하늘이다(只心便是天)"라고 생각하였다. 정이는 "고요하게 바라봄(靜觀)"도 즐겨 말하였다. 그의 시에도 "만물을 고요히 바라본다면 모두 스스로 얻게 될 것이니, 사계절의 아름다움에 대한 흥취는 다른 사람과 같네"105)라는 구절이 있다. 정이가 말하고 있는 "고요하게 바라봄"은 일종의 직관이나 체험으로, 어떤 중간자를 개입시키지 않고 직접 마음 가운데서 '체험'하는 것이다. "천지의 변화를 체험한다(體天地之化)"는 것이 바로 이와 같다. "천지의 변화를 체험한다고 말하면 이미 '체'라는 한 글자를 남긴 것이니, 이것은 천지의 변화일 뿐이다. 이 천지 바깥에 다른 천지가 있는 것이 아니다."106) 정이의 발언에 비추어보면, "천지의 변화를 체험한다"는 것은 저것과 이것, 하늘과 인간을 상대적으로 구분하여, 사람이 천지의 변화를 '체험하는' 것이다. 그래서 "체라는 한 글자를 남기게(已剩一體字)" 된다. 사실 마음 바깥에 다른 천지의 변화란 없으며 마음이 곧 천지의 변화다. 마음에 대해 말하면 바깥에 천지가 있다고 말할 수 없다. 마음이 바로 천지다. 그런데 "천지의 변화를 체험한다"는 것은 체

---

105) 『河南程氏文集』, 「卷三」, 秋日偶成. 萬物淨觀皆自得, 四時佳興與人同.
106) 『河南程氏遺書』, 「卷二(上)」, 言體天地之化, 已剩一體字, 只此便是天地之化, 不可對此個別有天地.

험을 요구하지 않은 것이 아니라 반대로 체험을 요구한다. 왜냐하면 진정한 체험은 말하기가 곤란하며, 심지어 말할 수 없는 것이기 때문이다. 하나의 언설이 있으면 곧 대상이 있게 되고, 다시 하늘과 인간을 대립시킬 수 있다. 그런데 정호가 주장하는 것은 어떤 중간자를 개입시키지 않는 직접적인 체험이다. 그의 '식인설(識仁說)'도 마찬가지다.

이학적 사유에 따르면, 인(仁)은 마음의 본체이자 마음의 "온전한 덕(全德)"이다. 마음이 바로 인이다. 그렇다면 어떻게 인을 알 수 있는가? 정호에 따르면, 자아 체험[을 통해서 가능하]다. 그러므로 [그것은] "인을 체험함(體仁)"이라고 부를 수 있다. 예를 들면 의사가 진맥을 할 때, 사지가 마비되어 통증을 느끼지 못한다면 그것은 불인(不仁)이라 할 수 있다. [마비되어 있다면] 이(사지)는, 자기에게 속하지 않는 것과 같다. "어진 자는 천지만물을 한 몸으로 여기고(仁者以天地萬物爲一體)", "어진 자는 혼연히 사물과 같은 몸이 된다(仁者混然與物同體)." 천지만물을 일체로 만드는 인에 대한 인식은 통상적인 인식이 아니라 최고의 체험으로, 본체에 대한 체험이다. 이 체험은 자기의 내심에서 인간의 본질적인 존재를 드러낸 것이다. 본질적인 존재는 바로 만물을 일체로 만드는 인이다. 본체를 체험한다면 인간과 만물은 일체가 되며, "만물이 모두 나에게 갖추어져(萬物皆備於我)" 인간의 주체성을 실현할 수 있다. 만약 본체를 체험하지 못한다면 사지가 자신에게 속하지 않은 것처럼 나는 나이고 사물은 사물이며, 안과 밖이 분리되고 사물과 나는 상대를 이루게 되어 불인이 된다. 인은 일종의 경지이고, 이 경지에서는 주관과 객관의 구분, 사물과 나의 차별이 존재하지 않는다. 사람과 만물이 '혼연일체(渾然一體)'를 이룬다는 것은 사람의 진정한 자각이다. 다시 말해 인간의 최고 존재인 동시에 일종의 자각적인 체험이다.

이학가들은 "솔개가 날고 물고기가 뛰는 것이 활기차다(鳶飛魚躍, 活潑潑地)"는 표현을 즐겨 사용한다. 사실 이것은 주체적인 체험이다. 솔개가 하늘에서 날고 물고기가 못에서 뛰는 것은 자연계의 평상적인 현상이다. 이 현상에 대해 완전히 다른 이해와 해석이 가능하다. 물리학의 관점이나 생물학의 관점에서 해석할 수도 있고, 생태학의 관점에서 해석할 수도 있다. 그런데 이학가들은 이런 측면에서 해석하는 대신, 주체 체험의 측면에서 해석한다. '만물일체(萬物一體)'라는 관점에서 볼 때, 인간과 자연계는 일체로서 분별되지 않는다. 인간이 바로 자연이고 자연이 바로 인간이다. 자연계에 생기로 충만하고 삶의 의지(生意)가 풍부한 것은 인간의 주체 의식으로 투사하고 주체가 [그렇게] 체험한 결과다. 인간의 체험이 없다면, '생의(生意)'와 '활발함(活潑潑地)'도 아무런 의미를 갖지 못한다. 이 체험이 바로 정호가 말한 "천지의 변화는 체험함(體天地之化)"이다. 솔개가 날고 물고기가 뛰노는 것은 천지의 변화며, 그 모습이 활기찬 것은 천지의 변화를 '체험함'이다. 이것은 주체가 체험한 바깥에 별도로 천지의 변화가 있는 것은 아니라 주체가 자아를 체험한 것이다. 인간은 본래 자연계를 벗어나 있지 않고 자연계도 인간을 벗어나 있지 않다. 자연계는 인간의 근원이지만 인간은 자연계의 주체다. 자연계의 "낳고 또 낳는 덕(生生之德)"은 인간의 "낳고 또 낳는 의지(生生之意)", 이른바 '인(仁)'을 통해 체험된다. 인간의 "생생의 의지", 곧 '인'에 대한 자아의 체험은 자연의 "생생의 덕"의 진정한 기초다. 사람은 자신과 자연계의 관계를 통해 인간의 존재를 체험하고 감정을 표현할 뿐만 아니라, 이런 정감을 자연계에 투사하여 자연계의 현상을 "솔개가 날고 물고기가 뛰는" 식으로 표현해낸다. 이것은 미학적인 체험일 뿐만 아니라 본체에 대한 체험이다. '만물일체'는 인에 대한 본체적 체험이며 인은 마음의 본체적 존재다.

정이와 주희 같은 이학가들은 이성적인 분석을 비교적 중시하고 있다. 그러면서도 정이는 본체 체험의 문제를 명확하게 제시하였다. 그는 이렇게 말하였다. "체득이 마음이 아니라고 여겨서는 안 된다. 체험이 마음이 아니라고 여기기 때문에, 마음은 작지만 성은 크다는 설이 생겨나게 된다. … 이 마음은 천지와 다름이 없으니 작은 것이 아니다. 마음을 지식에서 정체시켜서는 안 된다. 그런데 [만약 지체시킨다면] 마음을 작게 만들고 말 것이다."[107] 이것은 장재의 '대심설(大心說)'처럼 체득을 마음으로 여기고, 마음의 본체 존재를 마음의 가장 중요한 규정으로 보는 것이다. 아울러 본체에 대한 체험을 마음의 가장 중요한 기능으로 보는 것이기도 하다. 정이는 '체험'과 '지식'을 명확하게 구분했을 뿐 아니라, "체득을 마음으로 여길 것(以體會爲心)"을 주장하였다. 마음이 지식에 정체되는 것을 반대하는 것은, 그가 체험을 인식보다 높은 자리로 올려놓고, 인식보다 한층 중요한 것으로 간주하고 있음을 분명히 보여준다. 이렇게 하면 "마음이 작지만 성은 크다(心小而性大)"는 데로 이르지 않고, 천지와 서로 다르다는 데로도 이르지 않을 수 있다. 한마디로 말해 [마음을] "작게 만들지 않을 수 있는 것이다(不可小了佗)." 마음은 작지만 성은 크다(心小而性大)는 설은, 마음과 성을 구분하고 대립시켜 마음을 지각 작용으로 여기고, 성을 본체

---

107) 『二程遺書』, 「卷二(上)」. 不當以體會爲非心. 以體會爲非心, 故有心小性大之說. … 此心卽與天地無異, 不可小了佗, 不可將心滯在知識上, 故反以心爲小.

존재로 여기며, 마음을 주관 인식의 범위 안에 국한시키고, 성을 마음을 떠나 존재하는 객관적인 본체로 여기는 것이다. 그래서 마음을 작은 것으로 여길 수 있다. [그러나] 체득한 마음은 그와는 다른 본체의 마음이다. 본체의 마음(心)은 성(性)이요 리(理)다. 또한 마음·성(性)·리(理)가 합일된 것이다. 그러므로 마음은 작으나 성은 크다고 말할 수 있다. "이 마음은 천지와 다름이 없다(此心與天地無異)"는 말은 본체의 마음과 천지가 합일되어 있으며 하늘과 인간, 안과 밖의 구분이 없음을 나타낸다. 그러나 본체의 마음은 지각의 마음이 체험으로 바뀔 때만 실현될 수 있다. 지각의 마음은 다른 것이 아니라 본체의 작용이다. 그래서 일종의 "거꾸로 깨닫는" 방식(逆覺式)의 체험이라 할 수 있다. 정호가 "다만 마음이 곧 하늘이다(只心便是天)", "인을 체득하고(體仁)", "천지의 변화를 체험한다(體天地之化)"고 말했던 것도 동일한 유형의 사유 방식, 곧 체험형의 사유라고 할 수 있다. 정호는 마음을 인지의 마음으로만 보고 천지만물을 인식의 대상으로 본다. 마음으로 천지만물을 인식하여 지식을 획득한다면, 그것은 "지식 위에 정체되는 것(滯在知識上)"이며, 곧 마음을 작게 만드는 것이라고 강조하였다. 이것은 정이와 이학가들이 동의하지 않는 것이다. 지식 위에 정체된다면, 지식을 초월하여 "체득을 마음으로 삼을 수(以體會爲心)" 없다. 체득을 배움으로 삼는다는 것은 당연히 일반적인 대상적 인식이 아니라 일종의 본체 체험형의 존재 인식일 것이다.

이학가들이 말하는 '체인(體認)', '체찰(體察)'은 체험형의 사유다. 진헌장(陳獻章)과 담약수(湛若水)가 "장소에 따라 천리를 체인한다(隨處體認天理)"고 말했던 것은, 한 가지의 일과 사물에서 관찰·분석하여 사물의 이치를 알기를 구하는 것이 아니라, 사물들에서 마음속의 리(理)를 체험하는 것이다. 마음속의 리가 바로 '심체(心體)'다. 체험의 결과는 "내 마음의 본체가 희미하게나마 드러나는 것이다(吾心之體, 隱然呈露)." 유가가 말하고 있는 "천지[를] 만든 것(근본)을 체험하라(體天地之撰)"는 것은, 지적인 분석을 통해 천지만물의 변화 규율을 아는 것이 아니라 안과 밖, 하늘과 인간의 합일을 체험한 본체의 경지라고 할 수 있다.

6. 도를 체득하고 자연을 체득하다 [體道體自然]

이제까지 우리는 주로 유가에 대해 서술하였다. 그런데 도가도 체험을 주장하고 있을 뿐 아니라 본체 체험의 성질을 구비하고 있다. 구체적인 내용과 방법에서 유가와 다를 뿐이다. 도가는 '사단'과 같은 사회적 정감에서부터 출발하여 도덕과 인성을 스스로 체험할 것을 주장하지 않고, 초윤리적인 본체를 체험할 것을 주장하였다.

도가는 '자연'을 숭상하고 '자연'을 근본으로 삼는다. 그래서 '무정(無情)', '무심(無心)'의 학설을 제시한다. 그렇지만 모든 정감을 배제하거나 모든 인식을 제거하지 않고, '무정'의 정(情)과 '무심'의 마음(心)을 강조한다. 본체 존재 또는 '신명'의 마음에서 출발하여, 개체화된 자아를 실현하는 체험을 요구하는 동시에, 개체와 절대 본체, 자아와 비아를 완전히 통일시킬 것을 주장한다.

체험의 실제 내용을 들어 말하면, 유가와 도가의 차이점은 대략 다음과 같다. 유가가 윤리적 본체를 강조한다면 도가는 자연 본체를 강조하며, 유가가 집단(단체) 의식을 중시한다면 도가는 개체 의식을 중시한다. 단적으로 말해, 유가가 인간의 사회성을 강조한다면 도가는 인간의 자연성을 강조한다. 그런데 도가가 말하는 자연은 감성적인 자연이 아니라 본체화된 자재자위(自在自爲)의 존재다. 이 점은 나중에 유가에게 수용되었다. 이런 사실들로부터 유가와 도가의 대립이 절대적인 것이 아니라 상호 보완적인 것임을 알 수 있다. 철학적 사유의 기본 특징을 들어 말하면, 양자가 모두 "도를 체득할 것(體道)"을 주장한다. 그러므로 양자 모두 체험형의 사유에 속한다고 할 수 있다.

'도'가 중국철학의 기본 범주와 최고 범주가 된 것은 도가에서 비롯된 일이다. 도의 기본적인 속성이나 특징은 '자연'("도는 자연을 본받는다")이라 할 수 있다. 동시에 도는 형체와 형상이 없는 것이며, 감지하거나 말로 표현할 수도 없는 것이다. 노자의 표현에 따르면, "도를 말로 설명한다면 그것은 영원한 도가 아니요, 이름을 부른다면 그것은 영원한 이름이 아니다."[108] 언어로써 설명할 수 있는 도는 "영원한 도(常道)"가 아니다. 명사로써 표현할 수 있는 이름도 "영원한 이름(常名)"이 아니다. '상도'는 말할 수 없는 도이고, '상명'은 부를 수 없는 이름이다. "도는 언제나 이름이 없으며 소박하다."[109] 무명의 소박함은 분석하거나 말할 수 없는 전체적인 존재다. 그러므로 일반적인 방법으로 인식할 수 없다. 장자에 따르면, 도는 만물의 근원이고 만물은 도의 "한 조각(一偏)"일 뿐이다. 만물에는 상대가 있지만 도에는 상대가 없으며, 만물에는 생성이 있지만 도에는 생성이

---

108) 『老子』, 「第一章」, 道可道, 非常道, 名可名, 非常名.
109) 『老子』, 「第三十二章」, 道常無名, 樸.

없다. 만물에는 생성과 소멸이 있지만 도에는 "생성과 소멸이 없다(無成與毀)." 종합하면, 도는 "크고 온전한(大全)" 것으로서 말할 수도 분석할 수도 없는 것이다. 그래서 일반적인 방법으로 인식할 수 없다. 그러면 어떻게 도를 인식해야 하는가? 도가에 따르면, 근본적인 방법은 "도를 체득함(體道)", 곧 직각적으로 체험하는 것이다.

노자는 "고요히 바라보는(靜觀)" 방법을 제시하였다. 그런데 노자가 말하는 '정관'은 통상적으로 말할 수 있는 단순한 감성적 직관이나 이성적 직관이 아니다. 여기에는 자아 체험을 특징으로 하는 "내면을 들여다보고 [자신을] 돌이켜보는 것(內視反觀)"이 포함되어 있다. 어떤 사람은 노자가 "냉정한 눈으로 방관하기(冷眼旁觀)"를 잘한다고 말하지만, 사실 노자가 사물을 인식하는 근본적인 방법은 냉정한 눈으로 방관하는 것이 아니다. 도리어 자신을 드러내고 자아를 체험하는 가운데서 이른바 '정관'을 실현하는 것이다. "냉정한 눈으로 방관한다"는 것은 객관적으로 대상을 이지적으로 인식하는 것이다. [여기에는] 정감적 색채나 주관적인 평가가 없다. 더욱이 일반적인 지식을 부정하지도 않는다. 그러나 노자는 허정(虛靜)을 주장하는 동시에 일반적인 지식을 반대한다. 그리고 "어떤 지식도 없는(無知無識)" 특수한 지혜를 주장한다. 특수한 지혜는 일반적인 대상 지식을 부정하고, 도의 본체(道體)를 직접 파악하는 데 그 특징이 있다. 반대로 말하면, 대상적인 지식이 부정된 뒤에야 '도'에 대한 근본적인 인식이 얻어진다. 어떤 의미에서 말하면, 노자가 주장하는 일종의 부정적인 사유는 지식에 대한 부정을 통해 대상적인 지식을 없애며, 도에 대한 직접적인 체험을 실현하는 것이다. 다른 의미에서 말하면, 노자는 한층 더 높은 관점에서 사물을 '관찰'하였는데, 이러한 관점이 바로 본체에 대한 체험이다. "[마음이] 텅 빔을 이루기를 극진히 하고, 고요함을 지키기를 돈독히 하라(致虛極, 守靜篤)", "[때]를 씻고 제거하여 현묘하게 바라보라(滌除玄覽)"는 노자의 말은, 이 체험을 실현하는 근본적인 방법이다.

"텅 빔을 이룬다(致虛)"는 것은 마음속을 텅 비워 아무런 사물도 없게 하고, 관련된 지식을 없애는 것이다. "고요함을 지킨다(守靜)"는 것은 마음속을 고요하게 만들어 어떤 동요도 없게 하고 관련된 사려를 없애는 것이다. 이런 정도에 도달해야 "현묘하게 바라볼(玄覽)" 수 있다. 이른바 "현묘하게 바라봄"이란 냉정하게 직관하거나 이지적으로 사유하는 것이 아니라, 편안하고 고요하게 체험하고 내면을 바라보는 것(內觀)이다. 노자는 고요함(靜)을 뿌리와 근본으로 여겼다. 그러므로 노자야말로 나중의 '주정설(主靜說)'의 창시자라 할 수 있다. "텅 빔에 이르기를 극진히 하고, 고요함을 지키기를 돈독히 하라. 만물은 아울러 일어나지만 나는 [그것이 근원으로] 돌아감을 본다. 대저 사물이 다투어 일어나지만, 각기 그 뿌리로 되돌아간다. 뿌리로 되돌아감을 고요함이라 하고, 명에 되돌아감(復命)이라고 이른다. 명에 돌아가는 것을 영원함이라 부른다."[110] 만물은 번잡하게 생겨나고 다양하게 변화하지만 각기 그 뿌리를 가지고 있다. 그 뿌리가 바로 고요함(靜)이고 도다. 만물은 모두 고요한 뿌리를 회복하려 하니, 이것이 "명으로 돌아감(復命)"이다. 이것은 말할 수 없는 '상도(常道)'이지 말할 수 있는 '도'가 아니다. 그런데 말할 수 없는 '상도'는 어떻게 '보아야(觀)' 하는가? 다만 고

---

110)『老子』,「第十六章」, 致虛極, 守靜篤, 萬物竝作, 吾以觀復, 夫物藝藝, 各復歸其根, 歸根曰靜, 是謂復命, 復命曰常.

요한 가운데 체험해야 하며, 일반적인 직관으로 인식하려 해서는 안 된다. 도를 체험하기 위해서는 자기 자신을 없애고, 자기를 근본적인 위치로 여겨야 한다. "성스러움을 끊고, 지혜를 버리며(絶聖棄智)", "소박함을 드러내고 순박함을 간직하며(見素抱朴)", 어떤 지식도 버려서 마치 어린아이와 같아져야 한다. 실제로 일반적인 인식을 넘어서서, 일종의 무지(無知)의 지(知)에 도달해야 한다.

정감의 색채로 충만된 유가와는 달리, 도가의 "도를 체득함(體道)"에는 확실히 정감적인 요소가 아주 적다. 논리적 사유도 적고 개념적인 분석과 추리도 부족하다. 이것은 특수한 체험형의 사유로서, 근본적인 목적은 인간과 천도의 합일을 실현하는데 있다. 도가와 유가 모두가 천인합일을 지향한다. 도가에 의하면, 도를 체득한 사람은 "학문을 끊어버리고 근심을 제거하여(絶學去憂)" 반드시 배울 필요도 없으며, "성스러움을 끊고 지식을 없애어(絶聖棄智)" 지혜를 필요로 하지 않는다. 도가의 지혜는 "고요히 바라보는(靜觀)" 체험 가운데서 얻어진다.

장자는 공개적으로 '무정(無情)'을 강조하고, "희로애락은 마음에 들어오지 않는다"[111]고 주장하였다. 그러나 장자는 종교철학자도 아니고 이지주의적인 철학자도 아니다. 유가의 도덕 정감이나 금욕주의적인 종교 정감을 반대하고, 인간과 자연이 합일된 초윤리적 초공리적 미학적인 정감 체험을 주장한다. 인간의 본성이 자연의 도에 근원하는 것으로 여기고, 자연의 도에 대한 인식은 유가의 도덕 체험이나 통상적인 이지적인 분석으로 불가능하며, 자아 체험 가운데만 획득된다고 주장한다. "무

---

111) 『莊子』, 「田子方」, 喜怒哀樂, 不入于胸次.

릇 큰 도는 도라는 이름이 없고, 참된 변론은 말이 없으며, 지극한 인은 인정에 구애받지 않는다. 진정한 염치는 하찮게 사양하지 않으며, 큰 용기는 사람을 해치지 않는다. 그러므로 사람의 앎이 그 알지 못하는 데서 그치면 지극하다고 할 것이다."[112) 앎이 알지 못하는 데 이르렀다는 것은, 아는 것을 알지 못하는 것으로 여기고, 알지 못하는 것을 아는 것으로 여기는 것이다. 왜냐 하면 대도(大道)는 이름 붙일 수 없고, 대변(大辯)은 말로 표현될 수 없으며, 대인(大仁)은 유가가 말하는 인(仁)이 아니고, 대용(大勇)도 통상적으로 말하는 용(勇)이 아니기 때문이다. 대도·대변·대인·대용은 시비와 선악을 초월해 있는 '무대(無待)', 다시 말해 절대적 존재다. 대도에 대한 인식도 일반적인 인식이 아니라 알지 못하는(不知) 지(知)에만 의지해서 생겨나며, 일반적인 언어가 아니라 말없는 말(無言之言)에만 의지하는 것이다. 알지 못하는 앎(不知之知)은 큰 지혜(大知)며, 말없는 말은 참된 말이다. 한마디로 말해 그것은 언어와 형상을 넘어선 직각적 체험이다. 장자가 항상 정면으로 논술하지 않고, 우언과 고사로 자신의 철학 사상을 설명한 것은 바로 이런 사유 방식을 운용하고 있음을 보여주는 구체적인 증거라고 할 수 있다.

장자는 "도를 체득하는(體道)" 문제를 분명히 제시하여 "대개 도를 체득한 사람은 천하의 군자가 돌아와 섬긴다"고 말하였다.[113) 그는 도의 체득을 일반적인 인식과는 다른 최고의 인식으로 보았다. 그런데 "도를 체득함"이란 무엇이며, 어떻게 "도를 체득해야" 하는가? 오늘날의 용어로 말하면, 이름과 개념을 없

---

112) 『莊子』, 「齊物論」, 夫大道不稱, 大辯不言, 大仁不仁, 大廉不嗛, 大勇不忮, 故知至其所不知, 至矣.
113) 『莊子』, 「知北遊」, 夫體道者, 天下之君子所繫焉.

애고, 상대적이고 유한한 대상적 인식을 제거하며, 직접적인 체험으로 나아가야 한다. 정확하게 말하면 일종의 자아 체험이라 할 수 있다. 곽상(郭象)은 "대저 지극한 도를 밝힌다는 것은 말로써 얻어지는 것이 아니라 오직 스스로 얻음에 있을 뿐이다(明夫至道非言之所得也, 唯在乎自得耳)"라고 풀이하였다. 이것은 장자의 사상과 잘 부합한다. 이른바 "스스로 얻음(自得)"이란 자아가 체험으로 얻는 것이다. "스스로 얻은 앎(自得之知)"이란 외적인 지식을 요구하는 것이 아니라 일종의 내재적 체험이다. 이것은 장자와 도가가 일관되게 주장한 것이다. 장자는 이렇게 말하였다. "모르는 것은 깊고 아는 것은 얕다. 모르는 것은 안이요 아는 것은 바깥이다. … 도는 들을 수 없는 것이니 들린다면 [그것은 도가] 아니요, 도는 볼 수 없는 것이니 보인다면 [그것은 도가] 아니며, 도는 말할 수 없는 것이니 말해진다면 [그것은 도가] 아니다. 모든 형상을 형상으로 만드는 것은 형상이 아님을 아는가? 도는 진정 이름할 수 없는 것이다."114) 앎(知)을 바깥으로 여기고, 알지 못함(不知)을 안으로 여김은 지식과 체험은 다른 것이며, 양자에는 안과 밖, 주관과 객관의 구별이 있음을 나타낸다. 체험은 주체 자신의 일이고, 지식은 대상으로부터 결정되는 것이다. 왜 알지 못하는 것이 아는 것보다 중요할까? 그것은 알지 못하는 것은 체험에서 얻어지는 것이고, 아는 것은 보통의 대상적인 인식이기 때문이다. 체험을 통해 얻어진 앎은 무한하고 절대적이고 전체적인 것이다. 반면에 보통의 대상적인 인식은 유한하고 상대적이고 부분적인 것이다. 도는 [일반적 사물과는 달리] 견문과 감지의 대상이나 이성적 사유의 대상이

---

114) 같은 곳, 不知深矣, 知之淺矣, 弗知內矣, 知之外矣, … 道不可聞, 聞而非也, 道不可見, 見而非也, 道不可言, 言而非也, 知形形之不形乎, 道之當名.

아니다. 무형일 뿐만 아니라 이름이나 말(名言)로 표현할 수 없는 것이다. 다시 말해 도는 일반적인 인식의 대상이 아니다.

자아에 대한 체험은 일종의 "말없는 논변(無言之辯)", "알지 못하는 앎(無知之知)"이다. 하나의 논변이 있으면 시비가 생겨나게 되고, 하나의 이름과 말이 있으면 분별이 생겨나게 된다. 그러나 대도(大道)에는 시비의 분별이나 주관과 객관, 안과 밖의 구분이 없다. 그래서 "하늘과 땅은 하나의 손가락이고 만물은 한 마리의 말이며(天地一指, 萬物一馬)", "천지는 나와 함께 생겨나고, 만물은 나와 하나가 된다(天地與我並生, 萬物與我爲一)." 이것이 최고의 체험이다. 우리는 이런 체험 가운데서 안과 밖, 사물과 나의 분별이나 구분을 없애, 진정한 '천인합일'의 경계로 들어서게 된다.

주관과 객관이 합일(主客合一)되고, 안과 밖이 합일(內外合一)된 내재적인 체험은 정감에서 나온 것이지만, 정감을 넘어선 본체 체험이다. 이 체험은 인간의 '자연'적인 본성을 내재적 근거로 삼으며,[115] 주체의 의향 활동을 내재적인 동력으로 삼는다.

『덕충부(德充符)』에는 장자와 혜시(惠施) 사이의 대화가 기록되어 있다. 혜시가 장자에게 묻기를 "사람에게는 본래 정이 없는가?"라고 하니, 장자는 "그렇다네"라고 대답하였다. 혜시가 말하기를, "사람에게 정이 없다면 무엇으로써 사람이라 일컫겠는가?"라고 하였는데, 장자는 "도가 그 모양을 만들어주었고, 하늘이 그 형체를 만들어주었는데, 어찌 사람이 아니겠는가? … 내가 말하는 바 정이 없다는 것은, 좋아하고 미워하는 감정으로 인해 안으로 그 몸을 해치지 않고 항상 자연에 맡겨 인위를 덧

---

115) 性은 道에 근원한 것이다.

붙이지 않음을 뜻한다네"라고 하였다.116) 이로부터 장자가 말하는 '무정(無情)'은 실로 정이 없는 것(無情)이 아니라 이른바 좋고 싫음이라는 세속적인 감정이 없는 것임을 알 수 있다. 왜냐하면 세속적인 정은 어떤 필요와 목적에서 출발하는 것이고, 강렬한 공리성을 갖춘 것이기 때문이다. 공리적인 목적이 있게 되면 좋고 싫음의 감정이 생겨나게 되며, 자기에게 유익한 것은 좋아하고 무익한 것은 싫어하게 된다. 그리고 인위적인 좋고 싫음의 감정이 있게 되면 구함에 그침이 없어져서, 안으로 몸을 상하게 하고 자연의 성에 어떤 이익도 없어지게 된다. 장자가 볼 때 유가가 주장하는 도덕 정감도 예외가 아니다. 유가의 도덕은 명예와 이익을 구하는 정으로, 자연에서 나온 것이 아니라 인위에서 나온 것이다. 진정한 정은 세속의 정이 아니라 그 자연에 순응하는 것이다. 인위적인 목적을 가진 좋고 싫음의 감정 없이 자연에 순응함을 옳은 것으로 여기는 것이 바로 공리를 초월하는 "무정한 정(無情之情)"이다. "이 세상에 온 것은 때가 되었기 때문이요, 이 세상을 떠나는 것은 운명에 따르는 까닭이다. 그때를 편안히 여겨 운명에 맡기면 슬픔과 즐거움에 마음이 흔들리지 않는다."117)

장자는 "슬픔과 즐거움에 마음이 흔들리지 않아야 한다(哀樂 不入于胸次)"고 주장함으로써, 세속적인 슬픔과 즐거움의 정을 부정하였다. 그러나 그것은 실제로 감정이 없는 것이 아니다. "그때를 편안히 여긴다(安時處順)"는 것은 자연의 정이고, 인간

---

116) 『莊子』, 「德充符」, 惠子謂莊子曰, 人故無情乎. 莊子曰, 然. 惠子曰, 何得不 謂之人. … 吾所謂無情者, 言人之不以好惡內傷其身, 常因自然而不益生也.
117) 『莊子』, 「養生主」, 適來, 夫子時也, 適去, 夫子順也, 安時而處順, 哀樂不 能入也.

의 진실한 성정(性情)이다. 자연의 정이 있을 때 진정으로 인간의 존재와 인생의 의미를 체험할 수 있고 참된 정신적인 자유를 실현할 수 있다. 그렇지 않으면 인간은 이 세계에 잠시 온 손님에 지나지 않는다. 이런 체험을 한다면 삶과 죽음, 이익과 손해를 넘어서고 타인과 나, 안과 밖의 구분을 없애어 진실로 대도와 하나가 될 수 있다. 이것이 바로 "도를 체득함(體道)"이고 이런 사람이 바로 "도를 체득한" 사람이다.

도를 체득함도 일종의 인식이다. 그렇지만 자연계를 객체로 여기고 심지(心智)를 지닌 사람을 주체로 여기는 대상적 인식이 아니라, 자아를 체험하고 실현하는 바탕 위에서 세워진 존재에 대한 인지 또는 본체에 대한 인지라고 할 수 있다. 그것은 개념화의 분석이나 논리적인 추리를 요구하지 않으며, 자기의 내심에서 인간의 본체 존재를 직접 체험하고 자연의 성을 실현하여 일종의 정신적인 자유를 얻은 것이다.

장자가 말한 "물고기의 즐거움(魚之樂)"은 이 체험의 좋은 예다. 『장자』「추수편(秋水篇)」에는 장자와 혜시가 호수의 다리 위에서 대화하는 장면이 나온다. 장자는 물 속의 고기가 "나와서 조용히 노니는 것"을 보고 이것이 바로 "고기의 즐거움이구나"라고 말하였다. 그때 혜시는, "자네는 고기가 아닌데 어떻게 고기의 즐거움을 아는가?"라고 물었다. 장자가 반문하기를 "자네는 내가 아닌데, 내가 어떻게 고기의 즐거움을 모른다고 여기는가?"라고 하였다. 혜시가 다시 "나는 자네가 아니네. 그러기에 진실로 자네를 모르네. 그렇다면 자네는 원래 고기가 아니네. 그러기에 고기의 즐거움을 모르는 것이 확실하네"라고 하였다. 이때 장자는 마지막으로 대답하기를 "자네가 내게 '자네가 어떻게 고기의 즐거움을 아는가?'라고 물은 것은 벌써 내가 그것을 아는 줄을 알고 내게 물은 것이네. 그러므로 나는 이 호수 위에서 고기의 즐거움을 아는 것이네."118) 일반적으로 이 대화 속에 장자의 인식론 사상이 담겨 있다고 여겨진다. 그런데 여기서 어떤 인식론이 나타나 있는지 분명히 설명하기 어렵다. 왜냐 하면 통상적인 인식으로 장자를 해석하면 모순이 생기기 때문이다. 일반인의 인식을 기준으로 삼을 때 장자는 불가지론자(不可知論者)가 되고, 그 결과 장자는 반드시 실패자가 될 수밖에 없다. 사람은 고기가 아니므로 고기의 즐거움을 알 수 없다. 그렇지만 고기에게 즐거움이 있는지 없는지 알 수 없다고 말하기도 곤란하다. 장자의 "변론에는 승자가 없다(辯無勝)"는 관점에서 본다면, 혜시는 장자의 창으로 장자의 방패를 공격한 것이 된다. 그러므로 장자는 실패자라 할 수 있다. 그런데 여기서의 문제는 근본적으로 일반 인식론의 문제가 아니라 체험의 문제다. 바로 여기에 장자 사상의 특질이 있다.

물 속의 고기가 "나와서 조용히 노니는 것"을 관찰하여, 단순히 인식론에서 말한다면 "물고기의 즐거움"이란 결론을 얻을 수 없다. 왜냐 하면 장자와 물고기는 동일한 종류가 아니며, 인류의 정감으로 고기를 잴 수 없기 때문이다. 장자가 의인화된 방법을 사용하였다면, 장자가 말하는 즐거움은 일종의 '희언(戲言)'에 불과하고 인식론은 아니다. 그러나 장자가 여기서 말한 것에는 매우 중요한 사상이 담겨 있다. 사실 장자는 자아 체험의 방법을 통해 이런 결론을 내놓았다. 고기에게 즐거움이 있는가 없는가 여부는 인식론적으로 해결할 수 없는 문제다. 그렇지만 자아의 체험 가운데서는 고기에게 즐거움이 있다고 말할 수

---

118)『莊子』, 「秋水篇」을 참고할 것.

있다. 여기서 인간은 자연계와 상대적으로 존재하지 않는다. 이러한 특별한 인식은 자연계의 사물을 외면에서 '관찰'하거나 인식한 것이 아니라, 오히려 자신을 자연계에 투입하고 몰입하여 자연의 즐거움을 체험한 것이다. 이 즐거움을 물고기의 생명 활동 가운데 투사하면 물고기에게도 즐거움이 있다고 느낄 수 있다. 물고기에게 즐거움이 있느냐 없느냐는 인간의 정감적 체험에서 결정된다. 사람은 정서와 정감이 극히 좋은 상태에서 이런 체험을 할 수 있으며, 자기의 존재마저 잊어버리고 자연계와 완전히 융화하여 모든 것에서 희열을 느낄 수 있다. 그러나 정서와 정감이 좋지 않은 상황에서는 이런 체험이 불가능하며 심지어 일체가 고통 속에 있다고 느낄 수 있다. 종합하면 고기의 즐거움은 인간의 즐거움이 자연에 투사된 것 그리고 인간의 즐거움이 고기를 통해 드러난 것이다.

인간이 바로 자연이고 자연이 바로 인간임을 체험하는 것은, 유가가 말했던 "솔개가 날고 물고기가 뛰는 것이 활기찬(鳶飛魚躍, 活潑潑地)" 것과 동일 유형의 사유에 속한다. 이 사유의 특징은 인간과 자연이 합일하는 데 있다. 장자의 '소요유(逍遙遊)'는 이런 체험을 최고 도로 끌어올린 경지다. 장자는 자연계의 여러 현상에서 대붕의 자유로운 비상처럼 인간과 천지의 정신이 왕래하는 자유의 경지를 체험하는데, 이것이 바로 이런 경지의 가장 좋은 예다. 인간은 형체를 지닌 몸을 탈피할 수 없고, 구체적인 생활 환경을 벗어날 수도 없다. 장자가 말한 '무대(無待)'의 주체 체험 같은 것이 있다면, "육극의 바깥으로 나가고(出六極之外)", "무하유지향에서 노닐며(游無何有之鄉)", "홀로 천지의 정신과 왕래할 수(獨與天地精神往來)" 있다. 이것이 최고의 지혜다. 이 지혜는 "그 앎이 도의 가장 높은 경지에 이르렀다는 증거가 된다."[119] 이른바 "도의 최고의 경지에 이르렀다"
는 것은 "도를 체득하여(體道)" "도와 한 몸이 된 것(與道同體)"
이며, 형체의 한계를 극복하여 절대적인 정신의 자유[세계]로
들어간 것이다. 장자를 대표로 하는 도가는 절대적 정신적 자유
의 추구를 인생의 최고 경지이자 인간의 최고 존재로 본다. 그
런데 정신적인 자유는 엄격히 말해 객관적인 인식이 아니라 주
체적인 체험이다.

　나중에 등장한 현학적 사조도 체험형의 의향적 사유를 철학
적 사유의 기본적인 특징으로 여긴다. 왕필의 "자연을 체득함
(體自然)", 혜강의 "자연에 맡김(任自然)", 곽상의 "만물과의 완
전한 합치(與物冥合)"는 자연의 본성, 무위의 마음에서 출발하
여 자아를 체험할 것을 요구한 것이다.

　이른바 "자연을 체득함(體自然)"은 본체론에서 말하면 '자연'
을 본체로 삼은 것이다. '자연'은 세계의 본체이자 인간의 본체
다. 사유 방식에서 말하면, '자연'을 최고 존재로 여기는 본체 체
험이다. 주체의 내재적인 의향 활동을 통해 안과 밖, 주관과 객관
의 대립을 해소하고, 인간과 '자연' 본체와의 합일을 실현하는 것
은 현학적 체험의 주요한 방법이다. 이러한 체험은 자아의 실현
이기도 하다. 왜냐 하면 '자연'은 인간의 본체 존재이기 때문이다.

　현학은 "이름을 분별하고 이치를 분석하는(辨名析理)" 학문
을 배제하지 않는다. 이름을 분별하고 이치를 분석하는 일은 나
름의 작용을 갖고 있지만, 수단과 방법에 불과할 뿐이다. 최종
적인 목적은 명리(名理)를 초월하여 최고의 본체를 체험하는 데
있다. 이것이 바로 현학가들이 말하는 "뜻을 넘어선 언어 표현

---

119) 『莊子』, 「大宗師」, 是知之登假于道者也.

(意出言表)"이다. 여기서 '뜻(意)'은 본체 존재의 의미이자 인생의 최종적인 의미다. "자연을 체득함"은 "자연의 본성(自然之性)"을 인간의 본체 존재로 여기며, '신명(神明)'의 마음을 기능과 작용으로 보는 것이다. 그러면 공능으로써 본체를 드러내는 것은 현학의 본체 체험의 근본적인 방법이라 할 수 있다. 최종적인 목적은 "자연의 성"인 본체 존재를 실현하는 데 있다.

왕필의 '득의망언설(得意忘言說)'은 이런 사유를 분명히 드러낸다. 말이 뜻을 표현하므로 말이 없으면 뜻을 얻을 수 없다. 따라서 언어는 존재의 상징적인 도구라고 할 수 있다. 왕필은 언어의 작용을 부정하지 않는다. 그러나 언어는 의미를 전달하는 도구일 뿐이고, 의미는 언어 뒤에 숨어 있다. 일단 뜻을 얻으면 반드시 말을 잊어야 하고 말을 잊어야만 뜻을 얻을 수 있다. 말과 뜻은 한 가지 일이 아니며, 내용과 형식의 관계도 아니다. 언어가 바로 사유라고 말할 수 없고 언어는 사유를 표현하는 형식이라 말할 수도 없다. 말에 집착한다면 뜻을 얻는 데 방해가 될 수 있다. 말을 잊어야만 뜻을 알 수 있다. 언어가 개념 체계, 다시 말해 명리(名理)의 학문에 속하는 것임은 의문의 여지가 없다. 그런데 현학가인 왕필이 볼 때 언어와 개념의 작용에는 한계가 있다. 그것들은 일반 명리에 속하므로 '현리(玄理)'라는 차원에 도달할 수 없다. 현학이 탐구·토론하고 해결하려는 것은 현리의 문제에 속한다. 이것이 바로 그들이 말하는 '뜻(意)'이다.

현학가들이 말하는 '뜻(意)'은 본체론의 의미를 갖고 있을 뿐 아니라 주체론적인 설명이기도 하다. '뜻'은 본체 존재를 체인 또는 인식한 것이고 그래서 본체 의식이라 할 수 있다. 이런 의식은 언어의 제한을 받지 않는 전체적인 존재다. 그래서 "언어를 넘어서고 상을 끊은(超言絶象)" 것이다. 어떤 의미에서는 의미로써 이해될 수는 있지만 말로 전달될 수는 없는 것이다. "뜻을 이해한다(意會)"는 것은 체험하여 자연 본체의 전체적인 의미를 직접 깨달은 것이다. 일단 진실로 깨닫게 되면 "자연의 본성(自然之性)"을 실현할 수 있다. 자아를 체험하는 과정이 바로 자아를 실현하는 과정이다. 여기서 언어는 작용을 잃어버리게 된다. "말이 뜻을 다하지 못한다"는 논리는 이 점을 더욱 분명하게 표현한 것이다.

체험형의 외향적 사유 방식은 의상(意象)적인 사유와 밀접하게 연관되어 있으며, 문학과 예술의 영역에서 광범위하게 응용되고 큰 영향을 끼치기도 했다. '현언시(玄言詩)'가 그 좋은 예다. 도연명(陶淵明)은 다음의 시를 지은 적이 있다.

"사람들 틈에 농막 짓고 살아도 / 수레나 말 타고 시끄럽게 찾아오지 않네 / 어찌 그럴 수 있는가 묻기도 하지만 / 마음 두는 곳이 원대하니 / 몸담은 땅도 스스로 외지게 되네 / 동쪽 울타리에 피어난 국화꽃을 따노라니 / 무심코 저 남산이 보인다 / 가을 산 기운은 저녁이면 더욱 아름답고 / 날새들 짝지어 둥지로 돌아오네 / 이러한 경지가 바로 참된 뜻이려니 / 말로는 도저히 표현할 수 없구나!"120)

도연명은 여기서 "참된 뜻(眞意)"이 무엇인지 말하지 않았지만, 사실 그는 그 뜻을 말할 수가 없었다. 일단 말해 버리면 그것은 "참된 뜻"이 아니다. 그것은 "뜻이란 이해될 수는 있지만

---

120) 『陶淵明集』, 「卷三」, '飲酒', 結廬在人境, 而無車馬喧. 問君何能爾, 心遠地自偏, 采菊東籬下, 悠然見南山. 山氣日夕佳, 飛鳥相與還. 此中有眞意, 欲辨已忘言.

(意會)”, “말로써 전해질 수는(言傳)” 없는 것임을 보여준다. 도연명이 묘사하거나 표현한 정황으로 볼 때, 분명 인간과 자연이 합일한 심미적인 경지이자 진정한 주체적인 체험일 것이다. 도연명은 시를 쓰는 동시에 시를 통해 그의 사상을 표현하였다. 어떤 중국철학도 시의 철학이 아닌 적이 있었던가! 현언시의 특징은 주체적 체험을 특수하게 표현한 수단이라는 데 있다. 나중의 도학시(道學詩)도 도덕적 체험을 특수하게 표현한 수단이었다.

곽상의 “사물과의 완전한 합치(與物冥合)”는 신비주의적 색채를 더 많이 띤 체험이다. 곽상은 자연계의 만물은 존재하고 발전·변화하며, 하늘은 단지 “만물의 전체 이름(萬物之總名)”일 뿐 ‘무’는 “유가 이른바 남긴 것(有之所謂遺者)”임을 강조하였다. 동시에 곽상의 사상은 현상학의 특징을 갖추고 있다. 곽상은 자연계의 현상에 대해 객관화된 과학으로 인식하는 것에 동의하지 않으며, 더욱이 이론적으로 분석하고 사유하는 데 반대하였다. 주체 자신의 내부적 체험을 통해 “사물과 완전하게 합치하는” 주관 경지를 실현할 것을 주장하였다. 이런 체험은 주체와 객체의 한계를 완전히 없애어 사물과 나를 일체로 만든 것일 뿐만 아니라, 명교와 자연의 구별도 없애버린 것이다. “묘당의 위에 있지만(在廟堂之上)”, “산림 가운데 있는 것과 다르지 않는(無異于山林之間)” 상태다.

또 지적해야 할 것은 불교철학의 사유가 내심의 체험을 중시한다는 점이다. 유식종이 의식에 대해 상세하게 분석한 것 외에도, 기타의 대종파들도 내심의 체험을 매우 중시하고 있다. 선종은 더욱 그러하다. 불교가 일반적으로 주장하는 ‘무정(無情)’은 주로 세속적인 감정과 윤리 도덕적인 정감을 뜻한다. 그렇지만 다른 방면에서 그것은 종교적인 정감과 그 체험을 가리키기도 한다. 어떤 종파는 감정을 가진(有情) 사람은 불성을 지니고 있으며, "평상심은 도다(平常心是道)"는 학설을 제시하면서도, 칠정(七情)·육욕(六欲)을 부정하지 않는다. 여기에도 세속화의 경향이 담겨 있다. 불교의 정좌(靜坐)·선정(禪定)·수식(數息) 같은 것은 종교 체험의 주요한 방법이다. 최고의 성취는 "아무런 생각도 없는 생각(無思之思)"에 이르는 것이다. 후기의 '광선(狂禪)'은 바람, 꽃, 눈, 달을 제목으로 삼은 자연 시다. 자연 풍경을 빌어서 선의 이치를 밝힌 것으로, 인간과 우주를 합일시킨 것이다. 중국 미학 가운데 '의경설(意境說)'은 주체의 체험형 사유가 문학 예술의 영역에서 운용·표현된 것이다.

마지막으로 중국의 철학적 사유는 주도적인 방면에서는 정감적 체험을 중요한 특징으로 하면서도, 완전히 정감적인 체험에로만 돌릴 수 없다는 점을 지적할 필요가 있다. 유가와 도가는 주체가 체험하는 가운데 일종의 최고의 인식에 도달하려고 하였다. 최고의 인식과 지혜는 실질적으로 주체의 의향 활동 가운데서 실현되는 본체에 대한 인식이다. 그것은 개념적 분석, 논리적 추리, 형식적 연역과 같은 이성 인식이 아니다. 중국에서 역사적으로 논리철학과 언어철학 그리고 과학적 분석철학은 발전하지 않은 대신, 인간을 중심으로 하는 의의(意義) 철학과 내용이 풍부한 실천 철학이 발전할 수 있었던 까닭도, 바로 이런 사유에서부터 비롯된 결과라고 할 수 있다.

제4장
주체실천형의 경험적 사유

1. 몸으로 실천하기

중국의 전통 철학은 이상 인격의 실현을 목적으로 하는 일종의 실천 철학이다. 중국 전통의 철학적 사유도 그에 부응하는 "안으로 성스런 지혜를 증득하는(內證聖智)" 실천적 사유다. 자아의 완성, 자아의 실현 그리고 자아에 대한 깨달음(證悟)을 특징으로 하며, 반드시 "몸으로 실천할 것(躬行踐履)"을 호소하고, "몸으로 실천하는" 가운데 그 이상을 완성하고 실현하려고 한다. 바꾸어 말하면, 중국의 전통 철학은 주체의 의지와 행위를 분리하지 않고, 의지와 행위가 실천적인 요구와 효과를 대부분 결정한다고 여긴다.

심리학에서 보이는 이른바 동기와 수요의 이론은 인지심리학(認知心理學)에 속하지 않고 인격심리학(人格心理學)에 속한다.

철학에서의 이른바 인본주의(人本主義)는 이론적 사변보다 주체의 실천을, 사변적 이성보다 실천적 이성을 중시한다. 중국철학도 이와 마찬가지다. 일반적으로 중국철학에는 사변 이성 또는 순수 이성이 부족하다고 말하는데 이것은 사실이다. 중국철학은 근본적으로 사변 이성 또는 순수 이성을 발휘하는 것보다 주체의 실천을 강조한다고 확실하게 말할 수 있다. 이것은 철학의 기능이 인간의 인지 이성을 발전시켜 지식을 구하거나, 자연계를 개조하여 물질적인 이익을 획득하는 데 있지 않고, 실천 이성을 발전시켜 모종의 이상적인 목적을 실현하는 데 있음을, 그리고 자연계와 일치[된 상태]를 보존하여 정신적인 평형을 얻는 데 있음을 보여준다. 이러한 사유 방식은 중국인들이 지식과 이론을 추구하는 데 흥미를 갖기보다, "사람 만드는(作人)" 실천 활동을 특별히 중시하며, 이론적 가치보다 실천 작용을 중시한다는 사실을 보여준다.

중국의 철학자들은 대개 '몸으로 실천하기'를 강조하고 그것을 근본 종지로 삼는다. 성인이나 현인 같은 이상 인격을 실현하는 것을 현실적인 목표로 삼는다. 이러한 목표를 성취하는 데 인생의 근본적인 목적과 인생의 의미가 있다고 여긴다. 그런데 성인이나 현인이 된다는 것은 인식의 문제가 아니라 실천의 문제다. "몸으로 실천하기"는 이상 인격을 완성하는 근본적인 방법이다. 유가가 자신의 학문을 '성인지학(聖人之學)'이라고 부르는 것은 유학이 어떻게 성인이 되어야 하는가를 말한 학문임을 나타낸다. 성인이 된다는 것은 근본적으로 실천의 문제이기에, 그들은 자신들의 학문을 "몸으로 실천하는 학문(躬行踐履之學)"이라 부르기도 한다. 도가가 자신들의 학문을 '도덕지학(道德之學)'이라 부르는 것은 어떻게 '득도'해야만 성인·진인·신인이 될 수 있는가에 대해 말한 학문임을 나타낸다. '득도'는 근본적으로 일종의 실천의 문제이기에, 자신들의 학문을 "도를 깨닫는(體道)" 학문 또는 "도를 실천하는(踐道)" 학문이라 부르기도 한다. 도교는 '선인지학(仙人之學)'이라고 일컬어진다. 곧 어떻게 수련하여 선인이 되어야 하는가를 말한 것이다. 불가는 그들의 이론을 '내학(內學)'이라고 불렀는데, 실제로는 "안으로 성스런 지혜를 증득하는 것(內証聖智, 佛)", 곧 어떻게 수양하여 부처가 되기 위해서는 어떻게 수양해야 하는가의 문제에 대해 말한 것이다. 모두 실천을 근본 특징으로 삼고, 실천을 최후의 목표로 여긴다. 곧, 주체의 실천에 호소하여 [주체를] 완성하려고 한다. 그러므로 근본적으로 이성적인 사유의 문제가 아니라고 할 수 있다.

공자로부터 시작된 유가는 인간의 독실한 행위(篤行)를 중시하고 그것을 무엇보다 강조한다. 공자는 사람들에게 "말은 어눌하게 하고 실행은 민첩하게 하라"[1]고 가르친다. 실천에 민첩할 때만 어진 사람이 될 수 있다는 것이다. "옛날에 말을 함부로 하지 않았던 것은 몸으로 하는 실천(躬行)이 미치지 못할까 부끄러워해서였다."[2] 실행할 수 없는 말은 좋은 말이라 할 수 없다. 말하되 실천할 수 없다면 '아첨꾼(佞人)'이나 "교묘하게 말하고 아첨하는 얼굴빛을 띠는(巧言令色)" 사람에 불과하다. 이런 사람은 제대로 된 사람이 아니다. 실천하는 여유가 있을 때만 문화와 지식을 학습할 수 있다. "행하고 여력이 있으면 글을 배워야 한다."[3] 공자는 인(仁)의 근본이 행위에 있다고 여겼다. 그래

---

1) 『論語』, 「里仁篇」, 訥于言而敏于行.
2) 같은 곳, 古者言之不出, 恥躬之不逮也.
3) 『論語』, 「學而篇」, 行有餘力, 則以學文.

서 실천하는 사람이 인에 이르기가 가장 쉽고, "강하고 굳세고 질박하고 어눌함이 인에 가까울 수 있다"[4]고 말하였다. "다섯 가지를 천하에 행할 수 있다면 인이 된다."[5] 여기서 다섯 가지란 공손함(恭), 너그러움(寬), 믿음(信), 민첩함(敏), 은혜로움(惠)을 가리킨다. 이 다섯 가지는 실천의 범주에 속하는, 인격 실천 또는 도덕 실천이다. 어진 사람(仁人)이 될 수 있느냐의 여부도 무엇을 인(仁)으로 생각하느냐보다 사물에 부응해서 실천하는 데 달려 있다. 인식으로 도달해도 실천할 수 없다면, "비록 얻었다고 해도 반드시 잃게 된다(雖得之, 必失之)." 종합하면 공자는 시종 실천을 최우선 순위에 두었으며, 실천을 학설의 근본 종지로 여겼다. 공자의 문하에 실천인은 많았으나 이론가가 적었던 것도 행위 위주의 사유 방식과 관련이 있다. 이 점은 줄곧 후대의 유가와 사회 전반에 영향을 끼쳤다. 자공(子貢)은 "선생님(공자)의 문장을 들을 수 있으나, 선생님께서 성과 천도를 말씀하신 것은 들을 수 없다"[6]고 하였다. 자공의 이 말은 다양하게 해석될 수 있지만, 가장 중요한 의미는 성과 천도에 대한 언급은 근본적으로 어떻게 실천할 것인가의 문제를 말한 것이지, 어떻게 인식할 것인가의 문제를 말한 것이 아니라는 데 있다. 그래서 공자는 그것에 대해 강하게 말하지 않았다. 하지만 공자에게 성과 천도에 관한 사상이 없었음을 의미하지는 않는다. "나는 말이 없고자 하노라(予欲無言)"라고 공자가 말했던 까닭은, 참으로 말하지 않으려 했던 것이 아니라 그 말을 실천하려 한

---

4) 『論語』, 「子路篇」, 剛毅木訥近仁.
5) 『論語』, 「陽貨篇」, 能行五者于天下, 爲仁矣.
6) 『論語』, 「公冶長篇」, 夫子之文章, 可得而聞也, 夫子之言性與天道, 不可得而聞也.

것이다.

맹자는 "마음의 기능은 생각하는 것이다(心之官則思)"라고 주장한 바 있다. 여기서 생각의 실질은 "먼저 그 큰 것(근본)을 세우는(先立乎其大者)" 데 있다. 생각은 [그 큰 것을] 세우기 위한 것이며, [그 큰 것을] 세울 것을 생각하는 것이다. 생각이 바로 세움이기도 하다. [이처럼] 생각과 세움은 실제로 합쳐져서 하나가 된다. 이른바 '세운다(立)'는 것은 추상적이고 이론적으로 사유하는 것이 아니라 신념이나 의지를 세우는 것이다. 자아를 완성하고 자아를 실현하려는 실천 공부는 자율적이고 자립적이고 의지적 행위다. 그래서 맹자는 "마음을 다해 본성을 알고 하늘을 아는(盡心知性知天)" 이성을 운용할 것을 주장하는 한편, "마음을 보존하여 본성을 기르고 하늘을 받드는(存心養性事天)" 실천 공부를 제시하였다. 그리고 최종적으로 양자를 통일시켜 "마음을 보존하여 본성을 기르고 하늘을 받드는" 도덕 실천으로 도달하려 하였다. '진심(盡心)'의 학문과 '존심(存心)'의 학문은 실질적으로 구별되지 않는다. 양자는 모두 "안으로 증득하는 것(內証)"을 특징으로 하는 수양 공부이자, "몸을 편안히 하고 명을 세우는(安身立命)" 실천 철학이다. "요절하거나 장수함을 의심하지 않으며, 몸을 닦고 천명을 기다려서 명을 세우려 한다."[7] 수신을 실천하는 활동은 "마음을 보존하고 본성을 기르는(存心養性)" 학문이자 "하늘을 받들고(事天)" "명을 세우는(立命)" 학문이다. "마음을 보존한다(存心)"는 것은 도덕의 마음을 보존하는 것이며, 일종의 도덕적인 의지로 표현된다. 이것을 실현하는 것이 도덕의 실천이다. 군자와 소인의 차이도 '존

---

7) 『孟子』, 「盡心(上)」, 壽夭不貳, 修身以俟之, 所以立命也.

심'하느냐 그렇지 못하느냐에 달려 있다. 보존하면 군자가 되고 보존하지 못하면 소인이 된다. "행하고서 마음에 부족하게 여기는 바가 있으면 [호연지기가] 굶주리게 된다."[8] '존심'할 수 있다면 자각적이고도 자발적으로 실행하게 되어 마음속에 어떤 부끄러움도 없게 된다.

실천은 감성적인 활동으로, 인간의 형체와 용모를 통해 표현된다. 여기에 '존심'과 '실천(踐行)'은 결합될 필요가 있다. "형색(形色)은 천성이니 오직 성인인 뒤에야 실천할 수 있다."[9] 인간의 형체와 용모는 인성(人性)이 표현된 것이자 천부적으로 받은 성(天生之性)이다. "신체를 움직여서(踐形)" '존심'과 '입명'이라는 내재적 수양을 표현해낼 수 있느냐의 여부는 매우 중요한 문제다. 그래서 맹자는 특별히 성인만이 가능하다고 지적하였다. 이것은 성인의 학문이 몸으로 실천하는 학문임을 의미한다. 맹자가 "신체의 움직임(踐刑)"을 중시하는 것은, 유가가 실천을 사유의 근본 원칙으로 생각하고 있음을 보여준다.

순자(荀子)는 선진 유가 가운데서도 이론적 사유를 중시한 인물이다. 순자는 「정명편(正名篇)」 등에서 논리적 사유 규칙을 제시했으며, 묵가의 중지(重智) 사상도 흡수하였다. 그러나 순자 역시 기본적으로 중행주의자(重行主義者)라 할 수 있다. 학문하는 방법을 언급할 때 듣지 않는 것이 듣는 것보다 못하고, 듣는 것이 보는 것보다 못하며, 보는 것이 아는 것보다 못하고, 아는 것이 행동하는 것보다 못하다고 지적했다. "배움은 행동하는 데 이르러야 비로소 그친다(學至于行之而止矣)." 그렇다면 왜 행동하는 데 이르러 그치는 것일까? 그것은 "사리에 통달해

---

8) 『孟子』, 「公孫丑(上)」, 行有不慊于心, 則餒矣.
9) 『孟子』, 「盡心(上)」, 形色, 天性也, 惟聖人然后可以踐行.

야만 성인이 될 수 있기 때문이다. 성인이란 인의를 근본으로 하면서 시비를 정확하게 판단하고, 언행을 한결같이 하여 한 치도 어긋남이 없는 사람이다. 성인이 이렇게 되는 까닭은 다른 방법에서가 아니라 실천을 목표로 하기 때문이다."10) 이 구절은 행동의 중요성을 가장 명확하게 설명해준다. 듣고 보는 것과 아는 것은 모두 중요하지만, 행동의 중요함만 못하다. 왜냐 하면 행동만이 성인이 있는 지점인 학문의 완성으로 이끌어주기 때문이다. 학문은 지식을 얻거나 변론하기 위한 것이 아니다. "군자가 이른바 안다는 것은 모든 사람이 아는 것을 골고루 안다는 뜻이 아니다. 군자의 변론이란 모든 사람들이 하는 변론을 다 잘한다는 말이 아니다."11) 군자의 앎과 변론이란, "인의를 근본으로 하면서 시비의 판단을 정확하게 내리고, 언행을 한결같이 하는 것(本仁義, 當是非, 齊言行)"이다. 이것은 완전히 인격 수양의 문제라 할 수 있다. 이렇게 하는 이유는 더 많은 지식을 얻거나 이론적 사유 능력을 높이기 위해서가 아니라 성인이 되기 위해서다. 성인이 성인으로 되는 까닭도 "다른 방법에서가 아니라 바로 실천하는 데서 그친다(無它道焉, 已乎行之矣)." 이것은 바로 [학문이] 실천에서 완성됨을 알려준다. 그러므로 '행(行)', 곧 실천만이 가장 근본적인 것이요 첫 번째의 목표라고 할 수 있다.

순자는 비교적 '지(知)'를 중시하며 지식론에 관한 학설을 내놓았다. 마음으로 도를 "알아야 한다(知)"는 명제는 마음을 인식의 주체로 보고 도를 인식의 객체로 보는 것이다. 이른바 마

---

10) 『荀子』, 「儒效篇」, 行之明也, 明之爲聖人. 聖人也者, 本仁義, 當是非, 齊言行, 不失豪(與毫通)厘, 無它道焉, 已乎行之矣.
11) 같은 곳, 君子之所謂知者, 非能徧知人之所知之謂也. 君子之所謂辯者, 非能徧辯人之所辯之謂也.

음으로 도를 '안다(知)'는 것은 지성의 능력으로 객관적인 법칙을 아는 것이다. 인식은 반드시 감성적 경험을 기초로 해야 하고 그런 다음 이성적으로 종합해야 한다. 이것은 확실히 공자 맹자와는 다른, 일종의 객관화된 이성적 사유다. 그러나 순자가 말하는 도는 '천도(天道)', 곧 자연의 규율이 아니라 '인도(人道)', 곧 사회의 정치, 윤리적인 실천 원칙이다. "도란 하늘의 도도 아니고 땅의 도도 아니며, 사람으로서 마땅히 걸어가야 할 길로서, 군자가 밟아나가야 할 길이다."[12] 순자가 천도와 지도 그리고 인도를 구분한 것은 이론적 사유의 중요한 성과다. 그러나 순자는 천도의 인식보다 인도의 인식과 실천을 강조하였다. "인간이 걸어가야 할 길(人之所以道)"은 바로 인간이 인간으로 되는 까닭인 도다. 이것은 맹자가 인도를 선험적이고 내재적인 도덕 원칙으로 말한 것과 다르지만, 인간의 본질을 사회의 정치 윤리와 같은 객관적 원칙으로 만든 것이다. 그러나 실제 내용은 맹자의 언급과 다르지 않다. 이것이 바로 '군자'가 필요로 하는 도며, '군자'가 실행하는 도다. 군자가 되려면 도를 실천해야 한다.

순자는 '예(禮)'의 작용을 매우 중시하였다. 순자가 말하는 예는 다른 것이 아니라 '인도(人道)', 곧 사회의 실천 원칙이다. "예는 사람 도리의 극치다."[13] 순자는 예를 알아야 할 뿐 아니라 더욱이 예를 실천해야 한다고 주장하였다. 이른바 "본성을 변화시키고 인위를 일으키는(化性起僞)" 것도 예의 실천을 기초로 한 것이다. 이는 공자 이래의 실천 중시 사상과도 통한다. 순자는 유명한 「천론편(天論篇)」에서 "천명을 제어하여 이용해야 한다(制天命而用之)"는 중요한 명제를 내놓았다. 그런데 어

---

12) 같은 곳, 道者, 非天之道也, 非地之道也, 人之所以道也, 君子之所以道也.
13) 『荀子』, 「禮論篇」, 禮者, 人道之極也.

뜧게 천명을 제어해야 하는가? 순자는 인간사(人事)를 다스리는 것을 강조하였지만, 천도를 어떻게 인식해야 하는가에 대해서는 체계적으로 설명하지 않았다. 인도(人道)로의 전향을 중시했기에 "성인만이 하늘을 알기를 구하지 않는다(惟聖人不求知天)", "군자는 자신에 속하는 것을 소중히 여긴다"[14]는 명제를 제시하였고, 인도를 닦아서 천도를 받들며 성인이 되는 실천 원칙으로 돌아가라고 주장하였다. 이것은 행동을 중시하는 사유 방식의 영향을 받은 것이라 할 수 있다.

중국의 이론적 사유를 대표하는 명가(名家)가 선진 시대에 확실하게 출현했음을 지적할 필요가 있다. 명가는 개념론을 제시하였고, 이름(名)과 실질(實)의 관계, 개념의 내포와 외연에 대해 구체적이고 논리적으로 분석하였다. 또한 사변적 색채가 풍부한 많은 이론적 명제를 제시함으로써 이지주의적인 사유 방식, 곧 개념화, 형식화, 논리화된 이론적 사유의 대표자가 되었다. 예를 들어 '백마비마론(白馬非馬論)'은 완전히 개념론적인 것이다. 그렇지만 명가는 묵가처럼 급속히 쇠퇴하고 말았다.

명가의 쇠퇴는 그들의 사유 방식이 사회에 수용되지 못했음을 의미한다. 그래서 그들의 사유는 중국의 전통적 사유가 되지 못하였다. 전국시대 이후 많은 사람들이 명가를 예리하게 비판했는데, 순자도 그 가운데 한 사람이었다. 순자는 명가를 비판하기를 "선왕을 본받지 아니 하고 예의를 옳다고 여기지 않으며, 기괴한 언사를 농하기 좋아한다. [그들은] 비록 세밀하게 분석했지만 [그들의 생각은] 이해할 수 없고, 말은 유창하지만 아무 쓸모도 없으며, 하는 일은 많지만 공은 별로 없다. 이것으로

---

14) 『荀子』, 「天論篇」, 君子敬其在己者.

는 도저히 정치의 대본으로 삼을 수 없다"15)고 하였다. 이처럼 명가가 비판받은 이유는, 그들의 개념론이 직접적인 효용을 갖고 있지 않기 때문이다. 그래서 일종의 무용한 "개념적 유희(槪念游戱)"로 여겨진다. 유가와 기타 각가(묵가는 제외하고)가 말한, '백마비마' 류의 논변은 많은 사람들의 관심을 끌 만큼 흥미롭지만, 실제의 쓰임이 없고 실제 생활에서 응용될 수 없는 것이다. 만약 변론가들도 말이 필요할 경우, 백마, 흑마 또는 다른 색깔의 말을 선택할 것이다. 이때 필요한 말은 희지 않은 말이나 검지 않은 말 같은 것은 아니다. 이것은 서양의 '과일(水果)' 종류를 설명한 고사와 비슷하다. 서양에서는 개념론이 발전했지만 중국에서는 그렇지 못하였다. 그 이유는 개념론이 직접적인 실천 효용을 갖지 못하고 수용되지 않았기 때문이다. 그래서 "괴이한 학설(怪說)", "기이한 말(奇辭)", "정통이 아닌 논리(不經之論)", "아무런 쓰임도 없는 말(無用之言)", 심지어는 "매우 기이하고 괴이한 논리(非常異義可怪之論)"라고 배척되었다. 한마디로 말해, "변론해도 쓰임이 없고(辯而無用)", "말해도 공이 없는(言而無功)" 논리인 것이다. 실천과 실용을 원칙으로 하는 사유 방식이 주장되고, 지배적인 위치를 차지하던 상황에서, 명가학설이 발전하지 못한 것은 자연스런 일이었다.

실천과 실용을 원칙으로 하는 사유 방식은 직접적인 '쓰임(受用)'을 중시한다. 그러나 그런 사유는 분명 이론적 사유의 발전을 저해할 여지를 갖고 있다. 실용적인 사유는 직접적인 '쓰임'을 목적으로 하는 실천 활동에 몰두하도록 만들지만, 자연계와 우주의 심오한 비밀을 탐구하도록 이끌지는 않는다. 다시 말해

---

15) 『荀子』, 「非十二子篇」, 不法先王, 不是禮義, 而好治怪說, 玩琦辭, 甚察而不惠, 辯而無用, 多事而寡功, 不可以爲治綱紀.

이론적 탐구와 토론에 대해서는 흥미를 갖지 않는다. "이론을 위한 이론", "지식을 위한 지식"은 비판받아야 마땅하지만, 중국 역사에서는 그런 것이 존재하지 않는다. 반면에 주로 어떻게 "[올바른] 인간을 만들어야" 하는가의 문제와 연관된 실천 원칙이 사유의 근본 원칙이 되었다.

유가철학의 가장 큰 성취는 '내성외왕(內聖外王)'의 학문을 확립한 데 있다. 학문은 안으로 성인이 되고 바깥으로 천하를 다스림, 곧 '내성'에서 시작해서 '외왕'으로 완성된다. 여기서 '내성'의 학문이 도덕 실천의 학문이라면, '외왕'은 개인의 도덕 실천을 실제의 사회 정치에서 운용한 것이다. 중국 역사에서 "사람에 의한 통치(人治)"만 있고 "법에 따른 통치(法治)"가 없었던 이유가 이런 사유 방식에 근거한다. 맹자는 "[불쌍함을] 참지 못하는 인간의 마음(不忍人之心)"으로 "참지 못하는 정치(不忍人之政)"를 실행할 것을 주장하였다. 곧 "어진 마음(仁心)"으로 "어진 정치(仁政)"를 실행하라는 것이다. 이것은 유가의 '내성외왕학'의 근본 원칙이다. 맹자와 유가에 따르면, 통치자가 어진 마음을 사회 정치에서 실행하면, 천하 국가를 다스리는 일은 손바닥을 뒤집는 것처럼 쉽다. 그런데 가장 근본적인 문제는 어떻게 "어진 마음"을 실현할 것인가에 있다. 이것은 주체적 실천의 핵심 문제다. 사회의 객관적 원칙은 무엇이며, 어떻게 그러한 원칙을 운용해야 하는가의 문제는 그다지 중요하지 않다. 왜냐하면 유가의 주류파가 볼 때, '외왕'의 도의 모든 원칙이 '내성'의 실천 원칙 가운데 있기 때문이다. 따라서 통치자 개인의 도덕 실천이 좋기만 하면, 천하 국가도 자연히 잘 다스려질 수 있다. 그렇게만 된다면 전문적인 '외왕'의 학문은 필요하지 않다.

후세에 중대한 영향을 끼친 『중용』은 "넓게 배우고, 자세히

물으며, 신중히 생각하고, 밝게 분별하며, 독실히 행한다(博學之, 審問之, 愼思之, 明辨之, 篤行之)"는 다섯 가지의 학문 방법을 제시한다. 여기서 '학(學)'은 성인이 되는 도를 배우는 것이고, '문(問)'은 성인의 학문을 묻는 것이며, 생각함(思)은 성인이 성인으로 되는 까닭을 생각하는 것이고, 분별함(辨)은 성인과 비성인을 구분하는 것이다. 이것들은 실천에 적용되어야 한다. 그래서 가장 근본적인 방법은 독실한 실행이라 할 수 있다. 이것이 진정한 '내성(內聖)'의 학문이다. 주체적인 실천을 통해야만 '성(誠)'의 경지를 실현할 수 있으며, 실천 가운데서만 '중용'이라는 최고의 원칙을 실현할 수 있다. 이른바 "도는 떨어질 수 없다(道不可離)"는 말은 주체의 실천에서 벗어나지 않는다. 만약 실천을 떠난다면 그것은 도가 아니다. 이것을 일러 "떠나면 도가 아니다(可離非道)"고 말한 것이다. "하늘이 명한 것을 성이라 이르고, 성을 따름을 도라 이르며, 도를 품절(品節)해놓음을 교라 이른다(天命之謂性, 率性之謂道, 修道之謂敎)"는 공부도 주체 실천의 문제다. 성(性)·도(道)·교(敎)는 실천 가운데서만 통일될 수 있다. "하늘이 명한 성"은 최종적으로 실천을 통해 실현된다. 이것이 바로 "도를 떠날 수 없다(道不可離)"고 표현하는 주체의 실천적 사유다. 공자가 말하는 "사람이 도를 넓힐 수 있는 것이지 도가 사람을 넓히는 것은 아니다(人能弘道, 非道弘人)"는 말도 이런 의미다. 주체의 실천은 도의 원칙을 확충할 수 있지만, 도로부터 인간의 실천이 결정되는 것은 아니다. 이것은 실제로 주체적 실천을 매우 높은 위치로 올려놓은 것이다.

『대학』에는 이른바 '삼강령(三綱領)'과 '팔조목(八條目)'이란 설이 있는데, 그 핵심은 "모두 수신을 근본으로 여김(壹是皆以

修身爲本)", 곧 주체 자신의 수양을 근본으로 여기는 데 있다. '격물치지(格物致知)', '정심성의(正心誠意)'의 학문은 수신의 학문이자 '내성'의 학문이다. "나라를 다스리고 천하를 태평하게 만든다(治國平天下)"는 것은 그 결과로서 '외왕'의 학문이다. 안으로 성스러운 지혜를 깨닫는 데서 천하를 다스리는 데로 나아감, 그리고 안에서 바깥으로 향함은 한결같이 실천을 근본 원칙으로 삼은 것이다.

나중에 성립된 송명(宋明) 시대의 이학(理學)은 "안으로 성인이 되는(內聖)" 배움을 가장 근본적인 학문으로 여기고, 이것으로 그 밖의 모든 것을 결정하였다. 그러나 '내성'의 학문은 "독실하게 실천하는(篤實踐履)" 학문이다. 이학가들은 '내성'을 본체로, '외왕'을 작용으로 보았으며, 본체가 작용을 결정하고 내성이 외왕을 결정한다고 여겼다. 즉, 개인의 도덕 실천이 국가의 흥망과 사회의 치란을 결정한다고 생각했다. 이러한 실천은 외적인 이성 원칙이 아니라 내적인 의지와 목적 위에 건립된 것이다. 그 결과 "나라를 다스리고 천하를 태평하게 할 수 있느냐" 여부는 '외왕'의 도, 곧 법치 등의 객관적 원칙보다도 '내성'의 도, 이른바 "마음을 바르게 하고 뜻을 정성스럽게 하는(正心誠意)" 실천 공부에 의해 결정된다고 하는 일종의 보편적인 사유 추세가 만들어지게 되었다.

이학은 전통적인 철학 이론이 절정에 도달한 것이다. 그렇지만 이학은 여전히 실천 철학이며 그 사유 방식도 여전히 실천적 사유에 속한다. 이학가들은 전통 철학의 기본 범주를 종합하고 방대한 범주 체계를 완성하였지만, 이 범주 체계는 개념론적인 것이 아니라 실천형적인 것이다. 이학에서 논의하는 근본 문제도 어떻게 "인간을 만들어야 하는가(作人)"에 있지, 어떻게 "이치를 밝혀야 하는가(明理)"에 있지 않다. 도덕 실천이지 이론적 사변은 아닌 것이다. 이학가들은 자신들의 학문을 "독실히 실천하는(篤實踐履)" 학문 또는 '실학(實學)'이라고 부른다. 성인이 되는 것을 근본 목적으로 여기고 실천을 근본 종지로 삼는다. '실학'은 본래 독실하게 실천하는 학문을 가리킨다. 이른바 '성리(性理)'의 학문, '심성(心性)'의 학문은 자아 수양, 자아 실천을 근본 원칙으로 삼는다. 이학가들은 결코 자신들이 "심성에 대해 허튼 소리한다(空談心性)"고 여기지 않는다. 주희는 "대저 학문을 함에 어찌 다른 것을 구하리오? 그 이치를 밝혀서 힘써 실행하기를 바랄 뿐이다"[16]라고 말하였다. "이치를 밝힘(明理)"도 물론 중요하지만, 근본적인 공부는 "힘써 실행하는 데(力行)" 있다. 심성의 학문은 본래 무엇이 마음이며 무엇이 본성인가를 밝히려 하지만, 그것은 도리상으로 말한 것일 뿐 아무런 쓸모도 없는 일이다. 그 관건은 실제로 행하는 데 있다. 비유하면 마음은 '허령불매(虛靈不昧)'하여, "뭇 이치를 갖추고(具衆理)", "만사에 응할 수 있는(應萬事)" 것이다. 하지만 "만약 허령불매가 무엇이며, '구중리'가 어떤 것이며, '응만사'가 어떤 것인가에 대해 해설만 한다면 무슨 일을 이룰 수 있겠는가!"[17] 만약 '존심(存心)'을 상하의 실천 공부에 두지 않고 강론만 하여 자신의 심신(身心)과 성명(性命)과 아무 상관도 없는 것으로 여긴다면, 어떤 문제도 해결할 수 없을 것이다. 그래서 "배우는 것을 넓힘은 앎에 요점이 있는 것만 못하고, 앎에 요점이 있는 것은 행동을

---

16)『朱文公文集』,「卷五十四」, '答郭希呂', 夫學問豈以他求. 不過欲明此理而力行耳.

17)『朱子語類』,「卷十四」, 若只是解說'虛靈不昧'是如何, '具衆理', '應萬事', 是如何, 却濟得甚事.

실속 있게 하는 것만 못하다."18) 학문의 근본 목적은 행위에 있고 학문의 최종적인 도착지는 행동에 있다. 심성을 실현하여 성현이 되려면 "전적으로 행동에서 공부해야 한다."19) 이것이 바로 이학가들이 말하는 '실학'이다.

이학 가운데 심학파는 실천을 근본 종지로 여긴다. 육구연(陸九淵)의 심학은 바로 실천의 학문이다. 육구연은 글자를 모르더라도 공명정대한 개인이 될 수 있다고 여겼다. 위는 하늘이요, 아래는 땅이며, 사람은 그 가운데 있다는 것은 곧 "하늘을 머리로 받치고 땅 위에 서 있는(頂天立地)" 사람이 되어야 함을 의미한다고 보았다. "하늘을 머리로 받치고 땅 위에 서 있는" 사람은 실천 가운데서 완성된다. 육구연은 스스로 실천만 하면 많은 성인의 뜻을 체득할 수 있다고 하였다. 이런 사유에 근거할 때 심성의 학문은 많은 논의와 변론·분석을 요구하지 않는다. 논의가 번쇄하고 변론·분석이 지리해질수록 자신의 심신과 성명과는 멀어질 뿐이다.

이학 가운데는 '존덕성(尊德性)'과 '도문학(道問學)'의 대립이 있다. '존덕성'은 심성 수양, 곧 주체의 실천 범주에 속하고, '도문학'은 경험 지식, 곧 객관적인 인식의 범주에 속한다. 주희는 사람들이 말하는 것처럼 주지주의자가 아니다. 그렇지만 확실히 '지식', 다시 말해 '도문학'을 중시하였고, 이것을 성인이 되는 중요한 조건으로 여겼다. 그러나 그 뒤로 자신이 '도문학'을 너무 많이 말하면, 문하의 제자들이 강설은 많고 실천이 적어짐으로써, '존덕성'의 실천을 철저히 말한 육구연의 제자보다 못해질 수 있다고 여기게 되었다. 그래서 주희는 '존덕성'과 '도문학'을

---

18) 『朱子語類』, 「卷十三」, 學之之博, 不若知之之要, 知之之要, 未若行之之實.
19) 같은 곳, 工夫全在于行上.

결합하여, 육구연을 향해 "두 가지 단점을 제거하고 두 가지의 장점을 합치자(去兩短, 合兩長)"고 제안하였다. 그러나 주희는 육구연으로부터 비판을 받았다. 육구연은 직접적으로 이렇게 말하였다. "이미 존덕성을 알지 못하면 어찌 도문학이라는 것이 있을 수 있겠는가?"[20) 육구연은 나의 본심을 보존하고 덕성을 존숭하는 것, 곧 주체의 실천에서 상하의 공부를 하는 것이 바로 학문의 근본이라 생각하였다. 육구연은 시종 도덕 실천을 가장 존숭했던 것이다.

그렇지만 육구연은 '존덕성'을 위주로 하고 주희는 '도문학'을 위주로 했다고 결론지을 수 없다. 많은 사람이 주희는 '도문학'을 중시하면서 '존덕성'을 소홀히 했다고 여기지만, 이것은 옳지 않은 견해다. 위에서 말한 것처럼, 주희는 이학을 집대성했지만 도덕 실천을 소홀히 하지 않았으며, 결코 전통적 사유에서 벗어나지 않았다. 도덕 실천을 자각적인 인식 위에 건립할 것을 강조했을 뿐 실천을 경시할 뜻을 추호도 갖지 않았다. 주희는 지행의 관계를 말할 때 "앎이 먼저이고 행함이 나중이다(知先行後)"고 주장했지만, 시종일관 "경중을 논한다면 행위가 중요하다고 할 수 있다(論輕重, 則行爲重)"고 하여 실천을 지식보다 중시하였다. 사실 주희는 순수한 이성 또는 사변 이성의 길로 나아가지는 않았다. 주희의 '도문학'은 근본적으로 도덕 인식, 즉 도덕 이성의 학문으로서, '존덕성'의 실천적 사유를 벗어나지 않은 것이다.

왕양명의 '치양지설(致良知說)'과 '지행합일설'은 명확하게 실천을 첫 번째 자리에다 갖다놓은 이론적인 결론이다. 이 점에서

---

20) 『象山全集』, 「卷三十四」, 旣不知尊德性, 焉有所謂道問學?

왕양명은 진정으로 유가의 실천 철학을 완성했다고 할 수 있다. 실천을 제일로 치는 관점을 확립하고 실천적 사유의 지위를 강화하였다. 주체적 실천을 인간의 첫 번째의 필요로 변화시키고, 모든 문제를 주체의 실천 가운데서 해결하려 하였고, 주체 실천을 시금석으로 여겼다. '치양지(致良知)'는 자기의 도덕 의지를 실현한 것이며, '지행합일'은 실천 가운데서 도리를 체험한 것이다. 그렇지 않으면, 지리멸렬해지고 그림 속의 매화가 말라버리듯이(畵梅止渴) 아무런 소용도 없게 될 것이다. 성인의 학이 바로 '치양지'의 학이며, '양지(良知)'는 모든 사람이 지니고 있는 자주적이고 자율적인 도덕 명령이다. 문제는 어떻게 '치(致)'에 공을 들이느냐에 있다. 이것은 순수한 인식의 문제가 아니라 지식과 행위를 하나로 결합한 주체 실천의 문제다.

이학가들은 성인은 반드시 배워야 할 뿐만 아니라 배워서 도달할 수 있는 존재로 여긴다. 성인이 되기 위해 배우는 데는 하나의 길이 있는데, 그것은 바로 "독실하게 실천하는 것(篤實踐履)"이다. 실천은 수단이자 목적이다. 왜냐 하면 최종적인 목적은 피안이나 사후에 있는 것이 아니라 부단한 실천 가운데 있기 때문이다. 왕양명은 사람은 모두 성인이지만 [성인은] 모든 사람의 실천, 곧 '치양지'하는 가운데 구현된다고 보았다. 이것은 영원히 멈출 수 없는 자아 완성·자아 실현의 과정이다. 왕양명은 '지행합일설'을 제출하였고, 지식과 행위를 두 가지로 나누는 것에 반대하였다. 더욱이 알기만 하고 행하지 않거나 앎을 먼저 하고 행하는 것을 뒤로 하는 것에 반대하였고, 도덕 실천의 결정적인 작용을 강조하였다. 왜냐 하면 "성인의 학문"은 근본적으로 실천 가운데 완성되기 때문이다. 앎은 행위 가운데 있고 행위는 앎 가운데 있다. "행위를 분명히 깨닫고 정밀하게 관찰하는 것이 바로 앎이고 앎이 진실 독실한 것이 바로 행위다."[21) 앎과 행위가 합쳐질 때만 실천 원칙은 관철될 수 있으며, "입과 귀의 막힘(口耳之蔽)"이 극복될 수 있다. 왕양명이 이 학설을 입론의 종지(立言宗旨)로 삼았음은 조금도 이상한 일이 아니다.

종합하면 유가가 주도한 전통 철학은 이론적 사변 방면으로 발전한 것도 아니고, 경험 실증의 방면으로 발전한 것도 아니다. 오히려 주체 실천의 방면으로 발전한 것이다. 전통 철학은 이상 인격의 실현을 근본 목적으로 하며, "몸소 실천함(躬行踐履)"을 근본적인 학문으로 삼는다. 이렇게 주체적 실천을 첫 번째 자리로 올려놓은 결과, 사유의 최고의 원칙이 변화하게 되었다.

2. 진지(眞知)란 무엇인가?

실천형 사유의 중요한 특징은 개인의 실천적 경험을 극히 존중하고 보편적인 이론 원리를 중시하지 않으며, 개인의 직접적인 실천 가운데서 지식을 구할 것을 강조하고 이론적인 분석과 논리적인 전개를 중시하지 않는 데 있다. 따라서 이 사유는 이론 분석적인 사유가 아니라 일종의 경험 종합적인 사유라고 할 수 있다.

경험 종합적인 사유 방식을 가진 사람들은 이론적으로 창조하는 것을 즐겨하기보다 실천 가운데 경험 지식을 쌓는 것을 중시한다. 이론적인 원리에 대해 흥미를 갖기보다 구체적인 경험 지식을 극단적으로 중시한다. 중국인들은 과학적 가설을 제시

---

21) 『傳習錄』, 行之明覺精察處卽是知, 知之眞切篤實處卽是行.

하거나 추리하고 증명하는 것을 좋아하지 않는다. 중국의 고대 과학 서적에는 형식화, 공리화한 이론 체계가 만들어 있지 않은 대신, 실천적 경험이 풍부하게 포함되어 있다. 천문학, 의학, 농업과학은 특히 뛰어난 분야에 속한다. 고대인들은 언제나 경험의 차원에 머물렀다. 그래서 구체적인 것을 좋아하지만 추상적인 것을 경시하며, 실제적인 것을 좋아하지만 현묘한 생각(玄思)은 경시한다. 그래서 중국에서는 체계적인 과학 이론과 사변 철학이 발전할 수 없었다. 고대 중국의 과학 기술은 매우 발달하여 세계적으로 보더라도 선도적인 수준에 있었다. 이 사실은 많은 사람들이 인정하고 유관 학자들이 실증한 내용이다. 그러나 [그러한 선도적인 기술은] 완전한 이론 체계로 만들어지지 않았고 이론적인 과학적 저작도 많이 나오지 않았는데, 이것 또한 부정할 수 없는 사실이다. 이[처럼 높은 과학 기술이 이론 체계나 저술로 정리되지 않은]것은 중국인이 총명하지 않았음을 뜻하지 않는다. 과거는 물론이고 현재도 중국인의 총명함과 지혜는 극히 뛰어나다. 문제는 전통적인 실천 경험의 사유가 이론적으로 사고하고 탐색하는 습관과 전통을 형성하는 데 기여하지 못한 데 있다.

유가는 이미 언급한 대로 몸으로 실천할 것을 강조하고 실천하는 가운데 이상 인격인 성인의 경계에 도달할 것을 주장한다. 또한 실천하는 가운데 '진지(眞知)'를 구할 것을 주장한다. '진지'는 몸으로써 얻어야 하는 지식이며, 참으로 쓸모 있는 지식이다. 그리고 '진지'는 실천 가운데서만 얻어지는 것이다. 이른바 '진(眞)'이란 논리적으로 옳거나 과학적 실험으로 실증될 수 있는 이론적 지식이 아니다. 한마디로 말해 객관적인 사물이 '어떠한가'에 대한 지식이 아니라 심신과 성명에 관한 지식이고,

당연히 어떻게 사람이 되어야 하는가에 대한 지식이다. 이것이 야말로 진정으로 쓰일 수 있는 지식이다. [반면에] 과학 기술은 "이상한 기술과 현혹시키는 기교(奇伎淫巧)"로 간주되어 존중되지 못하였다. 그렇지만 '진지(眞知)'는 개인의 실천과 경험에서부터 나온 것으로 진실로 믿을 수 있는 것이다.

유가는 경전에 대한 공부를 중시하고 경전에 대한 해석을 통해 지식을 얻을 것을 강조한다. 경전 속의 지식도 자신의 실천을 통해서만 '진지'로 변화될 수 있다. 그렇게 하지 않으면, [그것은 한낱] "한가로운 이야기(閑說話)"에 불과할 뿐이다. 성인의 말을 완전히 암기한다고 해도 일을 온전히 성사시킬 수 없다. 성인과 현인들의 수많은 말들도 사람들에게 실행하라고 가르친 것이다. 성인의 말씀을 따르지 않고 성인의 말을 암기만 한다면, 그것은 성현의 책을 읽은 것일 뿐 그 책들을 제대로 이해한 것은 아니다.

공자는 '육예(六藝)'를 가르친 바 있다. 육예란 예의(禮), 음악(樂), 활쏘기(射), 말타기(御), 글쓰기(書), 셈하기(數)의 여섯 가지로서, 모두가 학습해야 하는 것이다. 공자가 고대 경전을 정리한 것은 스스로 배우기 위한 것일 뿐만 아니라 학생과 후대인을 교육시키기 위한 것이었다. 그러나 '육예'는 학문의 시작일 뿐이다. '육예'는 인문 지식, 곧 사회의 문화와 역사에 관한 지식으로서, 이전 사람들이 쌓아놓은 것이다. 유가에게 더욱 중요한 것은 바로 진정으로 지식을 장악하고 자기의 '진지'로 변화시키기 위해서는 실천이 필수적이라는 것이다. 이것이 바로 "배우고서 때때로 익히는 것(學而時習之)"이다. 새가 나는 법을 익힐 때 반복적으로 연습해야 하듯이, '익힘'은 반복해서 연습하고 반복해서 실천해야 하는 것이다.

유가에 따르면, 진정한 지식(知)이란 외재적인 것이 아니라 내재적인 것이다. 보고 들어서 알게 된 것이 아니라 덕성으로 알려진 것이다. 이런 지식은 내재적인 것이지만 실천과 체험 가운데서만 얻을 수 있다. 이것이 진정한 주체적 실천이다. 그래서 '지(知)'와 '인(仁)'의 관계는 일치하게 된다. "어진 자는 어려운 일을 먼저 하고 얻는 것을 뒤에 하니, 이렇게 한다면 인이라고 말할 수 있다."[22] '어려움'이란 무엇을 가리키는가? 그것은 행위를 가리킨다. '얻음'이란 무엇을 얻는 것인가? 인(仁)에 관한 지식을 얻는 것이다. 『상서(尙書)·열명중(說命中)』에는, "앎이 어려운 것이 아니라 오직 행위만이 어렵다(非知之難, 行之惟難)"는 말이 있다. 이것은 "처음에는 [실행하기] 어렵지만, 나중에 [좋은 결과를] 얻게 된다"는 말에 대한 가장 좋은 해석이다. 명·청 시대의 왕부지는 이렇게 해석한 바 있다. 이른바 "어려운 일을 먼저 하고 얻는 것을 뒤에 한다"는 말은 먼저 실천한 이후에 지식을 얻게 된다는 뜻이다. 바꾸어 말하면, 진지는 실천 가운데서 얻어진다는 것이다. 이때의 지식은 인(仁)을 아는 지식이다. "어진 자는 인을 편안히 여기고 지혜로운 자는 인을 이롭게 여긴다."[23] 인은 실천에서 말한 것이요 지식은 인식에서 말한 것이다. 진정한 지식은 인의 실천에서 벗어나지 않는다. 양자가 통일을 이룰 때만 지식이 인이 되고 인이 지식이 되는 것이다.

공자는 『시경(詩經)』을 배울 것을 주장하였다. "시를 배우지 않으면, [제대로] 말할 수 없다(不學詩, 無以言)."『시경』을 배우는 까닭은 외교적 대화를 잘 이끌어가려는 데 있다. 고대인들은

---

22) 『論語』, 「雍也篇」, 仁者先難而後獲, 可謂仁矣.
23) 『論語』, 「里仁篇」, 仁者安仁, 知者利仁.

『시경』을 인용하여 담론을 나누었다. 공자는 『예기』를 배울 것도 주장하였다. "예를 배우지 않으면 설 수가 없다(不學禮, 無以立)." 『예기』를 배우는 까닭은 실천하는 데 있다. 예를 실행해야만 인에 도달할 수 있다. 그렇다면 인은 어떻게 배워야 하는가? 실천하는 가운데 배울 수 있다. 진정한 지식이란 인에 관한 지식이다. 그러나 인에 대한 지식은 책이나 경전에서 배울 수 없다.

이학가들은 '진지(眞知)'를 강조하였고 그것을 일반적인 지식과 구별하려 하였다. 이학가들이 말하는 '진지'란 몸소 실천하여 얻은 지식이자 도덕과 성명을 자각한 지식이다. 정이는 "호랑이의 말만 들어도 얼굴빛이 변한다(談虎色變)"는 말로써 직접적인 실천의 중요성을 강조하였다. 일반인들은 호랑이를 말하고 호랑이가 어떻게 해로운지 알고 있지만, 입으로만 그렇게 말할 뿐 실제로 아무런 느낌도 갖고 있지 않다. 이것은 참으로 호랑이를 아는 것이라 볼 수 없다. [반면에] 호랑이에게 물려본 경험이 있는 사람은 호랑이가 있다는 말만 들어도 안색이 크게 바뀌게 되는데, 이런 정도가 되어야만 호랑이를 참으로 안다고 할 수 있다. 정이는 이렇게 말하였다. "진지는 상지(常知)와는 다르다. 일찍이 호랑이에게 물려본 농부가 있다면, 호랑이가 사람을 물었다는 말을 들었을 때 그 농부의 얼굴빛은 다른 사람과 다를 것이다. 호랑이가 사람을 물 수 있다는 사실은 삼척동자도 다 알지만, 그것은 참된 지혜라 할 수 없다. 참된 지혜는 반드시 농부처럼 아는 것이다. 그러므로 사람이 불선을 아는 것은 불선을 행하는 것과 같으니, 이 또한 진지를 경험하지 못한 것이다. 진지를 갖는다면 결코 [불선을] 행하지 않을 것이다."[24] '진지'와

---

24) 『河南程氏遺書』, 「卷二上」, 眞知與常知異. 嘗見一田夫, 曾被虎傷. 有人說虎傷人, 衆莫不驚, 獨田夫色動異于衆. 若虎能傷人. 雖三歲童子莫不知之. 然未嘗眞

'상지'의 차이점은, '진지'는 몸소 체험에서 얻은 것인 데 반해 '상지'는 그렇지 않은 것이라는 데 있다. 그러므로 '진지'는 가장 진실한 것이고 반드시 실행할 수 있는 것이다. 정이가 이런 예를 든 것은 일반적인 지식을 설명하기 위해서가 아니라 자신의 성명과 관련된 도덕 지식을 설명하기 위해서였다. "선을 안다(知善)", "불선을 안다(知不善)"는 것은 개념적으로 무엇이 선이고 무엇이 불선인가를 아는 것이 아니다. 개념적으로 아는 것은 '상지'에 불과하다. 진정으로 선과 불선을 알려면 도덕적인 실천 가운데서 체험해야 하며, 그렇게 얻어진 지식은 개인이 직접 경험한 것과 다르지 않다. 그래서 그 지식은 진실하고 믿을 만하다고 할 수 있다.

주희는 '진지'는 실천 가운데서 직접적인 체험으로 얻어진 지식이며, 그래서 가장 진실하고 믿을 만한 지식이라고 분명히 지적하였다. 진지는 어떤 것을 대략 아는 것 또는 수박 겉 핥기 식으로 아는 것이 아니라 사물 내부로 깊이 들어가 그 궁극을 아는 것이다. 이런 지식은 절실한 체험을 필요로 한다. "대략 알려진 곳에서도 착실히 체험한다면 반드시 저절로 믿을 만한 곳이 있게 될 것이니, 이것이 바로 진지다."[25] "알기는 하지만 행위할 수 없다면 그 앎은 아직도 천박한 것일 뿐이다. 몸소 그 방면에서 경험한다면 지식은 더욱 밝아져서 전날의 의미와는 달라질 것이다."[26] 진지는 "체험에 바탕하여(着實體驗)" 얻은 지식이며 "체험에 바탕했다"는 것은 "몸소 그 방면을 경험한 것(親厤其

知. 眞知須如田夫乃是. 故人知不善而*爲不善, 是亦未嘗眞知, 若眞知, 決不爲矣.
25) 『朱文公文集』, 「卷五十九」, 答越公文, 就略知得處着實體驗, 須有自然信得及處, 便是眞知也.
26) 『朱子語類』, 「卷十九」, 方其知之而行未及之, 則知之尙淺. 旣親厤其域, 則知之益明, 非前日之意味.

域)", 곧 몸소 실천한 것이다. '진지'와 '상지'는 깊고 얕음의 정도로 구분되는 것이 아니라 주로 "자신에게서 얻었느냐(得之于己)", 진정으로 자기의 내재 체험에 속하느냐 여부로써 구분된다. 이러한 사실은 몸소 실천할 때만 해결될 수 있다. "모름지기 먼저 어려움을 겪은 뒤에야 [진지를] 얻을 수 있다. 호랑이 굴에 들어가지 않고서 어떻게 호랑이를 잡겠는가? 반드시 자신의 몸을 버리고 그 속으로 들어가 [그 호랑이를] 두들겨 패야만 잡을 수 있다. 가벼이 말로만 해서는 그 일을 이루지 못한다."27) 이것은 실천이 진지를 만들어냄을 말한 것이다. 거꾸로 진지는 실천하는 가운데서만 얻어진다고 말할 수도 있다. 여기에 맹맥(命脈)이 있으니, 그것은 사람들이 말하는 지식이나 언어 개념이 아니다.

이른바 '명맥', "진혈맥(眞血脉, 육구연의 말임)"은 자기의 심신과 성명에 이르는 근본 도리로서 착실한 실행이 필요한 것이다. "성현에 등급이 있느냐의 문제에 대해 말하기를 좋아하는 친구를 본 적이 있다. 천리마가 네 다리로 달리는 것처럼, 노새도 네 다리로 달린다. 어찌 천리마가 다리를 사용하지 않고 천리를 간다고 말할 수 있겠는가? 다만 비교적 빨리 달릴 수 있을 뿐이다."28) 성현에 등급이 있느냐의 문제는 대수로운 것이 아니다. [문제의] 관건은 실천에 있다. 나태하지 않게 실행한다면 평범한 사람도 성현의 위치에 도달할 수 있다. 이른바 "다른 사람이 한 번 하여 능하면 나는 백 번 하고, 다른 사람이 열 번 하여

---

27) 『朱子語類』, 「卷三十二」, 須是先難而後獲. 不入虎穴, 焉得虎子? 須是舍身入里面去, 如搏寇讐方得之, 若輕輕地說得, 不濟事.

28) 『朱子語類』, 「卷六十三」, 常見朋友好議論聖賢等級. 如天里馬也須使四脚行, 駑駘也是使四脚行, 不成說千里馬都不用脚動, 便到千里, 只是它行得較快爾.

능하면 나는 천 번을 한다"29)는 말은 이러한 이치를 나타낸다. 실행하지 않으면 아무리 총명한 사람이라도 성현이 될 수 없다. 종합하면 성인의 경지에 도달하려면 실행할 수밖에 없다. 실천하는 가운데서만 성현이 성현으로 되는 까닭을 인식할 수 있고 성현의 위치에 도달할 수 있다. "알고 있으나 아직 행위하지 않았다면 그것은 아직 알지 못하는 것에 불과하다."30) 지식을 갖고 있으면서 실행하지 않는 것은 지식을 갖고 있지 않은 것과 같다. 왜냐 하면 그것은 진지가 아니기 때문이다. 진지는 실천에서 생겨날 뿐 아니라 실천에서 확인된다. "참으로 안다면 실행하지 못할 것이 없다."31) 실행할 때만 진지가 획득되며, 진지가 있어야만 자각적으로 실행할 수 있다.

명·청 시대에 생겨난 '경세치용(經世治用)'의 학문은 유가의 실천적 사유를 좀더 발전시킨 결과다. 그것에는 이학의 심성 수양을 비판하는 측면이 있지만, 새로운 사유 방식을 발전시키거나 실증적인 과학적 사유로 만든 것은 아니다. 대표적인 인물인 안원(顔元)은 이학가들이 "심성에 대해 공담을 일삼는다(空談心性)"고 비판하고 실천과 실용의 학문을 주장하였다. 모든 지식이 실천에 근원한다고 보고, 실천 가운데서 얻은 지식만이 유용한 지식이라고 주장하였다. 그래서 자신이 주장한 내용을 몸소 실행하고자 했다. 안원은 '격물'을 "손으로 맹수를 친다(手格猛獸)"고 할 때의 "치는 것"으로 해석하고, 친히 손으로 "시험(장난)삼아 한 번 했을(作弄一番)" 때만 진지나 유용한 지식이 얻어진다고 하였다. 이러한 사유에 의하면, 음악을 배우는 자는

---

29) 같은 곳, 人一能之己百之, 人十能之己千之.
30) 같은 책, 「卷二十三」, 知而未嘗爲, 亦只是未嘗知.
31) 『朱文公文集』, 「卷七十二」, 雜學辨, 眞知則未有不能行者.

반드시 [악기를] 직접 손으로 튕기면서 연주해보아야 하며 악보만 읽어서는 안 된다. 예를 배우는 자도 반드시 직접 실행해보아야 하며, 예에 관한 책만 읽어서는 안 된다. [이러한] 추론을 확대하면, 무릇 산학(算學)을 배우는 자도 손으로 주판을 튕겨보아야 하고, 지리를 배우는 자도 직접 토지를 재어보아야 한다. 왜냐 하면 진지는 실천에서만 나오고 다른 데에서는 나오지 않기 때문이다. 그래서 "앉아서 도를 논하는 것(坐而論道)"을 반대한다. 실천하지 않는 지식은 입으로 강론하는 것에 불과해서, "거울 속의 꽃과 물 속의 달(鏡中花, 水中月)"처럼, 구해도 얻을 수 없고 어떤 쓰임도 없는 것이다. 사실 안원과 이학가들은 모두 실천형의 사유 방식에서 벗어나지 않았다. 이학가들이 개인의 도덕 실천, 더욱이 내재적인 심성 수양을 강조했다면, 안원은 현실의 실제적인 효용과 일 그리고 실제적인 효과를 드러내는 것을 강조하였다. 실천의 범위를 확대하여 예의(禮), 음악(樂), 활쏘기(射), 말타기(御), 글쓰기(書), 셈하기(數), 곧 이른바 '육예'의 영역으로 확대할 것을 주장했을 뿐만 아니라 일마다 몸소 체험할 것을 강조하였다. 그래서 [그의 이론은] 경험적인 사유의 특징을 갖추고 있다고 할 수 있다. 안원은 공자[의 사상]를 통해 이학가들을 비판했으며, 주체 인격의 실천을 주장하였다. 이른바 진지라는 것도 개인 실천이라는 기초 위의 경험적 지식이다. 안원은 자신의 거실 이름을 '습재(習齋)'라고 하였는데, 이는 개인의 실천과 경험 작용을 강조한 것이다.

이학가들은, 내재적인 심성 수양은 반드시 도덕 행위로 표현되어야 하며, "청소하고 [사람을] 응대하며(洒掃應對)", "인륜을 나날이 사용하는(人倫日用)" 가운데 도리를 깨우쳐야 한다고 주장하였다. 또한 실천을 강조하면서 강론을 진행하였다. 안원등이 지적하듯이, 이학의 폐단은 "심성에 대해 허튼 소리를 해서(空談心性)" 사회에 대해 직접적인 효과를 만들어내지 못한 데 있다. 안원은 실제적인 작업과 공적(공효)을 중시했으며, 사회에 대한 직접적인 효용을 강조하였다. 그래서 그의 실천적 사유는 실용성을 갖추고 있다고 말할 수 있다.

도가도 이러한 사유를 제시한 바 있다. 자연의 도에 관한 도가의 사상은 중국의 이론적 사유의 발전을 어느 정도 촉진하였다. 그렇지만 도가는 체계적인 자연철학을 건립하지 못하였고, 더욱이 과학적 이론을 발전시키지 못하였다. 도교에도 과학적 내용이 포함되어 있지만 그것은 극도로 제한된 것이다. 노자는 이론적인 경향을 지닐 뿐 실천적 사유는 명확하게 드러나지 않았다.[32] 이에 반해 장자는 실천 경험적인 사유를 주장한 대표적인 인물이었다. 『장자』에는 그러한 사유를 보여주는 예가 많이 보인다. 개인의 실천적 경험이 능숙한 정도가 되어야만 진정으로 자신의 지식이라고 할 수 있다. 그러나 이론상으로 보편적으로 받아들일 수 있는 원리를 제출하기란 쉬운 일이 아니다. 이러한 기능과 지식은 개인의 실천 경험 가운데서 체험될 수 있을 뿐, 일반적인 이론과 언어로는 표현되기는 어려운 것이다.

'포정해우(庖丁解牛)'의 우화는 가장 유명한 예다. 포정은 일생 동안 실천을 통해 소를 해치는 숙달된 기술을 갖게 되었다. 그래서 "눈으로 소의 전체가 보이지 않는(目無全牛)" 수준이 되었다. 그의 칼은 소의 몸체 가운데서 "노닐듯이(游刃)" 아무런 장애도 받지 않았다. 일반인들은 소를 해칠 때 그 칼날을 한 달, 길게는 1년 정도 사용하고 새것으로 바꾸지만, 포정의 칼은 19

---

32)『노자도덕경』 제47장에 나오는 "문 밖을 나가지 않고도 천하를 안다(不出戶知天下)"는 표현을 그 예로 들 수 있다.

년이 되었지만 마치 새것과도 같았다. 왜냐 하면 그는 "오직 마음으로 일할 뿐 눈으로 보지 않기(以神遇而不以目視)" 때문이다. 그러므로 "자연스런 본래의 이치에 따라(依乎天理)" "두께가 없는 것을 빈틈 가운데로 집어넣을 수 있었다(以無厚入有間)." 여기서 말하는 '천리(天理)'는 객관적인 규율이다. 또한 '신우(神遇)'라는 것도 일반적인 체험이 아니라 특수한 체험이다. 이러한 체험은 간접적인 방법으로 얻어지는 것이 아니라 개인의 실천 가운데에서만 얻어지는 것이다. 왜냐 하면 '진지'는 개인의 실천 경험 가운데 응결되고, 구체적인 사물 가운데 있기 때문이다. 개인의 경험과 구체적인 사물을 떠나서는 일반적인 규율이 존재하지 않는다. 그래서 소의 몸체 구조가 어떠하고, 소를 해치는 원리가 어떠하며, 어떤 보편적인 규율이 있는가의 문제들은 아무런 의미도 없고 해결될 수도 없다.

장자는 '포정해우'의 고사로써 인생의 도리가 포정이 소를 해치는 것과 같다고 설명하였다. 인간 세상에서 자유롭게 생활하며 어떤 제한도 받지 않고 자유자재로 인생의 규율을 장악하여 어떤 곤란도 받지 않는 유일한 방법은, 개인의 생활 실천 가운데서 체험하는 일이다.[33] 유가가 말하는 '진지'는 도덕에 관한 지식이고, 그러한 지식은 인륜 관계 가운데 나타나며, 인간과 사회의 화해와 일치를 표현한다. 그래서 유가는 '인륜일용(人倫日用)'의 실천 가운데서 '진지'를 추구할 것을 주장하였다. 도가가 말하는 '진지'는 개인의 자유에 관한 지식이며, 그것은 개인과 사회의 관계에서 드러날 때 어느 정도 모순과 충돌을 보인다. 그래서 장자는 개인의 비윤리적인 실천 가운데 '진지'를 얻

---

33) 『莊子』, 「養生主」를 살펴보라.

으려는 것은 마치 "두께 없는 것을 빈 틈 가운데로 집어넣는 것 (以無厚入有間)"과 같고, 투쟁의 와중에서 생존과 발전을 구하는 것과 같다고 주장하였다. 어떻든 유가와 도가는 공히 개인의 실천 가운데서 체험할 것을 주장한다는 점에서 유사하다고 할 수 있다.

위에서 언급한 것처럼, 개인의 경험은 체험할 수는 있지만 말로써 전달할 수는 없다. 우리는 제2장에서 체험형의 사유가 언어와 개념으로 표현할 수 없는 데 그 특징이 있음을 지적하였다. 이제 우리의 관심은 이런 사유가 개인의 실천 경험을 떠날 수 없다는 데로 옮겨지게 된다. 여기에 「천도편」에 기록된 '착륜(斲輪)'의 고사는 좋은 예가 된다.

"환공(桓公, 제나라 환공)이 방에서 책을 읽고 있을 때 수레바퀴를 만드는 목수인 편(扁)은 뜰에서 수레바퀴를 만들고 있었다. 편은 망치와 끌을 놓고 뜰 위에 올라와 환공에게 물었다. '황송하옵니다만, 임금께서 읽으시는 것은 어떤 책입니까?', '성인의 말씀이다', '그 성인은 지금 살아 계십니까?', '그 성인은 이미 세상을 떠났다', '그렇다면 임금께서 읽으시는 것은 성인이 뱉어 놓은 찌꺼기일 뿐입니다', '내가 책을 읽는데 네 놈이 무슨 잔소리냐? 어디 말해보아라. 말이 맞지 않으면 죽이리라', '저는 제가 하는 일에서 느낀 바를 말씀드리겠습니다. 이 수레바퀴를 깎는데 시기를 너무 늦춰 [많이 깎으면] 헐거워져서 끼우기 쉬우나 단단하지 못하고, 시기를 너무 일찍 잡으면 [덜 깎아서] 빡빡하여 좀체 들어가지 않습니다. 그런데 빠르지도 않고 느리지도 않은 것은 손에서 저절로 되어 마음에 맞아야 하는 것입니다. 그것은 입으로는 말할 수 없으니 거기에는 어떤 무엇이 있는 것입니다. 그러므로 저는 그것을 저의 자식에게 가르쳐줄 수도 없고 저의 자식도 저에게서 그것을 배울 수 없습니다. 그래서 저는 나이 칠십이 다 되도록 이 수레바퀴를 깎고 있는 것입니다. 옛날의 성인도 깨달은 바 그 무엇을 끝내 전하지 못하고 죽었을 것이니, 그렇다면 임금께서 읽으시는 책은 옛 사람이 뱉어놓은 찌꺼기가 아니겠습니까?'"[34]

수레바퀴를 만드는 목수인 편은 일생 동안 수레바퀴를 깎으면서 귀중한 경험을 쌓았고 진실한 도리를 체험하였다. 그래서 너무 느려서도 안 되고 너무 빨라서도 안 되며, 느리지도 빠르지도 않아야만 가장 적절해질 수 있음을 알게 되었다. 이러한 경험적 체험이 있어야만 수레바퀴를 깎는 것도 "손에서 저절로 되어 마음에 맞을 수(得心應手)" 있으며, 상황에 따라 사각형과 원형을 만들 수 있다. 그러나 이런 지식은 자신의 자식에게도 전할 수 없고 자식도 그것을 배울 수 없다. 그렇다면 그 이유는 무엇인가? 그것은 개인의 실천적인 경험에서만 체험되는 것이기 때문이다. 그 경험은 개인에게 속한 것이다. 마음으로 얻을 수 있으나 입으로 말할 수는 없으며, 손으로 응할 수 있으나 다른 사람에게 전할 수는 없다. 아마도 자기 자식에게도 전할 수 없을 것이다. 이 예는 진정한 지식(과 기술)은 개인의 실천적인 경험 가운데서만 체험되고, 일반적인 이론과 언어로 표현될 수 없으며, 개인의 경험 가운데 응결될 뿐 추상적인 일반 이론으로

---

34) 『莊子』, 「天道篇」, 桓公(齊桓公)讀書于堂上, 輪扁斲輪于堂下, 釋椎而問桓公曰, '敢問公之所讀者, 何書邪?', 公曰, '聖人之言也.' 曰, '聖人在乎?', 公曰, '已死矣.' 曰, '然則, 君之所讀者, 古人之糟魄(粕, 下同)已夫. 桓公曰, '寡人讀書, 輪人安得議乎? 有說則可, 無說則死.' 扁曰, '臣也以臣之事觀之, 斲輪徐則甘而不固, 疾則苦而不入, 不徐不疾, 得之于手而應于心, 口不能言, 有數存焉于其間, 臣不能以喩臣之子, 臣之子亦不能受之于臣, 是以行年七十而老斲輪. 古之人與其不可傳也, 死矣. 然則, 君之所讀者, 古人之糟魄矣.

형성될 수 없음을 설명한다.

그 가운데 비록 "수가 존재함(有數存焉)", 곧 규율성이 있다고 해도 언어로 표현될 수 없고, 추상적인 이론으로 형성될 수 없다. 무릇 언어를 사용해서 표현할 수 있는 것은 찌꺼기일 뿐 핵심(진수)은 아니다. 이로부터 성인의 도는 성인의 실천적인 경험 가운데 존재하고 저작 가운데 존재하지 않으며, 성인의 마음에서 얻을 수 있고 성인의 말에서 얻어질 수 없음이 증명되었다. 성인이 없다면 성인의 말도 찌꺼기에 불과하다. 즉, 성인이 존재해도 성인으로부터 아무것도 얻을 수 없다. 그러니 하물며 책에다 무엇을 쓰겠는가? 성인의 도가 무엇인지를 알려면 자신의 실천 가운데서 체험해야 하고, 자기의 경험을 쌓아가야 한다. 이것이 바로 장자가 사람들에게 말하고자 했던 도리다.

그러므로 모든 이론과 학설 그리고 저작은 찌꺼기에 불과하다. 진정한 지식은 개인의 실천적인 경험 가운데서만 체험될 수 있다. 사물의 규율은 개인의 실천경험을 떠나 존재할 수 없다. 그것은 구체적인 것이지 [개인적인 경험을 벗어난] 추상적인 것이 아니며, 특수한 것이지 보편적인 것이 아니다. 개별 가운데 있는 것이지, 개별 바깥에 있는 것이 아니다. 따라서 [진정한 지식은] 보편적인 이론과 원리로 만들어질 수 없고, 일반적인 언어로도 표현될 수 없다.

도가가 "성인의 말"(聖人之言)을 찌꺼기로 본 것은, 유가 경전을 반대한 것일 뿐 아니라, 경전을 존숭하는 유가의 태도에 대해서도 반대한 것이다. 이 점에서 도가는 경전 읽기를 강조한 유가와 다르지만, 양자의 사유 방식이 근본적으로 구별되지 않는다. 우리는 이 점에 대해 주의할 필요가 있다. 도가는 개인의 실천 가운데 진지를 얻어야 한다고 주장하고, 개인의 실천적 경험을 중시한다. 나중의 혜강은 공개적으로 "탕 임금과 무왕을 비난하고, 주공과 공자를 경멸한다"[35]는 뜻을 드러내었다. 유가의 육경을 찌꺼기라고 폄하한 것은 유가인 육구연의 "육경은 모두 나의 주석이다(六經皆我注脚)"는 말과 동일한 사유 방식이다. 심지어 독경을 주장한 주희도 "학문은 자기 자신의 몸에서 절실히 이해해야 하며, 독서는 그 다음의 일이다"[36]라고 말하였다. 자신의 몸에서 "절실하고 중요한 것(切己要處)"을 이해하는 것은 완전히 주체의 실천과 경험의 문제라고 할 수 있다. 학문의 도는 실천에 있지 독서에 있지 않으며, 더욱이 이론적 창조와 논리적 추론에 있지 않다. 실천 가운데서 진지를 구할 수 있을 뿐, 이론적으로 논증하거나 추론해서는 진지를 구할 수 없다. 이러한 전통적 사유는 중국의 문화와 사회에 중대한 영향을 끼쳤으며, 불교철학에 대해서도 마찬가지였다. 선종의 "부처를 꾸짖고 [각종파의] 시조를 질책한다(訶佛罵祖)"는 구절도 그 중의 한 예로 볼 수 있다. 선종은 경전을 읽거나 강론하지 말고 개인의 종교 실천 가운데서 체험해야만 부처가 될 수 있다고 주장한다.

중국 역사를 통해서 볼 때 중국인들은 많은 영역에서 풍부한 경험으로 과학 기술을 축적했으나, 체계적인 이론과 가설을 제시하지는 못하였다. 중국인은 천문학에서 일식(日蝕)을 최초로 기록하고, 천상(天象)을 관찰하여 많은 천문 지식을 기록하였다. 그렇지만 천문학에 대한 이론적 가설은 제시하지 않았다. 농업 분야에서도 상세한 경작 기술과 재배 지식을 갖고 있었지만, 식물의 분류학 같은 일반적인 이론적 저작은 만들어내지 못

---

35) 『嵇康集』, '與山巨源絶交書', 非湯武而薄周孔.
36) 『朱子語類』, 「卷十」, 學問就自家身上切己要處理會方是, 那讀書底, 已是第二義.

하였다. 의학은 가장 많은 성취를 이룬 분야였다. 경험도 풍부했고, [그러한 경험을] 저작을 [통해] 세상에 전하기도 하였다. 그렇지만 생리학과 같은 인체 과학의 전문적인 저술을 만들어내지는 못하였다. 수많은 고명한 의술은 명의 개인에게만 속했을 뿐 계승되지 않았다. 그 가운데 극히 일부만 비방(密方)이란 형식으로 전해졌을 뿐이었다. 특히 비방이나 절묘한 기술(絶技)은 부모와 자식 간에만 전해졌다. 어떤 경우는 당사자가 죽어서 전해지지 못했거나 전해질 수 없었다. 전해진 경우에도 도제를 통해서였을 뿐, 학교의 강의실에서 [다수에게 공개적으로] 전해지지 않았다. 더욱이 [일반적인] 저술로 만들어져 많은 사람들이 읽을 수 있게 하지는 못하였다. 이런 현상은 아마도 농업 사회가 개체 생산을 주요 형식으로 한다는 사실과, 중국 전통의 사유가 전통적인 실천경험형 사유 방식이라는 사실과도 관련 있을 것이다.

3. 위기(爲己)와 자위(自爲)

전통 철학, 특히 유가철학은 제1장에서 말한 것처럼 '위기(爲己)'의 학문을 주장한다. 위기의 학문은 자기 반성적 사유라는 측면을 말한 것이다. 사실상 '위기'의 학문은 '자위(自爲)'의 학문, 다시 말해 자아 실현을 위한 실천 철학이다. 따라서 실천적 사유에 속하는 것이라고 할 수 있다.

공자는 "옛날의 학자들은 자신을 위한 학문을 하였는데, 지금의 학자들은 남을 위한 학문을 한다"[37]고 말하였다. '위기(爲

己)'는 자기가 사용(受用)하기 위한 것이고, '위인(爲人)'은 다른 사람에게 보여주기 위한 것이다. 이것은 자기 반성, 자아 인식의 문제일 뿐만 아니라, 더욱 중요하게는 자아 완성, 자아 실현의 문제이기도 하다. 실천하는 가운데 자신의 도덕 인격을 완성·실현하고 진정한 정신적 즐거움을 얻으려는 것이다. 이것은 완전히 현세주의적인 것이다. 피안의 영원과 행복을 요구한 것이 아니라 현세의 인생 가운데서 최고의 이상을 실현할 것을 주장한 것이다. 전통적 사유에는 서양적인 종교 의식이 부족하며 피안을 향한 초월의 관념도 부족하다. 더욱이 거기에는 원죄와 속죄 의식을 찾아볼 수 없다. 이 점에서 '위기'의 학문은 매우 분명히 드러난다. 현세 가운데서 인생의 행복을 누리려 하고 죽은 뒤의 안락함을 요구하지 않는다. 그래서 "내가 없고(無我)" "내가 아니다(非我)"는 초월적인 사유가 아니라, "내가 있고(有我)" "내가 존재한다(存我)"는 현실적인 사유라고 할 수 있다.38)

유가가 강조하는 '위기'라는 현세적 사유는 현실적인 윤리주의를 표현하는 동시에 자각적인 도덕 수양을 표현한다. 현실의 인생 가운데 인간과 인간의 관계, 인간과 자연의 관계 그리고 개인과 사회의 관계를 잘 처리하고 자신의 이상 인격을 실현함으로써 결과적으로 정신적인 만족과 안녕을 얻을 것을 주장한다. 그러나 자신의 역사적인 사명을 완성하고 인간의 내재적인 가치를 실현하는 것은 더욱 중요하다. 왜냐 하면 인생의 의미와 가치는 자기 자신 안에 있지 바깥에 있는 것이 아니며, 어떻게 실현할 것인가 하는 문제는 자기 자신의 사정이지 다른 사람의

---

37) 『論語』, 「憲問篇」, 古之學者爲己, 今之學者爲人.
38) 이른바 "내가 있음(有我)"이란 감성적 자아가 아니다. 이 점에 대해서는 다음에서 언급하기로 한다.

사정이 아니기 때문이다. 인생의 의미와 가치는 자기에게 의지할 수 있을 뿐 다른 힘에 의지할 수 없으며, 더욱이 피안의 힘에 의지할 수는 없다. 즐거움을 얻더라도 [그것은] 자아를 즐기는 것이지 마치 신으로부터 하사품을 받아서 그것을 즐기게 되는 것은 아니다. 이것은 이론적으로는 일종의 도덕자주론이며, 실천적으로는 자아 수양·자아 완성의 '위기'의 학문이다.

'위기'의 학문은 자아가 맡고, 자아가 주인이 되기를 요구한다. 반드시 자아로부터 시작되어야 하며, 잠시라도 자기의 직책을 잊어서도 안 된다. 자아에 대한 수양은 자각의 내재적인 요구로 바뀌어야 하며, 그것이 외적인 강제나 속박에서 이루어져서는 안 된다. 다시 말해 스스로 깨닫고 원해서 실행해야 하는 것이지, 다른 목적과 고려에서 나와서는 안 된다. 왜냐 하면 '위기'의 학문은 스스로 '안신입명(安身立命)'의 터전을 잡기 위한 것이지, 다른 목적을 위한 것이 아니기 때문이다. 유가가 "인을 자기의 책임으로 삼는다(仁以爲己任)"고 가르칠 때, 이것은 사람의 책임이고, 이 책임은 완전히 자기의 일이지 다른 사람과는 무관한 것이다. 자기에 의지할 때만 실현될 수 있으며 다른 힘에 의지해서는 실현될 수 없다. 이것이 바로 스스로 실행하는 '자위(自爲)'의 학문이다. 공자에 따르면, 사람들에게 인(仁)은 물과 불처럼 하루도 없을 수 없는 것이다. 그런데 [인을] 실행할 수 없도록 만드는 이유는 무엇인가? 그것은 여러 가지 생각을 갖기 때문이다. 도덕 실천은 끊임없는 자아 완성의 과정이며, "경황 중에도 이것(인)에 반드시 하며, 위급한 상황에도 이것(인)에서 반드시 해야 한다(顚沛必于是, 造次必于是)." 나태하지 않고 계속해서 노력할 때 이루지 못할 것은 없다. 자아를 수양하는 사람들에게, 다른 사람이 당신을 이해하지 못할까 두려워하지 말고 당신 스스로가 다른 사람을 이해하지 못할까를 두려워하라고 하였다. 자기가 잘해서, "마음에 물어보아 부끄러운 바가 없으면(問心無愧)" "다른 사람이 알아주지 않아도 성내지 않아야 한다(人不知而不慍)." 이것이 바로 '위기'다. '위기'의 학문은 본래 다른 사람에게 보여주기 위한 것이 아니라 스스로 사용하고 즐기기 위한 것이다.

'충서(忠恕)'의 도(道)도 마찬가지다. 어진 사람이 되려면 자기로부터 시작해야 한다. 자기를 미루어 남에게 미치고, 자기로부터 남에게 도달해야 한다. 만약 사람들 모두가 '충서'를 실행한다면 모두가 어진 사람이 될 수 있으며, 인생의 최대의 즐거움을 향유할 수 있다. 이것이 최대의 정신적인 만족이다. 한 개인이 인(仁)을 자신의 임무로 삼는다면 어떤 상황에서도 자기의 인격에서 공부를 실천할 수 있다. 이것은 바로 맹자가 말한, 인으로써 "집안을 편안하게(安宅)" 만들고, 다른 사람이 갖지 못하는 쾌락을 즐기는 것이다. 이러한 쾌락은 외적인 물질을 즐기는 것이 아니라 일종의 정신적인 자아를 즐기는 것이다.

앞에서 말한 것처럼, '위기'의 학문이 지닌 중요한 특징은 자신을 위해 '안신입명(安身立命)'의 터전을 마련하는 데 있다. 이것은 중국철학의 근본적인 출발점이자 근본적인 목적이다. 그러나 중국철학의 사유에 따르면 '안신입명'의 터전은 결코 피안이나 사후에 있는 것이 아니다. 자기의 심신과 성명 가운데 그리고 자신의 현실 존재 가운데 있다. 이것은 실제로 어떻게 자기의 몸에서 인생의 이상을 실현하고 인생의 귀결점을 찾느냐 하는 것이다. 어느 순간 이러한 이상을 실현하고 돌아가야 할 곳을 발견한다면, 그것은 인생의 최대의 행복이자 최대의 즐거움이다. 정확하게 말하면, 일종의 자아에 대한 즐김이다. 왜냐 하면 그것은 "남이 갖고 있는 것(他有)"이 아니라 본래 "자기가 갖고 있는 것(己有)"이기 때문이다. 예를 들면 맹자가 말하는 '천작(天爵)', '양귀(良貴)'는 나중의 유가가 말하는 "마음 가운데 있는 즐거움(心中樂處)"과도 같다.

그래서 행복은 현세의 바깥에 있는 피안에서 찾을 필요도 없고 신에게서 찾을 필요도 없다. 바로 우리의 마음 가운데 있으며 우리의 행위 가운데 있다. 수시로 쓰일 수 있으므로 내세를 기다릴 필요도 없다. 그래서 공자는 "인을 행하는 것이 자기 몸에 달려 있지 남에게 달려 있겠는가!"[39]라고 말한 것이다. '인'은 구하면 얻을 수 있고 구하지 않으면 얻을 수 없다. 인의 실천은 당신이 실천하느냐 여부에 달려 있는 것이지, 할 수 있느냐의 여부에 달려 있는 것은 아니다. 실행하고자 노력할 때 "나는 그 힘이 부족한 자를 보지 못하였다(我未見其力不足者)." 맹자가 말한 것처럼 인을 구하는 것은 마치 버드나무를 굽히는 것처럼 매우 쉬운 일이다. 그렇지만 그렇게 하지 않으면 매우 어려워지게 된다. 시도하지 않는다면 그것은 "하지 않는 것이지, 할 수 없는 것은 아니다(不爲也, 非不能也)." 쉬지 않고 자아를 수양하면 인생 가운데서 최고의 이상을 실현할 수 있다. "서(恕. 내 마음을 미루어 남에게 미치는 것)를 힘써 행하면 인(仁)을 구함이 이보다 가까울 수 없다."[40] 동중서가 "힘써 도를 실행하면 큰 공이 있게 된다(勉强行道大有功)"고 말한 것도 이러한 사유다. 여기서 '공(功)'은 개인적인 공로와 이익이 아니라 공이 있는 일(功業)이고 공이 있는 쓰임(功用)이다. "그 의로움을 다하되 그 이익을 도모하지 않아야 한다. 그 도를 밝히고 그 공을

---

39) 『論語』, 「顔淵篇」, 爲仁由己, 而由人乎哉.
40) 『孟子』, 「盡心(上)」, 强恕而行, 求仁莫近焉.

계산하지 않아야 한다(盡其義不謀其利, 明其道不計其功)"는 사상은 유가의 일관된 사상이다. 유가는 일률적으로 공리(功利)를 반대하거나 배척하지 않는다. 유가에게서 도의(道義)는 내재적인 정신적 요구며, 공리는 외재적이고 물질적인 요구다. 도의는 마음을 길러주며 재물과 이익은 몸을 길러준다. 몸과 마음은 일체가 되어 있어 분리되지 않지만, 마음은 몸의 주인이므로 마음을 기르는 것이 몸을 기르는 것보다 중요하다. 이것이 유가적 사유의 일관된 특징이다.

현세의 인생 가운데서 인(仁)을 구하고 도(道)를 구하며 이상적인 경지를 실현해야 한다고 보는 [유가의] 사유 방식은, 중국 철학의 주체적 사유의 실천적 특징을 나타낸다. [이러한 중국철학의 사유는] 서양의 전통 사유와는 크게 다르다. 앞에서 말했듯이, 유가가 처음 '하늘(天)'의 철학을 제시했을 때, 그때의 하늘은 종교철학적인 '하늘'이었다. 그러나 공자 이후로 하늘은 인간과 분리될 수 없는 상태가 되었다. 즉, 피안에 있는 절대적이고 초월적인 존재가 아니라 인간 가운데 내재해 있는 존재가 되었다. 이른바 '안신입명(安身立命)'이란 그 몸을 스스로 세우고 그 명에 스스로 편안한 것이다. 이 명은 자기의 심신에 존재한다. 심지어 동중서가 말한 '하늘'은 인격적인 의지를 지니고 있지만, 서양 종교가 신봉하는 신과 동일한 것은 아니다. 하늘은 음양, 오행, 사시의 운행과 같은 자연 현상과 결합되어 있을 뿐만 아니라, 인간과 더불어 분리될 수 없는 '감응' 관계에 있다. 『주역』「계사전」은 "하늘의 운행은 강건하니, 군자는 스스로 강하게 되고 끊임이 없다"[41]고 말한다. 천도와 인도는 두 가지 일

---

41) 『周易』, 「繫辭傳」, 天行健, 君子以自强不息.

이 아니므로 인사의 바깥에서 천도를 구할 수 없다. 그리고 자신 가운데서 천도를 실현해야 한다. '자강불식(自强不息)'하려면 천도를 실현해야 하는데, [그렇게 하면] '안신입명'하고, '낙천안명(樂天安命)'할 수 있다. 이것은 자신의 바깥에서 '명'을 세우는 것이 아니다. 이학가인 정이(程頤)는 "어찌 인도만 알고 천도를 모르는 사람이 있겠는가? 도는 하나다. 어찌 인도는 스스로 인도이고 천도는 스스로 천도이겠는가?"[42]라고 말하였고, 정호(程顥)는 "사람이 없다면 천지를 볼 수가 없다"[43]고 말하였다. 그러므로 인도를 다하게 되면 천명을 세울 수 있다. 왜냐 하면 인도를 다하는 일은 피안에서 '안심입명'의 터전을 찾는 것이 아니라 자신의 성명의 일을 성취하는 일이기 때문이다. 따라서 인간 세상을 떠난 주재자에 의지하기보다 자신에게 의지해야 한다.

전통 철학은 인간을 중심으로 하고, 주체의 실천을 최고 원칙으로 삼으며, 자아 실현을 목적으로 한다. 그래서 전통 철학은 내세의 행복에 관심을 기울이기보다 현세의 행복을 구하며, 피안에 호소하기보다 자신에게서 구한다. 또한 전통적인 사유에서는 귀신 관념을 거의 언급하지 않는다. "공자는 괴력난신에 대해 말하지 않았다",[44] "귀신은 공경하되 멀리한다"[45]는 말처럼, 귀신은 피안의 존재로 여겨진다. 존재하는 것과 존재하지 않는 것은, 알려질 수도 알려질 필요도 없는 것이다. 설령 있다고 해도 현세의 인생에서 직접적인 의미가 없다. 공자는 귀신의

---

42) 『河南程氏遺書』, 「卷十八」, 安有知人道而不知天道者乎. 道一也, 豈人道自是人道, 天道自是天道.
43) 같은 책, 「卷十一」, 無人則無以見天地.
44) 『論語』, 「述而篇」, 子不語怪力難神.
45) 『論語』, 「雍也篇」, 敬鬼神而遠之.

존재를 완전히 부정하지 않았지만, 귀신이 인생에서 절박하게 필요한 것이 아니라고 보았다. 공자가 가장 관심을 가졌던 문제는 사후나 내생에서 어떻게 행복해질 수 있는가의 문제가 아니라 현세의 인생[에서 어떻게 잘살 수 있는가의] 문제였다. "삶을 모른다면 어떻게 죽음을 알겠는가?", "사람을 잘 섬기지 못한다면 어떻게 귀신을 잘 섬길 수 있겠는가?"[46]라는 발언은 현세의 인생에서 마땅히 해야 할 일에 종사하는 것이 가장 중요하고, 그 일들은 모든 사람이 잘할 수 있는 일임을 나타낸다. 하필 가까운 것을 버리고 먼 것을 구하고 사후의 행복을 추구하겠는가? 유가의 '신도설교(神道設敎, 신과 도에 대해 가르침을 베푼 것)'는 현세의 인생을 위한 것이지 사후의 영원함을 위한 것은 아니었다. 순자는 이 점을 분명히 언급하였고, 후세의 유가들도 마찬가지였다. 이학가들은 무신론자요 무귀론자(無鬼論者)라 할 수 있다. 이학가들은 모든 주의력을 현세 인생, 즉 주체 자신에게로 돌렸으며, 유한한 생명 가운데서 무한한 의미와 가치를 실현할 수 있으며, 이 삶과 이 세상에서 영원함을 실현할 수 있다고 생각했다. 다만 한대(漢代)의 동중서만이 귀신에게 제사할 것을 주장했지만, 그 귀신은 일신교에서 존숭하는 신이 아니고 [제사라는 것도] 종교 미신의 활동이었다. 그래서 동중서는 형벌을 받았다. 중국의 봉건 통치자가 지니고 있던 '제천(祭天)' 의식은 종교 의식이라기보다 위엄을 드러내기 위한 것이고, 그 실질은 "백성의 일(民事)"을 처리하는 데 있었다. 그래서 그것은 공자가 말한 "백성의 일에 공경하여 이용한 것(敬用民事)"이라 할 수 있다.

---

46) 『論語』, 「先秦篇」, 未知生, 焉知死. 未能事人, 焉能事鬼.

민간에서는 많은 종교 미신 활동이 있었고 귀신 관념도 있었음을 부정할 수 없다. 그러나 이것들은 모두 현세 인생의 요구를 만족시키기 위한 것이었다. 예를 들면 "자식이 많고 복이 많기를(多子多福)" 기원하는 것과도 같다. 중국에는 전통적인 일신교가 형성되지 않았기에 피안의 영원함을 향해 초월하는 관념도 없었다.

도가가 가진 "은밀하게 숨는(隱逸)" 피세(避世)의 관념은 유가의 적극적인 입세의 태도와는 확실히 다르다. 피세는 [속세를] '벗어난(解脫)' 가운데 개인의 정신적 자유를 구하려 하고, 현실의 인생 가운데서 "도를 얻고자(得道)" 한다. 장자가 말한 지인, 진인, 신인은 신이 아니라 피와 살을 가진 인간이다. 피안에 있는 사람이 아니라 현실 가운데서 살아가는 사람이다. 장자의 많은 우언과 고사는 이 점을 표현하고 있다. 도가는 한편으로 '도'라는 추상 관념을 제시하고 "도의 체득(得道)"을 인생의 최고 목적으로 삼으라고 주장하지만, 다른 한편으로 "신체를 보호하고 생명을 온전히 하기(保身全生)"를 주장한다. 다시 말해 정신과 육체의 양 측면에서 동시에 행복을 얻는 것을 권유한다. 노자와 장자가 '양생'의 학문을 제시하고, 후대의 도교가 종교적인 실천을 통해 불로장생을 구하려 한 것은 서양의 종교와 완전히 다른 점이다. 그러므로 노자와 장자의 학설은 출세주의적인 것이라기보다 현세주의적인 것으로 보아야 한다. 왜냐 하면 두 사람은 미래의 삶의 영원함을 구하려 하기보다 현세 가운데서 신선이 되려고 하기 때문이다. 피안을 향하려 하지 않고 현실 가운데서 '해탈'하려고 한다. 자연계를 초탈하고자 하지 않고 사회를 초탈하려고 한다. 진·한 시대의 많은 황제들은 인간의 영광을 즐기면서도 신선이 되기를 원하였다. 이런 사실은 더 이상

언급할 필요도 없다. 위진남북조(魏晋南北朝) 시대의 도교는 '내단'의 학문이든 '외단'의 학문이든 모두 "생명의 연장과 본성의 배양(延年養性)"(『抱朴子內篇·至理』)과 불로장생을 목표로 삼았다. 그리고 근본적인 방법은 내적인 수련과 외적인 연단 등의 개인적인 실천에 있었다. 그 결과 가장 근본적인 것이라 할 수 있는 "당연히 그러해야 하는 이치(所以然之理)"를 알기를 구하지 않았다.

　도교의 이론가인 갈홍은 불로장생을 인생의 근본적인 목표와 최대의 행복으로 여겼다. 이것은 진정으로 "자기를 위한 것(爲 己)"이었다. 갈홍은 불로장생을 개인적인 실천으로 이룰 수 있으며 특별한 인식이 필요하지 않다고 여겼다. 갈홍은 이렇게 말하였다. "나는 지금 신선이 될 수 있는 [방법]을 알고 있다. 나는 곡물(穀物)을 끊고 먹지 않아도 살 수 있다. 먼 곳의 보석을 날아오게 하는 방술(術)과, 황금·백은(白銀)을 합성하는 방술의 실재를 보증한다. 그러나 만약 나에게 '왜 그렇게 되는가? 그 이유를 말하라'고 추궁한다면 실은 나도 모르는 일이다. 만일 세상 사람들이 자기의 생각에 미치는 것만 '이것은 실재한다'고 말하고, 생각에 미치지 않는 것은 '실재하지 않는다'고 말한다면 천하의 사물은 상상외로 적어질 것이다."[47] 갈홍은 이처럼 신선이 될 수도 있고 먹지 않을 수도 있으며 연단하는 것도 가능하다고 확신했다. 실천만 하면 되고 무엇을 해야 할지 물을 필요가 없다고 보았다. 만약 그 궁극을 알고 "그 근본적인 이치를 구하려 한다면(求其本理)", 본인도 알지 못할 것이다. 그 이유는

---

47) 『抱朴子(內篇)』, 「對俗」, 吾今知仙之可得也. 吾能休糧不食也, 吾保流珠之可飛也, 黃白之可求也, 若責吾求其本理, 則亦實復不知矣, 世人若以思所能得謂之有, 所不能及則謂之無, 則天下之事亦尠矣.

무엇인가? 그것은 인식의 문제도 아니고 인간의 인식으로 해결되는 문제도 아니기 때문이다. "만물은 천차만별인데 어떻게 머리로 다 밝혀낼 수 있겠는가?"48) 그렇지만 실천을 통해서는 해결할 수 있다. 왜냐 하면 어떻게 신선이 되느냐 하는 것은 신앙과 실천의 문제이지 이치를 구하는 문제는 아니기 때문이다. 예를 들면 약을 써서 병을 치료하고자 할 때, 그 약이 어떻게 병을 치료하는지, 어떤 성능과 작용을 갖고 있는지 물을 필요가 없다. 병을 잘 치료하기만 하면 좋은 약이다. "가령 위독한 병에 걸려서 빨리 약을 먹지 않으면 그 생명을 건질 수 없는 상황일 때, 약을 먹지는 않고 '신농씨나 기백이 이 풀을 사용하여 이 병을 고친 것은 어떠한 원리에 의한 것인가, 먼저 그것을 알지 않고는 먹지 않겠다'고 말한다면 바보라는 말을 듣게 될 것이다."49) 장생의 약도 이와 마찬가지다. 실용만 구하고 이해를 구하지 않는 사유는, 사유의 역사에서 하나의 전통을 이루었다. [이런 정황을 전제로 한다면] 중국에서 회의주의와 서양 식의 종교 문화가 발전하지 못한 이유도 이해하기 어렵지 않을 것이다.

민간 신앙의 도교나 그 밖의 종교는 대부분 "재앙과 화를 없애거나(消災却禍)" "생명의 연장(益壽延年)"을 추구한다. 수많은 기원(禱告), 부록(符籙), 구결(口訣)도 이와 다르지 않다. 현세에서 쓰여지기를 구하는 것은 전통 철학의 사유 특징이자 종교적 사유의 특징이다.

'자위(自爲)'·'위기(爲己)'라는 현세적 정신이 극단으로 표현된 것은 '위아(爲我)'다. 도가의 양주학파(楊朱學派)는 공개적으

---

48) 같은 곳, 萬殊紛然, 何可以意極哉.
49) 같은 곳, 設令抱危篤之疾, 須良藥之救而不肯卽服, 須知神農岐伯, 所以用此草治此病, 本意之所由, 則未免於愚也.

로 '위아'를 주장하였다. "털 한 올을 뽑아서 천하를 이롭게 할
수 있다고 해도 나는 그렇게 하지 않겠다(拔一毛利天下而不
爲)"는 말은 개인주의적 사유를 나타낸다. 양주파의 사유는 일
반적인 중국의 전통 사유와 부합하지 않는다. 양주는 개인주의
를 주장하고 유가는 전체주의를 주장한다. 그런데 사실 양자의
대립은 절대적인 것이 아니다. 두말 할 필요도 없이 양주학파의
'위아'는 유가의 윤리와는 내용상으로 매우 다르다. 그러나 '위
기(爲己)'라는 사유 방식에서 볼 때 확실히 통하는 점이 있다.
왜냐 하면 현실 인생의 즐거움을 추구하고 피안의 영원함을 추
구하지 않으며, 현세의 삶에 착안하고 미래의 삶에 착안하지 않
기 때문이다. 또한 인생의 궁극적인 목표를 행복의 추구에 둔다.
다만 행복에 대한 이해만 다를 뿐이다.

육체적 향락을 추구한 일파로는 그 뒤에 출현한 열자(列子)를
들 수 있다. 『열자(列子)』「양주편(楊朱篇)」은 [이러한 사상적
경향을] 극단적으로 표현한 것이다. 「양주편」의 작자는 육체적
욕망을 만족시키고, 죽고난 뒤의 이름에 연연해하지 말 것을 주
장하였다. 또한 육체적인 향락을 중시하고 정신적인 즐거움을
중시하지 말 것을 공개적으로 요구하였다. 이 사상은 중국철학
의 주류파의 비판을 받은 비주류에 해당하는 것이다. 그렇지만
그 사유 방식은 양주파와 일맥 상통하며 실제 생활에 큰 영향을
끼쳤다. 정신적인 즐거움에서 육체적인 쾌락으로 방향을 바꾼
것으로서, 개인에게 수용되기 위한 것임은 부인할 수 없다. 개
인에게 수용되는 것을 목적으로 삼으며, 개인의 실천적 요구를
귀결처로 여기고 있다.

유가는 본래 이상주의라는 형식으로써 윤리주의와 정신적인
초월을 표현하였다. 그러나 현실 속의 공리주의로, 심지어 개인

주의로 이끌리기 쉬운 특징을 갖고 있다. 철학자들은 자아의 수양과 자아의 완성을 주장하지만, 실제 생활에서는 공리와 실용을 강조한다. 또한 자아의 완전한 선을 주장하면서도, 실제 생활에서는 자아 욕망을 언급하여 분명히 대조를 이룬다. 이것은 모순되는 듯이 보이지만 이상한 것은 아니다. 사유 방식으로 볼 때 양자 모두 '위기'를 주장하지만 '위기'에 대한 이해가 다를 뿐이다. 유가는 사회의 책임감을 강조하면서도 자아의 정신적인 쾌락을 말하는 반면, 도가(현학을 포함해서)는 초탈과 더불어 개인의 정신적인 자유를 말한다. 그러나 인간은 감성적인 존재이기에 당연히 정신적인 '자위(自爲)'·'위기(爲己)'를 강조하지 않을 수 없다. 심지어 "하늘을 즐기고 명에 편안함(樂天安命)"이란 철학을 통해 정신적인 요구를 만족시켜야만 감성적인 자아를 억제할 수 있다. 이것은 말로 표현할 수도 있고 실제적인 행동으로 표현할 수도 있다. 이것이 바로 중국의 전통적 사유가 왜 그렇게 쉽게 개인의 공리(功利)와 실용으로 흘러갈 수 있었는가 하는 문제에 대한 해답이다.

정신과 육체의 관계는 어떠한가? 이 문제는 줄곧 중국철학의 중요한 과제가 되어왔다. 전통적인 사유는 일반적으로 정신과 육체, 곧 신(神)과 형(形), 심(心)과 신(身)을 통일시킴으로써 서양에서 정신과 육체를 이원론적으로 파악한 것과는 다른, 육체와 정신의 합일론(形身一元論)을 구성하였다. 유가와 도가는 이 점에서 서로 일치한다. 그러나 철학자들은 정신과 육체에 대해 언급할 때 정신을 강조하고 육체를 소홀히 하였다. 나아가 '안신입명', '낙천안명'의 학문을 제시하여 정신적인 즐거움을 추구하였다. 이것은 영혼을 구제한 것이 아니라 영혼과 육체의 충돌을 드러낸 것이다. 그래서 의로움과 이익, 이치와 육망 사이의 변론이 있게 되었다. 그렇지만 전통 철학에서는 정신과 육체를 분리하지 않으므로 현세주의적이라 할 수 있다. 실제 생활에서는 언제나 상호 전화의 현상이 나타난다. 이론 면에서는 정신적인 '위기'를 표현하고, 생활 면에서는 형체상의 '위기'를 표현한다. 양자에는 차원의 차이가 있지만 서로를 보완하고 완성시켜 준다. 그것은 전통적인 사유의 내재적인 모순을 만들기도 했지만 전통 사유의 발전을 이끌고 안정된 형태를 유지하게 하였다.

불교의 사정은 어떠한가? 일반적으로 불교는 '무아(無我)'를 주장하고 초월을 강조한다고 알려져 있다. 이것은 불교적 사유의 기본적인 특징이다. 그러나 중국화한 불교는 나(我)와 나 아닌 것(非我)의 대립을 주장하고, 현실에서 종교의 목표를 실현할 것을 주장한다. 이 주장은 중국철학의 전통적인 사유와 내적인 관계를 갖고 있다. 비유하면 장자가 말한 "매번 더욱 내려간다(每下愈況)"는 것이 이와 같다. "동곽자(東郭子)가 장자에게 물었다. '이른바 도는 어디에 있는가?' 장자가 대답했다. '없는 곳이 없다.' '있는 곳을 말해주게.' '땅강아지나 개미에게도 있다.' '어떻게 그처럼 내려가는가?' '기장이나 피에도 있다.' '어떻게 그처럼 자꾸 내려가는가?' '기왓장이나 벽돌에도 있다.' '어째 그처럼 더욱 심해지는가?' '똥이나 오줌 속에도 있다.' 동곽자는 아무런 대답도 하지 않았다."[50] 도는 절대적인 것이지만, 존재하지 않는 곳이 없다. 도를 구하는 사람은 현세의 인생을 떠나서 구할 수 없으며, 현세의 인생 가운데서 구할 수 있을 뿐이다. '진인'은 무리를 떠나거나 인간 세상을 등질 필요 없이, 현실 속

---

50) 『莊子』, 「知北遊」, 東郭子問于莊子曰, '所謂道惡乎在? 莊子曰, '無所不在', 東郭子曰, '期而后可'. 莊子曰, '在螻蟻.' 曰, '何其下邪?' 曰, '在稊稗.' 曰, '何其愈下邪?' 曰, '在瓦甓.' 曰, '何其愈甚邪?' 曰, '在屎溺.' 東郭子不應.

에서 도달할 수 있는 [경지]다. 도는 우리의 몸 안에 있고, '진인'을 구하는 학문도 '위기'의 학문일 뿐이다.

선종은 [불교가] 중국화한 산물로서, "장작을 지고 쌀을 옮기는 것도 오묘한 도가 아닌 것이 없다(担柴運米, 無非妙道)"고 주장한다. 배고프면 밥 먹고 목마르면 물 마셔도 가는 곳마다 본성이 있다. 그래서 경전을 읽지 않고 참선하지 않고도 "부처가 되고 조사가 될 수 있다(成佛成祖)." 선종의 종교적 실천은 완전히 세속화하고 현세화하였다. 선종의 사유에 의하면, 종교적인 실천은 모든 개인이 옷 입고 밥 먹는 일상 생활 가운데 있다. 곧 현세의 인생 가운데 있다. 부처의 경지는 모든 사람이 실현하고 누릴 수 있다. 부처는 바로 모든 개인의 주체적인 실천 가운데 있다. 모든 개인의 생활 가운데 부처의 진리(佛道)가 있으므로 현실 생활의 바깥에서, 다시 말해 주체의 실천 바깥에서 부처를 구할 필요가 없다. 이런 점에서 선종은 이미 '비아(非我)', '무아(無我)'의 종교가 아니라 '유아(有我)', '위아(爲我)'의 종교라고 할 수 있다.

'자위(自爲)'와 '위기(爲己)'의 사유 방식은, 앞에서 말한 것처럼 철학이라는 차원에서 정신적인 즐거움을 추구한 것이다. 그러나 철학적인 차원에서 사회적인 차원으로 내려옴으로써 현실의 물질적인 향유와 실용주의로 쉽게 변화하였다. 그 특징은 개체의 실천과 현실의 이익을 중시하는 데 있다. 성인과 신선과 부처가 되는 것이 모두 현세의 목적을 추구하는 것으로 변화했기에 그 효용을 드러낼 수 있었다. 자기 한 몸이나 자손을 위하고자 함으로써 초월적이고 영원한 종교를 추구하는 노력은 감소하였다. 중국 민간의 종교 활동과 의식은 모두 현재의 삶과 현세에 관심을 기울인다. 그뿐만 아니라 죽은 뒤에도 사람의 행복을 누리려고 하지, 피안으로 초월하고자 하지 않는다. 이러한 사유 방식 때문에 사람들은 쉽게 현실과 대면하고 현실에서 만족할 수 있었다. 그 결과 실천하는 가운데 어려움을 극복하는 의연한 힘과 극도의 인내력은 갖게 되었지만, 자아를 크게 추구하고 자아를 이겨내는 용기는 그만큼 부족해진 것이 사실이다.

제5장
자아초월형의 형이상학적 사유

1. 형이상자(形而上者)

중국철학에는 형이상학적 사유가 발달하지 못했다고 주장하는 학자들이 있다. 그들은 중국인들이 추상적인 사유보다 구체적인 사유를 좋아하며, 경험적 사유에 정체되어 있어 형이상학적 사유에 도달하지 못했다고 주장한다. 예를 들면 나카무라 류(中村元) 교수는 이렇게 지적한 바 있다. "중국인의 사유 습관 가운데는 비종교적인 선험적 형이상학이 발전하지 못하였다. [그런 사유가 있다면] 그것은 외래 문화의 영향을 받은 것뿐이다", "중국철학은 형이상학적 원리를 건립하려는 생각을 철저히 포기했으며, 철학자들은 경험 세계와 현상 세계에만 머물러 있다." 일반적으로 중국철학은 형이상학적 사유를 좋아하지 않는다. 중국철학에 서양철학과 같은 형이상학적 원리가 결여되어 있음은 부정할 수 없다. 그렇지만 근본적으로 중국에 형이상학적 사유가 없고, 중국인의 사유 습관 가운데 형이상학이 발전하지 못했으며, 설령 있다고 해도 그것은 외래 문화의 영향을 받은 것일 뿐이라고 말한다면, 이는 다시 검토해야 할 문제일 것이다.

확실히 중국에서는 형이상학이 발달하지 못하였다. 중국인의 철학적 사유는 경험 세계와 분리되어 있지 않다. "형이상자는 형이하자와 분리될 수 없으며(形上不離形下)", 형이상자는 형이하자에게 제약되지 않을 수 없다. 그러나 이것은 형이상자를 부정한 것이라기보다 자신의 형이상학을 건립한 것이다. 문제는 중국철학이 '천인합일(天人合一)'의 사유 패턴에서 출발하고, 형이상자를 관념·원리·존재로 여기며, 세계의 본체 존재이자 인간의 본체 존재로 여긴다는 데 있다.

중국철학자들은 일반적인 형이상학적인 원리에 관심을 갖지 않는다. 형이상의 천도(天道) 철학을 제시하지만, [그것은] 인간이 형이상학적인 존재임을 설명하는 데 근본 목적이 있다. 왜냐하면 이미 언급한 것처럼, 천도는 반드시 인도를 위해 실현되어야 하고, 인도로부터 드러나기 때문이다. 인도 이외에 다른 형이상학적 천도가 있다고 할 수 없고, 인도를 떠나 천도가 있다고도 할 수 없다. 적어도 중국철학의 주류에 해당하는 사람들은 이렇게 주장한다. 그러므로 근본에서 말하면, 중국철학은 일종의 인간을 배우[고자 하]는 형이상학(人學形而上學)이며, 서양의 관념론 또는 원리형의 형이상학과는 다른 것이라 할 수 있다. 이 점은 중국철학의 주체 사유의 중요한 특징이다. 그러기에 중국철학의 형이상학적 사유는 내재적인 자아 초월을 주장하고, 피안의 외재적 초월을 주장하지 않는다.

그런데 인간의 형이상학적인 요소는 자연계의 형이상자를 전제로 한다. 이것 역시 중국철학자들이 보편적으로 인정하고 있는 사실이다. 그래서 중국의 전통 철학도 일반적인 형이상학적 문제를 논의한다. 유가철학 가운데 『역전(易傳)』은 "형이상자를 도(道)라고 이르고 형이하자를 기(器)라고 이른다"[1]는 명제로써, 세계를 형이상자와 형이하자라는 두 차원으로 구분한다. 이것은 철학에서의 형이상학적 사유다. 도(道)는 기(器)에 대해 말한 것으로, 형체와 형상을 갖춘 구체적인 존재가 아니라 형체와 형상이 없는 추상적인 원리다. 감지해서 알 수 있는 대상이 아니라 사유의 대상이다. 구체적인 형상을 넘어서 있는 추상물이므로 '형이상자(形而上者)'라고 불린다.

『역전』은 도에 대해 두 가지로 해석한다. 하나는 천도 또는 자연의 도로서, "한 번 음이 되고 한 번 양이 되는 것을 도라고 이른다"[2]라고 표현된다. 도는 음양의 변화가 따르는 보편적인 규율이고, 음양은 세계의 기본적인 요소다. 다른 하나는 역도(易道)로서, 자연계와 인간에 포함된 내재적이고 추상적인 이론 원리 또는 모형을 나타낸다. 역도(易道)는 한편으로 성인이 "우러러보고 굽어 관찰하고(仰觀俯察)", "가까이 몸에서 취한(近取諸身)" 뒤에 만든 것이며, 다른 한편으로 "천지 사이에 두루 퍼진 것(彌綸天地之道)"이자 "천지와 더불어 갖추어진(與天地準)" 것이다. 성인이 "천지를 범위로 하되 넘지 않는(范圍天地而不過)" 역도(易道)를 만든 까닭은, 자연계(인간을 포함하여)를 단순히 모방하기 위한 것이 아니라 성인의 '신(神)'이 천지의 '신(神, 곧 도를 말함)'과 통하는 데서 나온 것이다. 성인의 '신

---

1) 『易傳』, 「繫辭傳」, 形而上者謂之道, 形而下者謂之器.
2) 같은 곳, 一陰一陽之謂道.

(神)'이 바로 천지의 '신(神)'이고 도는 '천인합일'의 도다. 이른바 "삼재의 도(三才之道)"란 바로 천인합일을 설명한 것이다. 『역전』은 형이상자의 도를 제시하는 데서 나아가 천도와 인도가 완전히 합일된 것으로 설명하고 있다.

우리가 인정해야 할 것은, 『역전』이 체계적인 형이상학적인 원리를 세우지 않았지만, 상수(象數)의 원리를 확립함으로써 형이상의 도와 대응하고 있다는 점이다. 그러므로 『역전』은 확실히 형이상학적 문제를 제시하고 논의한 것, 형이상학적 사유로 진입한 것이라 할 수 있다. 『역전』이 형이상학적 원리를 확립하지 않은 까닭은, 천도 문제보다는 인간의 문제를 해결하려 했기 때문이다. 이 점에 대해서는 다음에서 논의하기로 한다.

이학(理學)은 『역전』에 기초하여 불교와 도교의 사상을 흡수한 것이다. 형이상학과 형이하학의 관계 문제를 보편적으로 논의하고 형이상학적 체계를 세운 것이다. 다시 말해 『역전』의 형이상학적 사유를 좀더 발전시키고 완성한 것이다. 이학가들이 말하는 '형이상자'는 형체와 형상이 없는 보편적 원리이자 세계 만물의 근본 존재다. 그러므로 인간의 본체 존재라고 할 수도 있다. 리(理)의 주요한 의미는 '소이연지리(所以然之理), 그러한 까닭으로서의 이치)'와 '소당연지리(所當然之理, 그러해야 할 바로서의 이치)'다. 주희를 포함한 이학가들은 '소이연(所以然, 그러한 까닭)'과 '소당연(所當然, 그러해야 할 바)'을 구별하지 않았으며, 물리(物理)와 성리(性理)를 구분하지도 않았다. 그러나 이학가들이 말하는 '형이상자'는 '형이하자'의 그러한 까닭을 결정한다. 바꾸어 말하면, 형이상자인 리는 사물이 사물로 되는 까닭을 결정한다. 이러한 사유는 분명 형이상학적인 사유라고 할 수 있다. 리가 형이상자가 된다는 것은, 리가 시간과 공간을 넘어선 "깨끗하고도 광대한(淨潔空闊)" 세계이고, 세계의 만사와 만물이 형이상적인 리의 세계에 포함됨을 뜻한다. 리가 존재한 뒤에 사물(物)이 있으며, 리는 사물(物)의 그러한 까닭이다. 리와 사물은 논리적인 관계만이 아니라 본체론적인 관계에 있다. 이른바 논리적인 관계는 보편과 특수, 일반과 개별의 관계를 가리키지만, 본체론적인 관계는 리가 세계 만물의 본원임을 나타낸다. 이러한 의미에서 리는 형이상자라고 말할 수 있다.

리에는 '상대(對)'가 있다. "천지만물의 리는 홀로 있지 않고 반드시 상대를 갖고 있다(天地萬物之理, 無獨必有對)." 여기서 '상대'란 논리적으로 말한 것이지 시·공간적으로 말한 것이 아니다. 시간과 공간에서 말하면, 사물과 사물이 서로 상대하고 있을 뿐 리에 상대해 있다고 말하기 어렵다. 그러나 리의 대립은 세계의 운동과 발전을 추동(推動)한다. 예컨대 주희와 같은 이학자의 관점에 따르면, 리에도 층차가 있으며 사물들은 각기 그 리를 갖추고 있다. 천지만물에도 하나의 리가 있으니 그것은 바로 태극(太極)이다. 이학가들이 말하는 '이일분수(理一分殊)'란 바로 이러한 견해다. 종합하면 이런 사유는 형이상학적 사유다. 이학의 리(理)와 기(氣), 도(道)와 기(器), 형이상과 형이하의 구분은 세계를 일반과 개별, 추상과 구체, 보편과 특수의 두 층차로 나눈 것이며, [이러한 구분은 결과적으로] 형이상학적 사유가 발전한 성과다.

그렇지만 이학가들은 형이상학적인 리에 대해 좀더 발전적으로 해석하지 못했으며, 더욱이 체계적인 형이상학의 원리를 세우지 못하였다. 형이상과 형이하를 한데 얽어 분리하지도 못하였다. 이 문제에 가장 많은 관심을 기울였던 주희는, 리와 기가 "분리되지도 섞이지도 않는다(不離不雜)"는 사실을 입론의 근거로 삼았다. 비록 리가 "깨끗하고도 광대한(淨潔空闊)" 세계라고 했지만, 리 개념의 구조에 대해 충분한 설명을 내놓지 못하였다. 논리와 본체론상으로 리와 기의 관계를 구분하려 했지만, 리에 대해 명료한 해석을 제시하지 못하였다. 이학의 형이상학적 사유의 특징은 형이상자와 형이하자, 보편과 특수, 일반과 개별 그리고 추상과 구체를 구분하지 않는다는 데 있다. 이것은 현실 가운데서 형이상학적인 리를 파악하고, 구체적인 [사물] 가운데서 추상적인 원칙을 파악할 것을 요구한 것이다. 그래서 이학의 형이상학적 사유는 여전히 경험적 사유의 특징을 지닌다. 하지만 그것은 필경 경험적 사유와는 다른, 일종의 특수한 형이상학적 사유다. 근본에서 말하면 이학가들이 다루는 형이상학적 리는 본체론·존재론적인 것이지 관념론·개념론적인 것은 아니다. 인간을 배우려는 것이지 자연철학적인 것이 아니다. 본체론적인 것이지 실재론적인 것이 아니다. 이것은 유가의 형이상학적 사유의 근본 특징이다.

중국의 전통 철학 가운데 최초로 형이상학적 사유를 시작한 학파는 도가다. 노자가 강조하는 '도(道)'가 형이상자임은 의문의 여지가 없다. 도는 "보아도 보이지 않고(視之不見)", "들어도 들리지 않으며(聽之不聞)", "움켜쥐려고 해도 얻을 수 없는(博之不得)" 것이요, "아무런 형상도 없는 형상이요, 아무런 사물도 없는 형태다(無狀之狀, 無物之象)." 도는 분명 감지하거나 지각해서 파악될 수 있는 대상이 아니다. 오히려 구체적인 형상을 넘어선 추상물이다. 도는 천지만물을 산출한 천지만물의 근원이지만, 원자와 같은 물질적 실체 또는 더욱이 정신적 실체는 아니다. 오히려 "만물의 근본(萬物之宗)"이요, "상제보다 앞서 있는 것(象帝之先)"이다. 이러한 도는 당연히 구체적인 형상을 갖지 않은 것이요 추상물에 불과하다. 노자의 형이상학은 무신론적이고 선험론적이다. 도는 구체적인 사물보다 먼저 존재하지만 인격적인 의지를 갖지 않는 것, 다시 말해 완전히 자연론적인 것이다. 이른바 "도는 자연을 본받는다(道法自然)"는 말은 이런 의미를 담고 있다. 노자는 많은 상관적인 범주와, "되돌아오는 것은 도의 움직임이다(反者道之動)"라는 명제로 도가 운동과 변화의 근원임을 설명하였다. 아울러 도의 속성·공능 등의 문제를 제시하였다. 도는 형이상학적인 보편 원칙이자 실체 존재로서 공능과 실체를 통일한 것이다. 노자는 여기서 출발하여 도를 규정하였다.

그런데 노자의 형이상학은 순수한 자연철학이 아니라 궁극적으로 인학형이상학(人學形而上學, 인간을 배우려는 형이상학)으로 귀결된다. 바꾸어 말하면, 노자의 최종적인 목적은 객관적인 세계의 존재와 인식에 관한 문제를 해결하는 것보다 인간의 존재와 인식에 관한 문제를 해결하는 데 있다. 노자는 인간의 도와 자연의 도를 연결시키고, 자연의 도로써 인간을 설명하였다. 이런 사실은 노자가 인간을 배우려는 형이상학자임을 뜻한다. "사람은 땅을 본받고, 땅은 하늘을 본받으며, 하늘은 도를 본받고, 도는 자연을 본받는다."[3] 노자는 인간을 자연적인 인간, 도와 합일된 인간으로 변화시키고, 도를 인간의 형이상학적 측면을 드러내는 것으로 보았다.

장자는 더 나아가 도를 모든 대립과 차별을 넘어선 절대[적인 존재]이자 처음도 끝도 없는 영원한 존재로 보았다. 도는 그 크기가 바깥이 없고, 작기가 안이 없는 무한이며, 소유하지 않는

---

3) 『老子』, 「第二十五章」, 人法地, 地法天, 天法道, 道法自然.

것도 없고, 있지 않는 곳도 없는 '대전(大全)'이다. 어떤 의미에서 도는 '무(無)' 또는 '무무(無無)'라고 말해질 수 있다. 왜냐 하면 도는 어떤 규정성도 갖지 않기 때문이다. 도가 이처럼 규정성을 갖지 않으므로 천지만물의 근원이 될 수 있다. 그것은 고도의 추상적 개념이자 부정적인 개념이다. 내포에서 말하면 내용이 최소여서 '무(無)'처럼 보이지만, 외연에서 말하면 최대여서 있지 않는 곳과 해당되지 않는 것이 없다. 도는 형상과 장소가 없고 언어로 표현할 수도 없는 것이다. 사유의 추상 정도에서 말하면 장자는 당시 중국철학의 추상적 사유의 정점에 도달했다고 할 수 있다.

장자는 천지만물의 생성 과정과 만물의 본원에 대해 부단히 물음을 제기했으며, 형이상학적인 결론을 이끌어내었다. "처음이 있다고 하는 이가 있고, 처음이란 애당초 있지 않았다고 하는 이가 있고, 처음이 애당초에 있지 않았다고 하는 것부터가 애당초 있지 않았다고 하는 이가 있으며, 또 있다고 하는 이가 있고 없다고 하는 이가 있으며, 있음이나 없음이 애당초 있지 않았다고 하는 이가 있고, 있음이나 없음이 애당초에 있지 않았다고 하는 것부터가 애당초에 있지 않았다고 하는 이가 있다. 그런데 기왕 있다거나 없다거나 하지만, 그 있음과 없음은 과연 어느 것이 있음이며, 어느 것이 없음인지 알 수 없다. 이제 내가 이미 말한 바가 있지만, 내가 한 말이 과연 있는 것인지 없는 것인지조차 알 수가 없다. … 무릇 큰 도는 이름이 없고, 참된 변론은 말을 하지 않는다."[4] 이런 물음은 계속 이어질 수 있지만, 결

---

4) 『莊子』, 「齊物論」, 有始也者, 有未始有始也者, 有未始有夫未始有始也者. 有有也者, 有無也者, 有未始有無也者, 有未始有夫未始有無也者. 俄而有無矣, 而未知有無之果孰有孰無也. 今我則已有謂矣, 而未知吾所謂之果有謂乎, 其果無

론을 얻기란 매우 어렵다. 결론이 없는 것은 아니라 해도, 여기서 제시된 결론은 인과론적인 설명이라기보다 본체론의 결론이다. 이 결론이 바로 형이상의 도다. 도는 말할 수 없는 것이므로 초이성적인 것이다. 말할 수는 없어도 존재하지 않는 것은 아니다. "대개 도에는 움직임의 처음도 있고 움직임의 끝도 있다. 그러나 그러면서도 움직임도 없고 모양도 없어서 마음으로 전할 수 있으되 손으로 받을 수는 없다. 마음으로 얻을 수는 있으나 눈으로 볼 수는 없다. 또 그것은 스스로 머리가 되고 뿌리가 되어 천지가 생겨나기 이전의 옛적부터 존재해왔다. 귀신과 제왕을 신으로 만들고 하늘을 낳고 땅을 낳았다. 육극보다 위에 있어도 높은 것이 아니요, 육극보다 밑에 있어도 깊은 것이 아니다. 천지보다 앞서 있지만 오랜 것이 아니요, 상고(上古)보다 오래 지속되어 왔지만 늙은 것이 아니다."5) 장자는 귀신과 상제 등 종교신학의 관념을 철저히 부정했으며, 영원하고 절대적이고 보편적인 자연의 도를 천지만물의 근원으로 여기는 우주본체론을 확립하였다. 도는 무위(無爲)하고 무형(無形)하여 눈으로 볼 수 없으며, 일반적인 이성 인식으로 파악되지 않는 형이상자다. 따라서 장자의 형이상학적 사유는 노자를 넘어선 것이라 할 수 있다. 노자에 비해 좀더 발전한 것이자 초이성적인 특징을 갖춘 것이다.

장자의 형이상학적 사유는 긍정적인 형식이 아니라 부정적인 형식으로 표현되어 있다. 장자는 어떤 것도 긍정하지 않았다.

謂乎! … 夫大道不稱, 大辯不言.
5)『莊子』,「大宗師」, 夫道有情有信, 無爲無形, 可傳而不可受, 可得而不可見, 自本自根, 未有天地, 自古以固存, 神鬼神帝, 生天生地, 在太極之先而不爲高, 在六極之下而不爲深, 先天地生而不爲久, 長于上古而不爲老.

모든 것을 부정한 결과, 형체도 없고 형상도 없는 도만 남게 되었다. 도는 존재하지 않는 것(非存在)인 동시에 진정으로 존재하는 것이며, 형이상학적 성질을 지닌 것이다. 한편으로 도는 절대적으로 추상적이어서 어떤 구체적인 내용도 갖지 않는 것, 만물보다 먼저 존재하는 것이다. 그러면서 다른 한편으로 일체의 존재를 포함할 뿐만 아니라 모든 사물 가운데 존재하는 것이다. 이런 형이상학적 사유는 경험을 떠나지 않으면서도 경험을 넘어서는 것이다. 절대면서도 상대 가운데 있고, 무한이면서도 유한 가운데 있으며, 보편이면서도 특수 가운데 있다. 종합하면 도는 절대적인 초월자면서도 현실 사물 가운데 있는 것이다. 장자가 이렇게 생각하는 까닭은 결국 인간의 존재를 설명하고, 도가의 인학형이상학을 건립하기 위한 것이었다.

한대(漢代)는 경험철학이 발전하여 실증주의적인 정신을 갖추게 된 시대다. 그러나 형이상학적 사유는 위진현학(魏晋玄學)에 이르러 새로운 단계로 접어들었다. 현학가의 유(有)와 무(無), 본(本)과 말(末), 체(體)와 용(用), 일(一)과 다(多), 명교(名敎)와 자연(自然), 언어(言)와 의미(意)의 구분은 중국의 형이상학적 사유가 발전했음을 나타내는 중요한 표지다. 왕필은 "무로써 근본으로 삼는다(以無爲本)", "무를 본체로 삼는다(以無爲體)"고 주장하였는데, 그가 말하는 '무'는 현상을 넘어서 있는, 무형체와 무형상 또는 말로 표현할 수 없는 형이상자다. 실제로는 장자의 도를 좀더 발전시킨 것이다. 왕필은 명확하게 '무(無)'란 현상계의 '유(有)'와 상대되는 것이며, 형이상의 본체 범주에 속하고, 절대성·보편성·초월성이란 특징을 갖춘 것이라고 지적하였다. 본과 말, 체와 용의 관계는 바로 형이상과 형이하의 관계라고 할 수 있다. 이른바 "하나로써 여럿을 통일한다(一以

統衆)"는 표현은 실제로 추상적 보편적 원칙이 수많은 구체적인 사물을 통솔함을 의미한다. 어떻든 '무'는 형이상자이고, '무'에 관한 사유는 형이상학적 사유에 속한다. '자연'도 이와 마찬가지다. '자연'은 '무'이고 '도'다. 도가가 말하는 '자연'은 왕필에 이르러 완전히 형이상학화되었다.

현학 가운데 '숭유론(崇有論)'을 제창한 곽상(郭象)은, 현상학에 가깝기는 하지만, '적(迹)'과 '소이적(所以迹)'의 관계 문제를 제시하여 장자의 형이상학적 사유를 다른 측면으로 발전시켰다. '소이적'이란 형이상자를 가리킨다. 그렇지만 곽상의 형이상학적 사유는 더욱 특수하다. 즉, 그는 '적'과 '소이적'은 분리될 수 없으며, 현상과 본질도 분리될 수 없다고 본다. '적'이 있으면 반드시 '소이적'이 있으며, '소이적'은 모든 구체적인 사물 가운데 속한다는 것이다. 본질은 현상과 떨어져 있지 않으며, 현상도 본질과 떨어져 있지 않다. 그러므로 현상이 바로 본질의 드러남이라 할 수 있다.

현학가들은 '리(理)'라는 개념을 제시하고, 리를 "그러한 까닭(所以然)"이란 의미로 명확하게 규정하였다. 왕필은 "사물마다 근본(宗主)이 있으니, 길은 다르지만 그 돌아가는 곳은 같고 생각은 갖가지이나 그 이르는 곳은 하나다. 도에는 대상(大常, 위대한 영원함)이 있고, 리에는 대치(大致, 위대한 보편성)가 있다"[6]고 말하였다. 도와 리는 사물의 '근본(本家, 宗主)'이자 형이상자며, 결과적으로 형이상적인 리로 귀결되는 것이다. '종주(宗主)'는 사물의 "그러한 까닭(所以然者)"이며, "사물은 거짓된 것이 아니라 반드시 그 이치로부터 말미암는 것이다."[7] "대저 사

---

6) 『老子』, 「四十七章注」, 事有宗而物有主, 途雖殊而其歸一也, 慮雖百而其致一也. 道有大常, 理有大致.

물의 움직임을 안다면 그러하게 된 이치를 모두 알 수 있다."8) '소이연자(所以然者)'가 구체적인 사물이 아님은 당연하다. 그것은 사물이 그러한 까닭으로서의 일반적인 규율 또는 원칙이자 보편성을 갖춘 것이다.

그런데 현학의 형이상학적 사유가 순수한 추상화의 단계에 이르지 못한 것처럼, 현학에서 말하는 '무(無)' 역시 규정할 수 없는 본체이자 현상의 얽매임을 벗어난 것이 아니다. 현상은 본체와 분리되지 않고 본체도 현상과 분리되지 않는다. 이것도 현학의 형이상학적 사유의 특징이다. 본과 말, 체와 용의 관계도 마찬가지다. 체는 용에 상대하여 말한 것이며, 본은 말에 상대하여 말한 것이다. 비록 전자가 후자를 결정한다고 해도 양자는 서로 분리될 수 없다. 용을 떠나서는 체라고 말할 만한 것이 없으며, 말을 떠나서는 본이라고 말할 만한 것이 없다. 현학가들은 '본체(本體)' 범주에 대해 체계적인 이론, 곧 형이상학적인 원리를 제시하지 않았다.

현학가들의 [본체에 대해 형이상학적 원리를 제시하지 않은 까닭은 그들의] 목적이 인간의 존재를 설명하는 데 있지, 자연계의 근본 원리를 설명하는 데 있지 않기 때문이다. 현학가들에 의하면, 자연계의 본체는 인간의 본체며, '자연'(곧, 無를 말함)은 세계의 본체이자 인간의 본체다. 그러나 인간은 현실적이고 감성적 존재이고, 형이상학적 본체와 형이하학적 현상은 시종 분리되지 않으며, 정신과 형체 역시 분리되지 않는다. 현학의 중심 인물인 혜강(嵇康)은 "형체는 정신에 의지해서 확립되고, 정신은 반드시 형체에 기대어 존재한다. … 그러므로 본성을 닦

---

7) 『周易略例』, '明象', 物無妄然, 必由其理.
8) 『周易』, '乾'·'文言注', 夫識物之動, 則其所以然之理, 皆可知也.

아서 정신을 보존하고, 마음을 안전하게 하여 신체를 온전히 [보존]한다. … 형체와 정신은 서로 친하고 바깥과 안은 모두 가지런하다"[9]고 명확히 지적하였다. 한편으로 초월을 실현하여 형이상학적 존재에 도달하려 했으며, 다른 한편으로 형체를 떠나서 몸을 온전히 하고 생명을 기르고자 하였다. 왜냐 하면 형체를 벗어나서는 정신도 있을 수 없고, 형이하자를 떠나서는 형이상자도 있을 수 없기 때문이다.

중국의 불교철학은 형이상학적 사유가 비교적 발달한 외래 문화로서, 중국의 전통적 사유를 크게 자극하였다. 이것은 부정할 수 없는 사실이다. 그러나 불교철학도 중국의 전통적 사유로부터 커다란 영향을 받았다. 이러한 영향은 쌍방적인 것이지 일방적인 것이 아니다.

승조(僧肇)의 '부진공론(不眞空論)'은 외래 철학의 의미와 사변적 색채를 풍부하게 포함하고 있다. 나중에 성립된 큰 종파들도 중국의 전통 철학과 부단히 결합하는 과정에서 발전한, 중국화한 형이상학이다. 천태종의 '실성론(實性論)'과 화엄종의 '이사론(理事論)' 그리고 선종의 '체용론(體用論)'은 한편으로 형이상학적 본체를 인정하면서도 다른 한편으로 본체와 현상, 형이상과 형이하의 차별을 없애려 했던 점에서 중국의 형이상학적 사유의 특징을 반영한 것이라 할 수 있다.

화엄종의 리(理)와 사(事)의 관계는 본체와 현상, 형이상과 형이하의 관계와도 같다. "사(事)는 마음이 색에 연루되어 장애를 일으킨 것이요, 리(理)란 평등한 진여이니, 리와 사는 서로 다르면서도 서로 만나고 융합하며, 서로 방해되지 않는다."[10] 리는

---

9) 『稽康集』, 「養生論」, 形恃神以立, 神須形以存. … 故修性以保神, 安心以全身. … 使形神相親, 表裏具濟也.

진여본체요 '이법계(理法界)'는 형이상의 본체 세계로서 절대로 진실한 것이다. 사는 인연으로 드러난 현상이요 '사법계(事法界)'는 형이하의 현상 세계로서 거짓되어 진실하지 않은 것이다. 양자는 구별되면서도 큰 바다와 수많은 하천 그리고 바닷물과 파도처럼 상즉상융(相卽相融)하며 분리될 수 없는 관계에 있다. "사는 비록 완연한 것이지만 언제나 소유할 수 없으므로 용이 바로 체라 할 수 있다. 이는 마치 수없이 많은 하천이 바다로 흘러드는 것과 같다. 리는 하나이지만 언제나 스스로 인연에 따르므로 체가 바로 용이라 할 수 있다. 이는 마치 큰 바다를 들어서 수없이 많은 하천을 밝히는 것과 같다."[11] 형이상의 리 세계는 절대적으로 영원하고 진실한 존재이고, 형이하의 사 세계는 거짓되고 진실하지 못한 현상계다. 그렇지만 리의 세계는 독립해서 존재하지 않고 반드시 "인연에 따라(隨緣)" 존재한다. 그러면서도 체와 용의 차이는 바뀌지 않는다. 다시 말해 리가 형이상의 절대 본체라는 점은 바뀌지 않는다. "리와 사가 서로 융합되므로 체와 용은 스스로 존재한다", "체는 용의 근본이 되고 용은 체에 의지하여 일어난다."[12] 이 말은 리가 가장 근본적인 것으로서 현상계를 결정함을 의미하며, 이는 전통적 사유와도 일치한다.

　이제까지 언급한 사실들은 중국의 유가·불가·도가 철학이 모두 형이상학적 사유의 수준에 도달했으며, 고유한 형이상학적 이론을 포함하고 있음을 보여준다. 세 학파는 서로 상대방의

---

10) 『華嚴經義海百門』,「大藏經第四十五卷」, 事者心緣色碍等, 理者平等眞如, 雖理事不同而相卽相融, 不相妨碍.
11) 같은 곳, 事雖宛然, 恒無所有, 是故用卽體也, 如會百川以歸于海. 理雖一味, 恒自隨緣, 是故體卽用也, 如擧大海以明百川.
12) 같은 곳, 由理事互融, 故體用自在. 體爲用本, 用依體起.

사상을 흡수했으며 서로간에 영향을 끼쳤다. 그렇지만 모두가 순수한 형이상학적 원리와 체계를 세우지는 못하였다. 왜냐 하면 그들이 말하는 형이상학적 도(道)나 형이상의 리(理)는 형이하와 분리되어 존재하거나 경험 세계와 분리되어 존재하는 것이 아니기 때문이다. 형이상의 보편적 원리는 구체적인 사물 가운데서만 존재할 수 있다. 유가·불가·도가는 모두 형이상자에 대해 좀더 발전된 해석을 내놓지 못하고, 더욱이 개념적 체계를 세우지 못하였다. 구체적인 사유와 경험적 사유의 흔적을 완전히 떨쳐낼 수 없었다는 점에서, 중국철학의 형이상학적 사유는 크게 발달하지 못했다고 말할 수 있다. 그러나 더욱 중요한 것은, 중국철학은 인간을 중심으로 하는 인본주의(人本主義) 철학이라는 점이다. 이 철학은 인간의 존재 문제를 해석하려 하며, 인간의 형이상적 측면(요소)과 관련하여 인간을 배우는 형이상학(人學形而上學)을 확립하려 한다. 그래서 형이상학적 원리를 필요로 하지 않는다.

인간은 개념론이나 논리학으로 이해할 수 없을 정도로 복잡한 존재다. 중국의 전통 철학은, 인간을 형이상과 형이하, 형체와 정신, 몸과 마음이 합쳐진 전체적인 존재로 본다. 따라서 중국철학에서 말하는 인간은, 서양인들이 말하듯이 영혼과 육체가 분리되고 정신과 물질이 대립된 [것으로 파악되는] 이원론적 존재가 아니다. 따라서 중국철학의 전통적 사유는 자아 실현과 자아 초월을 위한 형이상학적인 사유라고 말할 수 있다. 다음에서 우리는 이 문제에 대해 좀더 검토해보자.

2. 천도(天道)와 성명(性命)

'천인합일(天人合一)'은 중국 전통 철학의 가장 근본적인 사유 패턴이다. 아울러 전체적 사유이자 자아를 초월하는 형이상학적 사유이기도 하다. 이런 사유가 표현된 것이 바로 '천도(天道)'·'성명(性命)'에 대한 학문이다.

전통 철학에서 하늘(天)은 형이상학적인 것으로 바뀌어 인간 본성의 내재적 근원이 되었다. 천인합일의 학문은 형이상학적인 도덕성명(道德性命)의 학문으로 표현된다. 도가는 종교·철학적인 하늘(天)을 부정하고, 자연적인 하늘의 의미를 확립하였다. 그런데 도가가 말한 '자연(自然)'은 인간의 형이상학적 본체로 이해될 수 있다. [이에 반해] 유가의 주류파는 하늘을 형이상의 우주 본체인 동시에 인간의 도덕 본체로 설명하였다. 그리하여 우주본체론은 인학본체론으로, 일반적인 형이상학은 인학형이상학으로 변화되었다. 그 결과 천도는 결국 인성으로써 인간에게 내재하는 것이지, 인간 바깥에 있는 것은 아닌 것으로 설명되었다. [이러한 입장은] 한마디로 천도와 성명을 합쳐서 하나로 만든 것이라 할 수 있다.

중국철학에서 하늘(天) 또는 천도(天道)는 형이상학적인 의미를 갖고 있다. 이 점은 하나의 발전 과정을 거친 것이지만, 하늘의 형이상학화가 중국의 전통 철학의 주류가 되고, 중국철학의 사유를 지배해왔음은 의문의 여지가 없다. 이른바 "천지가 충성스러움을 내렸다(天地降衷)", "하늘이 명한 것을 본성이라 이른다(天命之謂性)", "천지가 유행하여 만물을 내려주었다(天地流行, 賦予萬物)", "선을 계승하여 본성을 이룬다(繼善成性)",

"인간은 태어날 때 고요하다(人生而靜)", "본성이 곧 리다(性卽理也)"라는 말들은 이런 사유가 철학적으로 표현된 것이다. 일반적으로 말해 '천도'는 자연계의 형이상의 도를 가리키며 우주본체론의 문제라 할 수 있다. 그러나 천도는 인간의 본성으로 실현될 때만 참된 의미를 갖는다. '성명(性命)'이란 천도가 인간에게 명령하고 인간이 그것을 받아서 본성으로 삼은 것이다. 하늘이 인간에게 명령한 것은, 상제(上帝)가 인간에게 어떻게 하라고 명령한 것이 아니라, "천도가 유행(天道流行)"하여 인간에게 천지지성(天地之性 또는 天命之性)을 부여한 것이다. 천도는 최종적으로 인성에 의지하여 실현된다. 따라서 인성이 없다면 천명도 없고 천도도 그 존재 의미를 잃어버리게 된다. 도(道)는 우주론의 범주이고 성(性)은 인성론의 범주며 명(命)은 하늘과 인간을 연결시켜주는 범주다. 인간과 하늘은 명을 통해 관통·합치해서 하나가 된다. 『중용』이 제시한 "하늘이 명한 것을 본성이라 이른다(天命之謂性)"는 명제는 유가철학의 전통적 설명이 되었고, 유가철학의 처음과 끝을 관통하는 가장 중요한 사유 방식이 되었다.

공자는 "본성과 천도"를 말하지 않았기에 그의 철학은 경험적인 사유의 특징을 지니고 있고, 그의 '지천명설(知天命說)'도 객관적 사유의 의미를 지니고 있다. 이에 반해 맹자는 "마음을 다해 본성을 알고 하늘을 안다(盡心知性知天)"는 명제와, "본성과 명은 합일된다(性命合一)"는 명제를 제시하여, 자아의 초월을 통한 천인합일 학문을 초보적으로 완성하였다. 천도(天道)는 형이상의 성질을 갖고 있지만 인간의 본성 가운데 실현되어 있다. 이것이 이른바 '성실함(誠)'이다. 인성 가운데 천도가 포함되어 있고 인성이 바로 천도라고 말할 수도 있다. 맹자는 명을 언급할 때 그것이 객관적인 의미를 지님을 인정했지만, 주로 인성을 가리켜서 언급하였다. 성(性)과 명(命)을 완전히 합일시켰기에 양자는 주체의 몸에서 내재적으로 통일된다. "입이 맛에서와 눈이 색깔에서와 귀가 음악에서와 코가 냄새에서와 사지가 안일에서는 본성이나 명에 달려 있다. 그러므로 군자는 이것을 성이라 말하지 않는다. 인이 부자(父子)에서와 의가 군신간에서와 예가 손님과 주인 간에서와 지가 현자에게서와 성인이 천도에서는 명이나 본성에 있다. 그러므로 군자는 명이라 말하지 않는다."[13] 귀와 눈 등의 감각 기관이 지닌 욕망은 객관적인 대상을 가지려 하는데 이것은 명(命)이자 성(性)이다. "군자는 이것을 성이라 말하지 않는다(君子不謂命也)"는 말은 그것이 바깥에 있는 것을 구하지만 구함과 구하지 않음에 이익이 없음을 뜻한다. 인의예지(仁義禮智) 같은 것은 명이나 성처럼 자신의 마음 안에 있는 것이다. 그러나 "군자가 명이라 말하지 않는" 것은 안에 있는 것을 구하면 얻는 데 이익이 있기 때문이다. 곧 구하면 얻고 구하지 않으면 얻을 수 없기 때문이다. 이것은 안에서 구하는 것이지 바깥에서 구하는 것이 아니다. 사실 맹자는 [인간] 바깥의 천명을 [인간] 안의 인성으로 대치하였다. 바깥에 있는 것을 변화시키지 않고 안에 있는 것으로 변화시켰다. 이렇게 천명의 성이 내재성을 갖추고 있으므로, 내재적 본성의 바깥에 천도 또는 천명이 있다고 할 수 없다. 이는 성명이 형이상학적인 도덕 본체로 변화한 것이다. 천도가 인간의 내재적 본성 가운데 내포된 것이 인성이다. 그래서 천도를 실현하려면 내재적

---

13) 『孟子』, 「盡心(下)」, 口之于味也, 目之于色也, 耳之于聲也, 鼻之于臭也, 四肢之于安佚也, 性也, 有命焉, 君子不謂性也. 仁之于父子也, 義之于君臣也, 禮之于賓客也, 知之于賢者也, 聖之于天道也, 命也, 有性焉, 君子不謂命也.

인 자아에 대한 초월이 필요하다. 안에서부터 바깥으로의 초월은 필요하지도 않고 가능하지도 않다. "마음을 다해 본성을 알고 하늘을 안다(盡心知性知天)"는 것이 바로 이러한 초월이다. 이때의 초월은 외적인 것이 아니라 내적인 것이다. 피안으로의 초월이 아니라 자아의 초월이다. 하늘 또는 천도는 심성의 바깥에 있는 것이 아니므로 마음을 다하고 본성을 알면 하늘도 알 수 있다. 자기의 심성의 바깥에 어떤 천도를 구할 수 없으므로 피안으로의 초월은 불가능하다.

『역전』은 '천인합일'의 철학 체계를 건립하고 전통적 사유의 기본적 패턴을 확립하였다. 이러한 패턴은 천도와 성명을 합치시킨 형이상학적 사유다. 『역전』이 『맹자』와 다른 점은, 심성에서 출발하여 천도를 설명하지 않고 천도에서 출발하여 심성을 설명하려는 데 있다. 그러나 출발점은 다르지만 결론은 같고 사유 방식도 같다. 왜냐 하면 양자 모두가 '천인합일'의 성명지학(性命之學)이기 때문이다. "옛날에 성인이 역(易)을 지으심은 장차 성과 명의 이치에 순응하고자 함이니, 이로써 하늘의 도를 세워서 [상징하여] 말하기를 음과 양이요, 땅의 도를 세워서 [사용하여] 말하기를 유(柔)와 강(剛)이요, 사람의 도를 세워서 [사용하여] 말하기를 인(仁)과 의(義)라 한다."[14] 이러한 사유에 따르면, 하늘과 인간은 하나의 도, 곧 "성명지리(性命之理)"를 지니고 있을 뿐이다. 천지의 도와 인간의 도는 다르게 표현된다. 천지에서는 음과 양, 유(柔)와 강(剛)으로 표현되고, 인간에게서는 인(仁)과 의(義)로 표현된다. 하지만 성명(性命)에서는 이러한 근본적인 문제가 완전히 일치한다. 인간의 본성(人性)은 천도에

---

14) 『易傳』, 「說卦傳」, 昔者聖人之作易也, 將以順性命之理, 是以立天之道曰陰與陽, 立地之道曰柔與剛, 立人之道曰仁與義.

서 오고 천도는 인성으로 실현된다. 따라서 양자 모두가 형이상의 도라 할 수 있다. "한 번 음이 되고 한 번 양이 되는 것을 일러서 도라고 한다. 그것을 계승하는 자는 선하고 그것을 이루는 자는 성인이다."15) 인간이 계승하는 것은 하늘의 도이지만, 하늘의 도는 인성으로 실현해야만 완성될 수 있다. 이것이 바로 "천지의 큰 덕은 생(生)이라 한다"16)는 것이다. 그래서 천도를 실현하려면 스스로를 완성시켜야 한다. 이것이 이른바 "그것을 이루는 자는 성(性)이다"라는 말의 의미다. "본성을 이루고 보존할 것을 보존하는 것이 도의의 문이다(成性存存, 道義之門)." 이른바 "본성을 이룬다"는 것은 보존해야 할 것을 보존하는 것이다. 이것은 외부적인 방식을 통해서 다른 어떤 성을 성취하는 것이 아니라, 스스로 선을 계속하여 형이상의 본성을 성취하는 것이다. "천지의 큰 덕을 생이라 한다", "무엇으로써 위치를 지켜야 하는가? 말하기를, 인으로써다"17)라고 말할 때의 '생(生)'은 생물학에서 말하는 생(生)이 아니라, 유기론(有機論) 또는 생기론(生機論)에 바탕한 천인합일의 학문에서 말하는 생(生)이다. 하늘의 덕(天德)은 생으로 표현되며, 그것이 실현된 것이 인의라는 본성이다. 건원(乾元)의 덕을 이용하여 인(仁)을 설명한 것(『文言傳』)은 바로 "성명의 리(性命之理)"를 특징으로 하는 형이상학적 사유를 다시 표현한 것이다.

『역전』은 '천도'철학만 언급한 책이 아니다. 오히려 유가가 처음으로 형이상학적 천인합일론을 성립시킨 저작이라 할 수 있다. 이 책의 핵심은 '천도성명(天道性命)'의 학문을 펼치는 데

---

15) 『易傳』, 「繫辭傳」, 一陰一陽之謂道, 繼之者善也, 成之者性也.
16) 같은 곳, 天地之大德曰生.
17) 같은 곳, 何以守位曰仁.

있지만, 중심적인 위치를 차지하는 것은 인간이다. 이른바 "성명의 이치에 순응함(順性命之理)"이란 천도와 인성이 합일된 리(理)에 순응함을 나타낸다. 명(命)은 하늘에 대해 말한 것이지만 순수하고 객관적인 자연으로서의 도가 아니다. 명은 천도가 인성으로 실현되는 중요한 전환점이다. 성은 인간에 대해 말한 것으로 인간의 내재적인 본성이다. 그러나 성은 천도와 아무 상관이 없거나 대립된 것은 아니라 천도가 실현된 것이다. 인간에 대해 말하면 명은 그 객관성·외재성·필연성을 나타내는 반면에 성은 그 주관성·내재성·목적성을 나타낸다. 그러나 성은 원래 명에서 기원하며, [하늘의] 명은 성으로 실현된다. 성명의 합일이 바로 천인합일의 '성명지리(性命之理)'다.

성(性)은 천도에서 연원하는 것으로 스스로 존재하는 것, 바로 '천도성명(天道性命)'이다. 그러나 그것은 반드시 인간에 의해 완성되고 실현된다. 이것이 바로 스스로 행위하는 것, 바로 "본성을 이루고 보존할 것을 보존하는(成性存存)" 것이다. 여기서 인간의 주체적 작용은 지극히 중요하다. 천인합일의 성명의 이치를 완성하는 것은 자아를 부단히 초월하는 과정이기도 하다. 인간의 주체적 지위를 넘어서고 자아를 초월할 때 비로소 천지의 도를 성취할 수 있다.

이러한 형이상학은 사유 순서에 대해 말한 것으로 맹자의 사유 방식과 다르다. 맹자는 마음(心) → 성(性) → 명(命) → 하늘(天)의 순서로 설명하지만, 『역전』은 하늘 → 명 → 성 → 마음의 순서로 설명한다. 그런데 여기에는 쌍방향의 사유 순서가 포함되어 있다. 양자에 대해 거꾸로 말할 수도 있다. 사유의 기본적 패턴에서 양자는 일치한다. 맹자는 마음 → 성 → 명 → 하늘의 순서를 제시하는 동시에, 심성은 "하늘이 나에게 부여한 것(天

之所與我者)"이라고 주장한다. 그러나 『역전』은 "성명의 리에 순응할 것(順性命之理)"을 제시하는 동시에, "리를 궁구하고 성을 다하여 천명에 도달하라(窮理盡性以至于命)"고 주장한다. 하늘에서 인간에게 이르는 것과 인간에서 하늘로 이르는 것은, 출발점은 다르지만 '천인합일'이란 형이상학적인 사유 패턴에서 볼 때 동일하다. 사람은 혈육을 지니고 있을 뿐만 아니라 형이상적인 도덕적 본체이기도 하다. 이것이 인간의 진정한 존재다. 자아의 초월을 통해서만 인간의 진정한 존재를 실현할 수 있으니, 이러한 존재가 바로 천인합일적인 '천도성명'이다.

이학(理學), 곧 신유학의 천도성명의 학문은 '천인합일'의 형이상학적 사유가 최종적으로 완성되었음을 나타낸다. 주돈이가 "인극을 세운다(立人極)"고 말한 것은 인간의 본체 존재를 확립하고 실현한 것이다. 인간의 본체가 바로 우주 본체인 "무극이면서 태극(無極而太極)"이다. 그것(우주 본체)은 인간의 바깥에 있는 것이 아니라 인간 성명(性命)의 근원이다. '인극(人極)'은 인간의 표준이지만 외적인 표준은 아니다. "인극을 세운다(立人極)"는 것도 인간의 바깥에 하나의 표준을 세우는 것이 아니라 주체 자신이 표준을 세우는 것이다. 이것이 바로 자아를 초월함이다. 주돈이의 '주정(主靜)'설은 이러한 초월을 실현하는 방법이다.

장재가 '천지지성(天地之性)'으로 돌아가라고 말했던 것은, 내재적으로 자아를 초월하라는 뜻이다. "형체가 생긴 뒤에야 기질의 성이 있으니, 잘 돌이키면 천지의 성이 그대로 존재한다. 그러므로 기질의 성은 군자가 성으로 여기지 않는다."[18] 인간은

---

18) 『正蒙』, 「誠明篇」, 形而後有氣質之性, 善反之, 則天地之性存焉. 故氣質之性, 君子有弗性者焉.

형체를 갖고 있기 때문에 기질지성(氣質之性)도 지니고 있다. 이때 기질지성은 형체와 생명에 근원한 것으로 형이하자다. 그러나 기질 외에도 "하늘의 덕(天德)"에 근원한 천지지성(天地之性)을 지니고 있다. 천지지성은 선험적 도덕 본체로서 인간에게 내재되어 있다. 또한 인간의 본질이자 인간이 인간으로 되는 까닭으로서의 형이상자다. "잘 돌이키면 천지의 성은 그대로 존재한다(善反之, 則天地之性存焉)"는 말은, 자아가 자기의 형이상의 도덕 본체로 되돌아간 것이다. 이것은 자아의 유한한 형체를 초월하고 기질지성을 초월하라고 요구한 것이지, 기질지성을 완전히 없애라는 것이 아니다. "군자가 성으로 여기지 않는다(君子有弗性者)"는 말은 기질지성을 성으로 삼으라는 뜻이 아니라, 자아를 초월하는 가운데 인간이 인간으로 되는 까닭인 성을 진정으로 실현하라는 말이다. 천지지성을 실현하면, "하늘의 덕"과 합일하게 되고 형이상의 존재에 도달하게 된다. 형체·생명은 유한하지만 정신의 경지는 무한[의 경지]에 도달하게 된다. 장재의 '대심설(大心說)'은 이러한 초월을 실현하는 주요한 방법이다.

이학가는 도덕성명(道德性命)과 심성(心性)에 대한 학설을 중심 학설로 삼으며, 자아를 초월하는 형이상학적 사유를 근본적인 사유 방식으로 여긴다. 이정과 주희는 이러한 사유 방식을 견지한 대표적인 인물이다. 정호는 "하늘은 리(理)다"[19]라고 말했는데, 여기서 리는 우주 본체로서 형이상자를 뜻한다. 그런데 리는 다른 것이 아니라 바로 성(性)이기도 하다. 성은 바로 마음이요, 마음·성·리는 서로 통한다. "사람은 태어나서 고요하니

---

19)『二程遺書』, 「卷十一」, 天者, 理也.

그 이상은 말할 것도 없다. 성이라고 말할 때는 곧 이미 성이 아니다."[20] "사람이 태어나서 고요하니 그 이상(人生而靜以上)"이라는 말은 형이상자의 도이자 인성人性의 진정한 근원이며, "말로 형용할 수 없는(不容說)" 근원이다. 왜냐 하면 그것은 잠재적인 가능성일 뿐이고 아직 구체적인 인성(人性)으로 실현되지 않은 것이기 때문이다. 인성이라고 말할 수 있는 것은 형이상의 본원지성(本原之性)이 아니라 인간이 품수받은 성이다. 그런데 본원지성은 말로 표현될 수 없지만 진실한 존재다. 그것이 인간의 형체 가운데 있는 것이 바로 인간 마음의 본체다. 마음의 본체는 형이상자이므로 형체·생명으로는 설명할 수 없다. 그런데 그것은 형체·생명을 떠나서 존재하지 않는다. 천인 관계에 대해 말하면 양자는 완전히 합일한다. 심지어 '합(合)'이라는 말도 필요 없다. 왜냐 하면 "하늘과 인간은 본래 둘이 아니므로 합해야 한다고 말할 필요가 없기"[21] 때문이다. 하늘은 형이상의 리(理)이고, 하늘과 인간은 본래 둘이 아니다. 이것은 인간을 우주 본체의 높이로 올려놓은 것이며, 진정한 형이상자로 변화시킨 것이다. "하늘은 위에 위치하고, 땅은 아래에 위치하며, 사람은 그 가운데 위치한다. 사람이 없으면 하늘과 땅을 볼 수가 없다."[22] 이것은 인간을 주체로 하고 하늘을 객체로 여기거나, 인간으로 천지를 본 것이 아니다. 하늘과 인간은 본래 나누어진 것이 아니라 인간이 하늘이고 하늘이 인간이다. 그러므로 인성을 실현한다면 천도도 볼 수 있다. 이것은 형체를 가리켜서 말한 것이 아니다. 형체에 대해 말하면, 인간과 천지에는 당연히

20) 같은 책, 「卷一」, 人生而靜以上不容說, 才說性時, 便已不是性也.
21) 같은 책, 「卷六」, 天人本無二, 不必言合.
22) 같은 책, 「卷十一」, 天位乎上, 地位乎下, 人位乎中, 無人則無以見天地.

차이가 있다. 이것은 초월적인 본체 존재를 가리켜 말한 것이다. "인간이 태어나서 고요하니 그 이상"의 성은 바로 인간의 형이상적 본체 존재이자 천지지성(天地之性)을 가리킨다.

성은 마음을 통해 실현된다. 마음의 본체는 성이요 하늘이다. "마음은 다만 하늘일 뿐이다. 그것(마음)을 다하면 성을 알게 되고 성을 알면 하늘을 알게 된다."23) 마음이 하늘이요 리(理)라면, 이 마음은 단지 지각하고 인지하는 마음이 아니라 본체의 마음, 존재의 마음이라 할 수 있다. 형이상자의 마음이라 말해지기도 한다. 그래서 마음을 다하는 학문은 자아를 고양하고 자아를 초월하는 형이상학으로 바뀌게 된다. 감성적 자아를 초월하고, 자기 마음의 본체(心體)를 실현한다는 것은 인간의 형이상학적 본체 존재를 실현한 것이다. 이것도 천지만물이 일체가 된 경지다. "이른바 만물이 한 몸이라 말하는 것은 모두 이 리를 갖추고 있으며, 그것(理)으로부터 말미암았기 때문이다. '낳고 또 낳는 것을 역이라고 한다.' 생겨날 때는 한꺼번에 생겨나지만 모두 이 리를 갖추고 있다. 인간은 추리할 수 있지만 사물은 기가 혼미하여 추리할 수가 없다. 다른 사물은 더불어 있지 않다고 말할 수 없다. 인간이 다만 스스로 사사롭게 하면 장차 자기의 몸 위에서 뜻을 일으키게 되므로, 도리가 작아짐을 볼 수 있다."24) 여기서 이끌어낸 '기(氣)'라는 개념은 인간과 만물이 어떻게 다른가를 설명해준다. 그러나 인간이 인간일 수 있는 까닭은, 결국 기에 있지 않고 형이상의 리에 있다. '추론'할 수 있

---

23) 같은 책, 「卷二上」, 只心便是天, 盡之便知性, 知性便知天.
24) 같은 곳, 所以謂萬物一體者, 皆有此理, 只爲從那裏來. '生生之謂易', 生則一時生, 皆完此理. 人則能推, 物則氣昏, 推不得, 不可道他物不與有也. 人只爲自私, 將自家軀殼上起意, 故看得道理小了他底.

음은, 인간의 이성 능력이 그렇게 시키는 것이지만, 추론은 자신에게 본래부터 있는 리를 추론하는 것이다. 곧 형체와 기질의 보잘것없음(小)을 넘어서서, "넓고도 크게 공정하고(廓然而大公)", "사물이 왔을 때 순응하는(物來而順應)" 본체의 마음, 즉 형이상의 성 자체를 실현하는 것이다. 이른바 몸에서 뜻을 일으킴이란 형기의 보잘것없음(小)에 구속되고 감성적 형체에 얽매여 자아를 초월하지 못한 것이다. 그러므로 "광대하면서도 크게 공정하거나(豁然而大公)", "사물이 왔을 때 순응할(物來而順應)" 수 없고, 천인합일을 실현할 수도 없다. 이것은 사람들이 스스로 자신을 "한계짓고 구획한(限隔)" 것이지, 하늘이 그렇게 만든 것은 아니다. 왜냐 하면 하늘(天)은 하나의 리이고, 리는 하나의 성(性)이며, 성은 마음의 본체 존재이기 때문이다. 인간은 자아에 대한 초월을 실현할 수 있기도 하고 없기도 하다.

이학 체계의 완성자인 주희는 자아에 대한 초월을 적극적으로 주장하였다. 주희의 기본적인 사유는, 하늘에 리와 기가 있는 것처럼 인간에게도 성(性)과 형체(形)가 있고, 나아가 천명지성과 기질지성을 보유하고 있다는 것이다. 인간이 인간으로 되는 까닭도 결국 형이상적인 천명지성에서 결정된다. 천명지성은 다른 것이 아니라 형이상자의 리, 이른바 "성은 바로 리다(性卽理也)"는 것이다. 주희는 나아가 심체용설(心體用說)을 제시하였다. 이 심체용설이란 마음의 본체를 형이상의 성(性)으로 여기고, 마음의 작용을 형이하의 정(情)으로 여기는 것이다. 이렇게 하여 천인합일은 '심리합일(心理合一)'로 변화하게 된다. 리는 우주의 본체이므로 "그렇게 하는 까닭(所以然者)"이다. 또한 인간의 본체이므로 "당연히 그러해야 하는 것(所當然者)"이다. 마음의 본체는 형이상의 리요, 마음과 리는 본래 합일된 것이다. 그러나 형기(形氣)에 한정됨으로 사람들은 마음의 본체인 리를 실현하지 못한다. 따라서 모든 문제는 어떻게 마음의 본체를 실현하느냐에 달려 있다고 할 수 있다. "인간이 배워야 하는 것은 마음과 리일 뿐이다."[25] 심체(心體)는 본래 성(性)이요 리다. 이러한 의미에서 마음과 리, 마음과 하늘은 본래 합일된 것이다. 그러나 마음의 쓰임은 사람마다 다르고, 지각 작용에도 차이가 있어서 반드시 리와 합일되는 것이 아니다. 여기에 자아완성, 자아 초월의 문제가 생겨나게 된다.

자아를 초월한다는 것은 바깥으로 초월하는 것이 아니다. 왜냐 하면 리는 마음의 바깥에 있지 않고 마음속에 있는 것이기 때문이다. 정확하게 말하면 마음의 본체는 성이고 리다. 마음은 한 몸의 주재일 뿐만 아니라 만물의 주재다. 그러나 "마음과 리가 합일될(心理合一)" 때만 비로소 주재가 가능하다. "마음은 진정으로 주재한다는 뜻이다. 이른바 '주재한다'고 말하는 것은 곧 이치이기 때문이다. 마음 밖에 따로 이치가 있거나 이치 밖에 따로 마음이 있는 것이 아니다."[26] 자기의 심체(心體)를 실현시킬 때만 "마음과 리는 하나가 되며(心與理一)", "한마음 가운데서 하나의 리와 합쳐질 수 있다(一心之中, 渾然一理)." 이것이 진정한 인학형이상학(人學形上學, 인간을 배우기 위한 형이상학)이자, 중국의 형이상학적 사유를 드러낸 것이다. 주희는 인간을 형이상학적인 존재이자 피와 살이 있는 감성적 존재로 변화시켰다. 감성적 형체를 떠나지 않으면서 감성적 형체를 넘어서야만 형이상의 본체 존재를 실현할 수 있다. 이것이 바로

---

25) 『大學或問』, 「卷二」, 人之所以爲學者, 心與理而已.
26) 『朱子語類』, 「卷一」, 心固是主宰底意, 然所謂主宰者卽是理也, 不是心外別有个理, 理外別有个心.

자아의 승화요 초월이다.

내재적 자아를 초월하는 것은 심학파의 형이상학적 사유의 근본 특징이다. 육구연의 "마음이 곧 리다(心卽理)"는 명제와, 왕양명의 "마음의 본체가 곧 양지다. 양지가 곧 천리다(心之本體卽是良知, 良知卽是天理)"는 주장은, 주체의 마음을 형이상의 도덕적인 본체로 승화시키고, 마음의 본체를 인간의 가장 근본적인 존재로 여기는 것이다. 그러나 마음속의 리를 실현하거나 양지를 실현하려면 감성적 자아를 초월해야 한다. 심학파가 주장하는 자아의 실현이란 바로 자아를 초월하는 것이다. 감성적인 "물욕의 마음(物欲之心)"을 초월하지 않고, "넓히거나 깨끗이 하는 공부(廓淸功夫)"를 실행하지 않으면, '자아(自我)'를 실현할 수 없다. 육구연이 "마음의 본체는 매우 크다(心體甚大)"고 말했을 때, 마음의 본체(心體)는 형이상의 성(性理)을 가리킨다. 왕양명은 "나의 양지는 천지만물의 양지다(我的良知卽是天地萬物之良知)"라고 말하였다. 그렇지만 '마음의 본체가 없어지면 양지도 없어진다'는 말은, 모두 인간의 살아 있는 지각의 마음, 정감 욕망의 마음을 벗어난 것이 아니다. "마음이 곧 리다(心卽理)"라고 말하지 않았다면 자아의 승화를 요구하지 않았을 것이고, 나아가 어떤 문제도 해결할 수 없었을 것이다. 그런데 이것(자아 초월)은 실제로 영원히 멈출 수 없는 과정이다.

자아를 초월하라는 형이상학적 사유는, 유학 특히 이학(理學)이 가장 중시하는 사유 방식이다. 왜냐 하면 이 사유는 이학가들이 철학적 사명을 완성하기 위해 출발점과 귀결점으로 삼은 것이기 때문이다. 비판 정신을 가졌던 왕부지(王夫之)도 예외가 아니다. 왕부지의 철학은 근본적으로 천인합일의 도덕형이상학을 말하려는 것이며, 그의 사유도 천도(天道)·성명(性命)의 형이상학적 사유다. 왕부지는 하늘에 두 가지 의미가 있다고 보았다. 하나는 "하늘의 하늘(天之天)"로서 인간과 상대적으로 존재하는 자연계다. 이때 하늘은 인간과 서로 구분되는(天人相分) 하늘이다. 다른 하나는 "인간의 하늘(人之天)"로서 인간의 마음 안에 갖추어진 천도 또는 천리다. 이것은 "인간과 합일된(天人合一)" 하늘이다. 왕부지는 하늘과 인간을 구분하는 사상을 가졌지만, 그 철학의 주도적인 방면은 여전히 천인합일의 천도성명(天道性命)의 학이라 할 수 있다.

왕부지는 리를 두 방향에서 해석하였다. 하나는 "만물 또한 그러한 조리(萬物亦然之條理)", 곧 객관 사물의 성질 또는 규율이고, 다른 하나는 "하늘은 건강하고 순응하는 오상의 리로써 인간에게 명령하고 인간은 그것을 받아 성으로 삼은(天以健順五常之理命人而人受以爲性)" 리, 곧 형이상의 도덕 본체다. 전자는 "하늘과 인간이 서로 구분된다는 이론(天人相分論)"이고, 후자는 "하늘과 인간이 서로 합일된다는 이론(天人合一論)"이다. 왕부지는 한편으로는 "크도다. 인간의 도여! 하늘에 대해 일하니 공이 있도다"[27]라고 말하였다. 이 발언에는 자연계를 인식하고 개조한다는 사상이 포함되어 있다. 그러나 다른 한편으로 "인간은 하늘과 땅의 중간의 것을 받아서 태어났으므로, 성인의 공을 세울 수 있으며, 반드시 하늘과 합치되는 것을 표준으로 삼는다"[28]고 말하였다. 하늘과 합치됨을 표준으로 삼는다는 것은 천인합일을 궁극적 목적으로 여기는 것이다. 그렇다면 어떻게 하늘과 합칠 수 있는가? 이 문제에 대해 왕부지는 "하늘과

---

27) 『詩廣傳』, 「卷一」, '召南二', 大哉人道乎! 作對于天而有功矣.
28) 『四書訓義』, 「卷三十五」, 『孟子』, 「十三」, 人受天地之中以生, 故作聖之功, 必以合天爲極.

합친다는 것은 하늘이 나를 생성시키는 이치와 합치하는 것이다. 하늘이 나를 생성시키는 까닭은 명(命)이요, 나를 생성시킨 이치는 성(性)이다. 내가 생성시키는 이치를 받아서 신명(神明)의 쓰임이 있으니, 그 이치를 다하는 것을 마음이라고 이른다"29)고 말하였다. "하늘과의 합일(合天)"이란 천명지성과 합일하는 것이다. 천명지성은 안에 있는 것이지 바깥에 있는 것이 아니다. 그래서 "하늘의 하늘(天之天)"이 아니라 "인간의 하늘(人之天)"이다. 인간이 "하늘과 합일하려면(合天)" 초월해야만 한다. 왜냐 하면 "하늘은 나를 낳는 까닭으로서의 이치(天之所以生我之理)"이기 때문이다. 또한 형이상자이지 형이하자가 아니며, 보편자이지 특수자가 아니다. 하늘과의 합일은 "인간의 하늘"과는 합치되지만, "하늘의 하늘"과는 합치되지 않는다. 따라서 하늘과의 합일은 자아[에 대한] 초월이지, 외적[인 사물에 대한] 초월은 아니다.

자아를 초월하라는 사유 방식은 철학적인 차원에서 말한 것이지만, 사실상 전 사회의 문화와 사회 생활의 측면에 큰 영향을 끼쳤다. 중국인의 사유, 특히 지식인의 사유에는 자아 극복, 자아 수양 그리고 자아 승화라는 습관과, 어떤 정신적인 경지를 추구하는 전통이 담겨 있다. 이것은 '껍데기(軀殼)'에서 생각을 일으킨 것이 아니라 나의 사사로움을 극복하고 안신입명(몸을 편안히 하고 명을 세우는)의 경지를 추구한 것이다. 이것은 바로 자아 초월이란 형태의 형이상학적 사유가 실제 생활 가운데 표현된 것이다. 자아를 초월하라는 사유는 문학과 예술 분야에서 광범하게 응용되어 왔다. 중국의 회화와 서예는 실제적인 것

---

29) 같은 곳, 合天者, 與天之所以生我之理合而已矣. 天之所以生我者爲命, 生我之理爲性, 我受所生之理而有其神明之用以盡其理曰心.

을 묘사하기보다 마음의 경지에 대한 표현을 위주로 한다. "정신과 유사한 것(神似)"을 구할 뿐, "육체와 유사한 것(形似)"을 중시하지 않는다. "정신과 유사한 것"이란 "육체와 유사한 것"보다 고차적인 것으로, 이른바 "정신을 전하기 위해 묘사한 것(傳神寫照)"이다. 중국의 인물화와 산수화는 사실적인 묘사보다 뜻의 표현을 중시한다. 이른바 "시 가운데 그림이 있고, 그림 가운데 시가 있다(畵中有詩)"는 것은 감정과 경치가 합일되고, 하늘과 인간이 합일된 경지를 나타낸다. 구체적인 형상 가운데 깃들여 있으면서도 구체적인 형상의 바깥으로 넘어가려 하며, 실제로 작자의 정신 세계를 표현하고자 한다. 훌륭한 서예 작품은 필획의 구조에서 똑바른 규칙을 추구하기보다, 대범하고 소탈한 '신운(神韻)', '기운(氣韻)'을 표현하려 한다. 이른바 "글자는 그 사람과도 같다(字如其人)"는 말은, 글씨가 그 사람의 정신의 경지를 드러냄을 뜻한다. 시를 짓는 것도 이와 마찬가지다. 이른바 '시작품'은 상당할 정도로 인품을 드러낸다. 좋은 시는 추상화된 언어를 사용하지 않고도 무궁무진한 '정조(情操)' 또는 의미(意趣)를 표현해낸다. 이러한 의미도 형이상학적 사유를 표현한 것이다. 이른바 "신에게서 나와 변화로 들어간다(出神入化)"는 구절은 자아를 초월하여 정신의 경지에 도달했음을 나타낸다.

3. 참된 나를 실현함 [眞我實現]

우리는 앞에서 '자아 실현'이란 말로써 중국의 철학적 사유의 특징을 표현하였다. 실제로 중국철학이 간단히 '자아(自我)'의 실현을 주장했다고 말할 수 없다. 그렇지만 '진아(眞我)'(참된 나, 참된 자아)의 실현을 주장했다고 말할 수는 있다. '자아'는 일반적으로 개체의 인간 또는 개체 의식이 비교적 강한 인간을 가리킨다. 그런데 개체 의식이 강한 인간은 언제나 자아와 비아(非我), 주체와 객체의 긴장 관계 가운데 있으므로 양자의 긴장과 충돌을 극복할 필요가 있다. '진아'란 주체와 객체를 대립시키지 않고 주체와 객체를 통일시킨 상태에 도달한 형이상자면서, 감성적이고 구체적인 존재로서의 형이하자다. 따라서 '진아'는 추상과 구체, 보편과 개별, 형이상과 형이하를 통일시킨 것이라 할 수 있다. 그러나 현실적인 개인에 대해 말하면, '진아'는 내재적인 본질 또는 잠재적인 본체를 가리킨다. 잠재적인 본체는 심리학에서 말하는 잠재력이 아니라 형이상자다. 그래서 '진아'를 실현한다는 것은 바로 자아의 초월을 실현하는 것이며, 나아가 진정한 '인간'이 되는 것이다.

'진아'를 실현한다는 것은 일반 심리학적으로 말하면 인간에게 내재된 잠재 능력을 실현하는 것이다. 일종의 내재적인 요구와 목적 그리고 인생의 궁극적인 목적을 추구하는 것이다. 인생의 목적을 실현한다는 것은 일생 동안 치열하게 노력해야 할 일이자 인생의 의미와 가치가 있는 곳이다.

공자는 자신의 일생에서 배움의 과정을 종합적으로 이렇게 표현한 적이 있다. "나는 열다섯 살에 학문에 뜻을 두고, 서른 살에 자립했으며, 마흔 살에 미혹되지 않았고, 쉰 살에 천명을 알았으며, 예순 살에 귀가 손순해졌고, 일흔 살에 마음이 하고자 하는 것을 좇아도 법도를 넘지 않았다."[30] 이러한 배움의 과

---

30) 『論語』, 「爲政篇」, 吾十有五而志于學, 三十而立, 四十而不惑, 五十而知天命, 六十而耳順, 七十而從心所欲, 不逾矩.

정은 실제로 부단히 자아를 초월하는 과정이다. 그런데 이것은 논리적인 인식보다 일생의 실천적인 경험을 통해 나타나며, 실제로 내적인 논리적 관계를 갖추고 있다.

"학문에 뜻을 두었다(志于學)"는 것은 초월의 시작을 의미한다. 여기서 중심은 뜻을 세움에 있다. 중국인이 "뜻을 세움(立志)"을 매우 중시하는 까닭은, 선을 행하고 악을 행함이 모두 뜻에 달려 있기 때문이다. 선에 뜻을 두면 선을 행하고 악에 뜻을 두면 악을 행하게 된다. 중국 철학자들은 "뜻을 세움(立志)"을 '진아'를 실현하는 중요한 조건으로 보는데, 공자가 바로 이 점을 최초로 제시했다.

'배움(學)'이란 어진 자(仁者), 군자, 성인, 현인이 되기 위한 것으로, 자기와 무관한 객관적인 지식을 배우는 것이 아니다. "아래로 배우면서 위로 통달한다(下學而上達)"는 공자의 발언은 자아의 초월을 구체적으로 실현한 것이다. '하학(下學)'은 예악 제도와 역사 지식을 배우는 것이요, '상달(上達)'은 자아를 초월하고 인덕(仁德)을 실현하는 것이다.

"서른 살에 자립했다"는 말은 "예에서 서는 것(立于禮)"을 말한다. "자기를 이기고 예로 돌아감이 인이다(克己復禮爲仁)"는 말은 극기복례가 인을 실현하는 중요한 단계와 방법임을 나타낸다. 감성적 자아를 극복하여, 보고 듣고 말하고 행동하는 것(視聽言動)을 예와 합치시킬 것을 요구한 것이다. 예는 외적인 규범이지만 내적인 인덕(仁德)과 직접적으로 연관되어 있다. 말하자면 예와 인은 통일되어 있다. 나중의 유가들은 예가 인의 외부적인 표현이라고 생각했다. 그러므로 인을 실현하기 위해서는 '예'를 학습하고 실천하지 않을 수 없다.

"마흔 살에 매혹되지 않았다(四十而不惑)"는 말은 스스로의 깨달음(自覺)을 갖게 되어 이단과 사설(邪說)에 미혹되지 않았음을 뜻한다. 공자는 "이단을 공격하라(攻乎異端)", 곧 이단과 사설에 대해 공격하라고 주장하였다. 인식의 자각이 없다면 어떻게 "이단을 공격할" 수가 있겠는가? 이러한 자각은 학습과 실천의 결과 그리고 자아를 초월한 결과며, 근본적으로 일종의 자아에 대한 깨달음이다.

"쉰 살에 천명을 알았다(五十而知天命)"는 말은 좀더 발전한 것으로, 어떻게 해석하더라도 인식론적으로 초월한 것이다. "명을 알지 못하면 군자가 될 수가 없다."31) 군자의 앎은 순수한 지식만 추구한 것이 아니라 안심입명(安身立命)의 근본 도리를 아는 것이다. '천명(天命)'은 객관적 필연성과 유사하지만 "천명을 아는 것(知命)"은 "명을 세우기(立命)" 위한 것이다. 자기의 이상적 인격을 완성하고 이상적인 경계를 실현하여, '안신입명'의 목표에 도달하려는 것이다. 그래서 '지천명'은 인격의 자아 수양, 자아 초월과 직접적으로 연관되어 있다.

"예순 살에 귀가 손순해졌다(六十而耳順)"는 말은 좀더 발전하여 인식상으로 자각하게 되어, 어떤 말에도 귀가 거슬리지 않고 분명히 분별할 수 있게 되었음을 뜻한다. 이것도 하나의 초월로서 자유의 경지에 접근한 것이다.

"마음이 하고자 하는 것을 좇아도 법도를 넘지 않았다(從心所欲不逾矩)"는 말은 인생의 최후의 경지 그리고 최고의 경지에 도달했음을 뜻한다. 무릇 법도(規矩)란 객관성·보편성이란 특징을 지니고 있다. 그러나 "마음이 하고자 하는 것을 좇아도" 규범에서 벗어나지 않았다는 것은 외적으로 초월한 것이 아니

---

31) 『論語』, 「堯曰篇」, 不知命, 無以爲君子也.

라 내적으로 초월한 것이다. 왜냐 하면 이러한 규범은 외적인 속박이 아니라 내적인 자율이기 때문이다. 이것은 진정한 자유의 경지다. 그러나 자유의 경지는 논리적 필연성을 지닌 인식에 바탕한 것이 아니라 일종의 자유 의지, 다시 말해 인생의 가치와 의미에 대한 자각적인 의식에 바탕한 것이다. '종심소욕(從心所欲)'에서 '욕(欲)'은 "내가 인을 하고자 하면 여기에 인이 이른다(我欲仁, 斯仁至矣)"고 할 때의 욕이니, 귀·눈·소리·색깔 같은 감성적 욕망이 아니라 도덕적인 의지다. 즉, 감성적 욕망을 초월하여 '진아'를 실현한 것이다.

종합적으로 말하면, 서로 다른 단계들은 인생 경험을 종합한 것으로 내재적인 논리 관계를 지니고 있다. 여러 단계는 자아 초월의 과정에서 상이한 단계, 상이한 차원을 표현한 것이다. 그리고 마지막으로 감성적 자아를 초월하여 천인합일의 '진아'를 실현한 것이다.

'진아'는 추상물이 아니라 현실 속의 나(我)다. 그러나 진아는 유한의 생명을 초월해서 무한의 의미를 가지고 있다. 유한 가운데서 무한에 도달한 것이며 현실 가운데 영원을 실현한 것이다. 유가에는 '삼불후설(三不朽說)'이 있는데, 그것은 형체와 생명을 가리키기보다 인생의 최종적인 의미와 영원한 가치를 가리킨다. 인간의 생명은 유한하지만, 인생의 영원한 가치를 실현할 경우 '불후'한 것이 될 수 있다. 이른바 "최고로 훌륭한 일은 덕을 세우는 일이고, 그 다음 훌륭한 일은 공을 세우는 일이며, 그다음 훌륭한 일은 말을 세우는 일이다(太上立德, 其次立功, 其次立言)"라는 문구에서 세 가지 모두 '불후'할 수 있지만, 그 가운데 "덕을 세움(立德)"이 가장 근본적인 것으로 여겨진다. 세 가지를 비교하면 '입덕'이 가장 어렵고도 쉬운 것이다. 앞에서 보았듯이 성인만이 "덕을 세울 수 있다." 후자로부터 말하면 사람들 모두가 이룰 수 있다. 공자는 덕을 세울 것을 주장하였다. "하늘이 나에게 덕을 주었으니 환퇴가 나에게 어찌하겠는가?"[32] "덕이 닦이지 않음과 학문이 연마되지 않음, 그리고 의를 듣고 실천하지 못함과 불선을 고치지 못함이 바로 나의 걱정거리다",[33] "도에 뜻을 두고 덕을 굳게 지키며, 인에 의지하고 예에 노닐어야 한다."[34] 이런 발언들은 공자가 '입덕(立德)'과 '수덕(修德)'을 인생에서 가장 중요한 임무로 여겼음을 보여준다. 덕은 인간의 내재적 본질, 진실한 존재로서 곧 진아(眞我)다. 지속적으로 자아를 수양할 경우, 내재적인 인덕(仁德)을 실현할 수 있으니 이것이 바로 '진아'를 실현함이고 불후하게 됨이다. 유가는 신체로써 힘써 실행할 것(力行)을 주장했는데, 이것이 바로 자아를 실현하고 초월하는 것이다. "하루라도 인에 힘쓴 자가 있는가? 나는 힘이 부족한 자를 아직 보지 못하였다."[35] 인은 내재적인 것이므로 힘써 노력해야만 실현할 수 있다. 힘이 부족한 경우란 있을 수 없다. 그러나 인은 감성적 자아를 초월한 '진아'이므로 인덕을 실현하려면 '극기'해야 한다. 여기서의 '기(己)'는 참된 자기(眞己)가 아니라 감성적 자아다. 그래서 인을 실현하기란 결코 쉽지 않다. "나는 덕을 좋아하기를 여색을 좋아하듯 하는 자를 보지 못하였다."[36] 한편으로 힘써 노력해야만 인덕, 곧 '진아'를 실현할 수 있다. 하지만 다른 한편으로 일반인의 경우는 자주 감성적 욕망이 도덕적 요구를 넘어서고, 자연적 정감이 도

---

32) 『論語』, 「述而篇」, 天生德于予, 桓魋其如予何?
33) 같은 곳, 德之不修, 學之不講, 聞義不能徙, 不善不能改, 是吾憂也.
34) 같은 곳, 志于道, 據于德,依于仁, 游于藝.
35) 『論語』, 「里仁篇」, 能有一日用其力于仁矣乎! 我未見力不足者.
36) 『論語』, 「子罕篇」, 吾未見好德如好色者也.

덕 정감과 종교 정감을 넘어서기 쉽다. 그래서 공자와 유가는 '극기(克己)'할 것, 곧 감성적 자아를 극복하여 '진아'를 실현할 것을 주장한다.

맹자가 주장한 '진심(盡心)', '존심(存心)', '양심(養心)'의 학문 역시 '진아'를 실현하기 위한 자아초월형의 사유다. "마음을 다할 때(盡心)" "성을 알고 하늘을 알 수(知性知天)" 있는데, 그 까닭은 이것이 인식상으로 자아를 초월했기 때문이다. 이것 역시 자공이 "선생님께서 성과 천도에 대해 말씀하신 것을 들은 바가 없다(夫子之言性與天道, 不可得而聞也)"고 말한 데 대한 대답이다. "성과 천도"는 인간에게 내재해 있는 형이상자이자 '진아'다. '존심'은 본성을 기르고 하늘을 섬기는 것, 곧 진정으로 '진아'를 실현하는 것이다. 이것은 실천 면에서의 자아 초월이고 자아 실현이다. '존심'은 바로 "마음을 기름(養心)"이다. 그러면 어떻게 마음을 길러야 하는가? "마음을 기르는 것(養心)"은 욕심을 적게 가지는 것보다 나은 것이 없다."[37] 맹자는 식욕과 성욕이란 감성적 욕망을 부정하지 않았지만, 식욕과 성욕 같은 것을 본성으로 여기는 것은 '소체(小體)'로써 '대체(大體)'를 해치는 것으로 보았다. '대체'야말로 '진아'라고 할 수 있다. "몸에는 귀한 것과 천한 것, 큰 것과 작은 것이 있다. 작은 것을 가지고 큰 것을 해치지 말아야 하고, 천한 것을 가지고 귀한 것을 해치지 말아야 한다. 작은 것을 기르는 자는 소인이 되고, 큰 것을 기르는 자는 대인이 된다."[38] 여기서 '소체'는 귀와 눈, 식욕과 성욕과 같은 감성적 형체이고, '대체'는 심성이다. '소체'는 생물학적 존

---

37) 『孟子』, 「盡心(下)」, 養心莫善于寡欲.
38) 『孟子』, 「告子(上)」, 體有貴賤, 有大小. 無以小害大, 無以賤害貴, 養其小者爲小人, 養其大者爲大人.

재로서 '소아(小我)'며, 대체는 형이상의 존재로서 '대아(大我)'다. '대아'는 '진아'이기도 하다. 그러나 진아를 보존하고 기르고 실현하는 문제는 작은 문제라 할 수 없다. 여기서 가장 중요한 것은 감성적 자아를 초월하는 일이다. "작은 것을 가지고 큰 것을 해치지 않음(不以小害大)"은 감성적 형체가 심성의 대체를 방해하지 않음을 가리킨다. 귀한 것과 천한 것, 큰 것과 작은 것의 구분은 양적인 차이가 아니라 질적인 차이다. 인간의 심성은 형체와 분리되지 않지만, 형체를 초월할 수 있으므로 귀하고 크다. 왜냐 하면 심성이야말로 인간이 인간으로 되는 까닭으로서의 본질적 존재이고 형이상자이기 때문이다. 그래서 '과욕(寡欲)'의 학문은 자아 실현, 자아 초월의 학문이라 할 수 있다. "사람이 목마름(飢渴)의 해로써 마음의 해(害)를 받지 않게 한다면 남에게 미치지 못함을 걱정할 것이 없다."[39] 인간이 이룰 수 없는 일은 많겠지만, '소체'로써 '대체'를 해치지 않으면 아무런 근심도 없게 된다. 다시 말해 입과 귀의 욕망으로 그 심성을 해치지 않으면 어떤 근심도 없다. 왜냐 하면 도덕과 인성의 측면에서 나는 남과 같기 때문이다.

맹자의 '대인지학(大人之學)'은 자아 초월의 형이상학이다. 맹자가 말했던 '대장부(大丈夫)' 정신은 바로 자아를 초월한 경지다. 감성적 자아를 초월한 데서 시작해서 새로운 경지로 승화해야 한다. 그래서 빈천함이 싫다고 해서 그것을 회피하지 말고, 부귀하다고 해서 그것 때문에 음탕하지 않아야 하며, 위압에도 굴하지 않아야 한다. 이것은 바로 필부의 용기가 아니라 진정한 '용기'다. 맹자가 제시한 "나는 나의 호연지기를 잘 기르노라"[40]

39) 『孟子』, 「盡心(上)」, 人能無以飢渴之害爲心害, 則不及人不爲憂矣.
40) 『孟子』·「公孫丑(上)」, 吾善養吾浩然之氣.

는 말도 이러한 초월을 표현한 것이다. '호연지기(浩然之氣)'는 "의를 모음으로써 생겨나는 것(集義所生者)"으로, 일반의 감성적이고 물질적인 기가 아니라 일종의 도덕적인 정신이다. 이 도덕적인 정신은 바깥에서부터 얻어지는 것이 아니라 주체자신에게서 응결·누적되는 것이다. 이것이 바로 '의내설(義內說)'이다. 그런데 도덕적인 정신은 내가 갖춘 것이지만, 부단히 축적할 필요가 있다. 이러한 '집의(集義)' 공부가 바로 자아 초월의 과정이다. 왜냐 하면 자아를 초월한다는 것은 형체·형기의 한계를 초월하여 나의 '호연지기'를 온 몸에 충만하게 하고, 나아가 "천지를 충만하게 하고(充塞天地)" 양자강이나 황하강의 강물처럼 흘러서 이르지 않는 곳이 없기 때문이다. 자아를 초월한 사람은 "지나가는 곳이 교화되며, 마음을 보존하여 신묘하다. 그러므로 상하가 천지와 더불어 흐르니, 어찌 조금의 보탬이 된다고 하겠는가!"41) 이 구절은 이 사람이 진실로 위로 하늘에 이르고 아래로 땅에 이르며, 전 우주와 함께 있고 천지와 그 크기를 같이 하고, 사시와 그 시간을 같이함을 의미하지 않는다. 오히려 하늘과 합일된 경지를 실현하여, "천지와 그 덕을 합치했음(與天之合其德)"을 뜻한다. 이것은 일종의 정신적인 초월로서 보편과 무한에 도달한 것이다.

초월에도 수준의 차이가 있다. "욕망을 가진 것을 선인(善人)이라 이르고, [선을] 자기 몸에 소유한 것을 신인(信人)이라 이르며, 충실함을 미인이라 이르고, 충실하여 광휘(光輝)함이 있음을 대인이라 이르며, 대인이면서 저절로 화(化)함을 성인이라 이르고, 성스러워 알 수 없는 것을 신인이라 이른다."42) 이것도

---

41) 『孟子』, 「盡心(上)」, 所過者化, 所存者神, 上下與天地同流, 豈曰小補之哉!
42) 『孟子』, 「盡心(下)」, 可欲之謂善, 有諸己之謂信, 充實之謂美, 充實而有光輝

부단히 자아를 실현하고 승화하는 과정이다. '선(善)'은 정(情)·재(才)·성(性)을 가리키는 것으로, 인간의 내재적인 잠재 능력이다. '욕망(欲)'은 자아 실현을 위한 내적인 요구다. '믿음(信)'은 진실한 자아 존재이자 잠재 능력이 실현된 것이다. "자기에게 있는 것(有諸己)"은 외재적인 것이 아니라 내재된 것이며, 후천적으로 얻은 것이 아니라 내가 본래부터 가지고 있는 것이다. '아름다움(美)'은 자아 존재의 충실함이다. 여기서 미와 선은 완전히 일치한다. 선은 자아 가운데 존재하는 것이요 미는 자아가 느끼고 체험하는 것이다. 그래서 선은 내용이고 미는 형식이라 할 수 있다. '크다(大)'는 것은 충실하고도 눈부시게 실현된 것, 선과 미가 밝게 드러난 것이다. '성스러움(聖)'은 빛이 드러난 것일 뿐만 아니라 천하를 화육하고 사업에서 드러난 것이다. '신(神)'은 성스러우면서도 헤아릴 수 없는 최고의 경지로서, 천하를 화육할 뿐 아니라 이르지 않음이 없는 것이다. '신(神)'과 '성(聖)'은 자신 밖의 다른 장소에 있는 것이 아니다. 더욱이 신성한 피안이 있는 것이 아니다. 인간의 내재적 본질의 자아가 실현된 것이요 진정한 초월이다. 왜냐 하면 신과 성은 이미 "천지와 함께 흘러가는(與天地同流)" 보편과 영원함에 도달한 '진아'이기 때문이다. 맹자가 모든 인간이 성인이 될 수 있다고 말한 것은 바로 이러한 의미다. 그래서 이때의 초월은 외재적인 초월이 아니라 내재적 초월이며, 비아(非我)의 피안으로의 초월이 아니라 자아에 대한 초월이다.

공자와 맹자로 대표되는 유가의 주류파는, 자아를 초월하는 형이상학적 사유의 기초를 놓았다. 그렇지만 이러한 임무는 나

之謂大, 大而化之之謂聖, 聖而不可知之之謂神.

중의 이학(理學)에 이르러서야 제대로 완성되었다. 이학은 유교·불교·도교의 사상을 종합하고 인학형이상학(人學形而上學)을 완성하였다. 사람을 형이상학적 본체 존재로 변화시켰을 뿐만 아니라 형이상의 성(性)을 '진아'로 간주했다. 이학가의 '복성설(復性說)'은 '진아'를 실현하려는 형이상학이다. 그러나 이학가들이 말하는 성(性)은 무(無)나 공(空)이 아니라, "진실하고 망령되지 않은(眞實無妄)" 리(理)이고 '소당연(所當然)'의 성(性)이다. 그래서 복성설은 일종의 도덕형이상학이라 할 수 있다.

이고(李翶)의 '멸정복성설(滅情復性說)', 곧 정을 없애고 성을 회복하라는 학설은 이학의 자아 초월적 형이상학의 단서를 연 것이다. 성은 보편적이고 영원한 절대 존재로서, 천도(天道)가 나에게 명령한 것이다. 인간이 가진 정은 감성적 구체적 존재다. 정은 '사악함(邪)'과 '미망(妄)'의 근원으로 이해된다. '진아'를 실현하려면 보편적이고 절대적인 인성을 실현하면서 사악하고 망령된(邪妄) 정을 없애야 한다. 이러한 초월은 자아 부정의 요소를 갖고 있는데, 이것은 이고가 불교의 사유 방식을 상당 부분 받아들인 데 연유한다.

그런데 이고 이후에 등장한 이학가들은 불교의 심성론을 비판적으로 받아들였다. 리와 기의 관계로써 성(性)과 형(形)의 관계를 해석했으며, 성을 형이상자로 설명하고 형을 형이하자로 설명하였다. 한편으로, 성은 형과 분리될 수 없고 형도 성과 분리될 수 없다. 그래서 성이 있으면 형이 있고 성은 형에 갖추어져 있다고 할 수 있다. 다른 한편으로, 성과 형에는 형이상과 형이하의 차이가 있다. 전자는 보편적 도덕적 인성이요 후자는 구체적 감성적 존재다. 전자는 '진아'요 후자는 현실적 자아다. 천지지성(天地之性), 곧 '진아'를 실현하려면, 한편으로 감성적 형체(마음을 포함하여)를 벗어나지 않으면서, 다른 한편으로 감성적 형체를 초월해야 한다. 이것이 바로 이학가들이 말하는 '복성설(復性說)'이다. 감성적 자아를 떠나지 않으면서 감성적 자아를 초월하려면, 현실적 자아 가운데서 형이상학적 본체 존재를 실현해야 한다. 이것이 바로 이학의 '복성설'이 표현하는 형이상학적 사유다.

이학가들은 '천지지성(天地之性)'과 '기질지성(氣質之性)'을 구별한다. 이것은 인성학설 가운데 표현된 형이상학적 사유다. 이학의 기초를 놓은 장재(張載)는, "형체가 생긴 뒤에야 기질지성이 있으니, 잘 돌이키면 천지지성이 그대로 존재한다. 그러므로 기질지성은 군자가 성으로 여기지 않는다"[43]고 말한 바 있다. '기질지성'은 형체와 분리될 수 없는, 구체적이고 감성적인 것으로, 남녀와 음식의 성을 포함한다. '천지지성'은 이미 말했듯이 인의(仁義)처럼 보편적이고 초월적인 것이다. 인간은 '천지지성'과 '기질지성'을 갖고 있고, 그것에는 형이상과 형이하의 구분이 있다. 하지만 '천지지성'만이 인간의 보편적이고 진실한 본질이다. "성이란 만물의 한 가지 근원으로 나만 사사로이 얻을 수 있는 것이 아니다."[44] 이런 "만물의 하나의 근원(萬物一源)"으로서의 성은 내가 본래부터 갖게 된 것이다. 하지만 또한 성은 나를 초월하면서도 내재적이고 보편적인 것이다. 왜냐 하면 인간의 본체 존재는 우주의 본체와 합일된 것이기 때문이다. 그런데 인간은 감성적이고 구체적인 존재이기도 하다. "형체를 지닌 이후에 기질지성을 갖게 되었다(形而後有氣質之性)." 기질

---

43) 『正蒙』, 「誠明篇」, 形而後有氣質之性, 善反之, 則天地之性存焉. 故氣質之性, 君子有弗性者焉.
44) 같은 곳, 性者萬物之一源, 非有我之得私也.

지성도 인간이 지닌 것이기에 '기질지성'을 없애는 방식으로 '천지지성(天地之性)'을 실현할 수는 없다. 그러나 기질지성으로 천지지성을 실현할 수 없다면, 중요한 것은 "선에로 되돌리는 것(善反之)"이다. 이른바 "선으로 되돌린다"는 것은 일반적인 자아 반성이 아니라 인간의 형이상학적인 본체 존재로 돌아가는 것, 다시 말해 "하늘의 덕(天德)에 도달하는 것"이다. "위로 도달함이란 천리로 돌아감이며, 아래로 도달함이란 사람의 욕심을 없앰이 아닌가!"[45] "선으로 되돌림(善反之)"이란 위로 천리, 곧 천지지성에 도달하는 것으로 진정한 자아 초월이다. "기질을 변화시키라(變化氣質)"는 장재의 설은 이러한 초월을 위한 구체적인 단계와 방법이다.

　이학의 기초를 놓은 정호(程顥)는 '천리(天理)'라는 두 글자를 체험하였고 진정한 인학형이상학을 건립하였다. 그 뒤로 '천리'는 인간의 형이상학적 본체, 곧 '자아'를 초월한 '진아'로 언급되어 왔다. 정호는 인간을 형이상학적 도덕 본체인 동시에 감정과 의식, 지각 작용을 떠나지 않는 존재로 변화시켰다. "성이 곧 기요 기가 곧 성이다(性卽氣, 氣卽性)." 성리(性理)와 형기(形氣)는 분리될 수 없으며 '진아'와 '자아'도 분리될 수 없다. 그러나 '진아'를 실현하려면 반드시 '자아'를 초월해야 한다. 이것이 "작은 것으로부터 말미암아서는(自小)" 안 되고, "육체(껍데기) 위에서 생각을 일으켜서는 안 된다"는 정호 발언의 [진정한] 의미다. 자기를 감성적 형체 안에 국한시키지 않고 감성적 자아를 초월할 때만 "사람이 나서 고요하니 그 이상의(人生而靜以上)" 성(性), 곧 '진아'를 실현할 수 있다. '진아'는 정신분석학에서 말하는 '초아(超

---

45) 같은 곳, 上達反天理, 下達殉人欲者與!

我)'가 아니다. 왜냐 하면 '초아'는 '본아(本我)'와 '자아'를 완전히 초월한 것이고, 사회화한 자아인 데 반해, '진아'는 자아를 초월하면서도 자아에서 분리되지 않는 것, 진정한 내외합일, 천인합일의 [근거로서의] 본체 존재이기 때문이다. 감성적 자아를 초월하여 '진아'를 실현하면서도 주체와 객체의 합일, 인간과 만물, 그리고 우주 본체와 합일을 이룬 것이다. 이것이 바로 정호가 말한 "안과 밖을 합일시키고 하늘과 인간을 하나로 만들고(合內外, 一天人)" "하나를 근본으로 하는(一本)" 학문이다.

정호의 학문은 인간을 근본으로 여기는 인본주의이자 자아를 초월한 형이상학이다. '진아'는 '자아' 가운데 있으며, '자아'를 떠나서 존재하지 않는다. 어떻게 보면 '자아'를 실현해야만 '진아'를 실현할 수 있다. 이것은 중국철학의 중요한 특징이다. 그러나 '자아'에는 큰 한계가 있으니, 그것은 반드시 "사사로움에 말미암고(自私)", "지혜를 사용하는(用智)" 마음을 지니고 있어 천지 만물과 대립하기도 하고 타인과 서로 대립하기도 한다는 것이다. 사사로움에서 비롯된 마음은 개인의 사적인 감정으로 사물에 대응하는 것으로 반드시 구하는 바가 있다. 그런데 이러한 "유위로써는 자취에 응할 수(以有爲爲應迹)" 없다. 지혜를 사용하는 마음은 개인의 지능으로 사물을 구별하는 것으로 반드시 합치되는 바가 있다. 그러므로 "밝은 깨달음을 자연으로 여길(以明覺爲自然)" 수는 없다. '진아'는 정이 있지만 스스로 사사롭지 않고, 지혜가 있지만 스스로 사용하지 않는다. 진아는 진정으로 "사물이 오면 순응하고(物來而順應)", "광대하고도 매우 공정하며(廓然而大公)", 천지 만물을 일체로 여긴다. '자아'와 분리되지 않으면서도 '자아'를 초월한다. 정호는 성(性)을 자아를 초월하게 만드는 보편적이고 절대적인 본체 존재로 여겼으며, 마음(心)을 개체의 정감과 의식을 초월한 본체 의식으로 보았다. 따라서 형체의 막힘을 제거하여 진정한 자아를 실현하는 것이 이학의 형이상학적 사유의 근본 특징이라고 할 수 있다.

정이와 주희는 심체용설(心體用說)을 제시하여 형이상학적 사유를 새로운 단계로 발전시켰다. 정주학파는 체(體)·용(用)의 구분을 강조하는 반면, 심학파는 체·용의 합일을 강조한다. 그렇지만 양자 모두가 마음의 본체(心體)를 성으로 여기고 형이상의 진아로 여긴다. 또한 양자는 자신의 심체, 곧 성을 실현하기 위해서는 자아를 수양하여 나의 사사로움을 제거하고 무아의 공정함(無我之公)을 보존해야 한다고 주장한다. 그러나 "크게 공정하고 지극히 바른(大公至正)" 마음은 형체를 벗어나 존재하지 않으며, 감성적 자아 이외에 달리 '진아'가 있지도 않다. 그래서 초월은 내재적 자아의 초월일 뿐이다. 한편으로 천리(天理)는 마음 바깥에 별도로 존재하는 것이 아니라 마음 가운데 있는 것으로, 마음의 본체 존재다. 다른 한편으로 마음의 본체(心體)는 마음의 작용(心用)에서 벗어난 것이 아니다. 본체의 마음은 개체의 지각 작용 가운데 있어서, 개체의 마음을 통해 실현된다. 그래서 자아를 떠나서는 초월을 실현할 수 없다. '진아'는 감성적 자아가 아니라 형이상학적 '초아(超我)'다. 그렇지만 감성적 자아를 벗어난 것도 아니다. 그래서 부단히 자아를 완성하고 완전히 선한 것으로 만들려면 자아를 완전히 선하게 만들도록 노력해야 한다. 그럴 때만 자아를 초월하여 '진아'로 승화될 수 있다. 어느 날 갑자기 자아의 내부에서 이러한 초월을 실현한다면, 성실함(誠)·어짊(仁)·즐거움(樂)의 세 가지가 통일된 본체 경지, 그리고 참됨(眞)·선함(善)·아름다움(美)이 통일된 전체적인 경지에 이를 수 있다. 이것이 바로 이학 또는 전체의 중국철학 사상이 이루어낸 최고의 성과다.

성실함·어질음·즐거움은 원래 통일된 것으로 종합적으로 '태극(太極)' 또는 '인극(人極)'이라 할 수 있지만, 다른 측면에서 말하면 이 세 가지는 구분될 수 있다. 성실함·어질음·즐거움은 형이상의 본체 존재이자 자아 초월와 본체 인식이다. 이런 경지에 도달하면 주체와 객체, 인간과 자연의 경계는 존재하지 않으며, 주체의 지위도 최고 수준으로 높아지게 된다. 그러나 이런 초월을 진정으로 실현하려면 인식과 실천에서 부단히 자기를 수양해야 한다.

'성실함(誠)'은 "진실하고 망령됨이 없는(眞實無妄)" 진리의 경지로서, 하늘의 실제적인 이치이자 마음의 실리(實理)며, 천인합일의 본체 인식이다. 그렇지만 반드시 "몸을 돌이켜서 성실해야만(反身而誠)" 주체에 내재된 자아를 초월할 수 있다. 이러한 초월은 "성실한 몸체(誠體)"인 자아가 노출된 것 또는 실현된 것이다. 인(仁)은 "생성시키고 또 생성시키는 이치(生生之理)"로서 하늘의 덕(天德)이다. 또한 마음의 전체적인 덕(全德)으로서 천인합일의 도덕적 경지이기도 하다. 전통 철학에는 절대적인 악(惡)의 관념은 없지만 절대적인 선(善)의 관념은 존재한다. 인간은 본질적으로 선하다고 말할 수 있고, 인은 그 선이 최고의 상태로 구현된 것이다. 심체(心體)를 실현한다는 것은 바로 인의 실천 과정이자 자아를 승화하고 초월하는 과정이다. 사심과 잡념이 없어야만 천지 일체의 인을 실현할 수 있다. 형이상적인 인의 본체(仁體)가 바로 '진아'다.

즐거움(樂)은 하늘과 인간이 합일하고(天人合一), 감정과 경치가 합일하는(情景合一) 아름다운 경지다. 이미 언급한 것처럼 유가가 말하는 "성인의 즐거움(聖人之樂)", "공자와 안자의 즐거움(孔顔之樂)"은 일반적인 정감의 느낌이나 체험이 아니라, 공리(功利)의 마음과 물욕(物欲)의 마음을 넘어서서, 마음 가운데 "천리가 유행하고(天理流行)" "마음이 넓어지고 신체가 살찌게 된(心寬體胖)" 상태에서 체험하게 된 정신적인 쾌락이다. 정신적인 쾌락은 형이상의 본체 존재인 성(誠)과 인(仁)을 체험한 것이다. 전통적인 사유에서는 절대적인 악(惡)의 관념이 없을 뿐만 아니라 원죄 의식이나 속죄 의식, 비극 의식과 피안의 영원을 추구하는 종교 의식도 찾아보기 어렵다. 미(美)는 선(善)처럼 반드시 자기의 심령을 향해 찾아야 하는 것이며, 심령의 자아가 승화와 초월을 통해 얻을 수 있는 것이다. 이것은 현세의 낙관주의이자 내재하는 정신의 초월이다. 왕양명은, "즐거움(樂)은 마음의 본체다"[46]라고 말한 바 있다. 여기서 즐거움은 일반적인 정감 체험이 아니라 형이상학적 본체 존재와 자아 실현을 가리킨다. 즐거움은 양지와 마찬가지로 슬픔과 즐거움의 정을 떠나지 않으면서도 그것을 초월한 것이다. 아울러 자아를 실현하고 자아를 초월한 것이다. 즐거움을 느끼는(樂感) 중국 문화는 기본적인 사유 특징에서 말하면 감성적 쾌락보다는 자아 초월의 정신적인 쾌락을 강조한다. 어떤 외적인 상황에 처하든지 감성적 자아를 초월할 수 있다면, 하늘과 합일하는 경지에 도달하여 내적으로 정신적 쾌락을 누릴 수 있다. 그리고 이런 쾌락은 이성적 사유보다 정신적인 초월을 요구한다. 이것이 바로 중국의 형이상학적 사유다.

---

46) 『傳習錄』, 樂是心之本體.

4. 궁극으로 복귀함 [復歸于極]

자아를 초월하는 형이상학적 사유는 유가철학뿐만 아니라 도가와 불가철학에도 표현되어 있다. 따라서 자아를 초월하는 사유는 유가, 불가, 도가가 공유하는 사유 방식이라 할 수 있다.

도가의 노자는 일찍이 "무극으로 되돌아간다(復歸于無極)"는 명제를 제시한 바 있다. 이것은 초월적 사유를 최초로 운용한 것이다. 노자는 "어린아이로 돌아가라(復歸于嬰兒)", "소박으로 복귀하라(復歸于樸)", "무극으로 복귀하라(復歸于無極)"는 명제들을 제시하고 논의한 바 있다.47) 이것은 자연 소박의 성(性)과 도덕 본체를 종합한 것이다. 실제로 어린아이(嬰兒)에 대한 학설은 하나의 비유에 불과하다. 그의 예는 "큰 지혜[를 가진 사람]은 마치 어리석은 사람 같다(大智若愚)"는 문장과 같다. 최고의 지혜는 어린아이[가 지닌 지혜]와도 같으며, 무지(無知)·무욕(無欲)은 실제로 큰 지혜(大知)다. '소박함(樸)'에 이른다는 것은 인공을 가하지 않은 도의 자연 상태, 곧 "도는 언제나 이름이 없고 소박한"48) 상태에 이르는 것이다. 도는 이처럼 절대적인 본체이므로 명사와 개념으로 지시할 수 없다. 어린 아이·무극·소박함이란 개념을 통틀어 가장 중요한 의미는 "영원한 덕(常德)"이다. '상덕(常德)'은 도가 사람에게 있는 것으로, 형이상의 본체 존재다. "무극으로 되돌아감(復歸于無極)"은 도덕의 본체로 되돌아감이다. 노자는 당연히 '자연'을 도의 근본적인 특징으로 여겼다. 그러므로 그가 말한 '상덕', 도덕적 본체는 실제적

---

47) 『老子』, 「二十八章」을 보라.
48) 『老子』, 「三十二章」, 道常無名, 朴.

인 의미에서 유가와 다른 것이다. 그러나 자아 초월의 형이상학적 사유를 최초로 제시하고 운용한 것은 유가가 아니라 도가의 노자였다. '무극'의 도는 영원하고 무한한 것이지만, 반드시 구체적으로 존재하는 자아를 통해 실현되어야 한다. 이것이 바로 "뿌리로 되돌아감을 고요함이라고 한다(歸根曰靜)"는 문장의 의미다. 문제는 무극의 도가 자연계의 근본적인 존재이자 보편적 규율이며, 동시에 인간의 형이상학적 존재라는 데 있다. 이것이 이른바 '상덕(常德)'이다. 이렇게 하여 노자가 말하는 무극의 도는 바로 인성(人性)의 자아 초월과 자아 복귀로 변화하게 된 것이다.

이것(자아 초월과 자아 복귀)은 바로 "뿌리로 돌아감(歸根)", "명으로 복귀함(復命)"이란 본체적인 사유라 할 수 있다. 그러나 그 시각은 다르다. 본체적 사유는 존재의 근원 또는 본원에서 말한 것이고, 형이상학적 사유는 존재의 의미 또는 관념에서 말한 것이다. "만물이 아울러 자라나니, 나는 [그것으로써] 되돌아감을 본다. 대저 사물은 자욱하게 자라나지만 각기 그 뿌리로 되돌아간다. 뿌리로 되돌아가는 것을 고요함이라 하고 그것을 명령으로 복귀한다고 한다. 명령에 되돌아가는 것을 영원함이라고 한다."49) "되돌아감을 본다(觀復)"는 것은 고요한 뿌리를 보는 것이며 영원한 덕을 보는 것이니, 바로 성명(性命)의 영원함(常)이라 할 수 있다. 이른바 "뿌리로 되돌아감(歸根)", "명으로 복귀함(復命)"은 자기의 자연적인 본성으로 돌아가는 것이다. 노자는 형이상과 형이하를 구분하지 않았지만, 그가 말하는 '뿌리(根)'는 고요함(靜)과 영원함(常)을 근본적인 특징으로 한

---

49)『老子』,「第十六章」, 萬物竝作, 吾以觀復, 夫物芸芸, 各歸其根, 歸根曰靜, 是謂復命, 復命曰常.

다. 고요함은 움직임에 상대하여 말한 것이요, 영원함은 변화에 상대하여 말한 것이다. 실제로 고요함과 영원함은 절대적이고 초시공적인 형이상자다. 이른바 "고요함으로써 뿌리로 삼는다 (以靜爲根)"는 것은 형이상자를 궁극적인 원인으로 보는 것이다. 만물만 이러할 뿐 아니라 인간도 마찬가지다. 왜냐 하면 인간과 만물은 대립적인 것이 아니기 때문이다. "뿌리로 되돌아감 (歸根)", "명을 회복함(復命)"도 근본적으로 인간의 본체 존재를 실현하는 것이고, "도와 같은 몸(與道同體)"인 형이상의 경지를 실현하는 것이다. 그러나 노자는 "소박함을 간직하고 순박함을 드러내며, 사사로운 마음을 적게 갖고 욕심을 줄이라"50)고 주장하고, 청정무위(淸靜無爲)의 "줄이고 또 줄이는(寡之又寡)" 방법으로 자아 초월을 실현할 것을 강조한다. 이러한 노자의 주장은 유가의 주장과 다른 점이다. 곧 "사사로운 마음을 적게 갖고 욕심을 줄임(少私寡欲)"을 들어 말하면, 유가와 도가는 공통점을 갖고 있다. 양자는 모두 감성적 자아의 초월을 주장하며, 형체와 감관의 욕망을 인간의 한계로 본다. 도가가 이해한 '진아'는 개체적이고 자연적인 존재로서 개인의 정신적 초월과 정신적인 자유를 추구한 것인 반면, 유가가 이해한 '자아'는 집단적이고 사회적 존재로서, 도덕 본체의 초월을 추구한 것이다.

도가를 집대성한 장자(莊子)는 자아의 초월을 주장한 전형적인 인물이다. 장자가 이상으로 본 '진인'은 '진아' 곧 자아를 초월한 인간이다. 장자는 인간의 마음을 두 종류로 구분하였다. 하나는 외물을 대상으로 여기는 인지의 마음으로서 이것과 저것, 안과 밖을 구분하고, 옳음과 그름을 비교하며, 선과 악의 차

---

50) 같은 책, 「十九章」, 見素抱朴, 少私寡欲.

이에 국한된 것이다. 그래서 이것과 저것, 옳음과 그름의 대립 중간에 있어서 진정한 초월을 실현할 수 없다. 이런 마음은 "이루어진 마음(成心)"이라 불린다. ['성심'을 지닌] 사람은 "상대를 갖지 않은(無待)" 것이 아니라 "상대를 가진(有待)" 것이다. "상대를 가진" 사람은 같은 세계 안에서 대립하는 가운데 있으므로 자유롭지 못하다. "대개 사람이 성심(成心)에 따르고 그것을 스승으로 삼는다면, 누구에겐들 스승이 없겠는가? … 마음에서 이루지 않고 시비를 가리려는 것은 오늘 월(越)나라로 떠나면서 어제 도착했다고 말하는 것과 같다", "도는 작은 성공에 가려지고 말은 화려함으로 가려진다. 그래서 유교와 묵가의 시비가 생겨나 서로 그르다는 것을 옳다고 하고 옳다는 것을 그르다고 한다."51) '성심(成心)'이 있으면 '득도'할 수 없고 득도하지 못하면 '진인'이 될 수 없다. 다른 하나는 '무심(無心)'의 마음이다. 이 마음은 시비를 가리는 마음이 아니라 '득도'의 마음 또는 우주의 마음이며, '도심(道心)' 또는 일체의 시비와 선악을 초월한 "무심의 마음(無心之心)"이다. 도는 일체의 대립을 초월한 절대이니 이런 의미에서 형이상자라고 할 수 있다. "이것이 곧 저것이요 저것이 곧 이것이다. 저것은 저것대로 하나의 시비가 되며 이것은 이것대로 하나의 시비가 된다. 그러면 저것과 이것은 과연 있는 것인가 없는 것인가? 저것과 이것을 갈라 세울 수 없는 그곳을 도의 지도리라 일컬으니, 지도리라야 비로소 그 고리의 한복판에서 무궁에 응할 수 있다."52) 이러한 대립을 깨뜨리고

---

51) 『莊子』, 「齊物論」, 夫隨其成心而師之, 誰獨且無師乎? … 夫成乎心而有是非, 是今日適越而昔至也. 道隱于小成, 言隱于榮華, 故有儒墨之是非, 以是其所非而非其所是.

52) 같은 곳, 是亦彼也, 彼亦是也, 彼亦一是非, 此亦一是非, 果且有彼是乎哉, 果且無彼是乎哉? 彼是莫得其偶, 謂之道樞. 樞始得其環中, 以應無窮.

시비를 없애버린 '도추(道樞)'가 바로 '성심(成心)'을 초월한 득도의 마음이고, "도가 통하여 하나가 된(道通爲一)" 절대 정신이다. 이 마음은 "이룸도 없고 헐어짐도 없으며(無成與毁)" 일체의 대립과 한계를 초월하여 진정한 절대와 무한에 도달한 것이다.

무심(無心)의 마음은 "진정한 군주(眞君)", "진정한 주재자(眞宰)"라고 말해진다. 진정한 주재면서도 형태와 흔적을 갖지 않는다. 형체의 변화에 따라 변화하지 않으며 진실로 우주 정신과 합일된다. "그것이 아니면 내가 없고 내가 아니면 그것을 받을 리가 없다. 이렇듯 그것과 나의 관계는 가깝지만 누가 이렇게 시키는 줄은 모른다. 참 주인이 있을 테지만 그 모습을 똑똑히 볼 수가 없다."[53] 내가 다른 사람과 대립하고 사물과 상대하고 있다면 나는 유한한 자아다. 장자는 자아의 존재를 부정하지 않았지만, 자아에는 하나의 "진정한 주재자(眞帝)"가 있어서, 그것이 이것과 저것을 상대적으로 존재하도록 만든다고 보았다. 동시에 그것은 이것과 저것의 대립을 초월하는 절대 무한의 '진아'라고 여겼다. '진아'는 자아 가운데 있으면서도 자아를 초월한 것이며, 주체와 객체의 대립을 해소하고, 인간과 자연의 통일을 실현한 것이다. "참된 군주는 따로 있다. 그것을 찾아서 얻든지 얻지 못하든지, 그 진정함에는 아무런 더함과 덜함이 없다. … 육체가 변하면 마음도 따라 변할 것이니 어찌 큰 슬픔이라 하지 않겠는가?"[54] 형체는 변하여도 "참된 군주"는 변화하지 않으며,

---

53) 같은 곳, 非彼無我, 非我無所取, 是亦近矣, 而不知其所爲使, 若有眞宰而不得其朕.
54) 같은 곳, 其有眞君存焉, 如求得其情與不得, 無益損乎其眞. … 其形化, 其心與之然, 可不謂大哀乎!

형체에는 생사가 있어도 "참된 군주"에는 생사가 없다. 생사가 없는 마음이 바로 자아를 초월한 '진심(眞心)'이다. "(대개 사람에게 있어서) 마음의 죽음[마음이 본연의 참됨을 잃음]처럼 큰 슬픔은 없다."[55] 여기서 말하는 마음은 생사와 변화 가운데 있는 '성심(成心)'이 아니라 "참된 군주"·"진정한 군주", 다시 말해 '진심(眞心)'이다.

'진심'은 형체의 안에 존재하면서도 형체로부터 제한을 받지 않는다. 우주 정신과 상통하고 합일하지만, 통상적으로 객관 정신이라고 말해지는 것은 아니다. 진심이 나의 형체 안에 존재함으로 나의 마음이라 할 수 있다. 그래서 주관성을 가진다. 그러나 순수하게 주관적인 것은 아니라 주관과 객관, 주체와 객체가 종합된 것이다. 진심은 형체를 떠나 존재하지 않으므로 형체의 제한을 받기 쉽다. 진심이 형체에 따라 변화한다면, [그것은] 최대의 비극이다. 진심이 진정으로 실현된다는 것은, 형체의 한계를 없애고 사물과 상대적인 자아를 초월하여, 절대 무한의 정신 경계에 진입하고, 형이상학적 본체 존재를 실현하는 것이다. 어떤 의미에서 이것은 초월이라고 말할 수 있다.

장자가 말한 형체에 '지리(支离)'하면서도 "덕을 온전히 한(全德)" 사람은 형체의 한계와 자아를 초월한 '진인'이다. 이 '진인'은 세속 생활을 완전히 탈피하지 않고 세속적인 양식에 따르지만, 세속 사람과는 다른 정신의 경지를 갖고 있다. 세속의 시비를 시비로 여기지 않고 세속의 선악을 선악으로 여기지 않는다. '무심'할 수 있어서 "자기를 잊고(忘己)" "자아를 잊을 수(忘我)" 있다. 즉, '성심(成心)'도 없고 자아와 비아의 대립도 없으며, '나'

---

55) 『莊子』, 「田子方」, 夫哀莫大于心死.

의 시비를 [올바른] 시비로 여기지 않는다. 자신의 신체와 총명을 망각하는 것은 자아를 초월하고, '진심'과 '진아'를 실현하기 위한 것이다. 이렇게 한 사람이 바로 '진인(眞人)'·'지인(至人)'·'신인(神人)'이다. "대저 내가 보기에 인의의 실마리와 시비의 갈림이 한데 뒤섞여 어지럽기만 하다. 그러니 내 어찌 그 구별을 알겠나? 지인은 신이다. 큰 늪이 불에 타도 그를 뜨겁게 할 수 없고, 황하와 한수의 물이 얼어붙어도 그를 춥게 할 수 없으며, 벼락이 산을 깨뜨리고 바람이 바다를 뒤엎어도 그를 놀라게 할 수 없다. 이런 사람은 구름을 타고 해와 달을 몰아 사해 밖에서 노닐기 때문에 죽음과 삶도 그 마음을 변화시킬 수 없다. 그러니 하물며 시시한 이해 따위에 가리겠는가?"56) ['지인'은] '자아'의 관점에서 일체를 관찰하지 않고 '자아'를 초월한 경지다. 자아와 비아를 통일하고 도와 한 몸이 되면, 인의와 시비에 혼란되지 않아 절대 무한의 경지에 들어설 수 있다. '지인'은 신체적으로 보통 사람과 다르지 않다. 물에 들어가도 젖지 않거나 불에 들어가도 타지 않는 것이 아니다. 그렇지만 신체의 한계에 얽매이지 않아서 '무아'의 경지에 도달한 존재다. 그래서 "천지와 정신이 왕래하고" "무하유지향(無何有之鄕)에 노닐 수" 있다. 즉, 절대적인 정신적인 자유를 실현한 상태가 바로 '진아' 또는 '진기'다. 이런 사람은 당연히 신체로부터 고통을 받지 않는다.

'진아'는 하늘과 합일하고 도와 합일한 것이다. 내가 하늘이고 하늘이 나며, 주관과 객관, 안과 바깥의 구분이 없는 상태다. 진

---

56) 『莊子』, 「齊物論」, 夫自我觀之, 仁義之端, 是非之涂, 樊然殽亂, 吾惡能知其辯? … 至人神矣, 大澤焚而不能熱, 河漢冱而不能寒, 疾雷破山風振海而不能惊. 若然者, 乘雲氣, 騎日月, 而遊乎四海之外, 死生無變于己, 而況利害之端乎!

실로 "천지와 내가 아울러 생겨나고 만물과 내가 하나가 된다 (天地與我竝生, 萬物與我爲一)." 그래서 진아를 지닌 사람은 하늘과 대적하여 이기려 하지 않는다. "하늘과 사람이 서로 이기려 하지 않으니 이런 사람을 일러 진인이라고 한다."[57) '진인'은 하늘과 합일하므로 하늘에 대해 이기려 하지 않는다. [그래서] 하늘도 [그를] 이길 수 없다. 이른바 '진인'은 하늘과 인간을 구분하지 않는다. 사람이 바로 하늘이요 하늘이 바로 사람이니, 어떻게 서로를 이길 수 있겠는가? 만약 사람이 하늘을 이기려 한다면, 그것은 사람과 하늘을 대립시켜 사람을 이것으로 여기고 하늘을 저것으로 여긴 다음, 이것으로써 저것을 이기려는 것이니, 이는 바로 '성심(成心)'으로써 외물을 규제하려는 것과 같다. 만약 하늘이 사람을 이기려 한다면, 하늘과 사람을 대립시켜 하늘을 저것으로 여기고 사람을 이것으로 여긴 다음, 저것으로써 이것을 이기려는 것이니, 이는 바로 외물로써 '성심'을 규제하려는 것이다. 종합적으로 말하면 양자는 모두 '성심'이지 '진심'이 아니다. '진심'은 형이상학적인 초월을 실현한 것, 주체와 객체, 인간과 자연의 대립과 차별을 없애버린 것이며, 하늘과 사람, 안과 밖을 구분하지 않는 것이다. "어찌 내가 말한 바 하늘이 곧 사람이 아니며, 사람이 곧 하늘이 아님을 알겠는가? 대개 진인이 있은 다음이라야 참된 앎이 있다. … [진인은] 높은 데 올라가도 떨어지지 않고, 물에 들어가도 젖지 않으며, 불에 들어가도 뜨거워하지 않는다. 이것은 그 앎이 도의 가장 높은 경지에까지 이른 증거다."[58) '진인'은 자아의 초월을 실현한 인

---

57) 『莊子』, 「大宗師」, 天與人不相勝, 是之謂眞人.
58) 위와 같음, 庸詎知吾所謂天之非人乎? 所謂人之非天乎? 且有眞人而後有眞知, … 登高不慄, 入水不濡, 入火不熱, 是知之登假於道者也.

간이며, 진지(眞知)는 형이상의 본체를 인식한, '무지(無知)'의 지(知)다. 이 무지의 지는 대상에 대한 인식을 인식으로 삼지 않고, 자아 구현, 자아 실현을 진지로 여기는 것이다. 형체를 떠나지 않으면서도 형체를 초월하며, 자아를 떠나지 않으면서도 자아를 초월하는 것이 바로 장자가 말하는 형이상학적 사유의 근본적인 특징이다.

현학가들이 말하는 "자연을 체득함(體自然)", "자연에 임함(臨自然)", "심오한 경지(玄冥之境)"는 자아를 체험한 것인 동시에 형이상학적으로 자아를 초월한 것이다. 현학가들이 말하는 '자연'은 우주의 본체이자 인간의 본체다. 현학가의 기본적인 사유 패턴은 하늘과 인간을 둘로 보는 것이 아니라 하늘과 인간을 하나로 보는 것이다. 이것은 그들이 말하는 초월론이 피안을 향한 외재적인 초월이 아니라 내재적인 자아 초월임을 말해준다. 현학적 사유는 진실로 형이상학적 사유의 수준에 도달했지만, 그것은 의심할 바 없이 일종의 인학형이상학일 뿐, 개념론·관념론적 형이상학이나 근본 원리를 다룬 형이상학이 아니다. 현학적 사유는 인간을 근본(本位)으로 보고, 인간 존재를 그 사유의 기본점으로 여기며, 자아 초월을 사유의 근본적인 특징으로 여긴다. 이른바 "현묘한 생각(玄思)", "현묘한 말(玄談)", "말 속에 다른 뜻이 있음(弦外之音)", "말 이외의 의미('言外之意')"는 모두 이런 형이상학적 사유가 갖추고 있는 시대적인 특징이자, 인간의 내적인 정신의 초월을 근본적인 특징으로 한다.

"무를 근본을 여기고(以無爲本)" "무를 본체로 여기는(以無爲體)" 왕필의 형이상학적 사유는 근본적으로 자연계의 본체나 존재 문제를 해결하려고 하기보다, 인간에게 내재된 형이상학적인 본체 존재를 확립하려 한다. 그래서 인간의 형이상학적 본체 존재를 확립하는 동시에 자아의 초월을 실현하는 일이 필요할 뿐만 아니라 가능하다고 본다. 왕필과 현학가들이 논의하는 "몸의 안(形骸之內)"과 "몸의 바깥(形骸之外)"은 바로 이런 사유를 구체적으로 표현한 것이다. 이른바 "몸의 바깥에서 방탕함(放蕩于形骸之外)" 또는 "몸의 바깥에 마음이 노닐음(游心于形骸之外)"은 형체를 벗어나 정신적인 피안에 도달한 것이다. 그러나 실제로 완전히 이와 같지는 않다. 그것은 몸을 실제로 벗어나는 것이 아니다. 또한 몸을 벗어나는 것이 가능하지도 않다. 그러나 개별적이고 유한한 형체를 초월하고, 절대·보편적인 본체를 실현하며, 천인합일의 경계에 도달하는 것은 가능하다. 이러한 경지는 최고의 존재이자 최고의 인식이다.

현학(玄學)의 귀무파(貴無派)는 '무(無)'를 근본으로 여길 것을 주장한다. 그러나 그들이 말하는 무는 텅 비어서 아무것도 없거나, 절대적인 허무나 존재하지 않는 것이 아니다. 오히려 만물이 그것에 의지하여 생겨나고 존재하는 본체 존재다. 구체적인 존재에 비하면 비존재라 할 수 있지만, 진정한 형이상학적 존재라고 할 수 있다. "천하 만물은 모두 유로 인해 생겨난다. 유의 시작은 무를 근본으로 삼는다. 장차 온전히 존재하려면 반드시 무로 돌아가야 한다."59) '무'는 세계와 인간의 본체 존재로서, 형이상의 '자연'의 성이자 일종의 무한한 가능성 또는 인생의 최종 목적이다. "무로 되돌아감(反于無)"은 형이상학의 '자연'의 성(性)으로 돌아감, 곧 현상계로부터 본체계로 초월하는 동시에, 잠재 가능성을 현실로 변화시키고 인생의 궁극적 목적을 실현하는 것이다.

---

59) 『老子』, 「四十章注」, 天下萬物, 皆以有爲生. 有之所始, 以無爲本. 將欲全有, 必反于無也.

"무로 돌아감(反于無)"은 바로 '자연'으로 돌아감이다. '자연'은 스스로 존재하고 스스로 행위하는 존재일 뿐 아니라 최고의 표준으로 이른바 '극(極)'이다. "자연이란 칭할 수 없는 말이요 궁극의 말이다."[60] '자연'으로 돌아간다는 것은 실제로 절대적이고 보편적인 인성(人性)을 실현하고, 감성적 자아를 초월하며, 자신의 몸(形骸)을 초월하는 것이다. 인식의 측면에서 본체의 경계로 들어가는 것이고, 존재의 측면에서 '진아'를 실현하는 것이다.

'진아'는 자아의 근거이지만 자아는 아니다. 이것은 무가 유의 근거가 되면서도 유와 다른 것과도 같다. 왕필과 장자는 현실적 자아를 부정하지 않는다. 그러나 현실적인 자아가 진정으로 존재하기 위해서는 반드시 '진아', 즉 '자연'의 성(性)을 형이상학적 본체로 여겨야 하며, 형이상학적 본체로 돌아가야만 한다. 이른바 "근본을 숭상하여 말절을 줄인다(崇本以息末)"는 말은 하나의 개념론 문제로 보아야 한다. 본질과 현상의 관계 문제를 논의하지만, 심오한 의미는 인학형이상학의 문제에 있다. '근본(本)'은 외재적인 것이 아니라 내재적인 것이다. 일반 존재의 본질이 아니라 인간의 본질이다. 인간의 본질은 '진아'다. 그래서 이것은 자아의 실현이자 자아의 초월이다. 현실의 자아를 초월할 수 없다면 '진아'를 실현할 수 없고 자아도 존재할 수 없다. '진아'는 자아의 본질이자 형이상자이지만 자아를 포함한다. 자아는 피와 살을 지닌 몸의 감성적 존재, 이른바 형체(形骸)를 가리킨다. 여기서 현학가들이 말하는 "몸의 바깥에서 방탕한다"는 것은 '몸'을 벗어나서 보편적인 객관정신으로 바뀌는 것이 아니

---

60) 『老子』, 「二十五章注」, 自然者, 無稱之言, 窮極之辭也.

라 주관과 객관을 통일시키는 것이다. 왕필은 현학자 가운데 사변 능력이 탁월한 사상가지만, 영원한 피안의 사상이나 피안을 향해 초월해야 한다고 주장하지 않았다. 이런 것을 요구하지 않았기에 '자연'을 인간의 내재적인 본질 존재로 바꾸고 자아 가운데서 초월을 실현할 수 있었다. 다시 말해 자아를 떠나지 않으면서도 자아를 초월할 수 있었다. 이 점은 유가가 말하는 "수시로 출입하니 그 바탕을 알지 못한다. 그것을 마음이라고 부르는 것인가?(出入無時, 莫知其鄕, 其爲心之謂與)"라는 말처럼 전통적 사유의 전체적인 틀을 넘어서지 않은 것이다.

왕필이 말한 '복명(復命)'의 학문이란 바로 이것이다. 왕필은 노자의 "명으로 돌아가는 것을 명이라고 한다(復命曰常)"는 구절에 대해, "명을 회복하는 것이 바로 성명의 덕을 얻는 것이다(復命則得性命之常)"라고 해석하였고, "하늘과 덕을 같이하고, 도를 체득하여 크게 통하면 궁극적인 허무[의 경지]에 이르게 된다"[61]고 덧붙였다. "성명의 영원함(性命之常)"은 현실적 자아를 초월한 '진아'며 무한하고 영원한 절대다. 여기서의 '허무(虛無)'는 존재주의에서 말하는 허무가 아니라 현상계를 초월해 있는 형이상적인 본체다. 왕필이 말하는 '천덕(天德)'이 구체적으로 가리키는 것은 형이상자다. "하늘과 덕을 합한다(與天德合)"는 것은 완전한 자아 부정을 통해 피안으로 초월한 것도 아니고, 완전한 긍정을 통해 진정한 자아를 실현한 것도 아니다. 오히려 자아의 초월을 통해 "도를 체득하여 크게 통달하고(體道大通)", "도와 더불어 한 몸이 된(與道同體)" 본체 경계를 실현한 것이다. 바꾸어 말하면, 일반적인 인식의 길을 통해 나와 타

---

61) 『老子』, 「十六章注」, 與天合德, 體道大通, 則乃至于窮極虛無也.

인을 합일시키고 안과 바깥은 합일시킨 것이 아니라, 자아에 대한 체험과 초월을 통해 직접적인 자아 동일, 자아 동일시를 실현한 것이다. 이것을 실현할 경우, 주체와 객체의 대립, 인간과 자연의 대립이 해소되어 자아가 바로 '진아'가 되고, 하늘과 사람, 안과 바깥이란 차별도 없어진다. 이것이 바로 "근본으로 되돌아가는(反本)" 학문의 가장 근본적인 특징이다.

현학가의 "현묘한 생각(玄思)"은 실로 인학형이상학의 단계에 도달한 것이며, 인간의 형이상적인 존재를 확립한 것이다. 이른바 본(本)과 말(末), 체(體)와 용(用), 유(有)와 무(無), 말(言)과 의미(意) 등의 범주는 인간의 형이상적 존재와 현상(곧 감성적 개체)의 관계를 설명한 것이지만, '자연'의 성은 이름과 말로써 표현할 수 없다. '자연'은 인간의 '궁극(極)', 곧 최고 존재이자 최종 목적이다. "도가 자연에 어긋나지 않으니, 곧 그 성을 얻게 된다. … 자연이란 칭할 수 없는 말이요 궁극의 말이다."[62] '자연'은 고도의 추상적인 존재 개념이지만, 명사와 개념으로 표현할 수 없다. 왜냐 하면 모든 개념은 대상화된 상대적인 것이기 때문이다. '자연'이 초월적인 절대로 된 것은 '허무'다. 그것은 비록 구체적으로 규정할 수 없지만 진실한 존재다. 언어는 부호 형식으로 '의미'를 표현하거나 전달하는 작용을 하지만, '의미' 그 자체는 직접적인 체험에 의지할 때만 [제대로] 파악될 수 있다. '의미'는 형이상자에 속하므로, 그것을 실현하려면 일반적인 인식을 배제하고 형이상의 현묘한 사유(玄思)를 일으켜야 한다. 이것은 현학적이고 형이상학적 사유가 본체 체험을 특징으로 함을 나타낸다.

---

62) 『老子』, 「二十五章注」, 道不違自然, 乃得其性 … 自然者, 無稱之言, 窮極之辭也.

혜강의 "명교를 초월하여 자연에 맡긴다(超名教而任自然)"는 말은 인간의 사회 윤리를 넘어서 '자연'의 본체를 실현한 것이다. 혜강은 '신형합일(身形合一)'을 명확하게 주장하였으며, 그의 초월론은 중국 전통 철학의 특징을 갖추고 있다. 그 특징은 바로 형체와 분리되지 않으면서 형체를 초월하며, 현실과 분리되지 않으면서 현실을 초월하며, 정감에서 벗어나지 않으면서 정감을 초월한 데 있다. 또한 사람의 자아가 현실적인 자아인 동시에 "무위하고 자득하며 심신이 오묘한(無爲自得, 體妙心玄)" '진아'라는 데 있다. 자아의 바깥에서 이른바 '진아'를 구하는 것이 아니라 자아의 안에서 '진아'를 실현하고자 한다. 혜강은 심신(心神)의 바깥으로 달려가는 것을 반대하고, "안으로 보고 돌이켜서 듣는 것(內視反聽)", 곧 '자연'이란 본체를 내재적인 본성으로 여기며, 자아를 실현하고 초월할 것을 주장하였다. "마음이 현묘한 침묵에서 노닌다(游心于玄默)"는 혜강의 발언은 언어의 속박, 개념의 한계, 주관과 객관의 대립을 초월하고, 어떤 것도 개입시키지 않은 채 직접 '자연'의 본체 경계를 경험할 것을 강조한 것이다. '자연'이 나에게 내재되어 있는 것이 나의 참된 성정(性情)이다. 이것은 일종의 내재적인 초월이다. '자연'이 바로 '대도(大道)'이므로, 자연은 안과 밖의 구분이 없는 형이상자다. 그래서 이러한 초월은 진정한 형이상학적 초월이라 할 수 있다. 그것이 초월을 실현할 수 있음은 "주인이 가운데 있음(有主于中)", 곧 주체가 내재적인 근거와 능력을 갖추고 있어서 외부의 어떤 힘도 필요도 하지 않는 데서 비롯된다.

'자연'을 형이상의 본체로 여기는 왕필과 혜강 등은 "궁극으로 복귀하고(復歸于極)", 인간의 내재적인 자아를 초월할 것을 주장한다. 반면에 '자연'을 '유(有)'로 여기는 곽상도 동일한 방식으로 사유한다. 곽상이 주장하는 "현묘한 경지(玄冥之境)"는 이러한 사유를 구체적으로 표현한 것이다. 곽상은 "사물에는 각기 성이 있으며, 성에는 각기 궁극이 있다. … 그러므로 작은 것과 큰 것이 없는 데서 노니는 자는 무궁한 자요, 죽지도 살지도 않는 데서 편안한 자는 궁극이 없는 자다"[63]라고 말하였다. 곽상은 사람들의 성이 각기 다르지만, 성에는 각기 '극(極)'이 있으므로 그 '극'에 복귀해야 한다고 주장한다. 이러한 '극'은 자아이자 초아, 곧 자아를 초월한 절대이자 형이상자다. 곽상은 큰 것과 작은 것, 삶과 죽음은 시간과 공간 가운데 존재한다는 점을 인정하고 강조하였다. 그러나 '궁극'의 관점에서 보면, 만물에는 큰 것과 작은 것도 없고 삶과 죽음도 없다. 왜냐 하면 '궁극'은 삶과 죽음, 큰 것과 작은 것을 초월해 있는 절대자이기 때문이다. 다만 '극'의 경지('극'도 존재하는 것이다)를 말할 때만 "작은 것과 큰 것이 없는 데서 노닐고(遊于無小無大)", "죽음도 없고 삶도 없는 데서 편안할 수 있다(冥于不死不生)." '무궁'과 '무극'은 '극'을 묘사하거나 형용한 말이며, 무극의 극은 어떤 차별이나 대립도 없는 "심오한 경지(玄冥之境)"다.

곽상은 한편으로는 현상계의 존재를 중시하여, 인간이란 시간과 공간의 변화에서 벗어날 수 없으며, '자연'은 만물 본래의 모습이라고 보았다. 그러나 다른 한편으로는 "심오한 경지(玄冥之境)"로의 초월을 추구하고, 인간과 만물의 대립과 차별을 없애고자 하였다. 그렇지만 곽상은 현실 가운데 초월을 실현할 수 있지만, 그 초월은 자아를 벗어나는 것이 아니라고 여겼다. "그러므로 천지의 바름을 탄다는 것은 만물의 성(性)에 순응하는

---

63) 『莊子』, 「逍遙遊注」, 物各有性, 性各有極. … 故遊于無小無大者, 無窮者也. 冥乎不死不生者, 無極者也.

것이며, 육기(六氣)를 조절한다는 말은 변화의 흙탕(진흙)에서 노니는 것이다. … 이것은 바로 지극한 덕을 가진 사람이 저것과 이것을 구별하지 않고 소요하는 것이다. … 대저 오직 사물과 부합하고 큰 변화에 따르는 사람은 [상대를] 기다리지 않고도 언제나 통할 수 있다."[64] "사물과 은밀히 부합함(與物冥合)"이란 "심오한 경지(玄冥之境)"를 실현한 것으로, 지극히 높은 경지다. 그러나 그것은 생사와 변화의 가운데 있으니, "큰 변화에 따르지(順大變)" 않을 수 없다. 이미 변화의 길에 있으면서 변화를 초월하고, 변화를 초월하면서 변화의 길에서 노니는 것이 바로 "[상대를] 기다리지 않고도 언제나 통하는(無待而常通)" 절대적인 경지다.

그런데 '자취(迹)'와 '은밀함(冥)'은 반드시 다른 것이다. 현상과 행적은 시간을 벗어날 수 없는 것이지만, "심오한 경지"는 절대적이고 영원한 것이다. 바꾸어 말하면, 전자는 생사와 변화 가운데 있는 형이하자지만, 후자는 영원히 존재하고 불변하는 형이상자다. 인간의 최고 경지는 성인의 경계다. 그러나 성인이 성인으로 되는 까닭은 은밀함(冥)에 있지 자취(迹)에 있지 않다. "대저 요(堯) 임금은 실로 은밀하였다. 그 자취를 남긴 것을 요 임금이라 한다. 자취로써 은밀함을 본다면 안과 밖이 경계가 다름은 괴이한 것이 아니다. 세상의 무리들은 요 임금을 요 임금으로 보니 어찌 그 은밀함을 알겠는가!"[65] '자취(迹)'는 형이하의 행적이기 때문에 시간과 공간 속에 존재한다. 그러므로 변화

---

64) 같은 곳, 故乘天地之正者, 即是順萬物之性也, 御六氣之辯者, 即是遊變化之涂也. … 此乃至德之人玄同彼我者之逍遙也. … 夫唯與物冥而循大變者, 爲能無待而常通.

65) 같은 곳, 夫堯實冥矣, 其迹則堯也. 自迹觀冥, 內外異域, 未足怪也. 世徒見堯之爲堯, 豈識其冥哉!

와 생사가 있을 수밖에 없다. 성인도 장구하게 존재하지 못하고 죽을 수밖에 없다. 그러나 '은밀함(冥)'은 "흔적을 있게 하는 까닭(所以迹)"이며, 시간과 공간을 초월해 있는 것이다. 그러므로 [은밀함에는] 이른바 변화와 생사라고 말할 것이 없다. 성인의 '은밀함(冥)'은 영원하고 "심오한 경지(玄冥之境)"다. 자취로써 은밀함을 본다면 안과 바깥, 옛날과 지금의 차이가 있다. 성인이 이미 죽었다면 다시 존재할 수 없다. 그러나 은밀함으로써 자취를 본다면, 안과 밖이 있으면서도 없으며 옛날과 지금도 있으면서도 없다. 왜냐 하면 초월을 실현하여 영원에 도달하면, 성인이 죽더라도 성인이 성인으로 되는 까닭은 영원히 존재하여, 사람들 모두가 [거기에] 도달할 수 있기 때문이다.

'은밀함(冥)'은 극(極), 곧 "성은 각기 그 극을 가지고 있다(性各有極)"고 말할 때의 '극'이다. '극'은 존재의 의미에서 말한 것으로 최고의 표준이다. '은밀함'은 인식의 의미에서 말한 것으로 최고의 경지다. 사실상 양자는 동일한 것이다. 인식은 반드시 존재를 전제로 하고 존재는 인식을 통해서만 실현된다. 다시 말해 성(性)의 '극'을 인식하고 실현할 때만 "심오한 경지"로 들어갈 수 있다. 다만 성의 '극'을 인식하기만 하면 '무심(無心)'에 이를 수 있다. 즉, 안과 밖의 상대가 있는 지각·인지의 마음을 초월할 수 있다. "그러므로 무심이란 사물과 부합하면서도 천하에 상대가 있지 않는 것이다",[66] "사람과 무리를 이루는 자는 사람을 떠날 수 없다. 그러나 사람은 변하기 때문에 세대마다 달라진다. 오직 무심하여 자신을 쓰지 않는 자만이 변화에 적응할 수 있어서 어떤 수고로움도 없다."[67] 무심(無心)과 물명(物冥)

---

66) 『莊子』,「齊物論注」, 故無心者與物冥而未嘗有對于天下也.
67) 『莊子』,「養生主注」, 與人群者不得離人, 然人間之變故世世易, 宜唯無心而

은 자아를 초월하고 주관과 객관, 안과 밖의 대립을 극복한 것이다. "무심하여 자기를 쓰지 않는다(無心而不自用)"는 말은 개인의 정감을 초월하여 각종의 변화에 적응하는 것이다. 바로 자아를 초월했으므로 "변화에 따라 적응할 수 있어서(隨變所適)" "수고로움이 없다(不荷其累)." 여기서 "변화에 따라 적응함"은 현상을 벗어나지 않는 것이요, "수고로움이 없음"은 현상을 초월한 것이다. 이것은 모두 인간이란 주체를 가리켜 말한 것이다. 자아의 초월을 실현한 사람은 "궁극에 돌아간 것(復歸于極)"이다. 존재에서 말하면 '인극(人極, 인간의 표준)'을 실현한 것이며, 인식상으로 말하면 '명극(冥極, 은밀함의 극치)'에 진입한 것이다.

그런데 곽상이 제창한 "궁극으로 돌아감(復歸于極)"은 신비주의적인 특징을 갖고 있다. 곽상은 개념 분석과 대상 인식의 가능성을 완전히 배제했으며, 마음속의 자아를 깨닫고 체험하려 하였다. "무릇 앎(知)에서 나오지 않는 것을 얻음이 바로 심오함이다."[68] 여기서 말하는 앎은 분명히 개념 인식 또는 대상 인식을 가리킨다. 이런 인식으로는 '명(冥)'의 경지를 실현할 수 없을 뿐 아니라 걸림돌을 만들 수 있다. 왜냐 하면 이것은 '무심'이 아니라 스스로 그 마음을 사용하는 것이기 때문이다. 진정으로 "심오한 경지"는 직관적인 체험으로 자아를 증득하고(自我証悟) 자아를 초월한, '무심(無心)'의 마음이다.

不自用者, 爲能隨變所適而不荷其累也.
68) 『莊子』, 「知北遊注」, 凡得之不由于知, 乃冥也.

5. 부처와 조사를 초월함 [超佛越祖]

불교철학은 '불성아(佛性我, 불성을 지닌 자아)'를 실현할 것을 주장한다. 그러나 불성은 영원하고 보편적인 존재이자 형이상자다. 속세 사람들이 부처의 경지에 들어가기 위해서는 자신의 감정(七情)과 욕망(六欲), 주관(能)과 객관(所), 본성(性)과 형상(相)의 대립을 초월해야 한다. 불교철학이 제시한 심체용설(心體用說. 마음에 체와 용이 있다는 학설)은 이 문제를 해결한 것으로, 중국 불교의 형이상학적 사유의 특징을 보여준다.

중국의 불교 이론을 대표하는 『대승기신론(大乘起信論)』은 심체(心體), 심종(心宗), 심용(心用)의 '일심법(一心法)' 또는 '일심이문(一心二門)'의 학설을 제시한다. 이른바 '일심법'은 마음이 절대적인 우주 본체로서 세간과 출세간의 일체법, 곧 시간과 공간 가운데 있는 모든 현상을 포함하며, 시간과 공간을 넘어서 있는 본체계(本體界)를 포함한다고 여긴다. 그러나 이러한 우주의 마음은 개체의 마음을 벗어난 것이 아니다. 그래서 개체의 마음이라고도 말해진다. 개체의 마음은 어떻게 우주의 본체가 되는가? 『대승기신론』은 이 문제를 해결하기 위해 다시 '일심이문(一心二門)'의 학설을 제시한다. 여기서 '이문(二門)'이란 본체와 작용이라는 두 가지 측면으로, 실제로 마음을 보편과 특수, 절대와 상대, 영원과 순간의 두 차원으로 구분한 것이다. 한마디로 말해 형이상과 형이하의 두 차원으로 구분한 것이다. 마음은 하나지만 본체 방면에서 말할 수도 있고, 생멸 변화의 방면에서 말할 수도 있다. '심진여상(心眞如相)'은 본체 방면에서 말한 것으로 영원 불변의 절대 본체, 곧 진여 불성이다. '진여상(眞

如相)'은 말과 생각을 넘어서 있는 것, 다시 말해 절대적으로 평등하고 어떤 차별도 없는 것이다. 따라서 '진여상'은 절대 초월의 본체 존재라고 할 수 있다. 그런데 이 절대 본체는 주체 자신을 벗어나 존재하는 것이 아니기에 '자체(自體)'라고도 불린다. 다시 말하면 피안의 존재나 외재적인 존재가 아니라, 주체 자신의 가운데서 존재하는 내재적인 존재다. 이 점에서 유가와 도가의 사유 방식은 완전히 일치한다.

'심생멸상(心生滅相)'은 현상의 측면에서 말한 것으로, 생멸 변화의 구체적인 존재다. 왜냐 하면 그것은 인연의 소생으로, 인과의 변화와 개체의 생멸에 따라 생멸하기 때문이다. 그렇지만 '심생멸상'은 진여심(眞如心)을 떠나서 변화하지 않으며, 절대 초월의 진여심도 개체의 생멸심을 떠나서 존재하지 않는다. 이것을 일러 "이문이 분리되지 않는 모습(二門不離相)"이라고 한다.

진여심은 마음의 본체(心體)이고 청정심(淸淨心)이다. 생멸심(生滅心)은 마음의 작용(心用)이고 염심(染心)이다. 청정심은 성의 본체로서 '자성(自性)'이라고도 불린다. 생멸심은 무명(無明)한 것으로 일체의 번뇌를 만들어낸다. 진여의 본체는 생멸심과 달리 "근본에서 나온 것이며 자성이 청정한 것(從本以來, 自性淸淨)"이다. 그러나 진여의 본체는 생멸심을 떠나지 않으므로, "무명하여 물들게 되어 거기에 염심이 있게 된다(爲無明所染, 有其染心)." 그런데 자성청정심(自性淸淨心)은 물든다 해도 [그것 자체가] 염심으로 바뀌는 것은 아니다. "염심이 있다 해도 영원히 변화하지 않는 것이다(雖有染心, 而常恒不變)." 문제는 『대승기신론』이 청정심과 염심, 지성(智性)과 무명(無明)을 '일심(一心)'으로 말할 때, 전자를 진실로 여기고 후자를 허망으로 여기는 데 있다. 무명을 없애야만 진여본성(眞如本性)이 드러나게 된다. 이것은 바로 자아 해탈, 자아 초월의 문제를 제시한 것이다.

마음의 본체(心體), 곧 진여 본체는 영원한 본체에 대한 깨달음인 '본각(本覺)'이다. 그것은 '자체(自體)'가 본래부터 지니고 있는 것이다. 그러나 [본각이] 실현되지 못하는 것은 (무명의 마음이 물듦으로 해서 망념이 생겨나기 때문이다.) 그래서 후천적인 깨달음과 수양이 필요하다. 이러한 후천적인 깨달음이 이른바 '시각(始覺)'이다. 시각(始覺)은 망념을 배제한 것이며, 망념을 벗어난 자아의 깨달음이다. 그것은 자아를 해탈하고 자아를 초월하는 중요한 방법이다. 어느 날 갑자기 해탈을 이룬다면, 시각은 본각(本覺)과 대응하여 언제나 존재하고 불변하는 진여 본체로 진입하고, 절대 초월의 원만한 경지에 도달할 수 있다. 이것이 바로 '무아(無我)'다.

'무아'는 형이상의 본체 존재가 실현된 것이지만, 진정으로 아(我)가 없는 것이 아니라 아(我)가 있는 것이다. 왜냐 하면 '무아'는 처음부터 끝까지 마음의 작용(心用)인 생멸심(生滅心)을 떠나지 않기 때문이다. 그래서 인도 불교의 '무아'와 다르며, 서양의 종교에서 말하는 피안의 영원함과도 다르다. 이것이 중국 불교의 특징이다. 자아를 떠나지 않으면서도 자아를 초월하는 것은 현실 존재 가운데서 절대적인 초월을 실현한 것이다. 이것이 바로 중국 불교의 형이상학적 사유다.

그 뒤에 생겨난 천태종(天台宗), 삼론종(三論宗), 화엄종(華嚴宗)은 모두 이런 사유 방식에서 영향을 받았다. 그래서 마음의 본체(心體)는 마음의 작용(心用)을 넘어서지만 마음의 작용을 떠나지 않으며, 형이상학적인 우주 마음이라고 해석된다. 천태종의 지의(智顗)는 "언어의 길이 끊기고 마음이 움직이는 곳이 없어졌다(言語道斷, 心行處滅)"는 말로써 마음의 본체를 표현하였다. [그것은] 마음의 본체가 절대 초월의 우주 본체이고, 보편적이고 영원하고 절대적인 형이상자며, 언어로써 표현할 수 없고 사려로써 파악할 수 없는 것임을 나타낸다. "마음은 본래 이름이 없는 것이자 이름이 없는 것이 아니다. 마음이란 이름이 생기지 않았다면 없어지지도 않을 것이다. 마음이 바로 실상(實相)이다."69) 이러한 "마음 없는 마음(無心之心)", "이름 없는 이름(無名之名)"은 진실한 본체 존재이고, 절대 초월의 형이상자다. 그런데 여기서의 초월은 자아의 초월이다. 왜냐 하면 심체(心體), 곧 성(性)은 중생의 마음 바깥에 있는 것이 아니라 중생의 마음(心) 가운데 있는 것이기 때문이다. 지의가 제시한 '관심법(觀心法)'은 개체의 마음으로 피안의 우주의 마음을 관조하는 것이 아니라 "돌이켜서 바라보고 내부를 관조하는 것(反觀內照)"이다. 심체는 보편적 존재이므로 당연히 유한의 개체를 초월한다. 그러나 심체는 개체의 마음과 분리되지 않을 뿐 아니라 심종(心宗)과 심용(心用)을 얻을 때 실현된다. "체에서 작용이 일어날 때만 이익이 생기고 앎이 얻어지게 된다. 이익이 많아지면 교(敎)와 상(相)은 분별되어야 한다."70) 심종(心宗)은, 『대승기신론』에서 말한 것처럼 심체의 성공능(性功能)일 뿐 아니라 인식 작용을 갖춘 특수한 지혜다. 그것은 한편으로는 심체에서 온 것이요, 다른 한편으로 심체를 실현시키는 중요한 조건이다. 심종을 거쳐야만 "본체로부터 작용을 일으킬 수 있고(從體起用)", 자아의 해탈을 실현하여 바른 결과(正果)를 얻을 수 있다.

---

69) 『法華玄義』, 「卷一(上)」, 心本無名, 亦無無名, 心名不生, 亦復不滅, 心卽實相.
70) 같은 곳, 從體起用, 導利含識, 利益旣多, 須分別敎相也.

이것이 바로 천태종에서 말하는 '원융의(圓融義)'다. 이른바 '원융(圓融)'이란 개체와 본체를 통일시킨 것이며, 현실적인 자아 가운데서 초월을 실현하여 본체 경계에 도달한 것이다.

화엄종의 성체설(性體說)에서는 성리(性理)를 현상계를 초월한 절대 본체로 설명하며, 인연에 따라 일어나는 염정심(染淨心)을 자성이 없는 환상적이고 거짓된 현상으로 설명하고 있다. 양자는 본질적으로 구별되지만, '원융무애설(圓融無碍說)'은 양자를 조화시키려 한다. 이렇게 양자를 조화시키는 이유는 그것이 전통적 사유의 전체적인 틀을 벗어나지 않는 데 있다. 즉, 자아를 벗어나지 않으면서 자아를 초월하며, 현상계에서 절대적인 초월을 실현하고자 하는 데 있다. 화엄종은 마음을 청정심과 염정심의 두 종류로 구분한다. 염심은 "티끌의 세상에서 생멸과 유무를 보는(見塵生滅有無)" 마음, 다시 말해 지각 작용의 마음이며, 청정심은 "본체가 생겨남도 없어짐도 없고, 유와 무도 없는(體不生不滅, 非有非無)" 마음, 다시 말해 본체심(本體心)이다. 생멸의 마음과 유무(有無)의 마음은 '유'가 되고, 비유비무(非有非無)의 마음은 '공(空)'이 된다. 그러나 '공'은 '유'와 다르지 않고 '유'도 '공'과 다르지 않다. 양자는 원융무애하다. 만약 '공'과 '유'가 다르다면, 정(淨)도 그 정(淨)을 이룰 수 없다. 왜냐하면 이 '공(空)'은 '미혹된 공(迷空)'일 뿐, '진실한 공(眞空)'은 아니기 때문이다. '진공(眞空)'은 절대 진실의 본 체계이자 형이상자다. 만약 '유(有)'가 '공(空)'과 다르다면 염(染)도 염(染)이라고 말할 수 없다. 왜냐 하면 '유'는 '집유(執有)'이지 '공유(空有)'가 아니며, '공유'는 본체를 떠나서 존재하지 않는 현상계이기 때문이다. "지금의 유는 완전한 공(全空)이니 바야흐로 염분(染分)이라 부를 수 있다. 공은 완전한 유(全有)이니 바야흐로 정분(淨分)이라 부를 수 있다. 공으로부터 무애하므로 염과 정이 스스로 존재한다."[71] 유(有)는 완전한 공(全空)이고, 공(空)은 완전한 유(全有)이니, 이것은 "분리되지 않는다(不離)." 염과 정은 스스로 있으니 이것은 "섞이지 않는다(不雜)." 공과 유는 "분리되지도 않고 섞이지도 않으니(不離不雜)", 이것이 본체와 현상, 형이상과 형이하의 관계다. 절대 초월의 청정(淸淨)·자성(自性)·원명체(圓明體)가 염심을 떠나서 존재하지 않으며, 원명(圓明)의 체(體)도 잃지 않으며, 양자는 원만하고 무애하여, '원명'의 성을 이룰 수 있다.

그러므로 체와 용, 염과 정의 구분이 있다고 해도 사실 모두 한마음(一心)이라 할 수 있다. "또한 원만함을 이룬다는 것은 비록 원만함이 염과 정에서 이루어진다고 해도, 언제나 자성이 청정함을 잃지 않아야 한다. 자성이 청정함을 잃지 않을 때만, 인연에 따라 염과 정을 이룰 수 있다." "다만 움직일 때도 성이 깨끗해야만 염과 정을 이루게 된다. 또한 염과 정을 이루는 데서부터 비로소 성의 청정함이 나타날 수 있다."[72] 청정심은 우주의 마음(心)이고 형이상의 우주 본체다. 또한 청정심은 개체의 마음이자 형이하의 지각 작용이다. 그러나 양자는 합쳐지거나 분리되지 않으며, 청정의 마음은 염정에서 이루어질 때만, 그 청정함을 이룰 수 있다. 염심(染心)을 벗어나서는 청정한 본체가 없다. 염심(染心)은 청정에 의지할 때만 염심을 이룰 수 있으며, 청정 본체를 떠나서는 존재하지 않는다. 이것은 화엄종이

---

71) 『華嚴經義海百門』, 「決擇成就門第十」, 今有卽全空, 方名染分, 空卽全有, 方名淨分. 由空而無碍, 是故染淨自在也.
72) 『華嚴一乘敎義分齊章』, 「卷四」, 且如圓成, 雖復隨圓成于染淨, 而恒不失自性淸淨, 只由不失自性淸淨, 故能隨緣成染淨也. 非直不動性淨, 成于染淨, 亦乃由成染淨, 方顯性淨.

형이상의 절대 초월을 주장하면서도 형이하의 개체 존재를 떠나지 않음을 보여준다. 지의의 '체용일여설(體用一如說)'은 감성적 자아를 철저하게 부정하고, 지각 작용을 부정하여 진여불성을 실현하라는 것이 아니라, 양자를 종합하여 현실적인 자아 가운데서 절대적인 초월을 실현하고, 생멸 변화의 가운데서 보편과 영원에 도달하라는 것이다.

법장의 '차안(此岸)'과 '피안(彼岸)'의 해석은 이 점을 충분히 설명해준다. 법장은 이렇게 말한 바 있다. "피안으로 오르려는 자여! 이른바 티끌 같은 명상(名相)이 생멸하는 곳이 차안이다. 지금 티끌 같은 명상이 사라져 생멸하지 않는 곳이 피안이다. 그런데 깨닫지 못함은 차안이 되고 깨달음은 피안이 된다. 깨달음과 깨닫지 못함에 의지할 때 피안과 차안이라는 말이 생겨나게 된다."[73] 청정자성원명체(淸淨自性圓明體)는 생겨나지도 사라지지도 않는 영원한 절대적인 본체다. 속세의 명상(名相)에 따라 바뀌지 않는다는 의미에서 절대적인 것이고 초월적인 '피안'이다. 그러나 이른바 '피안'이란 속세의 명상(名相)의 바깥, 곧 중생의 마음 바깥에 있는 것이 아니다. 이런 의미에서 '피안'이 곧 '차안'이라 말할 수 있다. 문제는 근원과 진리로 돌아갈 수 있는가 여부다. 곧 근원과 본성으로 돌아감은, 이것에서부터 저것으로 도달하는 것이다. 이것에서 저것으로 도달하는 관건은 중생들이 스스로를 깨닫느냐의 여부에 있다. 깨달음이 바로 피안이고 깨닫지 못함이 바로 차안이다. 여기서 '차안'과 '피안'의 구별은 "이해함(了)"과 "이해하지 못함(不了)"의 차이임을 알

---

73) 『華嚴經義海百門』, 「差別顯現門第六」, 登彼岸者, 謂塵名相生滅, 是此岸. 今了塵名相空寂, 不生不滅, 是彼岸. 但以不了爲此, 了卽爲彼. 依了不了邊, 寄彼此以言之.

수 있다. 여기서 '이해함(了)'은 '깨닫는 것(覺了)'이고 '깨달음(了悟)'은 중생들의 자아에 대한 완전한 깨달음이자 최후의 깨달음이다. 이러한 자아의 깨달음이 있으면 완전한 초월을 실현할 수 있다.

이러한 '깨달음(了悟)'은 지혜를 필요로 하지만, 지혜는 중생심 가운데 있다. 이것은 일종의 신비적인 직각(直覺)이며, 통상적인 인식 능력으로 실현할 수 있는 것이 아니다.

선종(禪宗)의 "부처를 초월하고 조사를 넘어섬(超佛越祖)은 이러한 사유가 좀더 발전한 것 또는 최종적으로 완성된 것이다. 선종은 '본심(本心)'으로써 근본을 세우고자 하는데, 이른바 '본심'은 본체의 마음이자 우주의 마음이다. 근본적으로 언제나 존재하면서 없어지지 않는 진여불성(眞如佛性)이요 현상계와 지각 작용을 초월한 절대 본체다. 그러나 선종은 다른 종파에 비해 '본심'을 중생 자신의 마음으로 보고 지각 작용을 떠나서 존재하지 않음을 강조한다. 그래서 '자심(自心)', '자성(自性)'이라고 부른다. 이른바 "마음을 알고 본성을 바라봄(識心見性)"이란 "스스로 본심을 알고 스스로 본성을 보는 것"74)이다. 자기의 마음(自心) 바깥에 별도로 '본심'이 있는 것도 아니고, 자기의 본성(自性) 바깥에 별도로 본성이 있는 것도 아니다. 그래서 선종에서는 "자신을 깨닫고 자신을 수양할 것(自悟自修)"을 주장하는 것이다.

선종의 육조(六朝)인 혜능(慧能)은 불성이 중생의 마음 가운데 있는, 자기의 본성이라고 보고, 자신을 향해 귀의해야 할 뿐 다른 것을 향해 귀의해서는 안 된다고 반복해서 강조하였다. 이

---

74) 『壇經』, 「第十六」, 自識本心, 自見本性.

것은 선종이 우주의 마음을 개체의 마음과 합치시키고, 절대 무차별의 본체계(本體界)를 차별적인 현상계와 일치시킴을 의미한다. 이것이 바로 선종의 특징이요 선종이 중국 불교로 이해되는 이유다. 선종은 "지각 작용이 바로 성이다(知覺作用卽性)"는 사상을 드러냈으며, 감성적 자아의 존재를 충분히 긍정하였다. 선종의 체용불이설(體用不二說)은 어떤 의미에서는 형이상의 심성 본체와 형이하의 지각 작용을 일치시킨 것이다. 마음의 본체는 마음의 작용(心用)에서 떠나지 않고 본심은 지각을 떠나지 않는다. 그러므로 모든 중생이 부처가 될 수 있고 본래 부처라고 할 수 있다.

혜능 이후의 선종의 각파는 '지각 작용(知覺作用)', "손과 발을 바삐 움직임(手足運奔)", "눈썹을 치뜨고 눈을 깜빡임(揚眉瞬目)", "접촉하는 곳은 모두 옳다(觸處皆是)"는 주장을 제시하였다. "이 마음은 본래 청정한 부처며 사람들은 모두 그것을 갖고 있다. 바쁜 움직임이 영혼을 포함한다면 여러 부처와 보살이 한 몸이 서로 다른 몸이 아니다."[75] 그러므로 내가 바로 부처이고 부처가 바로 나라고 할 수 있다. "일체를 드러내어 이루며(一切現成)", "마음을 따르[기만 해도] 곧 부처[가 된]다(任心卽佛)." "일에 당하여 진실하고(卽事而眞)", "일도 수양도 하지 않으며(無作無修)", "그 자연에 따르고(任其自然)", "경전을 읽지 않으며(不讀經)", "좌선하지 않고(不坐禪)", 심지어 "부처를 꾸짖고 조사를 나무라며", 행하지 않음이 없어도(無所不爲) 모두 부처가 될 수 있다.

그런데 선종이 지각 작용을 긍정하는 까닭은 지각을 초월하

___
75) 『筠州黃蘗山斷際禪師傳心法要』, 此心是本源淸淨佛, 人皆有之, 蠢動含靈, 與諸佛菩薩, 一體不異.

기 위한 것이며, 자아를 긍정하는 까닭도 자아를 초월하여 절대적인 본체 경계를 실현하기 위한 것이다. 자아를 초월하고 본체 경계에 도달하는 것은 선종철학의 진정한 목적이다. 그렇지 않으면 그것은 종교철학이 아닐 것이다. "부처를 초월하고 조사를 초월함(超佛越祖)"이란 학설은 부처와 조사를 "노자의 오랑캐 후손(老胡孫)", "쇠 똥(干屎厥)"으로 매도한다. 이런 표현은 부처와 조사가 지녔던 구체적인 형상으로서의 육체를 가리킨다. 그러나 선종이 도달하려는 것은 형체도 형상도 없는 절대 본체다. 그래서 부처를 뛰어넘고(超) 조사를 넘어서라(越)는 것이다. 여기서 말하는 절대 본체는 비록 지각 작용(견문과 지각, 언어와 동작 등)을 벗어난 것은 아니지만, 이른바 접촉하는 곳은 도며 저절로 드러나는 것이다. 그런데 여기서의 관건은 자아를 깨닫고 자아를 초월하는 데 있다. 초월하게 된다면 "일을 당하여 진실하며(卽事而眞)", 초월하지 못한다면 "정신이 농락당하게 된다(弄精神)." '본심'을 실현하려면 지각 작용을 벗어나서도 안 되고 지각 작용에 머물러서도 안 된다. [지각 작용을] 떠나지 않는 것은 수단이고, [지각 작용을] 초월하는 것은 목적이다. 왜냐하면 장소에 따라 도장(道場)이 있어서, 장소에 따라 주인이 되기 때문이다. 이것은 자아가 주인이 되는 것이고 외적인 속박에서 벗어나서 자유로운 것이다. 그러나 이는 수양이 없는 것이 아니라 수양이 없는 수양, 진정한 수양이다. 어떤 자료에는 다음과 같은 대화가 실려 있다. "왕상(王常)인 시(侍)가 어느 날 스님을 방문하여 선당 앞에서 만났다. 이에 시는 이렇게 물었다. '선당의 스님께서는 경전을 보셨습니까?' 스님이 말하기를, '경전을 보지 않았네.' 시가 묻기를 '그렇다면 선을 배웠습니까?' 스님이 말하기를, '선을 배우지 않았네.' 시가 다시 묻기를, '경전도

읽지 않고 선도 배우지 않았다면 무엇을 한 것입니까?' 스님이 이르기를, '그래도 [모두가 이 사람이] 부처가 되고 조사가 되었다고 말한다네'라고 하였다."76) 경전을 보지도 않고 선(禪)도 배우지 않았다면 어떻게 조사가 되고 부처가 될 수 있는가? 이것은 "장소에 따라 주인이 됨(隨處作主)"을 의미한다. 경전을 보고 선을 배움은 하나의 형식일 뿐이다. [그것은] 외재적인 유위법이지 내재적인 무위법이 아니다. 평상시 일없는 가운데 장소에 따라 주인이 된다는 것은 매우 평범하게 보일 수 있지만, 실제로는 매우 수준 높은 단계다. 진실로 자연에서 나왔으면서도 자연을 초월한 상태다. 조금 더 발전하게 되면, 경전을 보지 않을 뿐 아니라 경전을 금지하며, 선을 하지 않을 뿐 아니라 조사를 꾸짖으며 사람을 죽이려 칼을 휘두르기도 한다. "마음이 내키는 대로(任心) 하고, 일체에 집착하지 않으며, "활짝 열어 젖혀(放曠)" 인연에 맡기면, 접촉하는 장소가 도이고 그것이 바로 자연의 극치다. 그러나 관건은 내적인 자아를 초월하느냐의 여부에 있다.

한편으로 본체의 마음(本體之心)은 깨끗하고 밝아서 일체를 두루 비추며, 견문(見聞)의 지각에 속하지 않는다. 더욱이 견문의 지각은 본각(本覺)의 진심으로 간주되지 않는다. 다른 한편으로는 본체의 마음은 견문의 지각에서 떠나지 않는다. 견문의 지각이 있는 곳에서만 본심을 인식할 수 있다. 견문의 지각을 떠나면 마음의 길은 "끊어져 들어갈 곳이 없어지고(絶無入處)"만다. 이렇게 만나지도 떠나지도 않는 관계가 선종이 말하는

---

76)『古尊宿語錄』,「卷四」, 王常侍一日訪師, 同師于禪堂前看, 乃問堂僧還看經否? 師云, 不看經. 侍云, 還學禪否? 師云, 不學禪. 侍云, 經又不看, 禪又不學, 畢竟做个什麼? 師云, 總叫伊成佛作祖去.

'체용불이(體用不二, 체와 용은 둘이 아님)다.

[내적인] 초월은 지각 작용과 일상 생활에서 실현된다. 그래서 일반인들은 전혀 구별할 수 없다. 그러나 진정한 차이는 여기에 있다. 왜냐 하면 이것은 하나의 '경지(境界)'의 문제이기 때문이다. 자아의 초월을 통해 보편적이고 영원한 경지에 이른 사람은 [외관상으로] 일반인과 같지만 [실제로는] 근본적인 차이가 있다. 왜냐 하면 철저한 큰 깨달음을 얻어 경지에 오른 사람은 현상계의 "모든 경계(諸境)"에 미혹되지 않고, 정신적인 해탈을 실현하여 우주 본체와 하나가 되어, 주관과 객관, 자아와 비아의 대립을 넘어섰기 때문이다. 이것이 바로 "종일토록 밥을 먹어도 한 톨의 쌀도 깨물지 않으며, 종일토록 걸어가도 한 자도 나아가지 않으며, 아무리 같이 있어도 나와 남의 구분이 없으며, 종일토록 일체의 일에서 벗어나지 않으며, 여러 상황에 미혹되지 않으니, 비로소 자재인(自在人)이라고 부를 수 있다"77)는 것이다. '자재인'은 자아를 해탈한 사람이요 자아를 초월한 사람이다. 그래서 자재인은 형체에 구속되지 않고 어떤 상황에도 미혹되지 않으며 자유로워서 어떤 속박도 받지 않는다.

이것은 확실히 피안으로 넘어가서 천당에서 행복을 누리는 것을 말하는 서양 종교와는 다르다. 선종의 '초불월조설'은 피안의 신성한 우상을 부정하고, 자신의 신념과 깨달음에 의지하여 현실 생활 또는 자신의 마음에서 정신적인 초월을 실현하는 것이다. 이러한 [초월의] 경지는 현실을 벗어나지 않으면서 현실을 초월하며, 자아를 벗어나지 않으면서 자아를 초월한 것이다. 그래서 다른 종교의 초월론과도 다르다. 바로 선사들이, "사람

---

77)『黃蘗斷際禪師宛陵錄』, 終日吃飯, 未曾咬着一粒米, 終日行, 未曾踏着一片地. 與麼時, 無人我等相, 終日不離一切事, 不被諸境惑, 方名自在人.

이 물을 마시면서 차고 따뜻함을 스스로 아는 것 같다(如人飮水, 冷暖自知)"고 말한 것과 같다. 물의 차가움과 따뜻함은 자신이 목마를 때만 확인할 수 있다. 마찬가지로 부처와 조사를 초월하고 자아를 초월한 본체 경계도 자기가 있어야만 가능하고 자기가 있어야만 느끼고 즐길 수 있는 것이다.

다음과 같은 이야기가 전해진다. "어떤 스님이 친하게 지내던 스님 백(伯)과 물을 건너가면서 이렇게 물었다. '물을 건너는 것은 어떤 일입니까?' 백이 말하기를, '다리를 [물에] 적시지 않는 일이다.' 스님이 말하기를, '어른께서 거창하게 말씀하십니다.' 백이 말하기를, '너는 그것을 어떻게 생각하느냐?' 스님이 말하기를, '다리가 [물에] 젖지 않는 것입니다'라고 하였다.'"[78] 이 대화는 분명 선종에 자아가 주체성을 초월하는 사유의 특징이 있음을 보여준다. 강을 건너면서 다리를 [물에] 적시지 않음도 초월이다. 그러나 '상'에 집착하는 것은 강을 위주로 한 것이지 사람을 위주로 한 것은 아니다. 강을 건널 때 다리가 [물에] 젖지 않음도 일종의 초월이니, 이는 나를 주인으로 한 것이고 어떤 상도 없는 것이다. 무심(無心)하고 자재(自在)하는 것은 경상(境相. 상황의 상)을 떠난 것도 아니고 경상에 '집착'하는 것도 아니다. 자아를 벗어나지 않으면서도 자아를 초월하는 것이 선종에서 말하는 '자재인' 또는 '해탈인(解脫人)'이다. 이것은 진정으로 '부처를 초월하고 조사를 넘어선' 것이다. 왜냐 하면 피안과 차안의 차별을 없애고, 피안의 우상을 제거하며, 자기라는 유한한 존재 가운데서 무한과 영원을 실현한 것이기 때문이다.

선종은 중국화한 종교로서 지식인뿐만 아니라 일반 대중에게

---

78) 『五燈會元』, 「卷十三」, 師與密師伯過水, 乃問, 過水作麼事? 伯曰, 不濕脚. 師曰, 老老大大作這个語話. 伯曰, 你又作麼生? 師曰, 脚不濕.

도 심대한 영향을 끼쳤다. 중국 사회에 광범위하게 유행하여 강남과 강북에 사원이 수없이 세워졌을 뿐만 아니라, 글자를 알지 못하는 많은 사람들에게도 신봉되었다. 선종의 진정한 창시자인 혜능은 글자를 몰랐다고 전해지지만, 그의 학설은 전통적인 사유 방식에 엄청난 작용과 영향을 불러일으켰다. 불교를 신앙하는 까닭은 부처가 되는 데 있다. 그러나 선종의 가르침에 따르면, 부처는 '서쪽 지방'(인도를 가리킴)에 있지 않고 자신의 마음 가운데 있다. 이른바 "부처가 서쪽에서부터 왔다는 의미(佛祖西來意)"는 불교적 사유와 중국적 사유가 종합된 결과다. 유가가 모든 사람이 성인이 될 수 있다고 말한 것처럼, 선종에서도 간단하면서도 분명하게 자아를 깨닫고 자아를 초월하면, 모든 사람이 부처의 경지에 도달할 수 있다고 말한다. 그래서 [불교(선종)는] 군중들에게 널리 수용될 수 있었던 것이다.

□ 지은이 / 몽배원(蒙培元)

1938년에 중국 감숙성(甘肅省) 장랑(莊浪)에서 태어났으며 북경대 철학과와 같은 대학원 중국철학과를 졸업하였다. 중국철학연구소 주임과 중국철학회 부회장을 지냈으며, 지금은 중국사회과학원 철학과 연구원으로 있으면서 잡지『중국철학사』책임 편집자로 있다. 주요 저서로는『인간과 자연(人與自然 — 中國哲學生態觀)』,『정감과 이성(情感與理性)』,『심령 초월과 경계(心靈超越與境界)』,『중국심성론(中國心性論)』,『이학의 범주 체계(理學範疇系統)』등이 있으며, 200여 편의 논문이 있다.

□ 옮긴이 / 김용섭(金容燮)

경북대 철학과를 졸업하고 같은 대학원에서 철학 박사 학위를 취득하였으며, 지금은 대구한의대 문화학과 교수로 있다. 저서로는『회남자 철학의 세계』,『동양 철학의 이해』등이 있고, 역서로는『중국의 지혜』(1, 2),『노자철학』,『유가철학의 이해』등이 있다.

중국철학과 중국인의 사유 방식

초판 1쇄 인쇄 / 2005년 11월 10일
초판 1쇄 발행 / 2005년 11월 15일
■

지은이 / 몽 배 원
옮긴이 / 김 용 섭
펴낸이 / 전 춘 호
펴낸곳 / 철학과현실사
서울특별시 서초구 양재동 338의 10호
전화 579—5908~9
■

등록일자 / 1987년 12월 15일(등록번호 : 제1—583호)
■

ISBN 89-7775-555-7 03150
*잘못된 책은 바꾸어 드립니다.

값 15,000원